会话叙事标记的语用理论阐释研究

Pragmatic Interpretation
of Conversational Narrative Markers

朱冬怡 著

清华大学出版社

北京

内 容 简 介

会话叙事标记是会话的故事讲述过程中出现的具有语境参照的话语标记大类现象。自20世纪后期，特别是进入21世纪后，话语标记的语用探索逐步由语法－语义或语义－语用界面转向语用－认知等多界面研究，目的在于挖掘话语信息解码之外，对言说者交际意图推理的语用能力作进一步探寻。研究发现，会话叙事标记是叙述者为了强调和凸显主观情态，并为受述者的线性思维认知提示语境逻辑，从而更好地表达叙述者叙事意图所使用的一种话语连接手段。本书为话语分析尤其话语标记大类研究提供了一定的理论研究支持和实践指导价值，适合从事语用学、话语分析、会话叙事等领域的研究者和师生阅读。

图书在版编目（CIP）数据

会话叙事标记的语用理论阐释研究 / 朱冬怡著 .
北京 : 清华大学出版社 , 2025. 3. -- ISBN 978-7-302
-68230-1

Ⅰ . H1

中国国家版本馆 CIP 数据核字第 202582S9U2 号

责任编辑：刘　艳
封面设计：子　一
责任校对：王荣静
责任印制：刘　菲

出版发行：清华大学出版社
　　　　网　　　址：https://www.tup.com.cn，https://www.wqxuetang.com
　　　　地　　　址：北京清华大学学研大厦 A 座　邮　编：100084
　　　　社 总 机：010-83470000　　　　邮　购：010-62786544
　　　　投稿与读者服务：010-62776969，c-service@tup.tsinghua.edu.cn
　　　　质量反馈：010-62772015，zhiliang@tup.tsinghua.edu.cn
印 装 者：三河市东方印刷有限公司
经　　销：全国新华书店
开　　本：155mm×230mm　　　**印　张：**22　　　**字　数：**367 千字
版　　次：2025 年 3 月第 1 版　　　　**印　次：**2025 年 3 月第 1 次印刷
定　　价：198.00 元

产品编号：106256-01

他 序 一

陕西师范大学外国语学院朱冬怡副教授的专著《会话叙事标记的语用理论阐释研究》由清华大学出版社出版，谨在此表示衷心祝贺。

我与冬怡老师相识很早。她在清华大学外文系攻读外国语言学及应用语言学博士，而我是北京大学、清华大学的双聘教授。她的导师范文芳教授是 20 世纪九十年代由我在北大指导获得博士学位后，又由我推荐去清华大学外文系任教。因此，冬怡毕业离校前我们三人曾一起在清华校园聚餐并合影。深厚的隔代亲一言难尽。

我印象最深的是冬怡在攻读博士学位期间，就有多篇论文发表。[1] 正因为这个原因，冬怡的博士论文以盲审全 Adequate 的优秀成绩顺利通过毕业答辩。

让我更为兴奋的是冬怡在工作岗位上取得了惊人成就。尽管她本人在简历中提到她的研究方向是话语分析、会话叙事、机构话语研究，仔细一看，她已经发表的 8 篇文章中有 3 篇是在国外刊物上发表的。[2] 另有 3 篇的内容有关医患互动。[3] 这是语言教学和研究为医学等其他专业服务的一个亮点。

---

1 ① 朱冬怡 . 2017. 自然会话叙事标记语 "然后" 构建的语义缺省 . 外语学刊，5，50–57.

　　② Zhu, D. 2016. Construction of illocutionary meaning: Analyses of conversational narratives of a Chinese 60-year-old woman. *English Linguistic Research*, 5(4): 54–64.

　　③ 朱冬怡 . 2016. 诗歌语篇的话语文体分析新路径 . 鲁东大学学报（哲学社会科学版），5，61–65.

　　④ 朱冬怡 . 2015. 话语标记语 "你懂的" 的缺省语义观 . 外语教学，2，26–30.

2 ① Zhu, D. 2024. Elderly patients' repetition of narrative topcs in medical interactions. *Language, Aging and Society: What Can Linguistics Do for the Aging World*. Basingstoke: Palgrave Macmillan, 93–114.

　　② Zhu, D. 2024. Constructing elderly patients' agency through conversational storytelling. *Linguistics Vanguard*, 10(1): 189–198.

　　③ Zhu, D. 2020. Conversational narrative marker: Identification and modification. In W. Wang (Ed.), *Analyzing Chinese Language and Discourse Across Layers and Genres, Studies in Chinese Language and Discourse*. Amsterdam & Philadelphia: John Benjamins, 37–57.

3 ① 朱冬怡 . 2022. 医患互动过程老年患者会话叙事标记的语用特征探微 . 载于黄立鹤（主编），老年语言学研究新进展 . 上海：同济大学出版社，66–75.

　　② 朱冬怡 . 2023. 医患互动中的会话叙事：医护者叙事的话语策略研究 . 外语教学，3，44–50.

　　③ 朱冬怡 . 2024. 会话叙事标记在医患互动中的语用缓和呈现 . 外语研究，1，55–61.

　　就本专著而言，冬怡是在她的博士论文《自然会话叙事标记的语义缺省及其语用功能研究》的基础上修订完成的。

　　专著综合运用了词汇语用学、会话分析、缺省语义学、语用缓和理论视角等当代语言学前沿理论分析汉语会话叙事标记的句法特点、序列分布、语义缺省空间、叙事标记身份、互动功能等。这说明冬怡的学术功底深厚，知识面广。本专著的创新表现在作者构建了会话叙事标记的指示性－互动性－意图性语用指向框架和互动性表征的语用缓和分析模式。另一个特色是冬怡把汉语作为语料，将有关理论和应用推动汉语的语言学研究。为此，作者细致构建了阐释会话叙事标记功能的描述框架、深入考察会话叙事标记的语用功能与实践表征、明确提出会话叙事标记多界面阐释的可行性、初步揭示并对比分析了自发性会话与机构语境下会话叙事标记的语用异同情况，整体勾勒出汉语会话叙事标记的使用面貌。作为外语工作者的冬怡能对汉语做出如此巨大的贡献，令人钦佩。鉴于冬怡在前言和有关章节中有更详细的论述，此处从略。

　　可以肯定，随着冬怡的学术和科研水平不断提高，她将会有更多成就，为学界做出更大贡献！

北京大学外国语学院

2025 年 1 月

他 序 二

冰雪润泽花蕊，寒梅预报春晖。十年前，冬怡步入清华大学的大门，开始她的博士研究生涯；五年后，她顺利通过了博士论文答辩，获得博士学位。走上工作岗位后，冬怡继续着她的追求和优秀，兢兢业业地做好教学工作，孜孜不倦地进行学术研究。今日，冬怡博士主持的国家社科基金后期资助项目成果圆满通过验收，研究成果即将出版。值此令人兴奋之际，特做此序，以共勉。

冬怡踏实勤奋，善于思考，是个当学者的好苗子。记得她在博士二年级时，拿来她撰写的论文《话语标记语"你懂的"的缺省语义观》初稿给我过目。这篇论文从语义缺省视角分析话语标记的观点，颇具新意，内容充实，我甚是惊喜。在我的鼓励下，她认真地进行了修改和润色。半年后，该文被《外语教学》录用。这是她走向系统深入研究会话叙事的第一步。"Well begun is half done！"之后，她在"你懂的"的基础上继续深入探讨。随后她在《外语学刊》上发表了《自然会话叙事标记语"然后"构建的语义缺省》。这两篇论文奠定了她博士论文的选题基础。于是，她的博士论文便确定在围绕会话叙事标记的语义缺省和语用功能展开系统深入的研究。

在博士学习期间，冬怡获得了国家留学基金委的资助，赴美国明尼苏达大学双城分校的语言学系接受联合培养。在这期间，她进一步开阔了学术视野，提升了理论素养，拓展了研究思路，为她博士论文的思考和写作提供了有益的滋养。

会话叙事标记的研究涉及叙事学、话语分析、社会语言学、语义学、认知语言学等多个学科。基于对细微话语现象的浓厚兴趣，冬怡对各个学科的文献进行了广而精的梳理、研读、整理和评价。在充分了解前人相关研究的基础上，她逐步厘清了自己的研究思路。她从现实生活中系统地收集语料，认真分析并深度思考，最终形成了独到的见解，并构建了会话叙事标记的语用指向框架和互动性表征的语用缓和分析模式。该模式对汉语会话叙事标记的基本类型、特征表现、语用特点与总体情况进行全面调查，从整体上勾勒出现代汉语会话叙事标记的使用概貌。冬怡的研究得到了同行专家一致认可，她的博士论文获得了全 A 的盲审结果，为她的博士研究画上了完美的句号。

入教陕西师范大学后，冬怡博士在投身于教育事业的同时，开启了机构话语语境下会话叙事标记的使用研究。她深入田野收集语料，认真分析思考，并以此为方向成功申请到了国家社科基金的后期资助项目。这个项目的资助使她得以逐步深耕机构语境。其中，她在医患互动中的会话叙事以及叙事标记的语用研究、老龄人群的会话叙事及叙事标记研究等方面取得了丰硕的成果，发表了数篇 SSCI、AHCI 以及 CSSCI 研究论文。

任何一个领域的学术研究都不是几篇论文和几部专著就能完成的。我衷心希望冬怡继续持有静心、精心和恒心，在多领域跨学科视角下不断深入探索。同时，希望这部专著的出版能够为语用学、话语分析和会话叙事分析等领域的学者提供研究理论与方法意义层面的借鉴和参考。

范文芳
于清华园
2025 年 1 月

　　本书以会话叙事标记为研究对象，基本出发点是：后格莱斯意义理论（Bach，1994；Carston，2004；Levinson，2000；Recanati，2003，2004）对于如何解释一般会话含义和语用内容所形成的交叉层面的意义长期持有争论，异义落脚点在于这一交叉层面是否需要语用推论，是否需要依赖语境完成意义以及概念的整合。这一争论在 Jaszczolt（2005，2011）基于话语整体意义（globalism）和语用内容丰富的后命题（post-propositional）识解意义中得到了暂时的和解，但对于 Jaszczolt 语用信息来源中首要意义的处理缺陷，仍需在意义动态性、意图多面性及语境参照下进行修正和思考。会话叙事标记，是言者为听者提供最佳话语关联的一种语用制约语，程序编码意义和概念编码意义相互交错，共同激活交际者认知推理路线或特定语境假设（Blakemore，1987，2002）。会话叙事标记本身在话语层面的上下文承接是建立在命题完整加工的基础上的。可以说，对叙事标记的识别是建立在外围的会话框架和内嵌的叙事框架对于故事事件后命题的识别过程。此时叙事标记具有切换会话场景和叙事场景的功能，有些叙事标记仍展现话语标记功能，如纯粹的上下文连接词，其本身并无真值条件含义可言，但有些作为具有语用形式的标记在语境中却体现了叙事定位和表达叙事所指意图的语义含义。

　　基于此，本书在界定会话叙事标记的基础上，将语用内容丰富的缺省语义学理论和语用缓和理论引入会话叙事标记的研究之中，试图揭示会话叙事标记的成形机制和语用动因，同时基于词汇语用学视角和会话分析方法，探讨会话叙事标记在自发性会话语境和机构性互动语境中的话语特点，从而较为全面地呈现会话叙事标记语用运行的全貌，揭示会话叙事标记的话语本质。全书共分为七章，具体如下。

　　第 1 章为导论，介绍本书的理论研究前提、研究对象的界定、研究目标和研究意义、研究语料和研究方法。

　　第 2 章首先从语用学视角下意义的研究入手介绍交际中话语意义的总体特点和解析途径，之后对会话叙事标记的语用研究概况，特别是其作为话语标记大类现象在语法化、语用化、语义化和认知化研究上的走向进行文献综述和评析，重点评介语用－语义－认知发展态势下会话叙事标记研究的特点，为下文从语用界面新视角研究叙事标记奠定基础。

第 3 章主要介绍本书解析会话叙事标记所采用的理论框架：语用指向分析模式。首先简述会话叙事标记的多维语用空间，提出其合并表征的信息来源假设，阐释其语用定位、叙事维度表现和语义缺省空间的形成所奠定的语用指向框架基础，从而构建基于指示性－互动性－意图性的会话叙事标记语用指向分析框架。此外，本章在细致剖析互动性衔接指向的基础上，横向构建了会话叙事标记的语用缓和呈现模式，为机构性会话语料的解析提供了可行的参考。

第 4 章探讨具有主观缺省意义的非概念型叙事标记的叙事标记化过程和语用运行特征。重点分析具有主观缺省意义表达的叙事推进标记"然后"、叙事证实标记"其实"、叙事论果标记"结果"和叙事总括标记"反正"在切换会话场景和叙事场景过程中对时空顺序、事理逻辑顺序、话语程序和主观指称次序的调度合作与互动。该类型叙事标记在动态的语用过程中呈现出语境化关系增强，语法化和词汇化关系减弱的趋势。进而指出会话叙事标记本身能够揭示话语字面所缺省的指称或语用隐含意义信息，并通过指称缺省或语义缺省重新激活叙述所指人／物／事件／行为，连通句法逻辑"短路"信息，维持自然会话叙事中会话与故事讲述的顺利切换与话语认知的衔接连贯。

第 5 章讨论叙事标记的交互主观意义特征与语用价值表现。重点分析叙事见解引介表述的"你别说"、叙事见解默契解读的"你懂的"与叙事见解精简评价的"可以，这很 NP"标记构式。交互主观意义表达是标记叙述者对所述内容的主观态度或个人评价，同时也点明叙述者默认见解的话语形式。从语用价值层面来讲，交互主观表达的叙事标记主要具有语言表达经济性和语义表征凸显性两种语用价值功能。语义表征凸显性体现在交互主观概念型叙事标记对叙述者叙事见解的情态强调和语义凸显，具体又可细分多种次级功能。

第 6 章主要探讨以医患诊疗互动、刑事庭审话语以及高校课堂互动为例的机构语境下会话叙事标记的语用缓和运行实质和应用实践特征。以医患诊疗互动话语为例，会话叙事标记从人际驱使和确信度保障两个层面实现了医患叙事的有效话语引介，展现了会话叙事标记作为揭示叙述者叙事话语态度、调整叙述话语力度以及延伸叙事言语行为广度的话语形式，凸显其以言行事的语用缓和路径。

第 7 章为结语部分，是对全书的归纳总结和思考，指出创新点和不足，并对进一步研究提出展望和建议。

本书在我博士论文的基础上进行了大量修改和补充，是我主持的国家社会科学基金后期资助项目"会话叙事标记的语用理论阐释研究"（项目编号：21FYYB012）的结项成果。从构思、选题、撰写至定稿、出版，前后历时近 10 年。

感谢国内外学术界许多良师益友的指导、帮助、关怀与嘱托。我的博士生导师、清华大学范文芳教授对我的悉心指导与关怀激励着我踏实前行。老师每每在关键时刻春风化雨般的点拨让我深受教益；老师对于学术所怀抱的严谨与永不懈怠的执着追求，对于生活所怀抱的热爱与歌咏美善的美好意境，是激励我在未来人生道路和学术追求过程中不断前行的重要动力。感谢胡壮麟教授和范文芳教授为本书提序。感谢清华大学外文系封宗信教授、刘世生教授、吕中舌教授、吴霞教授、董洁教授、刘梅华教授等，老师们的教诲、提携、鼓励与帮助，使我有机会在繁茂的树荫下静心寻找语言学的真意。感谢北京师范大学苗兴伟教授、北京林业大学史宝辉教授、对外经济贸易大学向明友教授对本书撰写过程中的屡次指点。感谢美国明尼苏达大学双城分校的 William O. Beeman 教授、Polly E. Szatrowski 教授在我赴美国联合培养过程中给予话语研究方面的指导和解惑答疑，使我深受启发。感谢英国剑桥大学 Kasia M. Jaszczolt 教授鼓励我对 Default Semantics 与汉语具体语体情境结合思考，新想法的滋生和新是非观的明辨也是滋养自身学术成长的一段必经之路。感谢伦敦国王学院 Alexandra Georgakopoulou 教授为我提供了诸多"小故事"的话语研究启发。感谢我的工作单位陕西师范大学王启龙教授、刘全国教授等领导同事，以及中国海洋大学于国栋教授、北京外国语大学夏登山教授、东北大学赵玉荣教授等师长在本书的撰写过程中给予的指导和鼓励。感谢所有参与语料收集的师门好友、亲人、朋友、同事、同学。

感谢我的家人。在我博士求学期间，父亲已至天堂，子未孝亲未待的悔恨与痛惜，更激励我学会珍惜当下，传承父亲秉留于我的大爱精神。母亲尽心尽力，不计回报，代我抚养后代，为我起早持家。公爹搭手支持，竭尽全力支持我们。爱人王剑，敦厚正直，爱的力量使我们战胜了大大小小的困难，始终相守相扶相爱相伴。家中两个小女是我幸福奋斗的源泉，只愿有一天，孩子们拿起这本书，能够好奇地体味这其中的疑惑、忐忑、进步与惊喜。

本书部分章节曾以论文形式发表于《外语教学》《外语学刊》《外语研究》《解放军外国语学院学报》《跨语言文化研究》和 John Benjamins 出

版的 *Studies in Chinese Language and Discourse* 等期刊上，定稿出版时对相关内容进行了调整、修改和润色。清华大学出版社郝建华老师与刘艳老师为本书的编辑出版付出了许多心血，对他们的辛勤工作心存敬意。在此一并感谢。

作为一名入门尚浅的学术研究人员，限于水平、精力和时间，不免对语言学相关理论的理解存在偏误，书中一定还存在许多不足之处，恳请各位专家和读者不吝指正。

朱冬怡

于陕西西安

2025 年 1 月

目　录

图目录

表目录

第 1 章

导　论

1.1　理论前提

　　会话叙事标记研究是通过整合性的问题导向形成的研究范式，探寻包括从语用学、语义学、功能语法等语言学理论到会话叙事和话语标记类言语现象在内的研究路径。本节将从语用内容丰富的缺省语义学理论出发，在话语整体意义的启发下探寻常规会话含义与非常规会话含义对于话语标记现象的语用功能指引，充分理解话语的标记现象在会话叙事内涵包裹之下所具有的研究潜质，进而梳理本书的理论前提。

1.1.1　语用内容丰富的缺省语义观

　　缺省语义学属于注重语境因素且语用内容丰富的语义学模式（Jaszczolt，2007：41）。自 Grice（1989：47-50）提出会话含义理论以来，语义学和语用学的界面分工便成为关注语言意义研究者长期以来一直探讨的问题。Grice 利用"修改了的奥卡姆剪刀"（Modified Occam's Razor）来解释意义研究中语用和语义的分界问题，即"字面意义除非必要不作多义解释"，由此他将所言（what is said）列为语义学研究范围，所含（what is implicated）列为语用学研究范围。在此基础上，Grice（1989：47-50）坚信对意义的鉴别要以是否遵循合作原则为参照，当交际者遵守了质、量、关系和方式准则时，其所传达的就是一般含义；当他们违反某一准则时，所传达的就是特殊含义，而语境是检验一般含义或特殊含义的试验田。但 Grice 本人并未阐述具体语境下语用推理的详细过程，这使得一般含义和特殊含义，即会话含义成为语义学研究中的必要补充成分和不可或缺的研究对象。然而，正是因为他利用了是否具有真值条件这一标准对所言和所含作语义与语用的划分，造成了后续研究中关于所含的规约含义和一般会话含义的语义－语用边界模糊问题。

针对 Grice 在意义划分中出现的所含含义的划分和归属问题，后格莱斯语义论者 Carston（1998：464）在概念表征系统下区分了关乎真值条件的广义语义学和关乎句法过程研究的狭义语义学。而广义语义学研究表明，只有介入语用因素的分析才能使语义学研究形成完整体系。Carston 的观点得到了后格莱斯语义论者的部分认同，如 Bach（1984，1994，2007）以及 Recanati（2003，2004）都提到了语义的不确定性，并指出语用因素对语言表达式的扩充和加强是使语义完整的必要条件。Levinson（1995，2000）认为会话含义对语境不具有依赖作用，但却需要语用推论，即交际者以默认的推理来形成缺省意义的表达。因此，会话含义，特别是一般会话含义，需要语用和语义的共同协作推理才能完成意义的最终合成。

正是基于上述学者在所含含义的语义－语用界面划分问题上产生的不同观点，Jaszczolt（1999，2004，2005，2010）提出了"缺省语义学"（Default Semantics）分析模式。缺省语义学模式将真值条件语用学与 Kamp & Reyle（1993）的语篇表征理论（Discourse Representation Theory）中意义的形式化和语义化合并在一起。其中，真值条件内容包含语用因素，而语用信息包括有意识的推论形式以及无意识的缺省意义。在此分析框架中，语用信息独立作用于语法之上，语用输入被认为与句法信息同样重要。针对语用输入的表征形式，Jaszczolt（2005：57）提出了意义表征层次的四个组成结构：词库、语法、推理和缺省。这四个结构的扩展也就是她进而提出的"合并表征"（merger representation）概念。合并表征表现的真值条件内容是上述意义表征中四个结构的扩展，并最终将其输出、合并组成新的独立表现形式，分别是：

（1）词义和句子结构（word and sentence structure，简称 WS）；

（2）有意识的语用推理过程（consciously pragmatic inference，简称 CPI）；

（3）认知缺省（产生于人类思维过程的特点）（cognitive default，简称 CD）；

（4）社会－文化缺省（产生于社会文化的组织方式）（social and cultural default，简称 SCD）。

合并表征的第一步是真值内容处理（详见 Jaszczolt，2005：57；2010：200）。图 1-1 的每个箭头均指向合并表征，示意四个结构对真值内容和话语意义均构成影响，具体如图 1-1 所示。

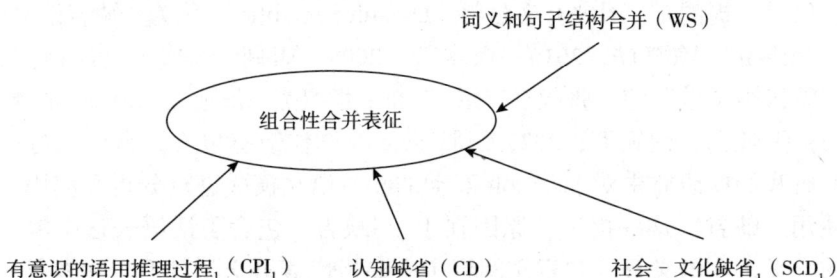

词义和句子结构合并（WS）

组合性合并表征

有意识的语用推理过程₁（CPI₁）　认知缺省（CD）　社会 - 文化缺省₁（SCD₁）

图 1-1　组合性合并表征示意图

第二步是含义处理。

社会 - 文化缺省 ₂（SCD₂）◄──────►有意识的语用推理过程 ₂（CPI₂）

缺省语义学把语义学和语用学合并在一个意义层面，语用信息因而作用于话语的真值条件内容，在这一意义层面上，首要意义（primary meaning/pm）即真值内容处理，次要意义（secondary meaning/sm）即话语含义处理，共同为话语信息的加工过程提供意义阐释。首要意义主要由组合了各种信息的合并表征（merger representation）来体现（Jaszczolt，2010：197-202）。合成性（compositionality）是构成合并表征的原则，它体现在词义和句子结构合并（WS）、有意识的语用推理过程（CPI）、产生于人类思维过程的认知缺省（CD）以及产生于世界知识和社会文化常规的社会 - 文化和世界知识缺省（SCWD）（Jaszczolt，2010：200）。合成性是关于首要意义的信息互动的总和。缺省语义学主张在合并表征下对话语意义进行整体识解，而有意识的语用推理和无意识的缺省意义是确保话语意义整体识解顺利进行的关键。这种以合并表征为信息总和的思想促使 Jaszczolt（2016）形成了对自然会话中互动话语意义如何并合在一起并达成双方可以识解的意义的思考。然而，正如 Jaszczolt（2005：57-58）所言，合并表征并非话语表达的唯一内容，会话含义作为依赖有意识的语用推理或社会 - 文化规约输出的含义形式，也属于话语表达。社会文化规约在话语意义的识解中起重要作用，而话语意义是使用中的意义。为了区分它们在不同阶段的作用，才有了在第一步合并表征和第二步含义处理中各自出现的社会 - 文化缺省和有意识的语用推理部分。简而言之，缺省语义学模式既包含语用因素，又包括语义成分；既包含有意识的语用推理，又包括来自社会 - 文化缺省（SCD₁）和认知缺省（CD）的语义扩充意义（Jaszczolt，

2005：207）；缺省语义最终来源于说话人意义和缺省意义。

值得一提的是，国内有文献将"Default Semantics"称为"缺省语义学"的（毛继光、陈晓烨，2010；束定芳，2008；唐韧，2012），也有将其称为"默认语义学"的（张权、李娟，2006；张绍杰、张延飞，2012；张延飞，2016；张延飞、梁妮娜，2023）。将default称作缺省也好，默认也好，都不妨碍我们在研究中对Jaszczolt互动的缺省语义模式进行分析和应用。本书使用"缺省"这一提法，原因在于，"缺省"包含了话语表达中缺失省略的含义，在语义解码和意义阐释中主要指代言语交际过程交际者所言中缺失和省略的步骤内容意义，此时语言作为主体直接体现了缺省的步骤含义；而步骤意义在人的主观概念中最终形成的就是人们所默认的意义，此时人是理解默认意义的主体。因此，我们必须清楚本书所谈论的对象，是在语言层面起连接作用的标记现象，此时语言形式作为主体必然需要我们进一步探索缺省的步骤意义，而语言表达和理解中所缺失和省略的形式内容指向也使得我们更倾向于以"缺省"的提法对其加以描述和运用。

1.1.2 语用缓和观

语言学领域针对缓和（mitigation）的研究在于探寻交际过程中能够减少言语带来的人际冲突并有效维护交际者面子的话语策略或手段（Brown & Levinson，1987；Fraser，1980）。自Fraser（1996）将缓和引入现代语用学研究之后，作为语用现象的缓和已成为语用学研究的重要对象（冉永平，2012b）。

就语用缓和的表现形式来讲，语用缓和涉及交际者对具有缓和人际功能的语言形式及话语策略的选择和使用（Thaler，2012：911）。语用缓和的话语策略是缓和机制得以运行的基础，Caffi（2007：49）进而指出命题（包含所指指向和述谓表达）、施为性话语（如含有言外之意的动词、加强言外之意的表达等话语行为）以及话语的指示来源（如言者在话语发生时刻的所指指向）是缓和性话语策略得以形成的关键参数，它可以是一个词语、称呼语、一个或几个话语等（冉永平，2012b：5），从而降低言语行为对于听者所产生的不悦效果的可能性（Fraser，1980：341）。以此而言，缓和话语运行过程中的表现形式涉及了言者在语用指向上的话语选择与运用，这契合了本书探究叙事标记的语用衔接与细化的指向性问题。

就功能而言，语用缓和可以有效地实施言语行为，传达语用含义

（Fraser，1980：341）。以不同表现形式呈现的缓和话语在语用功能上或具有服务于自我话语功效的（self-serving）语用功能，此时消除了话语于言者而产生的非积极影响；或具有关切于利他话语功效的（altruistic）语用功能，此时减弱了话语于听者所产生的消极影响（Fraser，1980；Caffi，2007）。因此，语用缓和的主要功能是缓和言者与听者的交际话语，进而产生积极的话语影响，从而维护人际话语关系，避免冲突话语的形成，达成语言以言行事的功能。

就研究方向而言，语用缓和包括对具有人际缓和功能的语言形式或策略的探究，也包含针对实现人际缓和用意的语言交际过程的研究（冉永平，2012b：4）。语用缓和观旨在通过调试言语行为以减少面子威胁，避免交际冲突，实现顺畅的人际交际，因此也被置于礼貌（politeness）研究领域（Caffi，2007：87），探及了社会性关联用语、认知关联行为话语和修辞关联话语（van Dijk，1984）、文体关联缓和语（Gumperz，1982）、情绪关联缓和语（Caffi & Janney，1994）等研究转向，从而在实际语例中具体探讨缓和用意的达成过程。

语用缓和观涉及了非常规会话含义的产生，是具有交际者元语用意识的一种话语策略体现（Caffi，1999，2007）。本书在探讨叙事标记语用指向问题时，使用语用缓和观指导叙事标记在机构性会话叙事语境中作为表征自身话语驱使性与确信度的一种语言形式，也是语用缓和观用以指导机构动态交际与人际维持的一次有益尝试。

1.1.3 会话叙事

会话叙事是源于日常交际的一种语体。不同于文体，语体是说话的一种体式，是话语交际的"体"（方式或结构系统），它应当指"说话者"和"听话者"在交际时产生和遵循的原则与规律（冯胜利，2010：400）。和时事访谈或政务交流等正式语体相比，日常交际中交际者自发形成的故事讲述活动属于一种非正式语体。

简单来讲，会话叙事指的是日常会话交际中的故事讲述活动。会话叙事的定义和研究框架大多来自学者们针对叙事（Labov，1972a；Labov & Waletzky，1967；Ochs & Capps，2001；Polanyi，1985；Quasthoff & Nikolaus，1982；Toolan，1988）以及对故事讲述活动的研究（Cohan & Shires，1988；Fox，1993；Georgakopoulou，2007；Jefferson，1978；Norrick，2000；Page，2015，2017；Sacks，1974，1992）。会话叙事最初是

作为自发性会话的次级活动类型出现的（赵玉荣，2013），它的分析路径大致结合了 Labov（1972a）对口语经历叙事的分析以及 Sacks（1974）和 Schegloff（1992）对叙事话语序列的分析。Quasthoff & Nikolaus（1982）将会话叙事定义为由话语情境和功能变量所构成的用于形成交际者对过往经验及其对话语当下产生影响的自发性话语单位，会话叙事因此具有交际评价功能；Toolan（1988）则认为会话叙事的最简形式是非随机相连的一系列可被叙述和感知的事件；而 Cohan & Shires（1988）把叙事最为显著的特征归结为叙事本身对事件的一种线性叙述排列和组织；Fox（1993）则从主观的经验层面入手，将叙事定义为根据时间维度来组织个人经验的一种基本方式。

较早从日常自发性会话交际出发研究故事讲述活动的学者是 Fludernik（1996：13-19），她采用"自然叙事"这一说法，指出在正常的日常交谈中自然而然发生的一种自然叙事非常值得研究，这种"自然的会话叙事"常用来区别未经考虑而产生的，以及具有"构建性"的人物在具体故事语境中的叙述。Fludernik 特别强调个人直接或间接的经验性故事讲述活动，并指出经验性会话叙事是自然叙事和其他一切叙事的叙事原型。此后，Norrick（2000：27）将"会话叙事"作为术语进行了一系列研究，他将会话叙事定义为"不同于文学叙事文本的自然叙事，是一种出现在日常自然会话中的叙事，具有面对面互动交际，话题动态发展，话轮转接没有固定次序和长度限制的叙事特点"。会话中的叙事和故事因此属于一种社会实践活动（Page，2015）。这个定义在概念上基本等同于 Fludernik 所提到的个人的经验性会话叙事。

Ochs & Capps（2001：19）在其著作《生活叙事》（*Living Narrative*）中修正了 Labov 传统的结构主义叙事模式，并指出日常会话中的叙事特点，即结构欠完善、连贯性不够和叙事维度的多样性。他们提出在日常生活及社会交往中，交际者对彼此间未预先设计、不经任何修饰的生活事件的叙述活动才是会话叙事的研究主体。而生活中的会话叙事的话语意义是随着交际双方的社会立场、道德、经验、态度等实际语境的互动合作而变化的。与 Ochs & Capps 的观点类似，Herman（2002：149）也提到了故事讲述和故事内容的消化处理方面的事实不能被预先限制在偶然和不可预见的范围之内，而应置于会话叙事交际参与者的实际活动之中[1]，我们应该思考会话叙事中互动的叙事话语是如何展开的。Bamberg（2004）及 Georga-

---

1　也可参考 Herman（赫尔曼）汉译本《新叙事学》（马海良译）（2002）。

kopoulou（2007）提出体现语境特征和互动特征的生活叙事的"小故事"概念，指出会话叙事分析不应再聚焦于具备典型性和完整性特征的访谈故事讲述，而应分析谈话中碎片式话轮组合而成的非典型性叙事模式。这种模式不是以个人对过往经历为主的叙事原型故事讲述，而是叙事原型大框架下的一种非典型性叙事行为，包括对正在发生事件的讲述，未来或猜想事件的讲述，共同知晓事件的讲述以及讲述中的暗示、延迟和取舍等叙事行为。

参照上述会话叙事的定义，并结合本书的研究目的，我们赞同并将适当修正 Bamberg（2004）及 Georgakopoulou（2007）的"小故事"观点。他们提到的"小故事"概念和汉语情境下日常会话中出现的故事讲述特征有重合之处，却也不尽相同。

相似之处是人们在谈话中的确常常使用碎片式话轮组合来进行故事讲述，故事话轮交叉会话话轮共同组成一个完整的会话。"小故事"通常结构不够完整，叙事性话语特征也不够明显，但就过往经历所涉及的故事讲述而言，它在汉语情境中的语例并不少见。会话中的交际参与者往往因为即时语境下的某件事情，某种物品或某个场景而讲述一个或几个故事。此时的参与者根据记忆经验调取具有相关性的过往经历进行讲述，故事讲述者的记忆经验层面，是以记忆碎片的形式散落在长时记忆系统中的（Riessman，1993：9；施铁如，2010：247），在被会话情景中不同因素激发后，回忆、反思并收集起记忆中的零散信息，从而构成会话中正在讲述的故事。和会话叙事在后经典叙事学关注的重点一样，对会话中散落的"小故事"的话语意义研究也要"考虑具体语境和说话人的意图"（刘风光、薛兵，2014：766）。而连接会话和叙事之间的纽带，即交际者所使用的会话叙事标记，是言者和听者在回忆、反思、收集并讲述故事事件中的连接语和过渡语。

1.1.4 话语的标记现象

过去近四十年，关于话语标记的研究历程，从术语之争到研究实质之争，从词例的个案探讨到语例内部渐成系统，无不得益于国内外不同学者从不同角度、用不同方法、以不同目的进行的方式多样和标记各异的类型探索。顾名思义，话语标记由修饰词"话语"和中心词"标记"构成。"话语"意指其意义表征指向话语语篇层面，这其中既包括口头语篇，又包括书面语篇；"标记"意指其在话语语篇中标记或标识了交际者所描述和产生的意义。语义学研究主要关注语言意义的表达系统，而语用学研究则重点关注语言使用中的意义体现。因此，要了解话语层面联系标记的标识功能，就有必要从语义学和语用学的双向层面对这种语言现象的意义和功能进行更深层次的探讨。

从不同角度和维度分析，国内外学者对话语的标记现象研究大致分为四个走向，即研究句法功能和语法分类的语法化标记走向、研究语用信息推理与表达的语用化标记走向、研究语义值和连贯关系的语义化标记走向和研究心理认知与交互的认知化标记走向。总的来讲，话语标记的语法化和语用化研究数量多于语义化与认知化的研究。这和 Halliday & Hasan（1976）、van Dijk（1979）以及 Fraser（1987，2006）在研究早期阶段针对句法现象以及语用功能对话语标记进行划界有直接关系。除此之外，Blakemore（1992）、Schiffrin（1987）以及 Redeker（1991）等学者也纷纷从语义连贯阈值和交际主体认知层面对标记现象的语际关联与推理特征作出新的界定。这些研究都为后续各国学者对话语的标记现象探究做了很好的铺垫。从以上四个研究走向所使用的语料数据来看，国内外学者对话语标记现象的共同关注点已从书面语篇拓展至自然口头语篇。这与 20 世纪 70 年代以来学界逐渐兴起的对会话分析的关注有很大关系。自然会话语篇的真实性、自然性和不可复制性也为研究者提供了新的语料视角。

文献检索显示 Labov & Fanshel（1977）在使用社会心理学和语言学的方法对患者进行心理治疗时最早提及了"discourse marker"（DM）这一术语，但他们并未对这一说法进行功能及意义方面的介绍和扩展。但更早一年，Halliday & Hasan（1976）在讨论英语语篇的衔接与连贯机制时就已提出语句联系词（sentence connective）这种说法，其功能逐渐被冠以与话语标记具有同等意义的语言形式。此后使用 DM 进行系统研究的学者是 Schiffrin（1987）。她提出了话语标记的话语连贯和语境坐标观（discourse coherence and contextual coordinate）。而 Fraser（1988）、Östman（1995）以及 Knott & Dale（1994）将标记的基调词由"话语"变为"语用"，他们在研究中使用"语用标记""语用小品词"以及"语用联系语"等，认为这些标记在编码中均涉及交际者的思维状态或交际意图，其本质是扩大了包含话语标记在内的具有评价表征意义和言语行为意义的语用型话语标记。从以往文献中可以看出，国外研究者对 DM 的梳理探究主要源于它的质同名异的称谓形式的变化。基于 Fraser（1999）对话语标记的总结，并结合 Ebsco 检索数据库和最新文献统计，我们将英语文献中最常见的十种针对话语标记现象的提法列举出来（参见表 1-1）[1]，发现 "discourse marker(s)" 依然是研究者们最常使用的、接受度最大的提法。不同于以往文献中提到的关于语用标记（pragmatic marker）是话语标记的最直接和最常见替代术语，此次检索显示，语义制约语（semantic constraint）的研究频次高于语用标记，这和 Quirk et al.（1985）提出的句子中的类状语可视为连接上下语言单位的逻辑语义连接语以及 Blakemore（1987）之后发表的著作《关联性的语义制约》（*Semantic Constraints on Relevance*）有很大联系。

表 1-1　英语文献中"话语标记"最常见的十种称谓形式

称谓形式及排序	检索显示数量	称谓提出者
1. discourse markers	1454	Labov & Fanshel, 1977
2. semantic constraints	1268	Blakemore, 1987
3. pragmatic markers	789	Fraser, 1988
4. discourse particles	716	Quirk et al., 1972
5. discourse connectives	664	Redeker, 1990
6. pragmatic particles	649	Östman, 1995
7. discourse cues	209	Schourup, 1985
8. discourse operators	40	Polanyi & Scha, 1983
9. pragmatic connectives	25	Knott & Dale, 1994
10. semantic conjuncts	17	Quirk et al., 1972

　　从直观数据可以看出，国外学界针对话语标记的提法和研究走向大体上是在话语标记本身的话语功能成分意义（如以 discourse 称谓开头的提法）或是其在语义或语用（如以 semantic 或 pragmatic 称谓开头的提法）的功能分支层面进行探讨的。

　　同样，汉语中对话语标记的研究也存在着因研究侧重点和出发点不同

1　表 1-1 所列举的文献统计均来自 Ebsco 检索数据库，检索时间为 2023 年 4 月 24 日，其中对关键词，即布尔逻辑 / 词组的检索均为"复数"并含"单数"形式。例如，对 discourse marker 的检索形式是：discourse markers 并含 discourse marker，表中剩余的关键词检索均依据此形式进行。检索方式是依据题目、关键词和摘要中出现相关匹配条目的模糊检索形式，检索选择文献语言为英语。

而形成的术语多样化特点（参见表 1–2）[1]，我们根据 CNKI 数据库检索得到的不完全统计，"话语标记"在汉语中的称谓形式部分译自英语，其称谓方式随着学者们研究目的或话语标记的个体案例而呈现出多样性。何自然和冉永平（1999）对英语连词如 anyway、after all、however 作为话语联系语进行了语用制约的探讨；方梅（2000）使用话语标记的提法对汉语自然口语中弱化的连词探讨表明了其在话语组织、言语行为功能上的不同；马博森（2001）围绕话语标记 y'know 等程序意义和其在英语叙事语篇中的交际意图展开了话语标记的关联探讨。而李勇忠（2003a）和冯光武（2004）则采取了语用标记（语）的称呼方式，前者是对话语标记在语用关联和连贯中所具有的语篇、人际和元语言功能的总结，从其研究来看是对话语标记的重新梳理而扩展的语用层面的描述，后者在研究中区分了语用标记的语义意义、概念意义和非概念意义，如"但是"和"我警告你"，在不同的话语情境中显示的是言者对话语单元之间语义关系的一种判断。

表 1–2　汉语文献中"话语标记"最常见的称谓形式

称谓形式及排序	检索显示数量	汉语称谓出处
1. 话语标记语	512	冉永平，2000
2. 话语标记	467	方梅，2000
3. 语用标记	49	李勇忠，2003a
4. 语用标记语	36	冯光武，2004
5. 话语联系语	23	何自然、冉永平，1999
6. 元话语标记	23	李秀明，2007
7. 元语用（标记）	20	吴亚欣、于国栋，2003
8. 话语/语篇连接词	10	董敏，2002
9. 口语/话语/语用小品词	7	何安平、徐曼菲，2003

目前来看，国外最常见和采纳率最高的理论框架来自以下三位学者所开拓的话语标记视角：

（1）Schiffrin（1987）的"语境坐标连贯"观。此种观点主要强调话语标记对局部连贯的衔接作用，并指出类似衔接是通过话语中相邻话语单位间的关系才得以建立的；

1　表 1–2 的文献统计来自 CNKI 数据库，检索时间为 2023 年 4 月 24 日，检索方式是依据题目、关键词和摘要中出现相关匹配条目的模糊检索形式，检索选择文献语言为汉语。由于汉语中对 discourse marker 的称谓方式也不尽相同，在此仅列举了检索数量大于或等于 2 篇的称谓形式。

（2）Blakemore（1987，2002）的"认知关联"观。此种观点主要强调话语标记的明示效果和认知语境之间的关系，并指出语义对关联性具有制约作用；

（3）Fraser（1987，1990，1996，1999，2006）的"语法–语用"观。此种观点主要采用自上而下的方法，强调话语标记的界定和分类，并注重对单一语例的共时使用进行探讨。

相比之下，国内话语标记的系统研究起步较晚，对学界产生较大理论影响的三位学者及其主要观点如下：

（1）冉永平（2000，2002，2004a）利用"关联理论"和"语言顺应论"对汉语话语标记/话语联系语的分类和作用的探讨；

（2）方梅（2000）对自然口语中常见的弱化连词的话语标记功能进行的分析；

（3）冯光武（2004，2005）在语义–语用界面对话语标记/语用标记进行的界面分析和探讨。

就国内话语标记的研究概况来看，其研究主要是以理论引介为主的共时标记语例研究，但由于缺乏统一的理论体系，各个研究的关注点和研究对象不尽相同。对于本书期待探讨的会话叙事标记在语用功能和语义制约方面的研究情况，最早见于廖秋忠（1986，1987）根据话语联系语的功能与位置指出了联系语是用来明确表达语言片段或语段之间在语义上的种种转承关系，但其并未涉及对口头自然话语的进一步探讨。何自然和冉永平（1999：7）基于关联理论从话语生成与理解的角度论证了这一过程的认知性与语用制约性，但他们的研究仍是基于对英语语料的个例分析，对于话语联系语如何从认知上制约话语理解，他们表示"对话语生成与理解这个复杂的认知心理过程尚需进行深入的探讨"。

本书将会话叙事标记看作话语标记的大类现象，在功能上属于话语联系语。通过对语料的观察发现，会话叙事标记多表示前后话语信息之间的某种逻辑事理关系，如转折关系、并列关系、因果关系或顺承关系等，也正是由于这种逻辑关系，叙事标记才有可能引介缺省现象，而这种缺省或省略是由前后之间的语境关系决定的。

在具体使用层面，话语的标记现象本质上需要研究者结合具体语境和语例进行功能上的解析，而针对个体词例的完整分析则需要在语境要素的基础上进一步考察联系标记的语用、句法、语义和交际性特征。据此，本书认为针对会话叙事标记的研究应当是在具体语境的构架下包括对应用语例及其语用因素和语义特征的双向探讨，并在此基础上挖掘它的语用缓和策略与功能，传统的纯粹以句法构架为模式的探讨形式已经过时（何自然、冉永平，1999：1）。

1.2　研究对象界定

会话叙事标记的界定需要从其本质表现入手进而探讨。本书所分析的会话叙事标记是话语的连接成分在会话故事讲述中的一种语境标记现象，由于它处在会话叙事语境的特定环境中，其本身可以被视为一种具有语用包裹性的语言形式。

自发性会话常常包含交际者有意识或无意识的故事讲述活动。而出现在这些会话中的故事讲述通常是由某些特定的词组、短语或句式连接会话与故事，也正是因为这些特定的词组、短语或句式，交际者在会话中流利自如地切换会话场景和故事场景，使得一个个小故事得以讲述。经过对自发性语料的对比和研究，我们发现，叙事标记的运用恰恰体现了日常会话交际中一种"无故事，不世界"的特质，也就是说，我们所探讨的世界的样貌是从每一件细小的会话和故事描述中展开的，是对具体事件状态的即时言语表征（Werth，1999：149），而叙事标记则以一种更为清晰，以及程序性更为明确的扩展指引方式对具体事件加以引介。从对会话中故事的关注到叙/受述者双方争抢话轮对故事事件进行接续、评论、反馈到回应，会话叙事标记具有随时切换所述事件关联要素的连接本质。基于此种现象以及对国内外相关文献的分析和研究，我们将从会话叙事标记的话语特征入手对其进行界定和分类。

1.2.1　界定会话叙事标记

自发性会话叙事在与宏大叙事的对立与和解中逐渐显露出自身特点，发端于叙事学，通过社会学、心理学、人类学与语言学等交叉学科理论的共同推进，会话叙事在研究舞台上重新崭露头角。自发性会话叙事在现代社会的表现形式本质上是一种个体对日常生活经历和经验的故事讲述，日常生活由此成为发现意义和价值的叙事主场（解葳，2013：60）。因此，针对自发性会话中故事讲述的研究也呈现了多维度的研究态势。目前，学界针对汉语中故事讲述的研究大致涉及五个方向：① 针对民间故事讲述整理而形成的民俗学研究；② 针对具体作品中故事讲述而形成的文学作品解读；③ 针对话语层面的故事讲述而形成的会话分析研究；④ 针对影视作品中故事讲述而形成的文艺或电影评说；⑤ 新闻及媒体故事评述。

本书属于第三种研究方向，即主要在语言学层面，从语用－语义－认知的多界面视角，融合缺省语义学、语用缓和观以及会话分析等理论或方法来探索故事讲述活动中叙事标记的话语表征特点。值得一提的是，社会语言学视角下利用会话分析框架研究会话中的故事讲述发端于 Labov（1972a），他开创的个人口头叙事分析奠定了会话叙事研究的基础；会话分析学派 Sacks（1974）拓展了日常会话中的故事研究，指出它是建立在话轮结构之上的有序的话语序列；Jefferson（1978）进一步分析会话故事的序列性，主张将叙事看作一个会话事件。在会话分析的阵营下，借助其他理论框架的研究成果也异常丰富（Goodwin，1984；Jefferson，1978；Liddicoat，2007；Mandelbaum，1987，1989；Norrick，2000；Sacks，1974，1992；Schegloff，1992；Zhu，2020；彭欣、张惟，2019；赵玉荣，2012，2013，2014；朱冬怡，2017，2019，2021）。例如，Norrick（2015）在指出会话叙事具有面对面交际特点的同时，提倡采用由外而内（即由故事本身探究讲述意图）的方法分析会话中故事讲述所具有的言外含义，这种思路对于由语义过渡到语用，再由语用深入认知主体（即认知主体的意图性）的过程具有很大启发。

从已有研究反观自然会话叙事中序列性和交际性特点，有助于我们从话语的交际性和序列本源上探究叙事标记的功能和意义，从而为会话叙事标记的界定提供参考。通过对本书语料的观察和对比，我们发现，会话叙事标记具有以下本质体现：

首先，会话叙事标记是出现在自然会话故事讲述中叙述者和受述者所使用的一种话语联系标记，它推进了叙述过程和叙事理解。不同于书面语篇，自然会话的参与者的互动特征体现在言者与听者的交流互动之中。叙事标记是顺承连接言者和听者话语的过渡语。它从句间到句内以至句外的成分演变促使形式各异的叙事标记承载不同的语用策略和语义内涵。而叙事本身既是一种表达模式，也是一种推理模式，也就是说，人们可以通过叙事"理解"世界，也可以通过叙事"讲述"世界。叙事标记推进和映现了叙述者和受述者的"理解"和"讲述"过程，同时也是展示叙述者意图性信息的隐含过渡语。

其次，会话叙事标记出现在故事开场，故事讲述和故事退场中的任一序列，它可以启动、承接或中止序列意义的程序性。Labov（1972a）提出，叙事具有形式属性，每一个叙事都有一种功能。一个具有"完整形式"的叙事包括六种共同因素：① 点题（abstract）是叙事基本内容的概要；② 定位（orientation）是关于故事时间、地点、情况和参与人物的概括；③ 使事情复杂的行动进展（complication）是指一系列事件；④ 评价（evaluation）通常是受述者给予行动的重要性和意义的评判，也是表达叙述者态度的一个方面；⑤ 结局（resolution）是关于故事最终发生了什么的总结；⑥ 尾声（coda）让故事视角最终回到了现在。叙述者用这些结构从基本经验中构建一个故事，用句子和潜藏的评价解释事件的意义（Riessman，1993：18）。而叙事标记可以出现在 Labov 叙事六要素的任何一个节点上，这使得分析叙事标记在推进自发性会话叙事的进程中具有语用和语义功能上的事件要素意义。

最后，会话叙事标记是连接叙述者和受述者话语互动的标记。它具有切换会话场景和叙事场景的功能，是叙述者对场景切换中程序意义或概念意义的编码启动器，同时又是受述者在话语理解中程序意义或概念意义的解码按钮。自然会话中的故事讲述是叙述者和受述者双方或多方共同参与的会话活动。会话叙事的参与者在故事开场和退场时的意义协商构成了会话大框架内叙述者如何将受述者引入故事世界以及结束故事讲述时其间的意义互动。

基于以上三方面对会话叙事标记本质特点的描述，我们可以将会话叙事标记界定为这样一种语言现象：会话叙事标记是叙述者为了强调和凸显主观情态，从而更好地表达其叙事意图所使用的一种话语语篇连接手段。从功能层面来讲它们主要为受述者的线性思维认知提示语境逻辑，启动、承接或中止故事事件序列意义的程序性，并引导当下受述者在叙述者的叙事意图和所指意图方向上寻找信息意图和交际意图，对会话叙事语篇进行关联识解。

1.2.2 会话叙事标记的性质特征

会话叙事标记启动的是发话者即将进行故事讲述的叙事意图，进而连接零散故事事件，以词汇或短语标记形式开启故事讲述活动。Sacks（1972：344）曾把会话中故事讲述的启动词汇标记称为"入场券"（ticket），这张"入场券"是叙述者从当下会话场景进入故事讲述的"门票"，受述者可以是检票人，因为受述者的权利可以是允许叙述者进行讲述，也可以和叙述者共同持有这张"入场券"，从而在后续的会话中对故事进行反馈和评价。Sacks"入场券"的比喻非常形象地描述了这类词汇标记在会话的故事讲述中起到的承接连贯的功能和作用。在切换会话场景和叙事场景的完整会话模式中，叙事标记确保了话语连续性，推进了叙述进展。

会话叙事标记在会话叙事中起到连接会话和故事讲述的作用，它的性质更接近于在特定语用环境下话语标记所表征出的概念。赵玉荣（2014：93）曾指出，叙事标记是指能够将叙事活动与其他话语活动区分开来的语域特征。不同于一般的话语标记或语用标记特点，叙事标记主要具有以下四个方面的表征：句法的独立性和可选择性、程序的启动性和概念的可表达性、口头禅性和元话语层面的互动性。

（1）句法的独立性和可选择性。会话叙事标记在句法上是独立的，它们自成一个语言单位，并且一般不与相邻句子成分构建更大的句法单位，但偶尔也会以松散形式附着于其间的句法结构上。在句法位置层面，它们具有可选择性，不同于话语标记常常位于句子的起始位置（Brinton，1996；Schiffrin，1987）它们的位置可以是"NMs＋S1＋S2"或"S1＋NMs＋S2"或"S1＋S2＋NMs"[1]。

（2）程序的启动性和概念的可表达性。Blakemore（2002）针对话语标记对话语理解所具有的语用制约作用及其如何在语用推理中发挥作用，据此使用程序表征（procedural representation）和概念表征（conceptual representation）对话语标记进行类型梳理。一个话语标记可以将程序意义编码，也可以将概念意义编码。因此，用于构成概念表征的概念意义和用于引导概念表征运行的程序意义也是会话叙事言语中最基本的语义类型。

会话叙事标记具有程序的启动性，它们为故事话语理解提供了路径方向，并引导受述者识别会话话语和故事话语的前后单位，以及叙述者的叙事意图和所指意图。它们同时也具有概念的可表达性。本书拟探讨的具有主观缺省意义的叙事标记是概念意义的语境场景切换表达，主要为受述者理解和解释话语提供明显的信息引导，此时，概念意义和程序意义的认知过程得以中和，叙述者传达叙事意图和叙述概念的同时，也引导受述者据此追寻叙事概念见解，进而理解叙述话语。所以要得到概念意义需要启动

1　其中，S1 代表话语单位 1，S2 代表话语单位 2，"话语单位"这一说法来自 Fraser（1999）。为简化书写格式，NMs 代表会话叙事标记（Narrative Markers），下文简称与此处相同。

程序意义，以及交际者对概念意义的主体间性配合。因此，会话叙事标记的概念意义具有可表达性和主体间性，是在会话叙事情境中对概念意义引导的程序化过程和主体间性认知的配合过程。

（3）口头禅性。口头禅具有高频复现和脱口而出的特点（厉杰，2013）。叙述者在会话中插入故事讲述的过程往往是认知过程中迅速的、下意识的故事筛选活动，但开启或承接故事讲述的会话叙事标记通常是叙述者对自身最常用、最熟悉和最易启动词汇的选择过程。会话叙事标记正是故事讲述中交际者经常脱口而出且部分会起到个性化标签作用的言语形式或言语习惯。然而一些经历了共时语法化和语义化的连接标记形式，也逐渐被不同年龄、职业、性别的交际者在不同场合使用，叙事标记的口头禅性加固了交际者相互之间对叙事所指以及所指默认的理解。

（4）元话语层面的互动性。交际者对话语进行元认知的构建过程体现在元话语层面双向互动的过程。叙事主体，即叙述者，在选择叙事话语并进行有意识或无意识的词汇选择过程中，叙事标记不仅触发了叙事话语的核心内容，还承担了将会话场景切换至故事场景的程序性信息传递任务，同时在内容与形式上展现了元话语的功能特性。而受述者对叙事标记的认知导向是基于语用扩充的心理推理机制和元话语的交际意图，以此对叙事标记的语义连续性进行元认知构建。这和 Halliday（1994）所提出的概念功能、人际功能和语篇功能这三大纯理元功能在互动言语过程中的体现具有切合之处。

综上，会话叙事标记是一种在会话叙事语境下句法可独立选择、叙事程序可启动、所指概念可表达、会话与叙事框外皆可互动的高频复现的标记形式。会话叙事标记除了指引并协助传递叙事信息外，还可在话语层面体现交际者对叙事场景的开启或接续行为，是促使交际者使用具有语境逻辑关系标记的一种选择。由于处在交际者的发话方式和话语形式之外的元话语层面上，其产生的必要条件是叙述者的交际意图和叙事意图与受述者接收到的信息意图和所指意图层面上的互动。因此，我们认为会话叙事标记还具有表达叙述者与受述者在元话语层面上的多维意图互动功能。

1.2.3 会话叙事标记的分类

一般来说，对事物进行分类的目的在于强化和扩展人们对该事物的认识和了解。对于具有话语指引功能的话语标记来讲，它的分类多是从功能角度进行划分，学界已公认语篇表达的多功能性是话语标记最为显著的特征。那么，反观会话叙事标记，我们可以将其视为平行于话语标记和语用标记的一种叙事话语标记形式，这不同于某些将话语标记视为语用标记子类的观点，如 Fraser（1996，1999）、方梅（2005）等，强调只有连接话语单位之间或话语单位与语境之间的标记才属于话语标记，二者的共同点是都不影响所在话语的命题内容，但话语标记对话语结构的组织作用及关联构建作用是语用标记不具备的，这种观点不免又使得他们在其后的分类中，陷入了如何厘清话语标记和语用标记在语义展示和言谈组织功能上的矛盾循环。

　　因此，在对会话叙事标记进行分类之前，我们有必要明确以下两个观点：

　　（1）在句法位置上，话语标记通常位于句段的起始位置，语用标记多数也位于句子的开端1，但也有学者认为语用标记的灵活性使得其也可置于句子的中段或末端2，而会话叙事标记可以出现在话题句段的开端、中段或末端。这三者的出现位置是基于不同的单位而言，话语标记和语用标记以语篇为单位，位置现于句段之间；而会话叙事标记以语境为单位，位置现于事件或话题的讲述之间。

　　（2）在语义功能上，话语标记强调自身在调控话语结构上的功能，其在言谈中起引导话语结构、建立关联联系的作用；语用标记强调自身在言语行为中对话语的制约功能，起表现言者态度、明确信息来源的作用；而会话叙事标记则强调自身在具体会话叙事场景中的语义认知调度功能，兼具了调控叙事结构、展现言者所指以及维护人际距离的语用缓和作用。

　　本书倾向于将会话叙事标记视为话语标记大类现象下的一种特定语境中的话语结构形式。因此在对会话叙事标记进行分类的问题上，我们采取李潇辰等（2015：18）所提及的众多学者努力寻找会话叙事标记和话语标记及语用标记的"最小公倍数"这一方式，目的并不在于提出一个能够将前人总结大致囊括在内的定义，而是在于为这一起步尚新的研究术语提供一个概念上有共鸣、功能上有差异、特点上有区分性的分类范畴。以下我们尝试从会话叙事标记所体现的结构、其在叙事进程中所起的作用、句法语义概念表征以及语用缓和呈现方式对其进行分类。

1　此种看法多见于 Brinton（1996）、Fraser（1996）等，以及冯光武（2005）、邱述德和孙麒（2011）等。

2　此种观点可参见向明友等（2016）。

第一，根据会话叙事标记的成形结构划分出的叙事标记词、叙事标记语句和叙事标记构式。

继往文献对叙事标记的分析基本上是以词汇标记为主进行共时层面的功能研究。从会话叙事中标记本身的成形结构来看，叙事标记的结构不仅仅由词汇标记构成，还包括叙事标记语句和叙事标记构式等其他形式。

1. 叙事标记词

叙事标记词一直以来都是学界所进行的最广泛和最深入的研究结构类型：如早期的 Scollon（1977）对契帕瓦语"εkú"和"kú"两个叙事标记所做的叙事功能研究；Tsitsipis（1983）对阿尔巴尼亚语中的四个叙事标记进行了序列结构上的分析；González（2005）以及 Cuenca & Marín（2009）针对单一的叙事标记词分别对英语和加泰罗尼亚语以及加泰罗尼亚语和西班牙语的功能对比研究。英语方面，Schiffrin（1982）最初对 and、so、but 作为叙事标记所具有的叙事整合作用进行了分析；Norrick（2001）对 well 和 but 做了叙事结构层面的总结探讨。汉语方面，方梅（2000）早在探讨自然口语中弱化连词的话语标记功能时就曾讨论过例如"就是""所以"等词在叙事语体中的前景化问题；冯季庆（2003）、刘泽权和田璐（2009）均对文学作品中的叙事标记词进行了系统的探讨；Tang（2010）针对课堂师生间的独白叙事标记词"呵""好""对"以及英语中的会话叙事标记词 alright、right、okay、yeah，yep 进行了叙事语用功能对比；Xiao（2010）对汉语会话叙事标记词"就像""嗯""你说""然后"等进行了研究。以上研究着重探究叙事语体下标记现象的话语或语用功能，但未明晰如何定义叙事标记词。

2. 叙事标记语句

叙事标记语句主要是叙事标记短语和小句构成的语句。一些常见的话语标记短语和小句经过语法化和交际者叙事意图的关涉后，便形成了叙事标记语句。如 Schiffrin（1987）对 you know 以及 I mean 在口头叙事语篇中所进行的探讨；Redeker（1990）对口头叙事语篇中 let me tell you a story 和 as I said before 的小句探讨；González（2005）以及 Norrick（2008）都曾讨论过英语叙事标记语 you know 和 I mean 的叙事修辞序列；马博森（2001）分析了口头叙事语篇中 y'know 所具有的故事最佳关联功能；Xiao（2010）探讨了叙事小句"反正就是说"以及"嗯，那然后（呢）"的叙事语境和叙述者的道义立场。以上研究涉及了对叙事标记语句不同句法或语用层面的探讨。

3. 叙事标记构式

叙事标记构式是近年来学界在话语标记的共时分析过程中逐渐开拓的新领域。学者们对话语标记在会话中的构式进行了分析，如李文浩（2009）对书面叙事中"爱 V 不 V"所进行的语义构式分析；曹秀玲（2010）对会话中"我 V/ 你 V"这类主谓结构的构式语法化问题的探讨；唐善生和华丽亚（2011）对"你别说"类语言形式进行了言语功能及修辞功能的探讨；吴为善和夏芳芳（2011）对书面与口头叙事中"A 不到哪里去"进行的构式解析和话语功能分析。类似研究针对的主要是一些标记构式经过语法化或语用化已逐渐成为会话中事件述说的路标构式。近年来随着网络语言的发展，并随即从媒体或网络线上流行至线下日常生活中的语言构式，也是叙事交际者在故事讲述的语境下寻求叙述者文化标新和身份认同（identity）的一种表现。

第二，根据会话叙事标记所作用的叙事进程划分出的叙事开场型标记、叙事推进型标记和叙事退场型标记。

自发性会话叙事中的多个散装叙事流使得叙述者在讲述过程中使用不同的标记将叙事事件分割、散置。会话叙事标记出现在会话交际的整体结构之中，它既可以是切换会话场景和叙事场景的场景过渡语，又可以是维系叙事过程的承接语，同时也可能是结束叙事重返会话场景的故事收尾语。根据其在会话中所体现的叙事进程，我们可以将其分为叙事开场型标记、叙事推进型标记和叙事退场型标记。结合具体语境，叙事推进型标记又可以根据其在推进叙事的语篇功能和逻辑语义连贯功能上进一步划分为叙事推进标记、叙事证实标记、叙事论果标记和叙事加述标记等。

1. 叙事开场型标记

叙事开场型标记在话语铺展过程位于会话进行中、故事讲述或话题引介的开端位置，尤其是叙述者表达强烈的主观感情时被使用，如语料中出现的"我觉得""你说""你看""我记得""我跟你讲"等以叙述主体表达叙事见解的概念型标记均属此类位置的标记形式。叙事开场多是由叙述者发出的故事讲述意愿构成，因此，便多以表达言者主观概念构成的标记形式出现。

2. 叙事推进型标记

叙事推进型标记是推动和维系叙事继续进行的标记形式。叙述者承接叙事话题、表达所指话题的意见以及与受述者互动的过程都会频繁地使用此类标记。叙事活动属于一种主观单向的讲述活动，叙述者在叙述过程中所表达的逻辑联系或顺接关系使得这些维系标记不可或缺。在推进叙事的语篇功能和连贯逻辑语义的基础上，本书将语料中出现的叙事推进型标记细化为起推进作用、证实作用、讨论叙事要素的因果作用和加强叙述作用的这四种推进标记，它们分别是：

(1) 叙事推进标记：然后；后来；之后；而且
(2) 叙事证实标记：其实；但是；你别说；关键是
(3) 叙事论果标记：结果；反正；因为；所以
(4) 叙事加述标记：就是说；就是；……的话

3. 叙事退场型标记

叙事退场型标记是叙述者用以结束叙事、退出故事讲述情景，进入会话框架或直接终止会话时所使用的标记。如本书语料日常自发性会话中出现的"你懂的""可以，这很NP"，以及机构语境下例如医患叙事讲述中出现的"好吧""对""好""行不行""就是的"等标记形式，用来回溯叙事事件，既可以结束叙事进而带入会话场景，也可以就此结束叙事，终止会话。

第三，根据会话叙事标记所体现的主观缺省及交互主观意义划分出的非概念型叙事标记和概念型叙事标记。

Feng（2008，2011）对汉语的语用型话语标记做了比较详细的分类研究。他的分类本质上是以 Grice（1989）的理论为基础，即这类标记的意义是言者所暗含表达的规约性意义，它们对命题具有评价功能，但对话语的真值条件不构成影响。就语义形式而言，语用型标记寄生（parasitic）并依存于命题内容，起到的是搭建语篇整体完整性的作用。在此基础上 Feng 将其划分为非概念型（non-conceptual）和概念型（conceptual）两类。其中，交互主观性质的概念型标记是将一定的概念信息编码，进而传达出言者对其所言的个人看法，比如"幸运的是"传达出的主要概念信息是关于"幸运"的概念。而主观缺省性质的非概念型标记不涵盖概念信息，比如"但是"一词，仅仅是将含有转折和前后类比的概念编码到两个命题之间的联系中。Feng 所列举的语用标记多数为连词，连词的意义在书面语篇中大都较为稳定，但在共时的语言使用中，经过不同因素的语义凝固或泛化，可以享有不同的意义改变。因此，非概念型的语用标记承载了表达规约含义的潜在力，可以将其看作是既连接两个命题，又将不同的逻辑语义编码其中而构成的一种认知构式。借助联系标记在规约含义方面的承载力这一标准，本书将会话叙事标记大致分为以下两种类型。

1. 主观缺省意义表达的非概念型叙事标记

主观缺省意义表达的非概念型叙事标记通常是指不包含概念信息，仅在语义成分中提供引导和承接作用，以及在叙事语境下表达时序或逻辑语义关系的标记形式，多由连词或副词性质的词类构成。本书语料所呈现的叙事标记使用频次显示，自然会话叙事中非概念型叙事标记的使用频率多于概念型叙事标记，如语料中析出的"然后""其实""结果"和"反正"等均属此类[1]，这和其自身所具有的程序可启动性以及口头禅性特点直接关联，是言语者追求话语表达经济性的交际认知心理在实际语言交流中的语用体现。基于此，此类标记形式在所述事件的命题衔接和意图所指方向上呈现出主观缺省意义，如指称缺省现象，是会话叙事标记引介语义缺省的常见表现。

2. 交互主观意义表达的概念型叙事标记

交互主观意义表达的概念型叙事标记通常是指能够传达出叙述者对所述内容的主观态度见解、个人评价或肯定 / 否定态度，以及点明叙述者征询他人叙事见解的话语形式。以叙述者对叙事见解的主观表达为切入点，这一类型叙事标记具有表达叙述者主观意图的功能。根据语料的使用频次统计可以看出，语料中最为常见的交互主观概念型叙事标记是"我觉得""我看""你看""你说"等"我 + V/ 你 + V"类标记，它们均属于以主观、直接的方式表述交互主观态度评价或征询叙事见解的标记形式。基于语料中叙事标记的出现频次和理论析取依据，本书从日常的自发性会话叙事中析出的"你别说"类、"你懂的"和"可以，这很 NP"类，以及机构语境下如医患会话叙事中的"你看，你说""让我说的话（应该）是""我告诉你"等，刑事庭审叙事中例如"我记得是""我没记错的话是"等，课堂会话叙事中的"我觉得""我记得"等均属此类。其中像"你懂的"或"可以，这很 NP"在会话叙事中的使用是由于互联网及传播媒体的融合，由线上传播流行至线下使用而形成的语义概念固化、语用概念充实的标记类型。此类标记传达的是固化的主观态度内容，属于概念型叙事标记的一种。值得一提的是，自发性会话叙事中，概念型叙事标记的使

---

1 下文将对会话叙事标记的采集和截取工作进行详细介绍。

用频次低于非概念型叙事标记的使用频次，究其原因，和会话叙事中叙述者更侧重于对故事事件本身的内容和进展作以陈述有关。但机构语境下由于叙述者或受述者的言者身份在一定程度上具有较大的不平等性，如医患间或课堂话语中的师生之间的故事序列，医生或教师作为话轮的主要承担者，其身份设定及与受述者的协商制约了故事的进展，此种语境下概念型叙事标记因此占据更大的比例。而由概念型叙事标记引介作为叙述者主观见解回应的话语现象，本身也隐含了叙述者对故事事件所透露的言外之意（Norrick，2015：97），是语义缺省的一种语用实际表现。

第四，根据会话叙事标记所体现的语用缓和呈现方式划分出的人际驱使型叙事标记和确信度保障型叙事标记。

此项分类主要针对机构性会话叙事语境下叙事标记的使用观察。20 世纪 80 年代，Fraser（1996）将"缓和"（mitigation）引入语用学研究，用以探索具有语用缓和的话语现象及语言形式，从而挖掘语言背后的人际功能表现。语用缓和研究包括对具有人际缓和功能的语言形式或策略的探究，也可针对实现人际缓和用意的语言交际过程的研究（冉永平，2012b：4）。此后，Czerwionka（2012）提出话语互动中的"驱使性"（imposition）和交际者对于交际信息的"确信度"（certitude）是影响缓和语使用的重要理据，并据此划分出人际标记语、话语标记语和认识标记语这三类缓和标记语。相较于自发性会话叙事，机构语境下的会话叙事常囿于交际双方知识及专业认知的不平衡，造成了其交际默认权势的不对等现象（Yang，2019：145）。因此，本书将机构会话中的叙事标记划分成为调节人际距离而呈现的人际驱使型标记类型，以及受专业知识不平衡所致的提升确信度的标记类型。

1. 人际驱使型叙事标记

机构会话语境下叙事标记的使用在保证交际互动的有效性基础上，能够调节叙 / 受述者之间的人际距离，从而使得交际互动中的故事得以被传达。本书根据医患互动、刑事庭审会话叙事以及课堂语境下师生及生生之间的会话叙事，大致将此类叙事标记细分为：受礼貌驱使、权势距离驱使、叙事意图驱使的人际驱使型叙事标记。其中，受礼貌驱使的叙事标记包括例如"请""麻烦"类的请求标记辅之以叙述者对受述者的表近称的称呼语等；受权势距离驱使的叙事标记包括默认高权势拥有者所使用的"你听我 + V"类、"我跟你 + V"类、"对吧""好吧"等，而默认低权势者的回应叙事标记包括"（那）我就是说""（那）您看"类"好""对"等；受叙事意图驱使的叙事标记常见于"我记得""你看我（曾经／就）＋V"类等。叙述者在此类标记的引介之下缓和了其直接使用小故事引申劝说、命令等言外之意，减少话语所产生的驱使性，从而使以言行事之意得到有效的接受。

2. 确信度保障型叙事标记

机构语境下的会话叙事交际双方通过故事性叙述推动交际信息的确信程度，用以传达故事以言行事的功能。本书将保障确信度类的叙事标记细分为专业知识确信、反思性确信、叙事消解确信这三类。其中，专业知识确信类叙事标记包括以叙述者为主导的用以阐释说服性质的标记形式，如"让我说的话以前／有一次……""我看／听／想一下＋应该／可能／或许是……"等类标记，此时叙述者从专业经验中抽取小故事进行讲述，从而引介出专业知识的确认叙述；反思性确信标记包括叙／受述者在交际信息的传递过程中通过前述信息进行的反思归纳，如"这么看来（的话）""就是的"等引介的思辨性故事讲述；叙述消解确信包括叙述者和受述者对于交际信息的消化理解而进行的标记引介讲述，如"你这么一说我想起了""话是这么说"等。

1.3 研究目标与研究意义

结合上节对叙事标记的定义，叙事标记在其成形结构、叙事进程、概念表征和语用缓和方式等方面呈现了不同的标记特点。其中，成形结构反映了叙事标记的话语本体特征，叙事进程和语用缓和方式体现了叙事标记的交际语用特质，而概念表征则更多反映了交际者的认知指向特点。基于此，本书旨在通过对汉语会话叙事中的叙事标记进行语用及多界面的功能分析，探讨会话叙事标记在自发性与机构性两种叙事情境中所承担的语用功能与话语指向体现，从而提出其对于应用实践的指导作用。本书具体研究目标包括：

（1）建立会话叙事标记的意义运行路径并由此推导其语用阐释分析模式；

（2）探究会话叙事标记在自发性与机构性会话叙事语境中的应用异同及具体特征；

（3）解析微观层面会话叙事标记的话语特征和宏观层面交际者及语境

因素的应用联系。

通过系统回顾和梳理国内外针对会话叙事及叙事语境下的标记现象，本书将互动的、语用意义丰富的语义缺省模式融合于自发性会话叙事标记的研究，进而结合合并表征中不同信息源对叙事标记在切换会话－叙事场景中的作用，全面阐述叙事标记在会话交际象限内所表现出的横向指示意义和纵向意图意义，从而构建出会话叙事标记的语境标记化路径和语义衔接指向。在此基础上，结合作者自建的包含日常自发性会话叙事和机构性会话叙事的会话叙事语料库，努力探寻本书中所析出的不同类型的会话叙事标记的语用模式和功能，以观察和明晰其在语用环境极为多变的日常会话－叙事场景以及机构会话－叙事切换的识解机制。

针对会话叙事标记在自发性会话叙事语境以及机构性会话叙事语境的研究均属于语言研究。本书深入对比分析了医患互动语境、刑事庭审语境和课堂会话语境下交际者使用叙事标记的实际情况，将语言研究与社会机构话语研究的问题相融合。这一研究不仅具有语言学理论上的意义和价值，能够深化我们对语言运用的理解，而且还具备重要的社会应用实践意义，能够为提升不同社会机构中交际者的沟通效率与质量提供有益的参考和启示。

第一，语言学研究层面，本书的研究对象是会话叙事标记，属于话语标记大类现象，其研究成果可以弥补学界对汉语会话叙事标记研究的不足，同时增补会话分析层面的研究维度。此外，从语用缓和、语义缺省入手对会话叙事标记进行话语功能与词汇语用维度的分析，可以拓展会话叙事标记的语用、语义和认知层面的跨界面研究思路，同时也丰富缺省语义学以及语用缓和本身的研究内容。

第二，社会应用和实践层面，本书既包含日常自发性会话叙事标记的阐释和分析，又包含机构性话语中的叙事标记分析（限于作者有限的时间和精力，仅以其在田野调查中收集的医患、课堂会话叙事及刑事庭审叙事话语三种机构性话语为例）。前者在研究中着重提炼了叙事标记的认知确认原则、语篇措辞确认原则和文化确认原则，以及不同类型叙事标记对话语识解中缺省意义的认知心理影响，这对于语言本体的实用性研究、对外汉语教学、翻译和人工智能语言处理等实践活动都具有一定的借鉴意义。后者在研究中从叙事标记的语用缓和呈现方式出发，逐步揭示叙事标记在驱使性和确信度层面具有的语用缓和策略表现，这对于揭示医患叙事语境下故事信息的整合，促进医患话语沟通的提升，明晰法庭庭审控辩审三方的叙事策略以及课堂语境下师生以及生生之间对于故事开启与讲述的课堂话语策略都具有现实的应用实践意义。

1.4　研究语料与研究方法

本节主要介绍该研究语料的采集与截取原则、转写和标注方法。依据语境化因素，交际双方所默认的社会文化规约体现在交际者的话语实践之中（De Fina & Georgakopoulou，2012；Gumperz，1982）。由此，受语境化因素影响，本书将会话叙事标记的语境语料划分为自发性会话叙事语料与机构性会话叙事语料，用以梳理、考量和对比会话叙事标记在不同语境中的语义识解与语用策略。

1.4.1　会话叙事语料中叙事标记的采集、截取与标注

本书的会话叙事语料大致分为两部分：自发性会话叙事语料与机构性会话叙事语料。其中，前者是作者采用数码录音笔搜集的录音，包括 13 段对话，参与者包括作者的家人、朋友、同学、学生、实验室老师和研究者等；自发性会话叙事中包含两段来自电视访谈节目"等着我"和"开讲啦"的语料内容，语料话语均来自主持人、嘉宾和现场参与者对过往事件的回顾和讲述。后者的语料是研究者在田野调查中搜集到的医患会话叙事、刑事庭审叙事和课堂会话叙事语料。医患语料数据采集于中国西部某城市一家三甲医院的新生儿重症监护诊室及儿科门诊、神经内科住院部诊室及病房；刑事庭审语料来自某中级人民法院在线开放的庭审直播；课堂会话叙事语料采集于作者所在高校的外国语学院及国际汉学院。对于作者直接进入会话环境的录音或录像，研究者均通过所在高校的学术道德伦理审查并与相关医院以及高校课堂达成协商，从而进行音频数据的收集与整理 [参见 Norrick（2000）、Georgakopoulou（2007）以及 Riessman（1993）等研究]，由于个人隐私以及一些不便说或不愿说的语境环境或意图因素干扰，自发性会话叙事通常发生在较为熟悉或知悉度较高的人群之中，据此本书的语料未采取随机取样选取受试的方法，转而选择的是家庭成员、同学、朋友、师生以及追加了两段电视访谈语料。之所以追加电视访谈节目，原因在于我们期待从类似正式的面对面的口头会话叙事中管窥其和非正式的日常会话叙事话语的异同。最终，本书搜集了总时长约 3 小时 22

分钟共计 15 段自发性会话叙事语料[1]与总计 74 例、时长近 14 小时 31 分钟的机构性会话叙事语料。所采录语料的详细信息及采纳使用的会话叙事标记详例可参见附录 B（录音语料及叙事标记序例）。

需要说明的是，语料时长和最终转写字数并非成正比分布，原因在于，日常生活中的自然会话常常伴有沉默、笑声以及手势语等，会话语料的时间持续长度也会随着自然环境中交际者闲谈时间的长短和交际目的不同而产生变化。如附录 B 显示，语料时长从最短的一分多钟到最长的两个多小时不等。自发性语料的录制时间始于 2014 年 4 月 1 日，终止于 2017 年 6 月 25 日。机构性会话语料录制时间始于 2019 年 6 月 11 日，终止于 2022 年 8 月 16 日。协助完成录音工作除作者本人（D）以外，还有作者的朋友（J）、学生（C）等，录音者完成录音之后，录音内容都经过了征得其他参与者同意与否的过程，并邀请最终同意的参与者填写《参与者同意书》（详见附录 A)。所有参与者事后都被告知录音内容的用途，且保证不涉及个人隐私和具体故事事件的隐私信息。

当然，使用理论演绎所得出的结论还有待于实践检验。为了避免"观察者悖论"（observer's paradox）（Labov，1972b）或"录音者悖论"（recorder's paradox）（许家金，2009b）等问题，即在语料收集的过程中一旦说话者知道录音者的录音意图，那么他的说话方式就会受到影响，从而变得不自然（许家金，2009b：32），尽量获得被录者自然、真实的话语语料，我们采取了许家金（2009b）针对语料采集过程中对此类问题的解决办法。本书的语料采集过程如下。首先，语料录音是在被录者不知晓的情况下采取隐藏录音笔的形式进行音频录制，录音完成后立即当面征求被录者的意见，确认当前录音能够为研究所用，如若被录者不认可被研究使用，则当面删除所录材料，保证所有材料源语输入者的知晓度和认可度。由此，语料的自然性和真实性得以保证。当然，所有参与者事后都被告知录音内容仅为学术研究分析所用，转写过程中已将涉及个人隐私和具体时间或地点的隐私内容以大写字母代替。其次，本书作者作为主要录音者，提供了本书中所使用的家庭语料以及同学或朋友间的会话语料。

1　这里需要说明的是，首先，研究者在语料搜集阶段共搜集了 27 段自发性会话语料，在语料整理过程中共提取出 20 段会话中包含故事讲述的语料。其次，根据会话中故事事件话题的私密度和语料清晰度，进一步筛选出 13 段会话作为本研究所使用的语料。这些语料和之后追加的两段电视访谈会话叙事语料共同组成了本研究的 15 段自发性会话叙事语料。

　　有必要说明的是，受研究目的和话语环境影响，本书采用了以汉语为受试语言的语料采集工作，录制的自发性语料均来自日常学习生活中的自然会话。语料参与者共 38 人，其中男性 13 人，女性 25 人。参与者年龄从 22 岁到 70 岁不等。选择以上受试者作为语料参与者对本书具有以下便利之处。首先，家庭语料[1]的日常化和自然化保证了语料的真实性。语料搜集过程中，家庭语料的搜集通常发生在研究者在无指定日期的时间打开录音笔，并将其放置在书桌位置进行录制。此后，家庭日常生活[2]包括起居、吃饭、照顾孩子、洗漱，其后离开家时保存录音，最后放入电脑存档。日常家庭语料的采集过程未出现因语料采集而改变话语交流方式或内容的情况。其次，基于知悉度和亲密度，朋友或同学间的会话往往具有随时随地开启会话交际的特点。朋友或同学间的会话语料也是本书作者在约定会面之前事先开启录音功能，录音尽量完整地记录一段会话的前端非会话场景、中端会话场景和末端告别的面对面会话（face-to-face conversation）程序，尽量保证所采用语料的自然度、清晰度和真实性。但基于受试群体的年龄、性别、学历以及社会背景等因素，本书所采集的语料并不一定能够反映会话叙事标记的整体使用情况。鉴于此，本书对叙事标记的分析仍属于探索式研究，并且本书所探索的几类叙事标记也并非具有统计学意义的典型特征，限于作者有限的时间和精力，后文主要通过质性演绎的研究方法，以语义缺省空间和语用缓和模式为解析框架进行"实验性"研究，并不期望直接归纳出普适性的结论，而是希望在此研究过程中，尽可能地验证语义缺省空间分析模式以及语用缓和呈现方式的解析能力，不断改进该模型，以期为今后同类研究提供一种可能的工具和研究方法。

　　依照上述会话叙事语料截取叙事标记的过程，作者将所搜集到音频中包含故事讲述的语料片段标记整理后，将其中的故事讲述片段一一截取出来，和上下文紧邻会话场景的语料一并转写，以便在会话整体框架中充分了解并区分叙事标记所切分的会话场景和叙事场景。转写过程中，区分会话叙事以及出现在会话叙事中典型叙事标记的标准如下。

　　（1）会话中出现的"最小故事"。所谓"最小故事"是指由三个相结合的事件构成的一条故事链（Prince，1973）。本书引用 Prince 在《故事的

1　虽然录音笔的采录距离范围是 30 米，但受降噪功能的影响，录音过程中家庭生活场景里出现的生活中各式的嘈杂声仍是不可避免的问题。后期语料截取和转写的过程我们以"……"代表某些转写者不能从录音上确定的话语内容。

2　作者的家庭成员包括一位 66 岁的老人，一个六岁的孩子和作者的配偶。

语法》（*A Grammar of Stories*）中为最小故事设定的九层"洋葱皮"为例[1]，进而定义本书中会话叙事的"最小故事"形式：① 故事的成分应以事件和连接成分为主导；② 最小故事中事件的数目至少为三个；③ 连接成分的数目至少为两个；④ 事件之间应体现出时间关系；⑤ 时间关系之间应有特殊形式；⑥ 事件之间应体现出因果关系；⑦ 时间关系和因果关系之间的联系应有其体现形式；⑧ 推动故事前进的新元素——第三事件与第一事件之间有某种"逆转"形式；⑨ 应指出状态性事件和行动性事件的分布。

以类似剥开洋葱皮的方式，会话叙事中的"最小故事"体现了时间关系轴和因果关系轴上最重要的连接点，因此，"昨天我们在食堂一起吃饭的时候他给我们讲了一个发生在医院里的笑话，我们都笑得不行了"是一个"最小故事"。事件 1"昨天吃饭的时候"、事件 2"他给我们讲了笑话"和事件 3"我们笑得不行了"表明了清晰的时间关系和因果关系，即事件 1 然后事件 2，因此事件 3。但我们不认为"昨天我们在食堂一起吃饭的时候，我们都笑得不行了"是一个"最小故事"，原因在于它欠缺了对应的因果关系和有事件联系的时间关系。它只描述了一个"最小故事"的构成事件，但并不构成"最小故事"。

（2）会话中出现指向过去或已完成事件的时间关系指示语和完成标记词，或指向未来未发生的时间关系指示语。例如，"以前""昨天""想当年""那时候"等指向过去或完成的指示语，以及完成标记词，如"了""过""没"等；或是"等……的时候""到时候""以后"等指向将来未知事件的时间指示语。

（3）会话中出现第（1）标准中的④和⑥等时间、因果、顺承或说话者态度、概念等连接词语。例如时序连接词"然后""后来""完后"等，因果连接词"所以""因为""结果"等，顺承连接词"其实""就是""也是"等；或以表达说话者态度的程式化（formulaic）话语形式"我记得""你知道（不）""我跟你说过没""反正就是说"等一系列具有复现特征的会话场景和叙事场景的切换过渡语。复现意味着重复出现，因此在叙事标记确定的过程中依循了出现次数至少 ≥ 2 次的原则进行确认。

会话中自动展开的事件，只要被识别为"故事"，就必定是包含了人的（潜在的）认知、选择、安排、讲述等主观过程（Prince，1973），会话

1　见徐强（2014）译《故事的语法》序文第 13 页。

（续表）

叙事标记进而在会话叙事语料中自然呈现出来。此种特征定位为我们从大量语料中进行提取和确定会话叙事标记设定了标准。以上述叙事标记的三种特征为基准，通过 Antconc 3.2.1 软件确定标记的复现频次，并进行语料筛选、语料转写、编辑入表，从自发性会话叙事中得到了 25 个自然会话叙事语境下出现的话语联系标记，按总频次排序见表 1-3（单位：次）[1]。

表 1-3　会话叙事中话语联系标记有效次数统计表

联系标记	总出现频次	联系标记	总出现频次
1. 然后	357	14. 如果	26
2. 就是	333	15. 你看	23
3. 其实	96	16. 而且	22
4. 我觉得	90	17. 就是说	22
5. 因为	88	18. 你别说	12
6. 结果	83	19. 你知道	10
7. 但是	83	20. 你懂的	8
8. 所以	61	21. 我记得	5
9. 反正	36	22.（可以，）这很 NP	5
10. ……的话	31	23. 我跟你讲	4
11. 后来	31	24. 关键是	3
12. 之后	29	25. 你看看	2
13. 你说	27		

　　依据上述叙事标记的摘选标准及其频次分布，结合本书建构并期望验证的叙事标记衔接指向分析模式，即从会话叙事标记在叙事时间序列、衔接叙事事件事理顺序的序列和话题指称主观次序序列所产生的语用-语义指向为析取标准，最终确定了七个自发性会话叙事标记为研究对象，其中包含四个叙事标记词（"然后""其实""结果""反正"）和三个叙事标记构式（"你别说""你懂的""可以，这很 NP"）。

1　统计表中加下画线的为概念型叙事标记，无下画线的为非概念型叙事标记。

我们发现，自发性会话叙事中高频及中频[1]叙事标记多以传达主观缺省意义的非概念型叙事标记出现，这和联系语本身的构词属性（如非概念型叙事标记多为连词或副词构词）以及联系语的时序或叙事事理表达的倾向性具有关联（Blakemore & Carston，2005：576）。而交互主观意义表达的概念型叙事标记的使用频次低于非概念型叙事标记，从概念型叙事标记多为表达当下叙述者针对叙事事件发表见解或个人看法这一特征来看，"我 + V/ 你 + V"类当属最为常见的交互概念型标记形式。以此类型当中"你"在叙事场景的外延意义为叙事见解表达的特点切入，探究"你"作为受述者在故事内和故事外的语用位置操纵（李战子，2000：52），确定了语用指向上具有表达叙述者对叙事见解形成语用含义选择的概念型标记，从而选取了"你别说""你懂的"，并在机构语境下对会话叙事标记"我 + V"类叙事标记构式进行探讨。与此同时，本书也对正处在标记化演变过程中的"（可以，）这很 NP"的语言形式进行了标记演化和识解达成方面的分析。本书对这七个自发性叙事标记的选取大致是按照其在实际会话叙事语料中出现的频次，以及其所表现出的叙事标记的话语功能、语义多样性及语用指向来确定的。因此具体分析过程中我们也将首先探讨具有主观缺省意义的非概念型叙事标记，考察其语用指向层面的使用现象，其再对具有交互主观意义的概念型叙事标记作进一步探讨。

此处需要说明的是，我们对上述七个自发性会话叙事语境中的叙事标记进行探讨，并非因为它们具备统计学上的典型性，而是在后续内容中，我们将主要采用演绎的研究路径，运用语用指向的分析框架来开展"实验性"研究。本书希望此研究尽可能地验证该分析模式的解析能力，不断改进该模型，以期为今后的同类研究提供一种可能的工具和研究方法，在进一步研究中，我们能够在语用指向框架的互动性分支模式基础上，横向构建出叙事标记的语用缓和呈现模式的理据性铺设，穷尽所有会话叙事标记进行分析在当前既不可行也无必要。如果此种语篇文本的"积累效应"逐步显现，叙事标记的语用指向分析模式进一步完善，那么通过归纳、阐释等研究方法将逐步得出叙事标记的共性特征。

此外，本书所采用的录音工具是数码录音笔，语料转写方法是人工转

---

1 作者将语料中的叙事标记出现频次划分为高频（出现次数 ≥ 100 次）、次高频（50 次 ≤ 出现次数 <100 次）、中频（10 次 ≤ 出现次数 <50 次）、低频（出现次数 <10 次）四个区间，并从每个频次区间中依据理论模式和研究目的选择 1~2 个会话叙事标记进行研究。

写，转写者由作者 D、C 和 J 三人共同完成 [1]。为维护交际者的隐私权，转写文本中涉及人名、地名、个人相关具体信息等均采用英文字母代替。具体表现为：

第一步，筛选语料。为了确保语料数据的实用性和有效性，我们对所录制的会话语料进行了重播、筛选和最终确定，排除因外界因素干扰或其他原因造成的辨识度不高的语料，并对相似度极高的叙事标记语料进行重播和确认，确保每一段语料都为分析提供了典型的标记类型。

第二步，转写。转写者在转写过程中都力求保持语料的真实源语再现，对录音过程中的话语环境标注、口误、沉默、笑声、插话、重音语调变化等均进行了标注。关于本书所采用的转写标注方式，可参见附录 C。

第三步，编辑入表。根据每一转写语料的话语内容、话语分类、参与者等具体信息将语料整理为 Word 文档形式，并编辑入表（详见附录 B）。

1.4.2 研究方法

本书采用定性为主，定量为辅的研究方法。研究基于本书自建的共计约 3 小时 22 分钟的小型自发性会话叙事语料库，以及近 14 小时 31 分钟的小型机构性叙事语料库。通过归纳和统计的量化分析，研究分析的过程中呈现出相对客观的具有会话叙事共性的话语现象，这也是 Baker（2006：13）所提到的只有基于更大数量的文本才能更好地提炼出典型话语的积累效应（the incremental effect of discourse）所具有的典型性。

以定性为主，加以反思和阐释性的概括和分析是文章具体内容展开之后主要使用的研究方法。Barthes & Duisit（1975）曾明确指出，叙事分析注定要采用演绎的方法，这也是 Prince（1973，1982）在为故事立法的过程中所一再强调的研究方法，巴氏和普氏都致力于演绎出一种"可能性故事"所需要的"故事通用语法"，而非在传统的叙事材料上作抽象归纳。与此同时，从针对口头叙事话语层面的分析来讲，阐释性研究同样是基础性的研究方法（Labov，1997）。

本书的研究目的正是力求从叙事标记的叙事过程标记化、缺省引介假设以及语用缓和呈现出发，通过对语料的分析，逐步证明叙事标记的语用

---

[1] C 为本科大三在读学生，J 为硕士研究生学历，他们作为转写者的同时，也是录音语料的参与者，除去转写其自身录音的语料外，他们从 2014 年 6 月至 2017 年 5 月陆续参与了后续作者录音语料的转写工作，对语料转写工作非常熟悉，转写之后由作者进行了两遍校对，并依据录音音频回忆交际情境和具体语境再次进行语调或场景的标注。

制约对整个叙事识解过程的牵制。本书的研究过程首先是运用录音笔搜集自然会话叙事语料。其次，利用会话分析的方法，反复播放并记录录音语料，结合录音者对录音情境的回忆，对会话语境进行标记记录。最后，对复播的记录和语境进行观察，反思叙事语言本体的话语特征，并在此基础上结合作者自身对会话叙事活动的理解，增加识解的限定条件，扩展假设的范围，融合会话叙事标记在会话场景和叙事场景中充实了语义缺省空间及语用缓和的话语特征，以会话叙事标记、语用缓和及缺省语义学领域的相关研究切入，结合词汇语用学视角，对语料进行内省式的演绎和阐释。综上，本书对主要叙事标记的研究方法是将调查和统计、描写和分析、归纳和阐释有机地结合起来的过程。

在语料筛选和标记过程中出现的标记复现（$\geqslant 2$）的频次问题上，文章采用了 Antconc 3.2.1 软件对会话叙事标记进行了一些简要的定量统计和分析。

此外，本书也尝试使用以"梨的故事"为原型的准实验方法，用以控制被试者对同一外界输入进行叙事产出，从而探寻不同交际者采用的相同类型的叙事标记在故事讲述中具有的认知缺省和语篇措辞缺省的特点。而医患互动、刑事庭审互动及课堂话语互动中的叙事标记分析则侧重于探索机构语境下会话叙事标记的应用机制及其对现实工作情境的指导意义。

第2章

会话叙事标记的语用及多界面发展研究

2.1 语用学视角下的意义研究

交际中话语意义的研究，特别是后格莱斯意义模式的兴起与发展过程，需要从格莱斯的经典会话含义以来学界对话语意义研究的总体特点逐一梳理，从而在话语意义研究中探寻会话叙事标记研究的发展方向。

2.1.1 格莱斯经典理论

西方早期的语言哲学探索对"意义"的研究是以 Frege、Russell 和 Wittgenstein 为代表的理想语言学派以及 Austin 和 Grice 为代表的日常语言学派分铸的。理想语言学派关注语言句子本身的真值意义研究，认为语言哲学的任务是解释语言形式与客观世界之间的关系（冯光武，2007：24）；日常语言学派关注语言和使用者之间的关系，认为语言使用者才是语言研究的核心所在。作为一名日常语言分析方面的语言哲学家，Grice 的主要思想大致可以概括为以下三点：

首先，从区别自然意义（natural meaning）和非自然意义（non-natural meaning）入手探讨意义的本质。Grice（1957）认为自然意义是语词或话语形式自然直接地指称某物所形成的指称意义，自然意义可以用逻辑蕴含的方法验证出来；而非自然意义是在具体的使用场合中，由交际者在不同的交际语境下所发出的具有交际意图的语词意义。正是由于自然意义和非自然意义的不同概念，Grice 又进一步划分了所言和所含意义。

其次，所言和所含的意义划分。Grice（1989：24-25）认为所言就是话语的常规意义表达方式，是说话人意义的一部分，它是具有真值条件的命题内容。所言的完全理解需要三个必要条件：指示对象的确定、发话时间和语词的语境意义。而所含是超出所言所表达的话语意义，是与语境关系更为紧密的意义表达方式，是非真值条件的命题内容。更通俗地讲，是语词或话语所暗含的意义。正是注意到了人们在日常交际话语中常出现话语意义偏离话语本身形式的情况，所以他格外关注这种超越常规含义的所含话语意义，并对所含的含义加以区分。

最后，所含由规约含义（conventional implicature）和会话含义（conversational implicature）组成。规约含义不同于常规意义，它是交际者在不同社会文化语境下以理性的规约理解的话语意义，而会话含义则依赖不同的语境对话语方式产生的推理意义。根据不同的语境需求，Grice（1989：37）又将会话含义分为特殊会话含义（particularized conversational implicature）和一般会话含义（generalized conversational implicature）。特殊会话含义是交际者在特殊的时间、地点和语境发出的超出常规话语字面内容的含义，它对语境有很高的要求，但对话语的真值内容没有影响。一般会话含义则不需要特殊的语境要求便可推导出话语的含义，它通常是以某些语言固定使用方式产生的含义。我们以更直观的方式总结了 Grice（1989）的话语意义划分（如图 2-1 所示）。

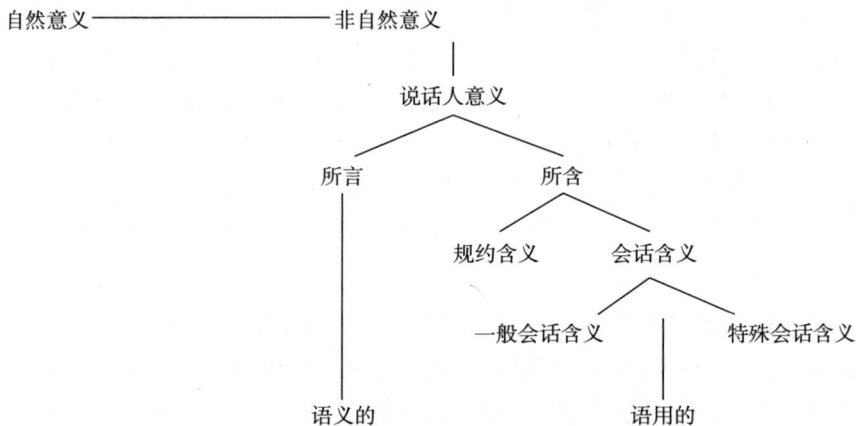

图 2-1　Grice（1989）的意义划分图示

Grice 的经典意义理论与当代语用学的建立和发展息息相关。冯光武（2007：19）指出，Grice 的真正目的是要建立一种以理性为前提、以意图为基础、以说话人为中心的意义分析模式，这为后续的话语意义研究开辟了很多解析路径。但是，Grice 在所言、所含以及规约含义和会话含义的语用－语义分析划界问题引发了许多新的思考。

Grice（1978）曾提到会话含义具有可推导性和可取消性两大特点，会话含义的最终阐释方式会随着会话含义本身的逻辑特点，或是交际者所拥有的语境和社会文化背景知识而变化，这对于一般会话含义和特殊会话含义来说是否都适用呢？如果说所含中的规约含义只是和语词或话语的某些规约特征有关的话，那么一般会话含义一方面具有可取消性，有着属于会话含义的特征，另一方面它又具有规约含义的本质特点，也就是说所言中是含有语用因素的，但又是不同于所含中的语用推论。因此，对规约含义和一般会话含义的探讨引发关于意义探讨的新争论。

2.1.2　关联理论

Sperber & Wilson（1986）利用关联理论（Relevance Theory）解释人类交际中的认知活动。和上述 Grice 对会话含义的区分始于所言和所含不同，关联理论始于解释明示 - 推理交际（ostensive-inferential communication）这个整体。就交际过程而言，明示和推理是这一过程的重要方面。所谓明示 - 推理交际，是言者给出一个刺激，从而使言者和听者双方都能够得到一组假设，即言者在交际过程中表达出自身的信息意图（informative intention），以及言者在这一刺激中传递给听者的交际意图（communicative intention）（Sperber & Wilson，1986：29）。这一刺激从语言的交际本质来讲依赖于语境的含义推导过程。因此，交际的成功不在于听者是否能够认识到话语的语言意义，而在于是否能够从中推导出言者的意义（speaker meaning）（Sperber & Wilson，1986：23）。简而言之，明示来自言者，交际对于言者来说就是一个明白无误地展示自身交际意图的过程；而推理来自听者，交际对于听者而言是一个从言者的明示信息中推导出其交际意图的过程。

根据言者明示过程中显现的两种意图，Sperber & Wilson（1986：54）又进一步区分了显性含义（explicature）和隐性含义（implicature）：显性含义就是言者提供交际内容时所反映出的意图信息，是话语的明说含义；而隐性含义是言者期待听者能够理解其所传递信息的意图，它往往包含了话语的暗含意义。因此，交际过程通过言者的明示，听者便可以从中获取一定的新信息，通过逻辑信息、百科信息和词汇信息形成新的认知语境，也就产生了语境效果。Carston（2004）以及 Wilson & Sperber（2004）也就含义的归属发表了看法，因为语境因素的介入，使得关联论下的显性含义和隐性含义解读都偏向于语用学走向，交际者对语境的敏感性保障了话语在语用形式上具有更多的扩充内容。从这一点来讲，更是完全不同于

Grice 将所言和所含的意义问题各自归咎于语义和语用的分析走向上 [1]。我们仍用图 2-2 的直观形式展现关联理论对意义的划分观。

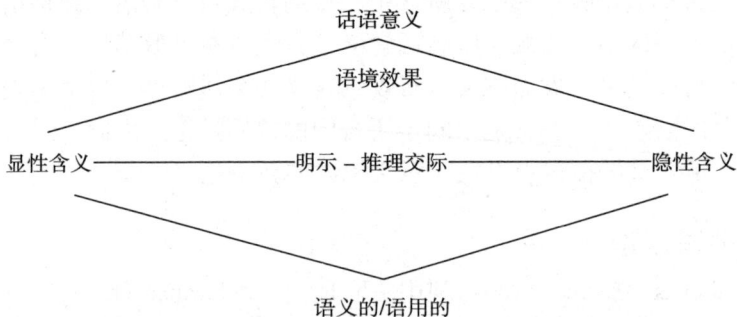

图示内容：

话语意义

语境效果

显性含义————————明示 – 推理交际————————隐性含义

语义的/语用的

图 2-2　Sperber & Wilson（1986）的意义划分图示

　　语境因素成为关联理论的必要条件，而交际者的意图性则成为语境因素正常运转的保证，关联理论因而可以看作是一种交际信息的语用加工过程。关联论者为后格莱斯意义模式的发展铺垫了意义细化的语用道路。

2.1.3　后格莱斯意义模式

　　后格莱斯意义模式主要针对 Grice 在意义划分中出现的一般会话含义归咎缺陷和语义 – 语用模糊的问题，后格莱斯语用学者将句子意义和语境成分包含至所言之中，语境成分与所含之中的一般会话含义形成交叉，这些语境成分属于一般会话含义。也正是一般会话含义的"两面性"促进了后格莱斯语用学关于语义和语用界面的争论（张绍杰，2010：4）。这一争论对于含义的不同划分主要来自 Bach、Carston、Recanati 和 Levinson 四位学者的意义阐释模式。

　　（1）Bach 模式。Bach（1994：144）评价了 Grice 针对所言和所含意义划分的看法，认为 Grice 虽然没有确认"所言不明"（inexplicit saying）这一说法，但是却承认有"明确的非所言"（explicit nonsaying）。如 therefore 和 but 这些连接词，在 Grice（1989：25）看来都只传达了交际中的

1　关于显性含义和隐性含义的语用走向问题，蒋严的译释更加清晰。在他看来，"完整字面意义的获得需要借助语境信息完成诸如指称指派（reference assignment）、其他充盈（saturation）过程、丰义 / 扩充（enrichment）和解歧（disambiguation）等操作，而正是这些操作体现了显性含义是在组合语义的基础上借助具体语境充实得到，所以说有一定的语用内容，同时也是后逻辑式或是后组合语义的意义层次"。详见蒋严中文译本《关联：交际与认知》，中国社会科学出版社 2008 年版的译者前言（1–23 页）。

规约含义成分，即它们显示的是前后两个语句或语词之间的承接或对比关系，且这些连接词不属于所言。对于规约含义在所言和所含模糊边界上的徘徊不定问题，Bach（1994：125-126）提出了"会话隐意"的观点（conversational impliciture）。会话隐意处在所言和所含的中间层面，当消除歧义（disambiguation）和确定所指（reference fixing）都无法表达出语句的完整命题，也就是说依旧存在语义的不确定时，会话隐意可以通过补全（completion）和扩展（expansion）这两个语用过程推导出来。

因此，会话隐意和所含一并被归到语用学的研究范畴。然而 Bach 并不同意关联论者把扩充的含义归入显性含义之列，在他看来，扩充含义不是规约含义，因为话语命题本身是不完整的，只有在语用推论过程中通过补全才能消除话语歧义，扩充含义应属于会话含义，即隐性含义的一种。Bach 的意义划分思想如图 2-3 所示。

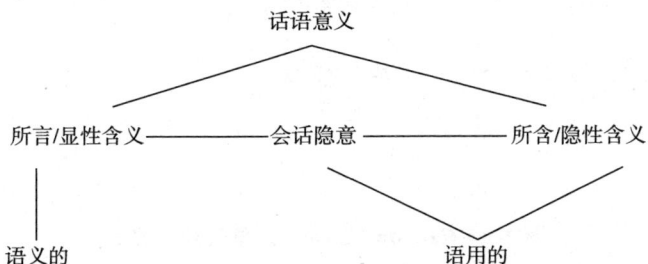

图 2-3　Bach（1994）的意义划分图示

（2）Carston 模式。Carston 本人是一名关联论者，在探讨关联理论下显性含义和隐性含义的区分问题中，Carston（2004：634）首先摒弃了对"规约含义"的探讨，在她看来，"规约含义"的产生是源于会话含义的程序制约因素在推理过程中的一种编码形式，而和其争议最大的"一般会话含义"应是显性含义的语用表达方式。显性含义是为了扩充话语体现出的不完整的逻辑形式，从而得到完整的命题内容。在以关联为基础的意义划分中，语言解码意义和语用推理意义是一对语义 - 语用的意义划分形式，此时的语义并不是关于语言表达和真值条件或真实世界的指称问题，它是一种类型而不是一种标记型的概念，指代的是由语言系统内在规则所决定的语言形式和相关认知信息之间的一种映射关系。由于明示刺激信号的影响，语义表征的输出最终体现为语用输入的内容显现。在这种语用主导型观点的引导下，Carston（2004：636）列举了消除歧义与饱和（disambiguation and saturation）、自由扩充（free enrichment）和特殊概念构建（ad hoc concept construction）三种显性含义的语用呈现方式。Carston 本人秉持显性含义是语用推论的直接体现，它在语用层面上展现意义的本来面目，也就是 Grice 的"所言"与"一般会话含义"的内容结合体；而关于隐性含义，则是展现言者交际意图下的二次语用推理过程。Carston 解释的显性含义和隐性含义的语用推论方向，为关联论的意义探讨过程增添了新的思考。图 2-4 总结了 Carston 对意义划分的探讨。

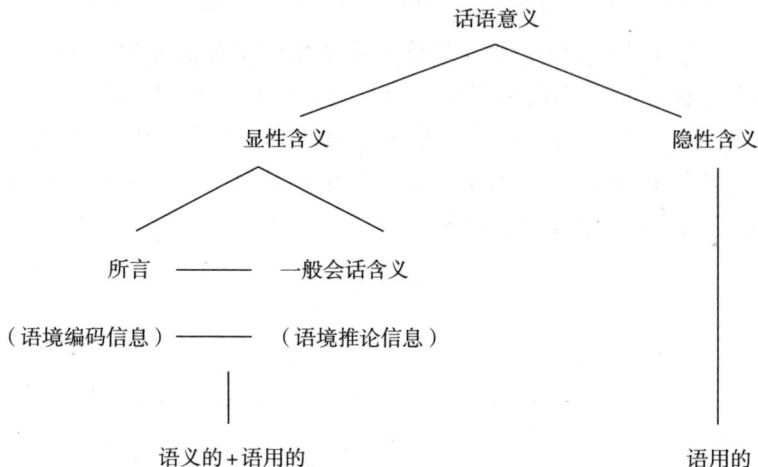

图 2-4　Carston（2004）的意义划分图示

（3）Recanati 模式。Recanati（2003，2004）提出了真值条件语用学（truth-conditional pragmatics）。在他看来，语用信息对话语的真值表征起作用。Recanati 本人是一名语境论者，他认为话语意义必须在语境之中才能体现出来，因此显性含义和隐性含义都需要经过语用推论才能得出。Recanati（2004：27-29）修正了 Grice 所言的内涵，将话语的交际内容划分成两个语用过程，即首要语用过程（primary pragmatic process）和次要语用过程（secondary pragmatic process），前者是所言的加工过程，但这一过程是自动的、潜意识的行为，是不掺杂语用推论的话语本身的产生过程；后者是所含的加工过程，是有意识的语用推论过程，这一过程通过饱和（saturation）、自由扩充（free enrichment）和语义转移（semantic transfer）形成最终的交际意义。值得一提的是，次要语用加工过程中的饱和和自由扩充概念和 Bach 提到的是同理概念，而语义转移指代的是既不被扩充，也不被缩减的一种系统概念相关的语言表达方式，就像 Recanati（2004：26）提到的那个例子一样：

例 2-1

a. The ham sandwich left without paying.

b. The ham-sandwich-orderer left without paying.

语义转移正是从语言编码概念中转移出话语规约概念意义上的所指，语义转移输出的是规约概念意义，而听者被输入的是默认的概念所指意义，语义输出和输入之间具有所指的功能关系。"火腿三明治"是不会自己离开的，而是说"'点火腿三明治的那个人'未付款便离开了"。图 2-5 总结了 Recanati 对意义划分的探讨：

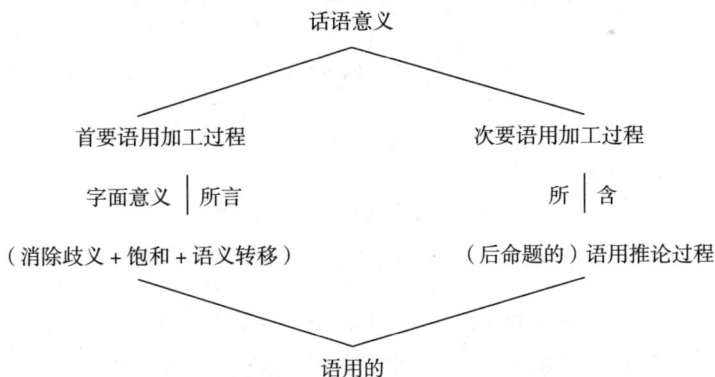

图 2-5　Recanati（2004）的意义划分图示

（4）Levinson 模式。Levinson（2000）保留了 Grice 的所言内容，他将所言和规约含义列为编码意义，交际内容因此由编码意义和会话含义构成。所言为输出含义的语用推理提供输入，而所含是在所言的基础上得到推断的话语意义内容。Levinson（2000：217）认为 Grice 的所言是进行话语意义推导的基础，需要由帮助确定指称的含义决定，而语义的理解过程需要语用输入来提供保证，他称之为"格莱斯循环"问题，据此他又提出应将语义学和语用学看作两个彼此交叉且共同为意义输出的模式（Levinson，2000：173），如图 2-6 所示：

如图 2-6 所示，在语言学和交际的交叉层面的意义，提供了交际者对语言的交替使用和世界重复认识的一种意义默认形式，这层意义相当于 Grice 提到的一般会话含义。作为一种默认推理（default inference），一般会话含义反映了交际者对意义优先或正常解读的一种直觉（Levinson，2000：12）。据此，他提出了意义的三个层次：句子意义（sentence meaning）、

```
    句法                              消除歧义
      │                                 │
      ▼                                 │
输出：句法结构 ◄───────────────────────┘

      │                          指示性语用学
      ▼                       （时间、地点、人物的指示确认）
组合性语义学
      │                                 │
      ▼                                 │
输出：逻辑形式或语义表征                  │
            │                           │
            ▼                           ▼
         语义阐释（模型理论阐释）
```

语言学上的
───
交际上的

```
            │
            ▼
      输出：字面意义或句子意义
            │
            ▼
         Grice 语用学
            │
            ▼
      输出：话语或说话人意义
```

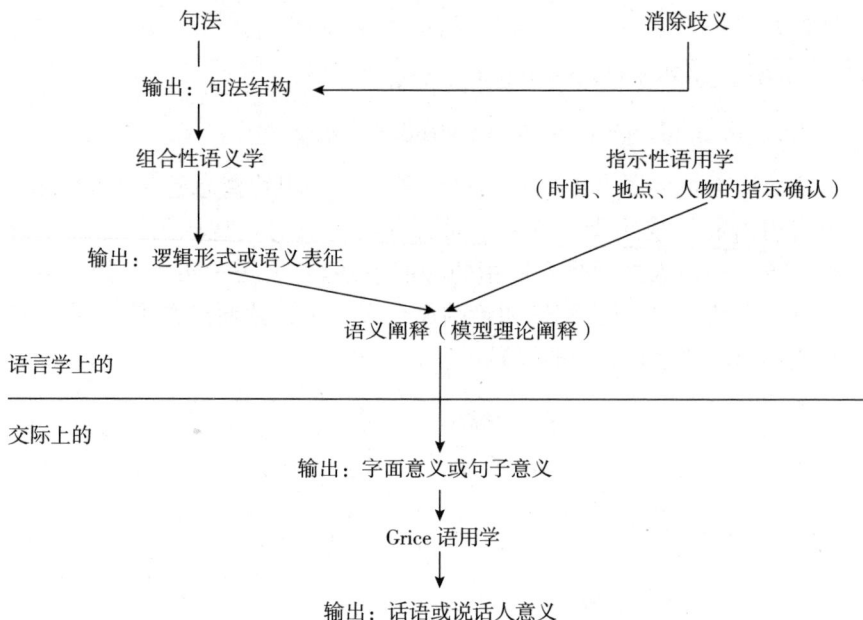

图 2-6   Levinson（2000）的意义划分图示

说话人意义（speaker meaning）和话语类型意义（utterance-type meaning）。话语类型意义就是默认推理下的优先解释意义，语言中存在各种各样的语用现象，比如言外之力、预设条件、会话常规、实现条件等，这些现象使话语类型意义的提出具有必要性。缺省推理下的优先解释意义过程受到了 Q 原则、I 原则和 M 原则的管控和制约[1]。在三原则的制约下，一般会话含义的语用推论随即产生，是局部触发的含义过程。可以说，在话语意义研究的走向问题上，Levinson 最重要的贡献在于他提到了语义学和语用学需要有互动的输入和输出，意义在这两个不同的互动过程相交，最终达成含义和解。

　　至此，本节主要探讨了话语意义，尤其是后格莱斯语用学者对话语意义，即会话含义理论中所言、所含细化的区分和整合观点。正如 Huang（2007：210）所言，尽管语义学和语用学都是研究意义的学科，但是，以

1　Levinson（2000）将 Grice 的合作原则中的四原则合并为三原则，每个原则又分成了"说话者准则"和"听话者准则"。Levinson 之所以提出三原则是因为他赞同 Grice 对会话含义的划分，但不同点在于 Grice 的四准则主要针对的是特殊会话含义的遵守与违反，而 Levinson 的三原则则是针对一般会话含义。语境的参与和干涉是他们二人对此原则划分的最终区分点。我们认为 Levinson 的观点也考虑了语义–语用的互动界面，详见 Levinson（2000：73–155）。

一种互补观来看待语义学和语用学之间的区别和分工还是很有必要的，语义学和语用学不应该以包含和被包含来体现彼此的研究界限，它们应当是以一种动态的、互补的、协作的关系融入交际者对意义的体察之中。我们稍事修改了 Levinson（2000：195）列举的话语含义的语义 / 语用界面图示，以此总结本节讨论中几位学者对交际中会话含义研究的大致观点，如表 2-1 所示：

表 2-1　话语意义界面研究图表

作者	语义表征	指示 / 所指方式	最简命题	扩充命题	附加命题
Grice	所言				所含
Sperber & Wilson	语义意义		显性含义		隐含意义
Bach	所言		会话隐意		隐含意义
Carston	语义意义		显性含义		隐含意义
	所言				
Recanati	句子意义		隐性含义		
Levinson	所言			/	
	编码意义		隐性含义		

纵观后格莱斯意义模式的进展，我们发现如何解释一般会话含义是大家所关注的重要理论问题之一（张绍杰，2008：200）。由于一般会话含义是按照其表达惯例或者说是逻辑形式与话语意义之间的规约关系默认推导出的含义，默认推理（default inference）和在特定环境下的可取消性（defeasibility）这两大特征（Levinson，2000）从理论上来说既继承了 Grice 的会话含义观，又超越了其理论含义的精髓。张绍杰（2010：10）为一般会话含义的缺省性和可取消性导致的语义学和语用学既具有界限模糊却又相互依存、互为作用的状态予以图示（见图 2-7），更好地说明了我们为何需要在话语意义的研究中更倾向于把语义学和语用学作为一个整体来看待。

这一交叉层面提出的新启示是一般会话含义在规约性和非规约性上的铺设问题。而就默认意义本身而言，其生成是从个体语境化向集体规约化的一个历时演变过程（张延飞、梁妮娜，2023）。本书的研究对象是会话叙事标记，其在叙事理解中所体现的语义含义和语用指向恰恰为语义学和

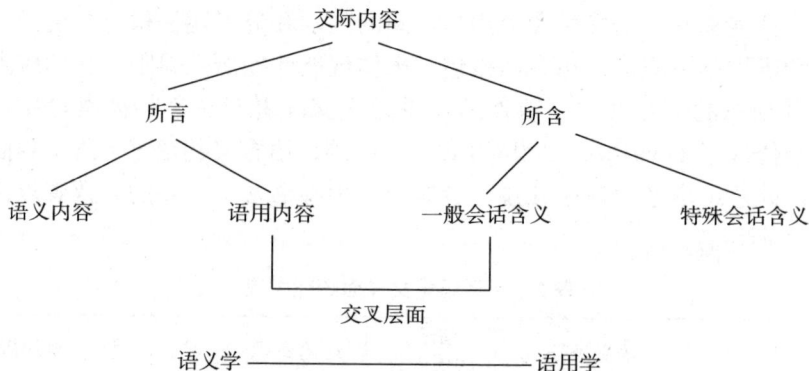

图 2-7　张绍杰（2010）的意义划分图示

语用学的相互作用提供了切实充分的佐证，它们表达出的一般会话含义的规约性和非规约性问题，以及在会话叙事语境下默认推理和可取消性引介的指称缺省或语义缺省，将引导我们寻求以动态的语用和语义相结合的互动模式对其加以分析。

2.1.4　语用缓和下的非常规会话含义

由后格莱斯语用学对意义的阐释可以看出，话语类型意义是默认推理下的优先解释意义，而言外之力、会话常规等语用现象则触发了学界对于话语类型意义的多样化探索。语用缓和涉及对格莱斯会话含义的违背，通过顺应相关社会规约对话语内容及意义的制约而实现人际交互的和谐构建，从而避免会话冲突的产生，并相应产生了非常规会话含义。

就非常规会话含义的命题、话语与所指的关系而言，Caffi（2007：49）将命题（包含所指指向和述谓表达）、施为性话语（如含有言外之意的动词、加强言外之意的表达等话语行为）以及话语的指示来源（如言者在话语发生时刻的所指指向）这几个参数视为缓和话语策略得以形成的关键，语用缓和是互动交际中某一参数值的弱化（Caffi，1999）。这和 Fraser（1980）使用一些限制因素界定语用缓和不尽一致，后者认为语用缓和是对言语行为的修饰，或是某一言语行为消极情感施为性意义的衰减（Holmes，1984；Thaler，2012）。因此，非常规会话含义产生于言语行为被缓和话语修饰的语境之中，是话语的程序性意义在交际者人际互动语境涵盖下的意义输出。

冉永平（2012a：123-127）在探讨缓和语的人际语用话题时曾非常全面地论述了缓和语的社交语用功能及其在使用中的非句法－语义制约性。

一些话语标记如"顺便问一下""我看""吧""嘛"等不受句法或语义组合的管束，是"降低言语行为或话语的施为力度及对听话人产生的驱使性，或低调处理可能产生负面效应的某一信息等"（冉永平，2012a：123），这一观点和 Czerwionka（2012）将"驱使性"（imposition）和"确信度"（certitide）作为影响缓和话语呈现的主要因素非常契合，并以丰富的语用词汇语料证实了缓和话语与话语主体行为、语用修饰方式以及话语隐含信息的相互关联，充分说明了语用缓和下的非常规会话含义能够被看作某种言语行为的修饰意义。李海辉（2008）、毛延生（2011）、冉永平（2012a，2012b）等都从不同语料及多重语用视角论证了缓和话语在非会话常规中的语用阐释与意义体现。

因此，本书在探讨叙事标记的语用指向问题过程中，从语用缓和视角对会话叙事标记施为力度和语境确信程度的分析，特别是将其在自发性会话叙事语境和机构性会话叙事语境中的语用表现进行详细阐述，有助于我们进一步挖掘叙事标记减缓不同言语行为在人际交互过程对以言行事的有效推动和促进。

2.2　会话叙事标记的语用研究概况

本节主要探讨国内外学界针对会话叙事标记作为话语标记大类现象的研究概况，并探析会话叙事标记本体及其语用研究情况，以及当前会话叙事标记研究的总体特点。

2.2.1　会话叙事标记作为话语标记大类的研究概况

会话叙事标记是在会话叙事语体中出现的话语联系标记，属于话语标记大类现象。本书采纳并吸取何自然和冉永平（1999）对话语联系语的定义和观点，将会话叙事标记看作话语联系语，通过对语料的观察我们发现，会话叙事标记多表示前后话语信息之间的转折关系、并列关系、因果关系或顺承关系等逻辑事理关系。因此，对会话叙事标记进行考察之前，我们有必要对话语联系标记[1]的研究概况作以综述。

Grice（1989：22）在合作原则理论构建之初，就曾对联系语所表征

1　我们在此所说的话语联系标记也被 Fraser（1999）以及何自然和冉永平（1999）等学者称之为话语标记。但究其功能影响，会话叙事标记和话语标记仍旧在语境逻辑和语义指向上具有区别性特征，因此我们将会话叙事标记视为在特定语境下的话语标记大类现象。下文将探讨其区别性特征。

的普通性质的逻辑关系进行过探讨，比如他使用一系列逻辑算子（logic operator）对应自然语言中的联系语：例如 ∧ 和 ∨ 与 and 和 or 的比对分析，目的是考察这些联系语在逻辑运算和自然语言中的语义相对性，并验证其在动态会话中语用含义对真值语义因素所产生的影响。Grice 对联系语的态度也促进了一些学者从内在的语义特征（真值功能意义）入手，进而开始发掘联系语在动态交际环境中的语用含义和操作特点。在这个过程中一部分学者主要关注从逻辑联系语的真值功能意义中获得非真值功能意义的阐释，意在探讨实际语用操作对真值意义是否具有影响（Blakemore & Carston，2005；Horn，1972；Levinson，1983）；另一部分学者则关注逻辑形式上更为松散的联系语在真值语义层面和实际语用操作层面所具有的关系，意在阐明语用原则在实际使用操作过程中对真值意义是否具有重要影响（Blakemore，2000；Blakemore & Carston，2005）。

以此为出发点，我们发现以研究句法功能和语法分类的语法化的标记走向先于以研究语用信息推理与表达的语用化的标记走向，且国内外学者对话语标记形成机制的分歧，主要集中在语法化、词汇化和语用化上，而语用化只在话语标记形成的末端才起作用（李思旭，2023）。语用化研究兴起之后，又引发了以研究语义值和连贯关系的语义化的标记走向以及以研究心理认知和交互的认知化的标记走向。因此，要厘清话语联系标记的研究概况，我们首先要明确其研究走向，并以此推进会话叙事标记的语用理论阐释和应用研究。以下是这四种走向的研究概况。

1. 语法化研究走向

语法化研究多集中在对话语联系标记的句法形式、语法状态、语音特征及话语结构分布的探讨上。语法化研究是话语联系标记出现最早，也是较为传统的研究范式，其研究过程大多是以脱离语境的假定句子为例，在分析句法形式和语法状态的同时解析话语标记在语篇层面的句法功能特点。Hopper & Traugott（1993）认为语法化是指词汇形式和结构单位在一定语境中表达出的语法功能的过程，词汇形式经历语法化之后便可展现出新的语法功能。沈家煊（1994）则指出"语法化"（grammaticalization）通常是由语言中意义实在的词转化为无实在意义、表语法功能成分的一种过程或现象，在中国传统语言学理解中也叫作"实词虚化"。话语中联系标记现象的语法化研究大体经历了从共时研究转向历时研究，再由历时研究转向共时研究这样一种趋势。20 世纪 80 年代作为联系标记研究最为兴盛的时期所出现的多项研究都是从共时视角展开的。其中一种是基于言者产出的标记话语承接功能和连贯关系的研究（Fraser，1988，1990；Grice，1989；Östman，1981；Redeker，1991；Schiffrin，1987；Schourup，1985），一种是基于听者接收的标记话语理解过程中的引导、指示和制约（Blakemore，1987，1992；Jucker & Ziv，1998）。然而尽管语法化的研究目的是要解释共时现象，但语法化本身却是一种历时过程（沈家煊，1994：18）。例如 Brinton（1996）对联系标记 I guess、you know 等进行的语法化研究就是历时演变过程探讨。Traugott & König（1991）及 Traugott 本人（1995，2003），以及 Traugott & Dasher（2002）在话语标记历时演变进程中探讨了大量英语副词的语法化过程，揭示了"谓语副词 > 句子副词 > 话语标记"类的语法化链条，同时指出了话语标记对于表达言者主观性态度的标记特征，这种特征是其在历时演变过程中经过了词汇化、语法化和语义主观化而逐渐形成的。

相比之下，现代汉语联系标记的语法化研究最初呈现的是历时研究形态，可以追溯到《马氏文通》（马建忠，1983）对虚字虚词，如"虽""而""若""然则"等具有连接属性词汇的探讨，但彼时作者并未对这些字词研究立定术语称呼。吕叔湘（1999）就连接词的词汇化问题进行了大量翔实的个案分析，他把具有连接作用的副词以及连词统称为关联词语，其功能在于连接小句、组成大句，而小句之间可以由一个连词连接或相互呼应的两个连词连接。方梅（2000）也曾就连词弱化的现象探讨了汉语的语类演变状况。此后向明友和黄立鹤（2008）从实词虚化到语法化理论系统地阐述了汉语的语法化研究历程。然而，现代汉语针对话语联系标记的语法化研究呈现的更多是共时研究形态，学者们多是从个案入手探讨其语法化或词汇化演变历程，如"这""那"（方梅，2002），"完了"（高增霞，2004），"我看""你看"（曾立英，2005），"你知道"（刘丽艳，2006；单谊，2022），"这 / 那个"（刘丽艳，2009），"谁知道 / 别说""我告诉你"（董秀芳，2007，2010），"那（个）"（许家金，2008）、"人称代词 + 看 / 说 / 想"（张旺熹、姚京晶，2009），"这个""那个"（殷树林，2009），"别说""完了""就是"（李思旭，2012）等。类似词例分布广泛，但从总的研究状态来看，此类标记现象的语法化研究也必将从脱离具体语境的单句研究过渡到自然会话的研究中，这是上述文献发展的一个总体趋势，也是未来话语标记研究发展的整体趋势。

2. 语义化研究走向

Levinson（1983）曾指出语法化是在语言的词汇、句法和语音等层面以编码形式来区分语义的过程，而话语的联系标记现象仅仅是对前述话语的一种语义上的回应和延续。学界对其语义化的探讨大致分为两个流派：一支是结合了语法研究的语义化分析，多数已经从语法和语义相结合的共时视角出发进行语义连贯探讨，此处不再赘述；另一支是结合了语用研究的语义化分析，我们将在此回顾其研究历程。

冯光武（2005）指出，语义学研究语言的规约意义、脱离语境的意义、真值条件意义和命题意义，而语用学关注语言的使用、具体语境中的意义、非真值条件意义和非命题意义。真值条件意义是传统语义学的研究对象。对于话语联系标记这种特殊的语言形式，学界多数看法是它没有或较少含有概念意义，其语义空泛，无命题意义，不影响句子的真值条件（Blakemore，2002；Fraser，1996；Schourup，1999；李潇辰等，2015；许家金，2009a）。然而尽管如此，我们仍应注意到，话语标记虽不影响命题意义，但却影响话语的意义。它们能够编码规约含义，通过其语义特征传递隐含信息（李潇辰等，2015：20），能够揭示其所标记的语段与客观的话语符号或内容之间的语义关系，表达一种命题外的非命题意义。Grice（1989）区分所言和所含时曾提到过，所谓的命题意义和非命题意义是话语单位范围内对陈述内容所构成的意义单位。在 Sperber & Wilson（1986）的界定中，他们把人们的所言认定为一种话语表征形式，这种形式不能被称为命题意义，而仅仅是一种构成命题意义的图式（schema）；构成完整命题意义需要借助语用充实（例如确定指称、消除歧义等），从而形成显性含义；通过听者的语用推理，才能得到言者所要表达的隐性含义，也就是 Grice 所说的非命题意义，也是我们在本书所要探讨的语义缺省意义及其语用缓和的内涵所在。

可以说，话语联系标记的语义化研究在结合语用元素的基础上，或是对话段之间关系的研究（Fraser，1999，2015；Hopper，1991；Schourup，1985；Travis，2006），或是对话段与语境之间关系的研究（Blakemore，1987；Redeker，1991；Schiffrin，1987；Sperber & Wilson，1986），或是对言者的命题态度和评价的研究（Jucker & Ziv，1998），或是对命题意义和非命题意义间的研究（Anderson，2001；冯光武，2004，2005）。

此外，Wierzbicka（1996）和 Travis（2006）采用自然语义元语言的方法（natural semantic metalanguage approach），把话语联系标记在上下文体现出的意义称作"局部语义恒量"（partial semantic invariant），联系语以此语义恒量在上下文聚集，从而凸显意义。这种方法以语义动态显示话语标记的分布状态和功能，也是语义化研究走向上的一种趋势。

汉语方面，方梅（2000：459）就弱化连词转变为话语标记的过程进行了探讨，并指出"语义弱化的连词在对话中虽然不表达真值语义关系，却是言谈中构架话语单位的重要衔接与连贯手段，是一种话语标记"。此种标记在自然会话中主要具有两方面功能：一种是话语组织功能，体现在话题的处理功能方面（如话题的前景化和话题的切换）；另一种是言语行为功能，体现在话轮处理功能方面（如话轮的转接和延续）。方梅（2000）还指出连词语义弱化进而虚化为话语标记的现象是认知模型对小句承接方式和话语关联形式的反映，同时又从另一侧面体现了认知相似性对言语过程和言语产品的作用。当然，方梅的这项考察只是话语语篇内部的一种单项语义弱化分析，她使用汉语自然口语中的语言对连词进行考察等，对后续研究起到了很好的引领作用。张德禄和刘汝山（2003）提出了话语标记的语义连贯本质。他们指出如若两个或两个以上的句子存在时间、因果、大小、所有者等顺序之外的逻辑语义关系，但又不凸显明确形式特征的情况下，言者一般会认为听者可以自觉地填补这些连接的语义空缺，而话语语境（例如叙事语境）和听者的推理（例如缺省推理）在这个过程中起到了至关重要的作用。他们的研究为话语标记的语义及语用化分析提供了翔实的理论假设和阐释框架。

尽管 Fraser（1990，1996）一再强调话语标记现象通常是不具备真值条件意义的，但是和他自己所言相左的是，他又强调了有些标记（如 as a result）编码了概念意义，而有些标记（如 however 或 so）编码了程序推论意义。这使得话语的标记现象在程序意义和编码意义上陷入了语义循环，也促使我们思考对于程序意义和编码意义的探讨是否有必要辅以语用信息来加强解释的可能性。

由此可以看出，语义化与句法以及语用要素结合的双向研究是话语标记现象多维化整合模式的必经之路。Hsu（1996）的博士论文便是以语义、句法和语用界面的结合对汉语口头和书面语篇中的时间标记"正""正在"和"在"为主题进行探讨。邵敬敏（2000）在《汉语语法的立体研究》中也提到了未来的研究趋势，即强调对语法进行多角度、多方位和多层面的深入探索，并着重指出将语法、语义与语用这三种要素相结合的重要性。

3. 语用化研究走向

话语联系标记的语用化研究主要涉及其在使用过程中被言者所言的具

体语境，以及听者在话语理解中的连贯推理观和认知中的概念整合。语用化研究主要揭示其所标记的语段与客观的话语符号或交际者之间形成的交际环境关系，因此，语用化研究格外重视具体语境和认知推理在话语中的作用，前者构成的前提是话语层面的具体语境，是语用化的重要元素之一。

本书认为联系标记的具体语境可以被分成内部语境和外部语境两种：内部语境是言语片段和上下文之间的关系体现，学者们对内部语境的探讨尤以对言者的发话语境和标记本身的承接连贯作用作为普遍关注焦点（Aijmer，1996；Anderson，2001；Bolinger，1975；Brinton & Traugott，2005；Fraser，1996；Hudson，1998；Miracle，1991；Östman，1982）；外部语境是联系标记所出现的言语片段之外的社会和文化环境。例如 Holmes（1990）曾以男女话语中的模糊限制语研究为例比较了不同群体对话语标记的使用情况；Baumgarten & House（2010）以 I think、I don't know 为例对它们在英语语篇中形成的社会通用语形式到话语标记形式的社会语用因素作以探讨；Pichler（2013）则从语用变异的视角探讨了 I don't know 等标记的语用结构变异过程。值得说明的是，本书对会话叙事标记的探讨是基于内部语境和外部语境的双重环境共同考量的。

以汉语的语用特征结合语法、语义与认知特点为研究对象，是国内近二十年间话语标记大类现象发展的大势所在。但有一点很明确，语用研究是话语标记围绕这几个分项展开的中心拓展基点。这一点 Claridge（2013）也给予了强调和肯定。何自然和冉永平（1999，2009）也曾指出话语标记的主要功能是语用的，而非进行句法上的制约或语义表达。因此要探究话语标记的语用功能也必定需要我们在具体语境条件下关注言语交际的过程，才有可能触碰到其"从局部或整体上对话语理解所起到的引导或路标作用，帮助听话者识别话语的各种语用关系，从而在认识上对话语理解进行制约与引导"（何自然、冉永平，2009：235）。

冉永平（2000，2002，2004a）及 Ran（2000）在关联理论和语言顺应论的理论模式下对话语标记作了颇具影响力的翔实探讨。他指出话语标记是没有概念意义，只有程序意义的"插入"语，并根据话语标记的语用功能将汉语话语标记分成八个小类：话题转换标记（如"话又说回来"等）、话语来源标记（如"众所周知"等）、推论性标记（如"由此可见"等）、换言标记（如"换句话说"等）、言说方式标记（如"简而言之"等）、对比标记（如"不过、但是"等）、主观评价标记（如"依我之见"等）和言语行为标记（如"我告诉你"等）。然而这一分类却与他对话语标记的界定相矛盾，例如"依我之见"这种主观评价型的标记在语句中的真值意义是值得商榷的，它所构成的编码信息具有主观的"我"的概念表征，而非"他"或其他人。以概念意义和程序意义对话语标记的语用功能进行划分却产生了标记本身概念上的混淆。

吴亚欣和于国栋（2003）认为话语标记的使用受制于交际者的元语用意识，他们强调交际者的语用调控意识是话语标记标示语言结构变化的关键因素，也是把隐藏在话语当中的某些语用效果从语用底层带至语言表层的思维工具。然而，他们的研究并未对受话者的语用意识过程作出阐述，这本应是语用意识调动的另一个研究端点。Feng（2011）以新格莱斯语用理论为基础，把语用标记看作具有潜在传达规约含义的标记，而非把标记本身当作规约含义。说其具有潜在的规约含义，原因在于这类话语标记可以传达出常规意义，而且他们的即时意义在语境之中通常是稳定不变的。他从侧面维持了 Grice 的想法，即话语标记的意义是言者所暗含表达的意义，而且规约含义本身也是主观性的含义范畴，这同时也是规约含义具有语境高敏感性的直接原因。邱述德和孙麒（2011）在探讨语用化的过程中指出，语用化源于语用推理且通常具有一定的主观性。例如在语用化促发下产生的话语标记在使用中可以独立地表示出特定的语用功能和交际意图，这也是话语标记的语用化在言语行为理论中凸显的一种独立功能。向明友等（2016）基于语言使用的互动视角，提出语用化之于话语标记的研究应建立在意向性和规约性相互作用的基础之上，规约性是语法化的研究重点，重在编码，而语用则重视推理，他们又一次强调了语用因素与其他元素相结合的关键作用。李思旭（2023）梳理了语用化和语法化的关系，并强调当一个成分失去句法上的强制性，且语义上对所在命题没有什么贡献，由此凸显语用功能时，语用化才得以形成。语用化主要强调篇章衔接、言者态度等语用功能（方梅，2018）。

可以说，话语标记大类的语用化研究预示了话语标记由理论模式的青涩期进入涉及语用结构模式探讨的成熟期和丰富期。这一时期语用化的研究关注交际者的认知心理在语境和推理中所具有的作用，肯定并推动了话语的标记现象在语用－认知维度的探索步伐。

4. 认知化研究走向

言语交际的目的是改变听话人的认知语境假设（何自然，2006：183）。话语标记大类的认知化研究关注听话人在话语信息处理中的认知走向，即利用类似话语标记的语言手段为听话者的话语理解"减负"，促使听话者高效地寻找到话语关联，为可被成功理解的话语交际"减负"。这两个"减负"活动是说话者和听话者期待达到的共同目标，也是"说话人使用话语标记这样的明示语言手段对听话人的话语理解实行语用制约的认知心理理据"（何自然，2006：184）。可见，话语标记现象的认知化研究是以语用化研究为基点的又一个新的拓展领域。

以语用-认知为交叉点进行话语标记现象研究的代表人物 Blakemore 于 2002 年在其著作《关联与语言意义：话语标记的语义学与语用学》（*Relevance and Linguistic Meaning: The Semantics and Pragmatics of Discourse Markers*）中以关联理论为理论导向，探讨了话语标记（她也称其为"话语连接语"）如何在语用推理中发挥作用。在 Blakemore 看来，话语标记是言者为听者提供最佳话语关联的一种语用机制制约语。她（1987）也曾指出话语标记的程序编码意义是一种预期认知效果（intended cognitive effect），也是话语程序上对隐含意义进行语用推理的一种制约体现。但在此基础上，Blakemore 对话语标记在概念意义和程序意义上的功能界定逐渐极端化，尽管她一再强调话语标记是话语在认知层面所产生的某种推理关系，但在其后的研究中，她又强调了话语标记在连接性和非真值条件意义上的倚重性，以此将话语标记逐步界定为只包含程序意义、不包含概念意义的短语或词组（Blakemore，1992）。然而，数年之后 Blakemore（2002：4）再次修订自己的看法，她认为程序编码意义的标记有时同样也具有真值条件内容，而概念编码意义的标记有时又不一定具有真值条件意义。程序编码意义和概念编码意义相互交错，它们共同激活交际者认知推理路线或特定语境假设。这为话语标记在语义层面的程序意义、语用层面的概念意义和认知层面的关联推理意义作了一个更全面的假设，但与此同时，以程序意义和概念意义的关联认知分野的话语标记的功能判定也促使我们有必要从语用-认知过程中推导出更有说服力的概念和假设。

汉语学界对话语标记的认知研究也多以认知主体的关联对话语标记所产生的功能影响为主。陈新仁（2002）同样利用关联理论解释了首词重复的话语标记含义推导机制，并指出在此种含义推导机制中语用/话语标记"可以为听话人解读寓于这一表达中的含义提供认知上的引导"，减轻听话人在理解讲话人意图表达过程中的认知负担，反映了言语交际双方之间的认知互动；李勇忠（2003b）对 DM+S2 的话语模式进行了认知语用分析，并指出话语标记是言者为了更好地表达意图而采用的一种语言手段，其本身能够揭示话语字面上并未明确表明的内容，并连通"短路"的信息，保证交际的顺利进行；刘丽艳（2005）则从话语标记对认知主体的元语用意识功能入手，对话语标记进行了新的认知 – 语用层面的界定。相比之下，周明强（2022）则以认知为线索，对不同层次的汉语话语标记作了语用功能与认知情况的详尽探讨，并提出话语标记认知规律的分析，例如语用功能认知的互通性、差异性、趋同性等问题，这有益于揭示话语标记研究的应用价值。

从以上话语标记现象在语法、语义、语用和认知的四个走向上的研究现状来看，话语标记现象的理论研究体系由一个大的网络所覆盖，网络的串联整体上是以意义表征为主，而其功能意义基本上是并联所有共时研究的主导线。再回顾国内的研究现状，主要是以理论引介为主的共时标记语例研究，但由于缺乏统一的理论体系，各个研究的关注点和研究对象不尽相同。本书在此基础上尝试在会话叙事话语的意义网络中探究其存在动因、形成理据和语用 – 语义功能意义，也是对话语标记的语境化呈现所做的有益示范。

2.2.2　国内外会话叙事标记的本体探讨及其语用研究概况

结合话语标记大类现象的研究概述，研究自然会话叙事标记，首要任务便是明确它在使用过程中，也就是自发性会话叙事过程中所形成的标记路径。前文 1.1.3 节提到，自发性会话叙事是指日常会话中自发出现的故事讲述活动，它通常由叙述者对个人过往经历或所见所闻的讲述构成。Labov & Waletzky（1967）在对黑人英语方言的社会调查中通过让被调查者讲述个人危险经历开创了个人口语叙事的研究先例。之后会话分析学派 Sacks、Schegloff、Jefferson 和 Goodwin 等学者对叙事话语序列的分析逐渐扩大了会话叙事研究的广度和深度，对会话叙事标记的关注也始于这股研究风潮。

对口头叙事中话语联系标记现象的研究，最早可追溯到 Scollon（1977）针对加拿大契帕瓦族印第安人关于"如何制作木舟"的契帕瓦语会话叙事标记的序列性研究，他总结了叙事标记的连接词功能和代词化特征。这种方法从本质上讲仍然是以会话分析的话语序列研究为主的理论探索。此后，Schiffrin（1982：338）则从时间性、描述性和评价性三个方面探讨了 and、so 和 but 等话语标记对口头叙事的整合作用。她主要论述了这些标记在叙事过程所提供的评价性信息，并涉及叙事标记的使用者通过故事讲述所期待传达的言语意图，以及叙事标记在时间序列和语境信息中的引导作用，但作者并未就此展开更为详细的论述。

对叙事标记的系统研究应归功于 Tsitsipis（1983）。他对希腊人群中使用阿尔巴尼亚语的叙事活动进行了总结，并归纳了会话叙事标记的大致特征。他指出，会话叙事标记是出现于正在进行的故事讲述中参与者共同使用的话语联系标记。叙事标记可以是内嵌在叙事话语中的字或短语，它的出现意味着当前讲话者要从正在进行的会话中另辟一个故事分享给当前的听话者。同时，会话中的故事讲述并非总是以开头－讲述－结尾这种非常完整的形式出现。尽管会话叙事标记大多出现在叙事过程中，但由于故事讲述常常是内嵌在一个更大的会话活动中，而叙述者在故事讲述过程需要和受述者对正在进行的会话频繁传递互动回应，如此才能确保故事讲述正常进行。因此，会话叙事标记的位置随叙述双方或多方的话轮转换而变化。Tsitsipis 的研究本质上是利用会话分析的研究方法对叙事标记现象进行的序列结构特征总结。

经历了将近二十年的空档期后，Norrick（2001）再次关注到会话叙事中的标记特征。他从口头叙事标记 well 和 but 的研究入手发现，作为叙事标记，它们的功能和常规意义与在普通会话语篇中全然不同，在口头叙事中 well 和 but 表征的是参与者对叙事结构和故事程序的整合预期。其后，González（2005）对英语和加泰罗尼亚语中的叙事标记作了对比研究。他从概念、修辞、序列和推理四个话语意义维度的分析中指出叙事标记的意义体现在承接故事命题和故事话语片段的关联关系上。叙事标记是一种多功能的标记，因为它可以预测叙述者在认知、态度以及确信度这些可以促进言外之力和意图变化的因素。叙述者利用它来切分、发现、组织并修订提供给受述者的故事信息，与此同时也和受述者一起分享共识和假设。较之于 Tsitsipis（1983）的研究，González 更强调会话叙事标记的认知功能，延伸度更广。这也提示我们对于会话叙事标记进行的本体研究不应该仅仅关注语法和语用，而应更加重视认知层面和意图性层面的表征特点。

和 González 的研究目的语一致，Cuenca & Marín（2009）对比分析了加泰罗尼亚语和西班牙语口头叙事中叙事标记共现问题。他们分析了加语和西语的叙事标记中存在的出现频率、多样化和共现的重要性，并指出其话语标记具有并列性、增补性和合成性的特点，即命题层面叙事标记的词汇排列问题、结构层面的叙事位置问题和情态层面的功能范围问题。

就汉语会话叙事标记的研究而言，方梅（2000）在探讨自然口语中弱化连词的话语标记功能时曾提到过话语标记在叙事语体中的前景化问题，并指出构成叙述主线的叙事标记具有话语信息组织的功能；冯季庆（2003）

则从两篇文学文本语篇入手，探讨文学文本中原创者使用特殊形式的话语标记对小说的叙事意义具有的语义和文化影响。冯指出类似的叙事标记对小说叙事文本所产生的最大影响在于它们揭示了以互不相容的语义价值和文化价值拼接起来的双重性，从而导致受述主体所形成价值的无差异性。尽管作者对文本中的特殊话语标记进行了演绎探讨，但本质上讲其仍属于作品的文学价值研究。和冯的研究有相似之处，刘泽权和田璐（2009）对《红楼梦》中的叙事标记进行了系统的探讨，但这也是一项以文学文本为语料的英汉译作对比分析。作者指出叙事标记在其分析中主要指代的是章回小说中出现的大量模拟说书场景特征的叙事套语，并根据话语标记在叙事中的作用，将其分为分别对应叙事开始的起始标记、发展中的发展标记和叙事结束时的结束标记三类。

Tang（2010）针对课堂师生间的独白叙事标记进行了语用功能分析。这项研究主要针对汉语中"呵""好""对"以及英语中的会话叙事标记alright、right、okay、yeah以及yep进行了语用功能对比，并指出它们的语用功能固化在词汇化进程中。与此同时，这项研究将会话叙事标记划分为自我确认标记、自我保证标记、当下话语总结式标记和话语内部总结式标记。Xiao（2010）针对"汉语会话叙事中的话语标记"作了案例性探讨，尤其对叙事中出现的话语标记的指示性特征进行了详细研究。她从话语标记的指示性、可述性、叙述者身份和所表达的道德立场四个维度对"反正就是说""嗯，那然后（呢）"等九个不同的话语标记进行了探讨。其研究指出，话语标记的指示性标示了叙述者的叙述愿望，同时对于会话叙事的连贯性和真实性有推进作用。Xiao的研究显示了话语标记虽然仅仅是一种细微的待人去观察的语言形式，但却有着促进人类交流机制顺利进行的基本张力。然而对于叙事标记的这一张力的具体体现作者并未在研究中深入探讨。

综上可以看出，国内外会话叙事标记的研究大致是从标记的会话序列性分析，到标记的叙事结构层面分析，再到叙事认知层面的分析。Norrick（2015）的论述还提及了标记对叙事意图的关涉作用，尽管他并未展开详细论述，但这为我们的研究提供了一个很好的切入指向。

那么，就当前会话叙事标记研究的总体特点而言，可以说，会话叙事中话语标记的探讨是会话叙事研究维度上的一个重要分支，正如Fraser和Norrick所言，叙事话语标记显示的是不依赖于词汇意义的独特的话语标记功能，在叙事常规和故事编码的序列性问题上有着许多值得我们深入探讨的问题（Fraser，1990：394；Norrick，2001：849）。当前国内外针对会话叙事标记本体的研究主要呈现以下三个特点：

第一，和传统的话语标记研究开端于语法化研究一样，语法化研究也是推动会话叙事标记多维研究的启动器。如前所述 Scollon（1977）在会话叙事里针对契帕瓦语言中叙事标记的序列性进行的研究总结了叙事标记的连接词功能和代词化特征，这正是一项标准的针对叙事标记的语法化兼词汇化研究。

第二，话语功能研究仍是国内外学者探讨会话叙事标记的主要关注点。从影响较大的 Schiffrin（1982）针对叙述标记对口头叙事的整合观，到针对英汉标记的对比分析或汉语语料的研究，如方梅（2000）、刘泽权和田璐（2009）、Tang（2010），学者们探究了叙事标记在叙事语篇（包括书面语篇和口头语篇）中所具有的话语功能，尽管语料和研究目标各有不同，但他们都希望能够从此类语言形式的标记功能中深入了解交际者在话语生成和理解中的认知心理路径。

第三，会话叙事标记的语用 – 语义 – 认知研究有待成为未来的研究趋势。从 Tsitsipis（1983）对会话叙事标记叙事位置的关注开始，到 Norrick（2001）对会话叙事标记的词例所表现出的语义结构和语用期待，再到González（2005）对英语和加泰罗尼亚语中的叙事标记作的概念、修辞、序列和推理四个语篇维度问题，包括 Xiao（2010）对汉语会话叙事中话语标记如何标示叙述者的叙事心理以及其对故事可述性的影响等研究，无不涉及多界面研究领域。

然而，从研究视点来看，由于会话叙事标记显示的是不依赖于词汇意义的独特话语标记功能，从语境、对命题内容和命题意义的影响以及对话语的真值条件意义改变与否等因素来看，会话叙事标记和话语标记具有形态交叉性和特征的区别性，具体可参见表 2-2。

表 2-2　会话叙事标记与话语标记的区别性特征

区别性因素	话语标记	会话叙事标记
是否改变话语的真值条件意义	$-$[1]	$-$
是否表达非命题意义	$-$	$-$
是否影响命题内容	$-$	$+$
是否需要语境暗示才可理解	$\pm$	$+$
省略与否是否会影响语篇的完整性	$-$	$+$
是否引介指称缺省或语义缺省	$\pm$	$+$

注："+"代表"是"，"–"代表"否"。

　　会话叙事标记在对命题内容的影响上，语境暗示、语篇完整性以及语义缺省上和话语标记存在区别。从其名称，即会话叙事标记所体现出的语境特性，我们可窥见此两种现象的功能性和概念性的异同。国内外多数研究还是以话语标记之名对个别叙事语境下的标记进行个案探讨，对于会话叙事标记本身所具有的承接故事的命题意义和故事话语片段关联关系的讨论，即会话叙事标记的意义界定和功能探讨也仅见于 González（2005）。从语料使用来看，近年来真正从会话叙事的语料中探讨话语标记的研究案例仍多见于英语、希腊语、西班牙语和日语等语例研究，以汉语会话叙事为语料对话语标记进行的研究仅见于 Xiao（2010）。因此我们认为，要得到汉语叙事标记方面更科学、更具真实本源的路径阐释，还是离不开对汉语自然、真实口头语料以及参与度更广泛的交际人群的探讨。

　　令人遗憾的是，国内针对会话叙事标记的界定及其在多维话语功能界面上的研究几乎是一片空白，我们有必要对其进行梳理和研究。

2.3　会话叙事标记的语用及多界面研究发展趋势

　　会话叙事标记在多维话语界面的语用表征，特别是寻求以动态的语用、语义及相关界面相结合的互动分析模式是明晰其语用机制及应用实践的前提，这也是本书之所以引介语用内涵丰富的缺省语义学以及语用缓和相关理论的直接原因。

2.3.1　语用–语义互动界面下的意义研究：缺省语义学视角

　　Jaszczolt（2004，2005）针对语用学、语义学和句法学界面研究中的界限划分困难提出了缺省语义学的概念。她（2005）结合 Bach（1984）的缺省推理模式，并将 Recanati（2004）的真值条件语用学与 Kamp & Reyle（1993）的语篇表征理论中意义的形式化与语义化合并在一起，提出了缺省语义学，从而试图解释一般会话含义和语用内容形成的交叉层面（如图 2-7 所示），即语义和语用层面存在的问题。从格莱斯经典会话含义理论到关联理论，再到后格莱斯语用学理论，学者们对上述交叉层面意义的争论点主要在于，这一交叉层面是否需要语用推论？是否需要依赖语境完成意义以及概念的整合？所形成的意义最终是语义的还是语用的？Jaszczolt（2010：193-194）针对真值条件被应用在具有扩充了逻辑形式的话语意义现象，提出话语意义研究应尝试自上而下的方法，且这种方法需要以更互动和更全面的方式对意义进行识解，从而在动态的信息来源中提供一种互动的语义分析模式。但 Jaszczolt（2005，2011）针对 Levinson 所提出的缺省推理的可取消性原则，提出了不同的看法，在她看来，缺省语义提倡的是自动的、迅速的和高效的话语理解模式，但在 Levinson 的局部性原则（localism）中，缺省意义具有可取消性，这和缺省的省力经济原则互有违背。因此，缺省语义学模式应该是一个基于话语整体（globalism）意义和后命题的（post-propositional）语义解释模式。

本书使用"缺省"代替"默认"这一提法，主要基于本书是针对特殊语境下话语现象的功能研究，"缺省"的概念体现了缺失省略的含义，在语义解码和意义阐释过程中主要指代交际者言语所缺失和省略的步骤意义，此时语言作为主体直接体现了缺省的步骤意义；而步骤意义在人的主观概念中最终形成的就是人们所默认的意义，此时人是理解默认意义的主体。因此，确定默认主体和主体缺省现象是关键。

值得一提的是，国内针对缺省语义学的关注和研究大致分为两种趋势，第一种趋势是针对后格莱斯语用学中语义和语用界面探讨的引介和理论对比。张权和李娟（2006）、束定芳（2008）、张延飞和张绍杰（2009）、毛继光和陈晓烨（2010）、张绍杰（2010）、姜涛和张绍杰（2011）、陈新仁（2015）等学者针对缺省语义学对语义和语用界面的研究进行了介绍和评价；除此目的之外，唐韧（2012）以概念转换为切入点对缺省语义学、认知语义学和真值条件语义学进行了对比和探讨；张耀庭（2013）以"缺省语义学模式下的话语交际意义研究"为硕士论文课题，探讨了交际中话语意义的缺省机制；张延飞（2016）探讨了缺省语义学并合模式下默认意义的特征和缺省语义学的理论本质。

第二种趋势是基于缺省语义学模式对汉语具体语篇或词汇意义模式的研究。姜涛和张绍杰（2011）在缺省语义学模式下对汉语将来时助动词之间的意义关系进行了对比和分析，强调了该模式对汉语将来时助动词（如"将""要"等）中语义和语用意义割裂而进行的弥合，从而阐释了缺省语义学的经济性和单层意义解释模式的特点；唐韧（2013）使用缺省语义学模式对言语的凸显意义进行了分析，此研究仅涉及了某些汉语句子或词汇与英语的对比，从严格意义上来讲仍然属于对缺省语义模式的阐释性研究；刘风光和薛兵（2014）则尝试基于这一模式对汉语第一人称指示，即以"我"为例的多样化自我指示形式进行分析。和之前的学者所使用的术语不同，他们将 Jaszczolt 对话语意义表征中语义和语用及其他多种信息源的相互作用模式称为"互动语义学模式"，但其所探讨的理论本质没有丝毫改变。朱冬怡（2015）基于缺省语义模式对话语标记"你懂的"的探讨也属于将缺省语义学理论和词汇语用实例结合的研究；赵耿林（2016）从语义缺省的认知理据、认知机制和认知原则入手，探讨了认知拓扑在语义缺省中形成的识解原则。本书属于此种研究趋势，即在互动的缺省语义学模式下对属于话语联系标记现象的会话叙事标记进行语用及语义的缺省空间探索。我们之所以细化了研究对象，是因为从语料中发现了会话叙事标记有着不同于一般的话语标记的区别性功能特征，也期待借此细化可以为标记这一特殊语言形式在语用、语义和认知界面的存在提供更充分的证据支持。

针对本书的研究焦点——自发性会话叙事中的话语联系语，特别是会话叙事标记，其话语层面的连贯性构建依赖于命题的完整处理。简而言之，识别叙事标记的过程涉及在会话的外围框架与内嵌的叙事框架中，对一个故事事件后命题的辨识。在此过程中，会话叙事标记扮演着转换会话情境与叙事情境的关键角色。其本身在话语层面的上下文承接就是建立在命题完整加工的基础上，可以说，对叙事标记的识别是建立在外围的会话框架和内嵌的叙事框架中的一个故事事件后命题识别过程，此时叙事标记具有切换会话场景和叙事场景的功能。有些叙事标记仍会展现话语标记的功能，如纯粹的上下文连接词，其本身并无真值条件含义可言；但有些作为具有语用形式的标记在语境中却体现了叙事定位和表达叙事所指意图的语义含义。本书针对后者，即自发性会话叙事中影响命题内容和命题态度的叙事标记研究。值得一提的是，以缺省语义学模式为理论基础的汉语语例研究仍处于开拓阶段，在学界的一致努力下，一定会拓宽这一理论模式对汉语的关涉范围，从而开启界面研究的新视角。

1. 缺省意义研究概况

本小节综述缺省意义的语义意义和语用意义特征。Jaszczolt（2007：41）认为缺省语义学模式是一种语用内容丰富的语义学模式。在以合并表征框架为基础的语义研究中，信息来源模式上的每种信息构成因素都是以语用结构因素为指导的语义意义体现。

首先，缺省意义的语义意义主要体现在以句法逻辑式形成的自由扩充的话语意义中，此时句法逻辑式的真值条件意义体现的是话语意义，而非句子意义。Jaszczolt（2007）在谈及句法和语用的合并表征时专门重申了真值条件的话语意义属性。例如她以连接词 and 的语义精准化所促成对应的语用扩充 and as a result 的形式为例，说明语用过程因素对真值条件表征的重要性。因此，缺省意义的语义意义是语用因素决定的语义意义。

其次，缺省意义的语用意义体现在组成合并表征的每一种信息来源因素中。Jaszczolt（2009）修正了 2005 年的信息来源成分，将原来的词语意义和句子结构（WS）、社会－文化缺省（SCD）、认知缺省（CD）和有意识的语用推理（CPI₁）修正为五种信息来源：世界知识（world knowledge，简称 WK）、词语意义和句子结构（word meaning and sentence structure，简称 WS）、话语情境（situation of discourse，简称 SD）、人类推理系统的属性（properties of the human inferential system，简称 IS）及社会文化的定式和假设（stereotypes and presumptions about society and culture，简称 SC），见图 2-8。

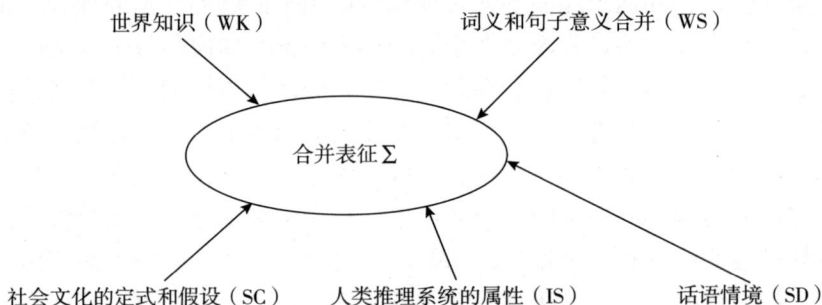

图 2-8　合并表征的信息来源

Jaszczolt（2010：199）此后明确提到，之所以要作此区分在于 2005 版的信息来源成分主要在于展现不同类型的信息源于不同的语用加工类型，它们是语用处理的标准化要素，因而证明信息类型和语用加工类型是相互匹配的；而 2009 版信息来源是将文化、社会、自然法则和语境都作为一种展现交际信息结果的定型标签，这些来源成分从语用加工机制中就被区分对待了，这为后来合并表征的缺省推理模式奠定了信息源基础，即交际者的话语和社会－文化假设以及世界知识的假设共同推进了缺省推理的快捷路径。值得一提的是，Jaszczolt 于 2013 年 5 月在北京、2015 年 10 月在合肥的学术演讲中都曾反复提到信息来源和修正模式之间的映射性质（mapping between sources and processes），缺省意义利用加工模式的框架概念和合并表征成分之间具有认知心理上的映射性质，即

WK → SCWD or CPI

SC → SCWD or CPI

WS → WS (logical form)

SD → CPI

IS → CD

合并表征因此体现的是一种心理表征形式，合并表征的组合性结构具有命题的真值条件性，并且由合并表征中的信息因素和话语的意图性特征原则构成一套可评价的概念。本书以此从会话叙事的动态语篇构架上管窥细化的语篇连贯支撑内容，即叙事标记的信息源与意图的合并与互动，以语用意图指向语义缺省及语用缓和的内容。因此，缺省意义的语用意义最终体现为以语义原则为指导的语用意义。

2. 语境及其对缺省意义的影响

通常情况下，语境可以被分为物理语境和心理语境两种形式（束定芳，2008：218）。而语境在缺省意义的体现过程中基本上是以合并表征的信息来源成分（如图 2–8）形成的物理语境形式和意图程度形成的心理语境形式表现出来。传统意义上的物理语境包括两个方面：一方面是指交际话语发生的实际场合，其中包括时间、地点、言者和听者的身份等信息；另一方面是指在话语的大环境下前述话语和后续将会产生的话语所组成的上下文。心理语境同样包括两个方面：一是指交际者对物理语境的感知；二是指内化在大脑中的知识体系，主要包括文化背景和相关知识的构成要素。上文提到了 Levinson 所持的缺省意义可取消性的局部观点，因此他认为缺省意义不依赖语境的意义，为了支撑这一观点，Levinson（1991：107）对指代现象（anaphora）[1] 进行了初探，提出了剔除语境因素优先解读的想法，并指出指代现象以外的语义现象应当归属于一般含义或特殊含义的考察序列；而 Bach、Recanati 及 Carston 都强调话语中的语境价值，在他们看来，缺省意义依赖语境的意义。

关联论者将语境因素视为关联理论中的必要条件，将交际者的意图性视为语境因素正常运转的保证。Sperber & Wilson（1986：15–16）认为语境是听者对世界构建的一系列假设的一种心理结构，且这些假设会影响交

1　我们这里将 Levinson 对 anaphora 的研究翻译成指代现象，是因为从他自己的文章中得知他提及的 anaphora 是句法约束理论中的一种指代约束现象（详见 Levinson，1991：108，注释 3）。然而，在他引入了语用因素，特别是量原则、方式原则和信息原则之后，国内学者开始逐渐在语用和语境的约束下，将 anaphora 理解为"回指"并进行研究。本书第 4 章探讨的主观缺省意义的叙事标记在语篇措辞方面的缺省现象，正是关于这种回指以及零形回指的问题。

际者对话语的理解。在此基础上，语境因素便不仅仅限于当下的物质环境或言者的前述话语信息，还包括交际者对未来的期待、科学假设、宗教信仰、趣闻轶事、一般的文化假设以及言者的心智状态和信念等信息，这些都将在话语理解中起作用。因此在关联论者看来，语境，包括上述所有对话语理解起作用的假设，说到底是听者的一种心理结构反应。

然而 Jaszczolt 提出的缺省语义学模式却对语境持一种折中的看法。Jaszczolt（2011）提出之于缺省意义的语境既具有依赖性，又具有独立性。在她看来，缺省意义是一种自动获取的意义模式，但它们的自动获取对语境的依赖却是依情况而定的。那么，在什么样的情况下依赖语境，什么样的情况下不需要语境又导致了 Jaszczolt 对缺省意义的语境定论模糊不清。究其原因，还要从她在首要意义和次要意义的区分中找到解释（如图 2-9 所示）。缺省语义学模式下的缺省意义出现在首要意义和次要意义的加工过程中，而将首要意义对应于所言，次要意义对应于会话含义的处理，这种看法强调了要阐释首要意义离不开对次要意义运行模式的分析。

首要意义：

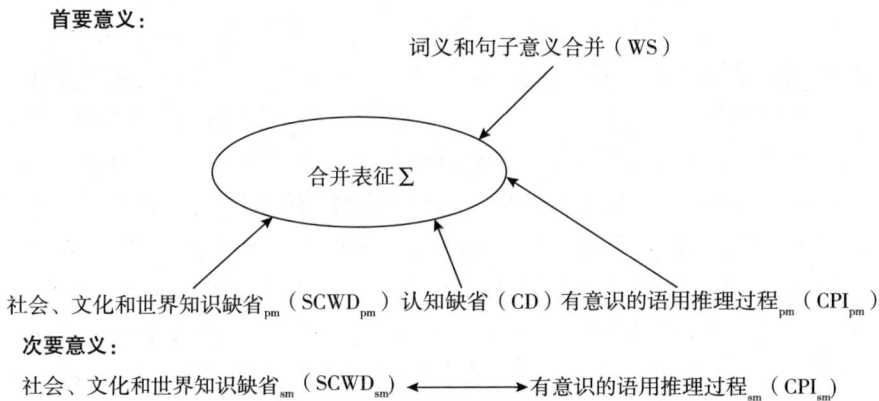

图 2-9　缺省语义学根据加工模式修正的合并表征框架

Jaszczolt 本人在谈及自己所持语境论的观点时也指出过，将首要意义作为一个合并式的命题呈现出来，将特定语境下的显性含义、隐性含义以及中间层次的含义简化为首要意义。组合性合并表征中的首要意义和次要意义中的缺省意义来源于社会 – 文化缺省和认知缺省，例如"然后"的口头禅化和填补所指留白的特性，从侧面反映出缺省意义对社会文化规约以及交际者的认知心理具有最紧密的关联性，因此首要意义是交际中言者意在凸显的意图意义，是听话者在认知加工的合并表征框架的基础上期待获取的意义阐释内容。

可以看出，修正版的合并表征框架与图 2-8 所对应的信息来源五要素都包含语境处理成分。但语境之于缺省意义，则主要来源于包含了物理语境和心理语境的动态话语语境，其中社会文化和世界知识缺省本身就是一个既含有物理语境，如话语发生的实际场合因素，又含有心理语境，如社会文化规约本身就是一套内化在交际者认知体系的内容。而信息来源中的五个成份要素同样如此，话语情境属于物理语境，其余的属于心理语境。从这一点来讲，缺省意义对语境具有敏感性和依赖性。而叙事标记作为最直接的叙事实体指称标记，属于语境强敏感型和依赖型的标记范畴。本书认为，包含了物理语境和心理语境的整体话语语境对缺省意义都具影响，缺省意义属于语境敏感度和依赖度极高的意义形式。

3. 话语缺省意义的推理依据

在计算机领域我们常见以缺省推理进行的某种推断的赋值运算。就话语层面来讲，交际者根据认知语境对话语意义作出缺省推理，从话语生成到话语产出的过程，缺省意义具有不可取消性，而缺省推理是一种无意识的话语产出和有意识的快速识解的双向过程。例 2-3 中故事讲述者发出的13 个"然后"对叙事实体"她""橘子"进行了话语边界管控和意义所指管控，"然后"的缺省意义具有管界和所指的不可取消性。对于受述者来讲，"然后"之后的缺省推理是对言者所指意图的一种还原，亦是对所指进行的一项快速定位、识解回指的缺省推理过程。

Cummings（2005：75）曾指出，"推理就是听者从言者所给出的明确的话语信息中获取新的不明确的话语信息"。缺省意义产生于无意识的、非推理型的语用过程，而会话含义产生于有意识的、推理型的语用过程（Jaszczolt，2010：196）。从这一点来讲，缺省语义学框架下话语的缺省意义似乎和推理并无联系，然而 Jaszczolt（2010：209）又强调了缺省语义学从后格莱斯语用学者的启发中秉持的对于推理的可取消性的态度，承认推理加工形式中的可取消性，例如归纳推理（inductive reasoning）和回溯推理（abductive reasoning）都是缺省推理形成的方式，其推理依据是从交际者的话语、社会文化假设以及世界知识的假设中得到的不同假设形式。从这一点来讲又承认缺省意义和推理具有关联性。造成这种推理依据的矛盾划分在于我们必须弄清楚缺省意义的推理过程是否具有可取消性，从而形成的是可取消的缺省意义还是不可取消的缺省意义。在此基础上，缺省意义究竟是由说话人推理出来还是由听话人推理出来的意义。Levinson（2000）曾反复强调缺省性和可取消性是一般会话含义的两大特征，而这也正是 Reiter（1980）提出的缺省逻辑的本质体现，以下面例句说明。

例 2-2

a. W：有没有见到 D 啊？

M：X 家门口停着辆蓝色的自行车。

b. W：有没有见到 D 啊？

M：X 家门口停着辆蓝色的自行车。他们一起去超市买东西了。

上例中的缺省逻辑首先体现在缺省性推理中：D 有一辆蓝色自行车，这是他出门总会骑着的一辆自行车，他去别人家总会将自行车停放在门口，X 家门口停了辆蓝色自行车，因此可作推论：D 现在在 X 家里。这一推论中存在的缺省性在于交际者共有知识和常规的前提，如若特殊或与整体推论不一致的假设不存在，就能相应地推导出保持推论一致性的交际结果，而不需要明确提及所有例外推论。张韧弦（2008：159）认为可取消性指的是如果出现了与原来的假设背道而驰的事实或信念，就需要取消原来的逻辑推论。例句 b 中 M 补充了话语，提到"他们一起去超市买东西了"，这与先前的推理假设"D 应该在 X 家中"发生矛盾，推理出现了不一致的情况，于是必须取消或阻止原来的结论，也就是说，D 不在 X 家里，得到了"D 在超市里"的新推论结果。由此可以看出，缺省推理首先依赖于交际者的默认信息，用以表达交际中的一般会话含义，其次才是话语的整体信息，在交际者的默认信息中形成的缺省意义是交际者对话语信息最佳关联的信息期待。如上例 a 中 M 的回答本身是基于 W 和 M 共有的关于 D 的默认信息，他们对话所形成的缺省意义是基于缺省性推理的结果，即"D 在 X 家里"。而例 b 中 M 的后半句话形成了特殊会话含义，此时，特殊会话含义是通过计算说话人的意图推导出来的，而一般会话含义则是根据对语言惯常用法的一般期待（default presumption）即一种默认的假设形式推导出来的（沈家煊，2004：246）。

结合 Jaszczolt（2010）对缺省意义的后命题推导观，我们发现在首要意义处理过程中，先是词义和句子意义合并，然后才是有意识的语用推理过程。社会文化－世界知识缺省和认知缺省是意义表征形式的依据，也正是基于命题被完整加工的基础上才能体现出缺省意义内容，此时说明缺省意义本身具有不可取消性。如果此时形成的首要意义和语境发生矛盾，即言者想要表达的是字面意义以外的含义（言外之意），那么意义理解过程就进入次要意义过程，即含义处理，此时说明推理过程本身具有可取消性。而意义形成过程中交际者依靠首要意义形成话语识解，通常是由一个命题通过社会文化或背景知识而直接推导出认知理解，这种推理就是具有缺省性质的推理，而缺省推理也是交际行为中最为相关的语用推理形式（熊学亮，2004：4）。

Brown & Yule（1983：33）也指出，我们可以通过演绎推理，从某一特定前提中得出某一特定的结论，但在日常话语中很少需要这样做。人们采用的通常是一种松散的推理形式。这种推理形式就是在认知缺省的基础上对意义进行的第二次处理，即形成话语的含义处理。含义处理的过程是新的有意识的语用推理再次产生的过程，而且其依据依然包括社会文化－世界知识缺省，但是这时的社会－文化缺省比前一次的更为具体和明确。由此，本书认为缺省意义的推理依据仍是源于交际中心的交际者，他们促成了缺省意义之所以能够被体现出来的相辅相成的两个方面，一是听者在互动的交际过程中运用的有意识的推理，缺省意义是听话人推导出来的意义（张延飞，2016：342）；二是言者传达出的有意图性的、快速生成的意义内容，此时同步于听者形成的是省时省力的和凭直觉获取的、言者的一般会话含义。由此，缺省意义的获取必然是关联到言者的意图性和听者有意识的推理过程的一个双向自然映现过程。

4. 缺省意义的意图性以及本书对意图的探究

语义缺省的动态表征体现在三个信息层面：听者获取的逐渐递增的信息量、不断变化的语境和不断变化的意图（Haugh & Jaszczolt，2012；Jaszczolt，2005）。Grice（1989）曾提及交际中言者意图不是一个需要有意识和费力加工的过程，意图需要被简化，也就是说，一旦意义在语言的使用中惯例化，这一惯例便为意图的识别提供了捷径。Jaszczolt（1999：200）也曾提到会话是在缺省阐释的基础上展开的，听者一般不会在有语义歧义的句子理解中花费太多时间进行措辞选择就能达成对会话的缺省解读。而所言的语用因素被定义为话语阐释的基础语义层面，语法输出成为话语的逻辑表达式，它们共同构成了话语的语义命题表征，但这一表征常常被不同程度的意向性超越其表面意义，这就是 Jaszczolt 所提出的缺省语义学的语义前提所在。说到底，缺省语义学是概括表现心理行为意图特征的一种反应模式。以此为切入点，交际中的意向性被她划分为不同类型的意图。

如上文所述，社会－文化缺省和认知缺省是缺省意义来源的主要类型。而认知缺省是交际者意图性的直接体现。认知缺省和交际者的心理状态的意图性联系紧密，而意图性也是我们在探究会话叙事标记本身所具有的不同管控边界的重要概念，它主要体现为三个原则：

（1）意图程度原则：强调了意图有强弱之分，其中最强的意图形成认知缺省；

（2）主要意图原则：强调了交际中意图的主要作用，即保证言者话语中参照物的所指内容，其可以是人或物，甚至是一个整体叙述事件等；

（3）层次最简原则：强调了意义层次除非在必要的情况下，一般不会增加。在认知缺省之外，有些缺省意义是由交际者不同的社会文化背景造成的，这也是社会－文化缺省的体现所在。

这三个原则的核心内容就是对于意图性的探讨，然而对意图性的探讨自然离不开意图性的持有主体，即交际者。交际者产生话语的同时输出交际的意向性，也就是交际目的，它是交际者话语中体现的某事或某物的心理相关性（Jaszczolt，2005：48）。由此 Jaszczolt 将说话人的意图，即交际中参与者的意图归位于认知缺省层面，并将其分为三种：第一种是交际意图（communicative intention），即言者和听者确保话语的产生会提供信息从而促进双方交际；第二种是内嵌在交际意图中的信息意图（informative intention），即言者有为听者提供信息的意图；第三种是指称意图（referential intention），即言者对话语中的物品和事件的所指意图。

这三种意图的划分部分来源于 Grice 和 Searle 早期针对意图的探讨。Grice（1969：153）最初对交际意图的探讨包含了两个层面上的意图自反性：一个是一级意图（意指欲将告知或表征某事物），这一意图内嵌在二级意图中（意指听者能够意识到一级意图的含义）；二级意图又内嵌在三级意图中（意指言者能够意识到听者对二级意图的识别）。事实上在交际中人们话语的产出无不离开交际者动态变化的所言意图。这与 Searle（1983：165）将交际意图引入优先意图的划分大相径庭。Searle 认为交际意图是交际者表达话语意图的一种形式，它包含 Grice 提及的一级表征意图和二级交际意图；其后在更高一级的意图中展现的是交际者意图，或是我们意图（we-intentions）。话语交际是言者和听者之间互动的动态进行的复合体，言者和听者的交际心理状态和信息期待为这一复合体提供了不断向下进行的保障。

本书认为，认知缺省层面上这三种意图是交际者在缺省性解读中获得话语信息、理解话语意义、保障话语进行的关键。自然交际话语的产生也是言者和听者在相同缺省心理下自发话语消解的过程。奚雪峰等（2017：3）

对自然语言处理过程意图性对篇章话题结构的研究显示，篇章意图性更加关注作者（言者）通过传递新信息后所产生的某种期望影响，这也反映了读者（听者）对篇章的理解程度。他们指出了篇章的意图性与篇章理解存在密切关系。对于会话叙事中交际者的意图而言，我们认为存在此三种意图之外的另一种意图，即叙事意图，意在为叙述中的故事事件提供叙事信息要素，从而保障会话中故事讲述的顺利进行。对于叙事意图的启动是由当下叙述者来完成的，"意图是第一视角，即行为主体'我'的视角"（顾曰国，2017：320）。可以说，意图信息上的不同特征都是以言者为第一视角进而启动话语进程的。会话叙事语篇的故事话题结构充当了叙事意图的表示形式，而故事话题结构本身是通过叙事语篇的连贯性和会话叙事标记对语篇的衔接性分别实现叙事生成表达和叙事内容两个层面的表示形式。如前文探讨的那样，会话叙事标记是以叙事意图－所指意图－信息意图－交际意图为基底，用以标示会话叙事话语片断中标记的语义指示路径。

从以上对交际中话语意义的研究走向和分界可以看出，在会话含义"两面性"的循环阐释中，Jaszczolt（2010）提出的缺省语义学模式从语境、语用推理和认知化的意图性上对一般会话含义形式进行梳理。她强调认知缺省（CD）和社会－文化缺省（SCWD）是构成语义缺省的重要组成概念，但并未对认知缺省的具体操作过程作出解释和描述。按照 Jaszczolt 的观点，缺省意义是无意识形成的意义形式，那么一旦意识加入了意义的识别过程，交际者便无法省时省力进行意义的识解，这与缺省意义的精简原则特征不符。然而会话的本质是基于合作性、意图性和目的性的交际活动，会话中的推理则是"听者从言者所给出的明确的话语信息中获取新的不明确的话语信息"（Cummings，2005：75），从而逐步调试、顺利识解的过程。换句话说，当言者发出话语，听者便要合作推知听话者的话语意图意义。因此，明确话语信息中无意识的推理和下意识的推理应是同时存在的。

上述几节概述了 Jaszczolt 的缺省语义学研究，但我们仍对以下几个问题怀有疑问：① Jaszczolt 提出了合并表征的信息来源，但并未就具体语境下信息来源是如何相互作用从而提供首要意义的过程给予解释；② 信息来源本身包含了语用推理的成分，言者的意图性和听者有意识的推理共同作用才推动了话语加工模式，但 Jaszczolt 仍坚持合并表征是自动的、无意识的、不需推理的过程，并一再强调推理的可取消性。这明显和动态语言中信息来源的语用过程相互矛盾。那么，缺省意义和推理之间是否具有联系？③ Jaszczolt 强调最强的意图形成认知缺省，并指出指称意图是交际中的最强意图表现，那么交际者如何识别指称意图？进而言之，言语识解过程中的认知缺省是如何运行和表达的？特别是从发话者和听话者双方在交际互动中不断变化的言者和听者的言语角色来说，指称意图的转变规则是否有迹可循？④ 指称以及语义方面的缺省意义是以何种方式被识解的？叙事标记在引介指称空缺以及语义空缺的情况下如何顺利衔接和连贯话语意义的生成与识解？这些问题都需要我们在具体语例的分析中予以回答。

2.3.2 语用-语义-认知界面的发展趋势

从多界面视角分析话语的联系标记或会话叙事标记，不免需要探讨话语标记大类现象所表现出的话语边界语用制约问题，以此从语用-语义-认知界面探究此种话语现象对于言语发出者的认知关联。关于话语联系标记现象的边界管控研究，多是从构成语篇的连贯语义形式或手段来判断其是否对前述话语或后续话语进行语言结构上的语义管理和语用控制。Chafe（1976: 21）从言者角度出发，认为言者为了标示空间、时间、人物、事件结构及意识状态等话语可变因素，往往使用不同的标记形式标示出话题界限。Givón（1983: 8）在谈及语篇中的话语连贯性时也指出，交际者话语中会隐含性地切分主位 > 行为 > 话题 / 参与者的话语边界等级设置，话题边界的设置主要是为了将不同话题要素隔离成一个个主位单位（thematic unit），从而推进话语向前进行。Duranti（1985: 193）也指出，话语中的交际事件都具有特定的时空边界和边界标记（boundary marker），对所述事件进行故事开场、进展和退场的话语联系标记都属于会话叙事的边界标记现象。

汉语方面廖秋忠（1987: 253）最早提出"管界"这一概念，这里所说的话语的标记现象对边界的管控和廖文的管界概念几乎等同。廖文探讨了管界的判断标准以及对于如何确定管领作用的边界问题。他指出管界指的是某个管领词所支配、修饰或统领的范围。连接成分属于管领词中的一种。廖文还指出，连接成分所表达的逻辑关系不属于所连接的前后两个部分的某一部分，而是同时支配着这两部分，但从形式上来看，连接成分属于所连接的后半部分。话语篇章是一个整体，单单一个连接成分必然不能将一个完整的话语内容表达全面，此时连接成分就形成了篇章的管界。他按照语义和形式将篇章管界的决定因素分为 11 类：① 语义的和谐与否；② 主语的重现、更迭与省略；③ 同类管领词语的再现；④ 指称词的改变；⑤ 观点的改变；⑥ 回指管界的统称词语的出现；⑦ 篇章中的罗列连接成分的出现；⑧ 文体的差异；⑨ 管界终止的描述；⑩ 段落、章节边界的出现；⑪引文标志的出现。

李悦娥和范宏雅（2002）认为预示话语结束的标记现象，例如"时间不早了""好""改天聊吧"等都可作为管界判断标记；唐善生（2013）以"别说"为例，指出话语标记现象的形成与"话语指"在跨越句间管界的关系中具有密切联系；马国彦（2014）基于篇章组块的研究，指出一些话语标记如"看来""毫无疑问"等，以及元话语标记如"坦诚地说""总而言之"等，由于体现着言者的介入和话语的分层，并会造成篇章中话语方式和结构格局的变化，因此标记着话语前述组块标记的管界。

结合本书的研究对象——会话叙事标记，从语用功能入手来看，其入场、推进和退场的标记形式都和管界具有关联。例 2-3 中的 13 个"然后"支配的是从叙事入场，至推进故事事件讲述，直至叙事退场，其支配的是故事的整体事件。对于"然后"进行的叙事标记化过程，其中体现出对前后两个微小散装事件的连接属性，基本上涵盖了廖文所提到的这 11 个管界因素。就叙事标记的管领管界而言，我们此处主要关注的便是叙事标记引介的关乎廖文所提及的 1、2、4、6 这四个问题。概括起来就是会话叙事标记在边界管控中形成的包括了指称缺省和回指管界统领的语义缺省现象。下例将 J 讲述中的"然后"之后缺省所指对象的指称补全起来，可以看到如下话语：

例 2-3（Corpus 1 语境：J 向 D 讲述关于一岁半的孩子 L 吃橘子、长记性的故事会话）

6J：然后$_1$：：：ø（人称指称"她"）吃了一个橘子以后觉得没吃够，然后$_2$ø（人称指称"她"）就开始讨好我，继续让我给她找橘子，我不惯她，怕她吃太多了拉肚子，然后$_3$我就没给她找。在那个电脑桌抽屉的板儿上↑，然后$_4$ø（人称指称"她"）发现一个橘子，然后$_5$ø（人称指称"她"）摸进去，然后$_6$ø（人称指称"她"）拿出来，然后$_7$ø（事物指称"橘子"）被我发现了我给她一把抢过来，我说："你以为发现了就是你的？那不一定！"然后$_8$ø（人称指称"我"）就给她没收了。最后她给我（0.5）一直给我示好，给我在这儿耍赖皮，撒娇：：：我就让她吃了一个。然后$_9$了，我又带她出去，转了一圈儿，让她知道：：：让她找到了那个吃橘子的大本营，就在那个格挡那儿（0.3）然后$_{10}$她吃了一个橘子以后，她第二次直接跑出去，跑到门口那儿，不跑了，看着我（……）然后$_{11}$ø（人称指称"她"）直接奔到那儿，给我说（……）然后$_{12}$

我也不理她，假装听不懂（……）隔了好长时间我以为她忘了，然后 $_{13}$ 她没忘。她今天吃了四五个橘子。

上述语例中补全的指称所指，正是本书所要深入探究的指称缺省现象。从引介有指称缺省的"然后"的边界来看，"然后"明显介入了前述会话中的话语实体，故而在此故事讲述过程中能够将主观上已将所指分层的具体所指对象在语义上空缺，在叙述者信息意图－交际意图－所指意图－叙事意图的共同驱动下，"然后"管控了故事链条上叙事实体的所指指向。此时"然后"所具有的对时间序列进行标记的规约意义，已扩展至受述者理解中的语境推理意义（如表转折事理的"然后 $_{13}$"），或是语用扩充意义。可以看出，语义缺省是一种特殊的省略现象，而对类似话语中的指称缺省现象的研究主要体现在从动态语篇入手对缺省位置的填补问题，也就是篇章指代（anaphora）的研究问题，也有很多研究将其称为回指。这直接关涉了上文提到的话语联系标记在指称词改变和回指管界的统称词语的出现。本书涉及的回指是基于口头话语语篇中的指称缺省与回指现象。

关于回指或指代问题，Halliday & Hasan（1976）曾提出将其看作是一种实现篇章衔接和连贯的语言现象。他们指出，回指或指代会在句法形式上留下一些特定的结构空位，通过上下文信息可以将其填补；填补过程中，回指或指代的信息和语篇中其他成分之间所形成的联系就是衔接和连贯语篇的一种重要体现。对于汉语中回指现象较早的研究可见于 Li & Thompson（1979）。他们以《水浒传》和《儒林外史》为语料，从话语功能层面对汉语的零形回指 [1] 现象进行探讨。在他们看来，零形式常出现于话题链（topic chain）中，他们将话题链界定为在第一小句出现的指涉对象，其后小句均对该指涉对象展开描述的话语结构，其中后涉小句可能并未明显提及首句的指涉对象，功能是将话语中的分句形式连接至一条话题链，而话题链开始的标志是代词的出现（Li & Thompson，1981：659），同时还指出话题接续性（topic continuity）是零形回指使用的关键因素；Huang（1994）基于后格莱斯语用学理论提出了数量原则、信息原则和方式原则来分析回指的所指问题，他提出"分句主语＞分句宾语＞主句主语＞其他"的汉语零形回指的所指确认方案；Pu（1997）与 Li & Thompson（1979）的观点相似，认为主题连续性（thematic coherence）是零形回指出现的关键因素所在。他们指出主题连续性和回指先行语的可及性，以及零形回指的使用可能性成正向分布。零形回指的使用受到语用、语篇及主题的制约。

1　他们也将其称作零代词（zero pronoun）或零形式（zero form）。

汉语方面，陈平（1987：363）系统地论述了汉语零形回指的话语功能。他从汉语的话语结构对零形回指所具有的制约作用入手，指出"所指对象在话语的连续性是回指时使用零形回指的必要条件"。零形回指可以是句子内部的照应，此时回指现象属于句法省略的研究内容；也可以是句子之间的照应，此时回指现象属于语境，即上下文之间的语篇省略现象。本书从日常自发性或机构会话叙事语料入手，那么指称缺省中出现的回指现象，应该是话轮内部与跨越话轮间的照应关系，所以涉及了句法和语篇双方面的省略现象。

熊学亮（1999）在《英汉前指现象对比》中提到了语言前指模式的产生至少有一部分是语用因素固定化和语法化的结果。其后他介绍了形式语法、新格莱斯语用理论以及认知语法理论中对前指现象的研究。他提出了可以解释零形回指现象的图式化假设；徐赳赳（2003）也探讨了现代汉语篇章中与名词和代词有关的各种回指现象，并提出语用和语义因素应当是判断零形回指所指对象的主要参考因素；许余龙（2004）则从回指理解的角度系统地论述了篇章回指的确认原则以及语用机制。他认为指称词语在篇章中的语义和语用功能为回指确认提供了最重要的基本信息，而篇章中指称对象的可及性也充分反映在篇章中所谈及的篇章实体的主题性上；基于熊学亮（1999）的研究，翁依琴（2006）在回指间隔距离的研究中提出了凸显性阶列和宏观联系性，并指出语篇指称实体所在的位置直接与回指所采用的形式及零形回指的确认有关；同样，殷国光等（2009，2013）以《左传》为语料指出零形回指的回指对象与先行词语所指具有共指关系，但并非都是同指关系，有些只是联想关系。他们提出语篇中的话语标记对零形回指的制约，而先行词语所处的显著句法位置也是制约零形回指使用的一个重要因素；王倩（2014）采取的是理论研究、语料分析和认知实验相结合的研究方法，主要围绕先行语凸显因素和结构因素探讨了零形回指的认知机制，在后者的复句语义关系因素的讨论中，指出主题链型复句的主要形式标记，即表示并列、连贯、递进、选择关系的关联词可以成为零形回指先行语的考量因素之一。

综上可以看出，以回指、零形回指、指代共称等对于指称缺省的研究已取得相当丰富的研究成果。尽管上述学者已介入句子结构层面，从连接成分入手探讨回指存在的合理性，但从话语标记现象对回指进行制约的仅见于殷国光等（2009，2013）使用《左传》为语料的研究。从语料形式来讲，上述研究更多的仍是以书面体的文学或报刊材料为主，或根据作者语感而设计的句子形成的语料库。我们期待本书能够从自发性会话的真实语料中探寻叙事标记的语用、语义及认知缺省引介功能的起讫，在赞同 Jaszczolt（2016：151）提出的"指称是认知过程的一部分，它和语言表达的处理过程直接相关"观点的同时，也期待进一步验证本书的假设，即从话语识解的过程来看，会话叙事标记自动从识解过程中获得指称空缺的所指意义，是回指确认的中转站，属于认知缺省的表现形式。

受以上讨论启发，不同研究者在界面研究兴起的趋势下，业已针对叙事标记进行了语言界面交叉以及扩展延伸度的探索，以此证实会话叙事标记在语用、语义和认知维度对会话叙事交际的功能意义贡献。这也提示我们对于会话叙事标记予以的不仅仅是句法或词汇层面的关注，从语用、语义以及认知意图性对其进行探究应是新的研究切入点。

第**3**章

语用界面新视角：语用指向分析模式

在语言使用和演化脉络上，叙事标记属于话语标记大类现象；在具体语用环境下本书又将其分为日常会话叙事标记和机构语境会话叙事标记；在语言的具体概念表达上，将其分为具有交互主观意义表达的概念型叙事标记和主观缺省意义表征的非概念型叙事标记；在语义衔接指向上，概念型叙事标记和非概念型叙事标记引介不同形式的语义缺省；在认知识解上，叙事标记受到言语使用者认知思维的语义管控和语用缓和制约。会话叙事标记以此从语篇内部的叙事话题关联扩展至更大范围的语篇语境关联。本章基于以往研究，在对 Bamberg（2004）及 Georgakopoulou（2007）小故事模式修正的基础上，以 Jaszczolt（2010）合并表征的信息来源框架及 Caffi（2007）与 Czerwionka（2012）的语用缓和呈现为理论切入，提出了会话叙事标记在合并表征过程中的信息来源假设，对叙事标记的语用 - 语义 - 认知互动空间和语用缓和呈现予以阐释，结合语用学、缺省语义学、语用缓和观以及会话分析等相关研究，构建了会话叙事标记的语用指向分析框架，并在语用互动性指向的横向基础上建构了叙事标记的语用缓和呈现模式。

3.1　会话叙事标记的多维语用互动空间

针对会话叙事标记出现在不同语境环境及对话语中故事讲述活动的不同调节作用，本节主要从叙事标记的语篇信息来源出发，探讨其在不同维度中的互动表征体现。

3.1.1　会话叙事标记合并表征的信息来源假设

本节整合了从语用内涵出发的互动缺省语义学模式，从 Jaszczolt（2010）合并表征的信息来源框架出发，探讨会话叙事标记在实际语用运行过程中的语境影响因素，对叙事标记的合并表征信息来源作出假设，进而探讨会话叙事标记的语义缺省空间的形成。

结合会话叙事标记对会话场景和叙事场景的语境切换特征，以及由此产生的不同的语义指向特点，我们要从标记的话语意义层面探究缺省意义的来源，就必然要确定提供缺省意义的平台，即话语环境层面各种信息的互动及来源。结合并修正 Jaszczolt（2009，2010）合并表征的信息来源，我们对会话叙事标记在具体话语环境中各种信息合并的来源作出假设，如图 3–1 所示。

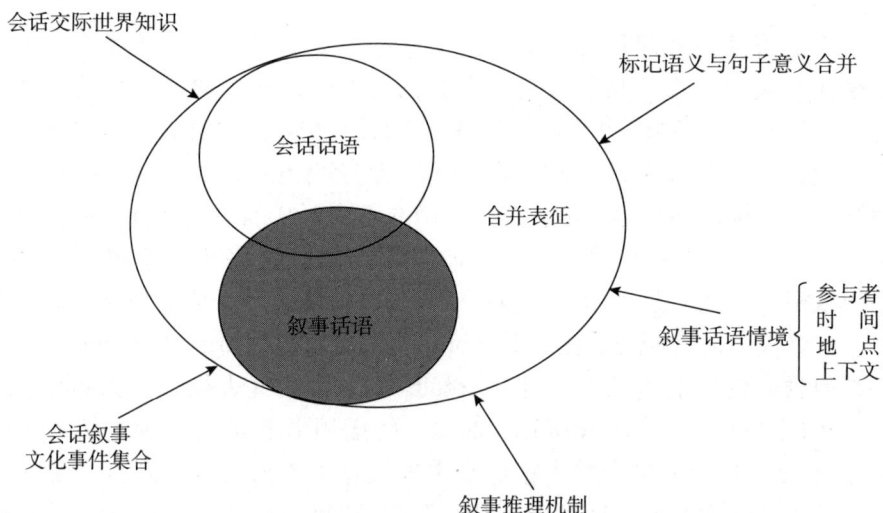

图 3–1　具体语境中会话叙事标记合并表征的信息来源假设

如图 3–1 所示，会话叙事标记可以出现在会话话语和叙事话语交叉重合阴影部分的任何节点上，构成会话中故事讲述合并表征的信息来源由会话交际世界的知识（主要是会话交际者的背景知识）、会话叙事的故事事件的集合（主要是故事讲述过程中散装小事件的信息集合）、叙事推理机制（主要是基于受述者的认知机制）、叙事话语情境（主要体现故事要素）和标记语义与句子意义合并（主要是叙事标记和会话中字词句构成的句子字面意义）共同构成。

会话叙事标记具有体现叙事维度和整合叙事语篇的多功能性，这不仅是因为它在切分、发现、组织并修正叙述者提供给受述者信息时具有灵活多变的位置变化，更因为它在会话场景和叙事场景所具有的衔接散装小故事事件、为受述者提供预测叙述者在认知、态度以及指示确信度这些可以促进言外之力和意图变化上所具有的语用功能。

　　本书致力于在语用、语义及认知的互动层面，对会话叙事标记展开多维度、跨界面的深入探索。它聚焦于语义缺省空间这一概念，该空间建立在语用与语义省略的基础之上，并通过对自发性会话叙事场景的考察，探究作为连接手段的叙事标记在默认语义表现及其使用过程中形成的特定语义缺省空间。本书旨在通过分析话语默认主体及主体缺省现象，结合语用、语义和认知界面，阐释具有多重语义和功能的话语标记大类现象。其目标是厘清这些标记如何最终演化为叙事标记的语义发展脉络和语用功能特征，并进一步细化分析，以期为标记这一语言形式在语用、语义和认知界面的存在与理解提供更坚实的证据支持。

3.1.2　会话叙事标记的语用－语义－认知互动空间

　　本节从会话叙事标记的语用定位及叙事维度体现、会话叙事标记语义缺省空间的形成以及会话叙事标记的认知配合模式三个层面，对叙事标记的语用－语义－认知互动空间予以阐释。

1. 会话叙事标记的语用定位及叙事维度体现

　　基于 Bamberg（2004）及 Georgakopoulou（2007）的小故事模式及对其进行的修正，本节介绍会话中故事讲述的"散装性"特点，以此探讨会话叙事标记在实际语用过程中的语用功能定位和叙事维度体现，从而确定其语用、语义和认知路径。

　　和 Lyotard（1984）提到的"宏大叙事"这种无所不包的权威化的完整叙事模式不同，我们发现日常会话中的故事讲述是一种零散化的、对生活事件小故事所做的一种陈述活动。但这类小故事也和 Labov（1972a：363）提起的由"完整叙事的六要素（点题－定位－进展－评价－结局－尾声）"所构成的故事原型不同，包含此六要素的故事原型主要是对过去经验进行扼要重述，并用一系列子句构成的话语序列与实际发生的事件序列相匹配的一种故事讲述形式。本书谈及的小故事事件在叙述方法和故事规模上更细微、更具体。Bamberg（2004：331）和 Georgakopoulou（2007：vii）都曾指出"小故事"是指谈话中的碎片式话轮组合而成的非典型性叙事模式。这种模式不是以个人对过往经历为主的叙事原型的故事讲述，而是叙事原型大框架下一种非典型性叙事行为，仍然可以体现叙述者和受述者的互动身份，包括对正在发生事件的讲述，未来或猜想事件的讲述，共同知晓事件的讲述以及讲述中的暗示、延迟和叙述取舍等叙事行为。这个概念和汉语情境下日常会话中出现的故事讲述特征有重合之处，却也不尽相同。

相似之处是人们在谈话中的确常常使用碎片式话轮组合来进行故事讲述，会话叙事标记交叉在故事话轮与会话话轮共同组成一段完整的会话结构，从而起到连贯话语和互动主体间交际的作用。不同之处是小故事通常结构不够完整，叙事性话语特征也不够明显，因此格外依赖话轮转换内部和转换处的交接标记，此时这些标记便是将碎片式话轮组合起来连接会话语境和叙事语境的"粘合剂"。通过语料我们发现，这些标记在话轮转接方式上呈现出不同的表现单位。Tao（1996：64）因此曾将汉语口语在话轮转换处的语法构建单位类型划分为完整小句（Full Clause/F，表 3-1 同此缩写）、非完整小句（Ellipt Clause/Ellipt）、名词性成分（Noun Phrases/NP）、回应标记（Reactive Tokens/RT）、副词性成分（Adverbs/Adv）、修饰性成分（Attributive Adjectives/Attri）、连接成分（Connectives/Con）、话语标记（Discourse Markers/DM）、指代成分（Demonstatives/Dem）、截断结构（Truncated IU/Trunc）和混合结构（Mixed IU/Mixed）等。因而在日常非机构性会话叙事过程中，叙述者和受述者双方在话轮转换处形成的语法构建单位呈现了更为有趣的现象，除去 Corpus 15 的叙事独白不含需要交际者相互切换的话轮转换部分，我们从其余 14 个语料提取了共计 870 个话轮，各类语法构建单位在话轮转换位置的组成如表 3-1 所示，其中话语连贯和互动成分结构是除去小句之外使用频率最高的形式。此处之所以将回应标记、话语标记、混合结构和截断结构划分至话语连贯－互动成分的结构统计中[1]，多是由于在会话叙事语境下，此四种结构是语料中可被观察到的最为常见的连贯会话场景与叙事场景的转换标记类型，并且会话叙事标记属于话语标记大类下的语言形式，而"话语标记是就语言形式的功能而言的，与语类并不具有对应关系，副词、连词、感叹词和一些插入语性质的短语等也都可以具有话语标记的功能"（Schiffrin，1987：31；董秀芳，2007：51）。因此，类似高频复现的四种连贯－互动成分是会话叙事标记的

---

1 不同于 Tao（1996）和乐耀（2016）的统计，此表格针对汉语会话叙事语料中各类话轮转换处的话轮构建单位，特别是不同种类的联系标记做了统计，除去小句和同类成分，在话语连贯－互动的成分中，回应标记（RT）、话语标记（DM）、截断结构（Trunc）和混合结构（Mixed）是构成话轮转换的主要结构标记成分。回应标记指代"嗯、哦、啊"等一系列应声回应词；话语标记指代了包括"然后、其实、结果、所以"等经由语法化而固定的话语路径指示词和结构；混合结构包含了由话语标记和不同词类成分或其他话语标记构成的结构，例如"然后其实"或"后来就"等多没有语法关联的结构单位；截断结构是在话轮处语句未完结便被打断或叙述者意识到要改变话语内容时的一种结构成分。此表的列举说明了在自然会话叙事语境下，话语连贯和互动标记是除去小句以外的高频复现标记形式。对具体的这四种成分结构的详例分析，参见 Tao（1996）和乐耀（2016）。

模式来源，参见表 3–1。

表 3–1　叙事标记在话轮转接处的表现单位

类型	标记分类	数量（单位：个）	比例
小句 524（60.4%）	Full	368	42.3%
	Ellipt	156	18.1%
词类成分 61（6.8%）	NP	26	2.9%
	Adv	17	1.9%
	Attri	5	0.5%
	Dem	13	1.5%
话语连贯-互动成分 285（32.8%）	RT	123	14.1%
	DM	112	13.0%
	Mixed	34	3.9%
	Trunc	16	1.8%
合计		870	100%

　　但就过往经历所提及的故事讲述而言，汉语情境中零散化的标记语例并不少见，无论是添补叙述者的思维空白，还是在程序上启动新的或接续性的故事讲述事件，抑或是受述者据此所接纳的事件逻辑所指，均是由于会话中的交际参与者因为当时语境下的某件事情，某种物品或某个场景继而讲述一个或几个故事，此时参与者会根据记忆经验调取具有相关性的过往经历进行讲述。故事讲述者的记忆经验层面，是以记忆碎片的形式散落在长时记忆系统中（Riessman，1993：9；施铁如，2010：247），在被会话情景中的不同因素激发后，回忆、反思并收集记忆中的零散信息，提领故事的可述性，以各类不同的话语连贯和互动标记启动或连接会话中正在讲述的故事。

　　本书将汉语会话中的故事讲述称为会话中的散装叙事，或称散装故事 [1]。《当代汉语词典》（2007）对"散装"的定义是：作为动词，指"将原本整装的商品临时分成小包装"；作为形容词，指"以小包装或不加包装的形式零散出售的物品"。那么，我们从动态和静态两个层面观察故事的散装性特征。

　　从动态层面观察，散装叙事（以叙述的行为为主导）在叙述维度是将包含有完整叙事要素的事件依据语境分配而形成的和会话相关联的叙事，具有动态的交际互动性（Georgakopoulou，2007：36），此时叙事中的话语

1　本节部分内容，特别是针对"散装故事"的定义与语篇分析，可参见朱冬怡（2019）。

联系标记主要激活并开启互动模式；从静态层面观察，散装故事（以叙述呈现的事件为主导）是以经验的零散化表征和事件的最小化反思整合呈现的故事，体现了思维的线性排列方式。在会话交际大框架下，散装叙事活动体现的无非是会话中参与者输出的故事这一本体。相较于上文提及的"小空间故事"（Polanyi，1985；熊沐清，2009）和"最小故事"（Bamberg，2004；Georgakopoulou，2006，2007），散装故事事件就叙述方式来讲通常穿插在会话话轮中，叙述者由于语境激发而调取的零散记忆回顾，从经验层面整合并讲述与当下语境具有相关性的故事。叙事标记是语境激发的零散铺设的认知标记，在讲述前、讲述中和讲述后都处在由会话投射故事，故事回应会话的标记过程中。由于散装故事可能会随机出现在会话话轮的转接处，叙事标记的位置因此也随着故事事件所铺设的零散序列分布而分布。

综上，在散装故事的叙述语境下，会话叙事标记具有体现会话之叙事维度的功能：

　　① 体现叙述者和受述者身份；② 具有动态的互动性；③ 提供（零散化事件）故事的可述性；④ 体现思维的线性排列。汉语中散装故事的特征使得会话叙事标记在语义结构和语用信息的缓和或制约过程中显示出独特的，不同于一般话语标记的特征。除了在出现位置上和普遍意义的话语标记存在差别，在功能意义和语义表征中也有不同之处，由此形成了会话叙事标记所具有的特殊的认知语用化路径。

2. 会话叙事标记语义缺省空间的形成

基于上节对会话叙事标记合并表征的信息来源假设为阐释导向，反观下面的例 3–1，小空间事件叙事流中每个故事都或隐或显地包含行为者、对象和事件三个核心要素。

例 3–1（Corpus 1 语境：J 向 D 讲述关于一岁半的孩子 L 吃橘子、长记性的故事会话）

1M：L 现在可是有记性了呀↑

2D：啊？

3M：你问问 J 今天她都干啥了？

4J：L 今天吃橘子，

5D：嗯，

6J：然后$_1$：：吃了一个橘子以后觉得没吃够，然后$_2$就开始讨好我，继续让我给她找橘子，我不惯她，怕她吃太多了拉肚子，然后$_3$我就没给她找。在那个电脑桌抽屉的板儿上↑，然后$_4$发现一个橘子，然后$_5$摸进去，然后$_6$拿出来，然后$_7$被我发现了我给她一把抢过来，我说："你以为发现了就是你的？那不一定！"然后$_8$就给她没收了。最后她给我（0.5）一直给我示好，给我在这儿耍赖皮，撒娇：：我就让她吃了一个。然后$_9$了，我又带她出去，转了一圈儿，让她知道：：让她找到了那个吃橘子的大本营，就在那个格挡那儿（0.3）然后$_{10}$她吃了一个橘子以后，她第二次直接跑出去，跑到门口那儿，不跑了，看着我（……）然后$_{11}$直接奔到那儿，给我说（……）然后$_{12}$我也不理她，假装听不懂（……）隔了好长时间我以为她忘了，然后$_{13}$她没忘。她今天吃了四五个橘子。

7D：嗯

8D：越来越能了。

这是一段发生在家中的日常会话，语料中 J 对 D 讲述的关于孩子吃橘子的故事本身可被看作一个"小空间故事"，即散装叙事，它是由多个事件单位组成的故事整体，但由于这些"事件"具有行为者、对象和事件等要素，所以可以被视为"故事"（Polanyi，1985；熊沐清，2009）。J 所述的这一散装叙事由行为者 L、对象橘子、事件 L 有了记性、找橘子、吃橘子等事件要素组成。会话从第 6 话轮开始，J 在自然的日常会话语境下对在场者所讲述的这段"孩子 L 找橘子"的故事正是以事件叙事流构成，J 所使用的 13 个"然后"呈现了这些事件在叙事流中的承接关系，还原了其所述故事的生动原型。当我们重新审视这段语料时，不禁会对会话故事讲述时类似"然后"这样的话语连接词的烦冗使用产生疑问和兴趣，出现在自然会话中的故事讲述，究竟是以怎样的结构形态从叙述者的讲述中被呈现？什么样的言说心理和话语习惯能够使故事讲述者频繁使用"然后"串联小故事事件？再从话语形式上细看，"然后"之后的指称对象又在何处？听故事的人对"然后"连接的小事件动作是否皆知其所指，晓其所述？

要回答上述问题，首先要弄清楚会话中故事讲述的起始特点，以及类似"然后"这样的连接词对故事讲述的推进作用。Bamberg & Marchman（1991：278）曾对叙事过程中叙述起始语言的指称功能以及叙述者对事件的叙事流所采用的叙述方式进行逐步观察和追问，并提出了叙事坐标系这一概念。其中，横向坐标轴指向指称，即故事向前推进需要在场者明确指称所指的运行规律；纵向坐标轴指向主题，即故事的整体连接需要在场者明确所述主题。那么针对上述语例，我们提出这样一个假设："然后"在会话故事的讲述过程中同样具有指称导向作用，且在故事主题的推进过程具有统领主题事件、满足听者对具体故事要素的期待作用。重回例3-1中的13个"然后"，它既是叙述者J用于接续事件的叙述，又是标记J对于故事事件中有关行为者的一系列行为、行为对象的动作、自身观点及所述话语的一种话语联系标记。13个"然后"对叙事实体"她""橘子"进行了话语边界管控和意义所指管控，"然后"的缺省意义具有管界和所指的不可取消性。对于受述者来讲，"然后"之后的所指推理是对言者所指意图的一种还原，亦是对所指进行的一项快速定位、识解回指所指的默认推理过程。

在由"然后"接续的事件叙述中，它是叙述者一系列行为、想法、观点或话语的指示标记，这一语例中"然后$_1$"承接第4话轮，开启故事讲述，在话轮转换的起始处也起到接纳前述话轮开始故事讲述的叙事承接作用；"然后$_2$"和"然后$_3$"介绍叙事事件，和后面的"继续""就"一起保证了故事讲述的连续性和叙述者对话轮的承接；从"然后$_4$"至"然后$_6$"其语义开始虚化，是叙述者保证叙述者身份和故事可述性的一种用法，叙述者的信息意图和交际意图在"然后$_4$""然后$_5$"和"然后$_6$"处交迭出现，即一系列及物性的动作特征保证了叙述者和受述者以共同的物质过程和心理过程推进故事在会话双方的认知指称明晰化，进而形成了指称缺省现象。

Halliday（1994：106）在谈及小句所具有的表述功能时提出了表现话语语义功能的及物性系统，其作用在于把人们在现实世界中的所见所闻、所作所为分成若干过程，即物质过程、心理过程、关系过程、行为过程、言语过程和存在过程。"然后"在体现叙事空间和时间以及逻辑语义的关系中承担了言者对相关过程的所指缺省，从而映现了叙述者意图和受述者的言语互动。语料中"然后$_7$"履行了叙述者的所指意图，是对"然后$_{4-6}$"的"发现-摸进去-拿出来"的所指对象展现，体现了故事世界的时间轴顺序，同时也是叙述者对故事话语中"橘子"的所指。这里叙述者使用"然后"引带缺省了所指对象的指称缺省方式，把所指的具体指示对象"橘子"

由客观存在变为主观的讨论对象。但值得关注的是，这个过程中的语义识别是依靠叙述者和受述者在认知上达成对所指对象的认知一致而形成的关于指称的缺省识别，所指对象因而具有具体的语境意义，叙事标记也因此被该语境意义激活，进而衔接和连贯了宏观上被缺省了所指对象但无碍交际双方快速识解的叙事语篇。Lyons（1977：636）指出人们在话语中通过使用指示词（deictic word）和其他话语手段，使话语与相关的人物、事物、空间、时间等发生直接关联，从而构成话语交际中人们具体谈论的实体对象。会话叙事语篇利用叙事标记与相关故事事件中的所指对象直接关联，在叙述者和受述者对叙事语境的接纳和认同中，形成了不同的逻辑语义联系，引介并促成了叙事标记的指称缺省功能。例 3–1 中"然后 $_8$"表现的是事件中原因和结果的关系；"然后 $_9$"和"然后 $_{10}$"是叙述者保持讲述身份和维系话轮权利的标记；"然后 $_{11}$"和"然后 $_{12}$"是叙述者获取受述者注意力的标记。在故事即将结束的位置，J 所使用的"然后 $_{13}$"本身表达的是转折义，暗含"但是"的叙事事理关系意义，其话语功能泛化为 J 所讲述的连续性故事事件，以故事退场的语义身份结束整个故事讲述。表 3–2 用更直观的方式列举了"然后"在整个叙事中的标记化过程[1]，以及其中对及物性过程的逻辑引导与其所促成的语义缺省状态，更清晰地表明了叙事标记在语义概念、语用模式及认知层面的多重功能。

表 3–2　"然后"在例 3–1 中的叙事标记化和语义缺省过程

"然后"例序	叙事标记化过程	及物性过程	语义缺省状态
然后 $_1$	故事讲述的话轮开启标记	承担物质过程中的参与者	+
然后 $_2$	介绍叙事事件标记	承担行为过程中的行为者	+
然后 $_3$	叙事事理顺序标记，表因果关系	——	–
然后 $_4$	叙事衔接话语结构	承担心理过程中的感觉者	+
然后 $_5$	叙事时空顺序，表示顺承关系中的"先"	——	–
然后 $_6$	叙事时空顺序，表示顺承关系中的"又"	——	–

1　及物性过程中"——"代表无及物性过程出现；语义缺省状态中"＋"代表话语前后有语义空缺出现，"–"代表不存在语义空缺现象。

（续表）

"然后"例序	叙事标记化过程	及物性过程	语义缺省状态
然后 $_7$	叙述者所指意图标记	承担关系过程中的所有者	+
然后 $_8$	叙事事理顺序标记，表因果关系	——	−
然后 $_9$	叙事世界中的时间顺序（叙述者保持叙述身份的标记）	——	−
然后 $_{10}$	叙事衔接话语结构标记，表并列关系	——	−
然后 $_{11}$	叙述者信息意图标记	承担物质过程中的参与者	+
然后 $_{12}$	故事叙述者引发受述者关注的标记	——	−
然后 $_{13}$	故事退场标记／叙事事件顺序中表转折关系的标记	——	−

作为引导会话叙事的标记，"然后"的叙事标记化从话语功能到叙事功能沿着以下路径转变标记方式：

会话－叙事场景切换（叙事开场／退场标记）→

语篇衔接（叙事时空顺序／事理顺序／叙、受述者主观次序）→

讲述者叙述标记（引发受述者关注、把持话轮等）→

叙事标记化

"然后"的叙事标记化过程显示了叙事标记与语境的互动性调度，叙述者利用叙事标记来切分、点评、补全或修正提供给受述者的叙事所指和故事信息。"然后"的语义缺省状态是话语生成平面上多种信息源互相作用的结果。Jaszczolt（2010）强调合并表征中多种信息的来源是意义形成的基础，对意义的研究应该反映出会话交际意义表达出的事实情况，与此同时，也应该提供一个能够表征意图性、显著性和信息首要性的分析框架。这种以合并表征为信息总和的思想促使 Jaszczolt（2016）形成对自然会话中互动话语意义如何合并在一起并达成双方可以识解意义的想法。她提出意义识解中的"层次最简原则"（Parsimong of Levels Principle，简称 PoL），并指出针对意义的研究应当反映会话交际参与者对话语及时、快速的识解过程，而努力探索依赖于语境的意图意义表征方式也正是互动的语义缺省模式在话语层面运行的主要目标（Jaszczolt，2016：74）。其中，用以表征意图性和显著性信息的分析框架是构成合并表征中信息来源的组合信息元素。意图程度原则、主要意图原则和层次最简原则的核心指向都是对意图性的研究。从思维的认知本质上讲，人类的大脑细胞本身就是具有意图性的物质，Jaszczolt（2005：49）转引 Damasio（1999）对意图性"关乎某事"（about other things）的性质作了更易使人理解的说明："肾细胞或肝细胞仅仅执行大脑分派给其它的任务，它们并不代表其他细胞执行其他功能。但大脑细胞却控制着神经系统的各个层次，代表了其他实物体或生物体中发生的事件。由此可见，大脑细胞具有执行关于某事件或某物体的定位功能，具有意图性的特点……大脑细胞的意图性在达尔文的进化主义便已形成：进化原则使得大脑既具有直接表征生物体特征的功能，又可间接表征生物体之间互动的功能。"（转译自 Damasio，1999：78–79）

　　语言表达式的意图性是基于人类的心智状态的意图性特征，话语也具有意图性，它表现在交际过程保证言者话语参照物的所指内容，可以是人或物，甚至是一个整体事件或过程，等等。意图性的性质是解释无标记的默认语义的关键（张权、李娟，2006：71）。"有意图"基本等于有一个参照物，也可以说，语言的意图性是参照物的指称性问题，意图性研究语言表达式中的所指意义。Jaszczolt 强调意图有强弱之分，其中最强的意图形成认知缺省。她给出一个经典的例子：一个小孩弄伤手指后大哭，他的母亲认为伤势并不严重，于是对他说"You are not going to die"。话语内容中最强的意图性表达是"You are not going to die (from this wound)"，此时，话语所言内容的意图性含义"You should not worry"是意义表征的语用合成形式，它们彼此构成言者的所言意图。那么针对会话叙事标记而言，其规约性含义便是表达了特定语境下的意图性内容，叙事标记所表达的主要意图原则是保证叙述所指参照物的所指内容（可以是叙述所指的人或物，或一个整体事件），意图程度中弱意图性是对标记本身的规约义的表达（如"然后"的规约义表达的是时间顺序），最强的意图性则指向了以叙事标记空缺了事件所指从而衔接的一系列叙述事件，在叙事标记对指称空缺的引介和连接过程中，故事事件得以成型。依据意图性信息，我们可以更直观地展示 13 个叙事标记"然后"所形成的语义缺省空间，见表 3–2[1]。

---

[1]　表格中的英文简写内容对应于 Jaszczolt（2010，2016）提出的组合性合并表征，可参见第 1 章图 1–1。

开启话轮进行故事讲述	然后$_1$ 交际意图 + 所指意图 （人称所指"她"的缺省） $SCWD_{pm}$ + CPI_{pm} + CD			
介绍叙事事件提供语篇衔接标记	然后$_2$ 信息意图 + 所指意图 （人称所指"她"的缺省） CPI + CD	然后$_3$ 信息意图 CPI + CD		
介绍叙事事件提供语篇衔接标记	然后$_4$ 信息意图 + 所指意图 （人称所指"她"的缺省） CPI + CD	然后$_5$ 信息意图 + 所指意图 （人称所指"她"的缺省）CD	然后$_6$ 信息意图 + 所指意图 （人称所指"她"的缺省）CD	然后$_7$ 所指意图CPI + CD （事物所指"桔子"的缺省）
叙事事理顺序标记	然后$_8$ 信息意图 CPI + CD			
会话叙事中体现故事具有时间轴线标记	然后$_9$ 信息意图 + 交际意图 $SCWD_{pm}$ + CPI_{pm} + CD			
叙事并列标记	然后$_{10}$ 信息意图 CD	然后$_{11}$ 信息意图 + 所指意图 （人称所指"她"缺省） CPI + CD		
叙述者引发受述者关注的标记	然后$_{12}$ 交际意图 CPI + CD			
故事退场标记	然后$_{13}$ 交际意图 CPI + CD			

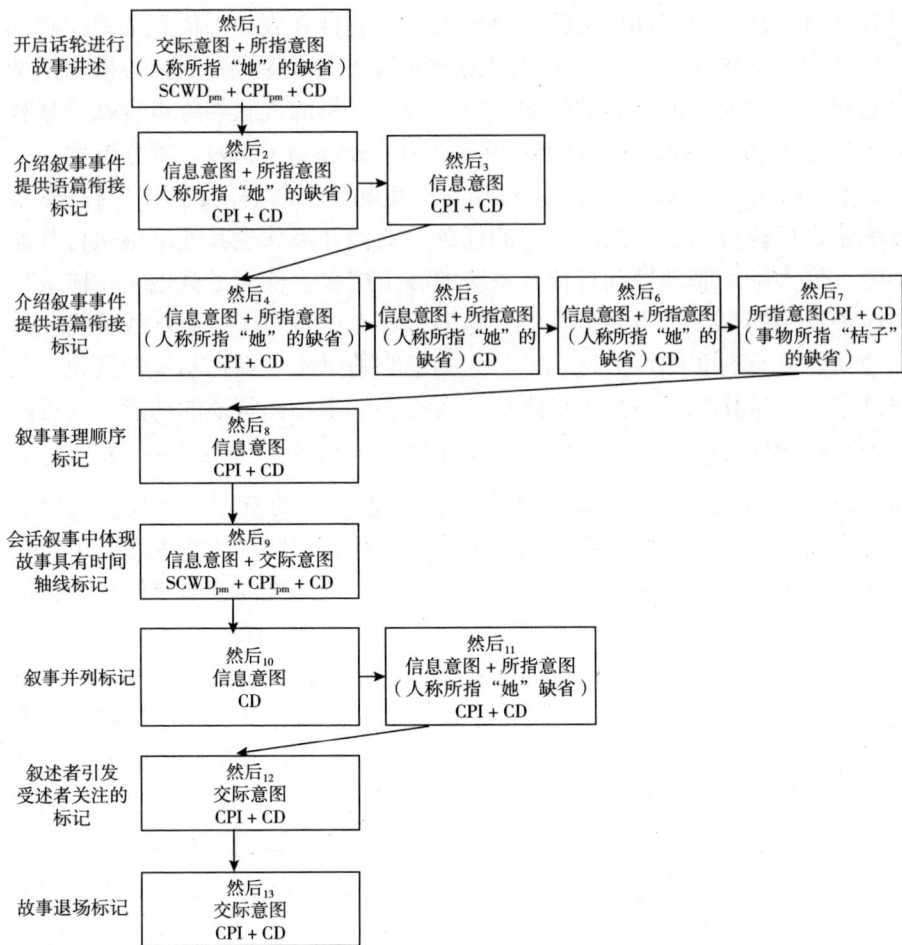

图 3-2 "然后"的语义缺省空间示例

同样，"然后"在会话叙事参与者共同推动的故事讲述中，是叙述者用以协调时序逻辑的话语引导标记，其叙事标记化路径是叙述过程中句间的语用义和句外的逻辑语义互动的结果，叙事标记在概念和序列结构上的表达具有推理成分。

会话叙事标记是在会话叙事中起到连接会话和故事讲述的语言表达式，它的性质接近于语用环境下话语标记所表征的概念特征，但和话语标记不同的是，叙事标记的词汇意义依赖于叙事语境，因此标记意义的合成性特点才能够作用于整个会话叙事。Jaszczolt（2005）曾基于缺省语义学理论模式对话语联系词 and 作出应用分析，她指出 and 在缺省语义模式下具有两种缺省路径：一种是认知缺省中通过意图性信息所形成的语用扩充形成，如 and then；另一种是社会－文化缺省中对后命题扩充信息在合并表征状态下形成的语用推理或是由推论捷径形成的，如 and as a result 等。缺省语义模式对话语联系词或话语标记的应用型分析显示了这一理论的层次最简原则，即意义层次除非在必要的情况下，一般不会增加。然而 Jaszczolt 并未就话语联系标记在认知缺省和社会－文化缺省模式下的语义结构和意图信息转换过程进行进一步讨论，对于不同语境信息源与交际意图互动所产生的意义，以及其针对不同交际者所产生的识解意义过程，都值得我们进一步挖掘，以期从中发现意图性信息在交际者对标记的快速识解中的制约作用。

基于上述探讨，会话叙事标记的语义缺省空间的形成是基于语用－语义－认知三个界面基础上提出的，本书认为它经历了语言表达式的五种意义路径转换：

（1）标记的规约义，即该叙事标记本身所具有的常规词汇意义；

（2）标记的隐含义，即该叙事标记在叙事语境下的话语联系功能意义；

（3）标记的推理义，即以受述者为主体的对该叙事标记的指示推断意义；

（4）由标记扩充的语用充实指向义，即以叙述者和受述者共为主体的对该叙事标记的指称、态度等主体间意义；

（5）由标记引介的认知缺省义，即叙述者认知中对该叙事标记的所指确定和受述者认知中对叙述者意图信息的指称确定，是一种快速识解的意义体现。

梳理会话叙事标记在语用、语义和认知平面的表现，从叙事认知的落脚点溯源这一标记形式的转换路径，对于我们探索叙事认知的隐含指称和口头叙事的意图分化具有关键的指导作用。可以说，叙述者和受述者对叙事标记的概念编码或程序编码的快速识解和这五种意义在认知指向性思维和叙事所指意图的动态循环具有密不可分的联系。

3. 会话叙事标记的认知配合模式[1]

会话叙事标记在语义缺省空间中的意义转换路径体现了交际者意图信

---

1 本节和下节部分内容，特别是对于会话叙事标记的认知配合模式和语用指向分析框架的形成，可参见 Zhu (2020)。

息的指示作用，其在意图信息上的指示索引与信息确定形成了叙 / 受述者之间的认知配合模式（见图 3-3），这一模式的提出主要依据以下两个理论前提：

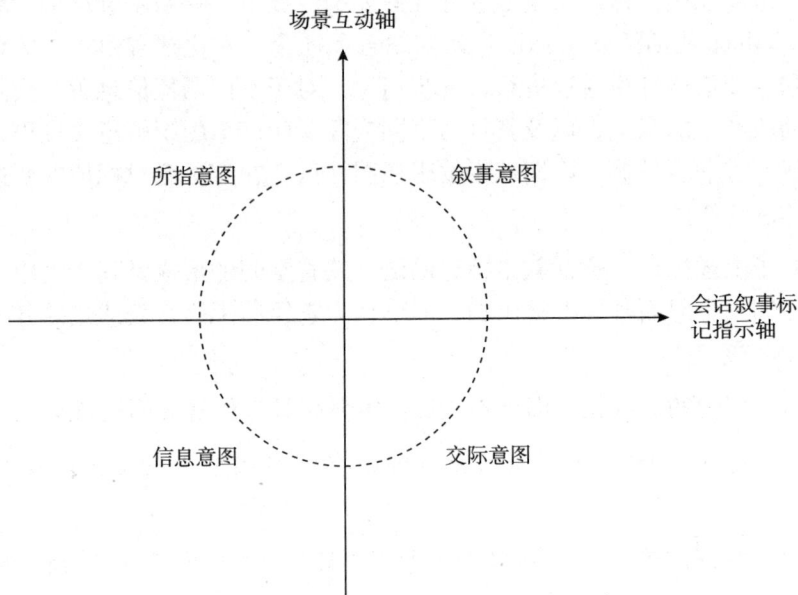

图 3-3　会话叙事标记在意图性信息域的认知配合模式

（1）在叙述者认知中对叙事标记的所指确定和受述者认知中对叙述者意图信息的确定，是一种快速识解的认知缺省体现。图 3-3 横坐标——会话叙事标记指示轴是叙事标记在会话话语中整体引导和连贯所指概念和程序的功能体现，纵坐标——场景互动轴是会话场景和叙事场景切换互动的作用域。意图信息由第一象限循环至第四象限，以叙事意图 – 所指意图 – 信息意图 – 交际意图为基底，叙事标记得以出现在空心圆形的任一点，用以标示会话叙事话语片段中标记的语义指示路径。

（2）互动的缺省语义学旨在挖掘互动交际中意图信息的运行方式（Jaszczolt，2016：2），并主张对由不同意图信息构成的意义进行整体识解，这一整体从本质上讲是以句法、语义、语用和认知为完整共时平面的互动识解模式，各种信息源在合并表征过程中生成了直接以经济、高效方式体现在受话者认知中所缺失和省略的缺省意义。会话叙事标记是会话中引导叙事事件、连贯会话话语的语境线索词，它本身对话语语篇具有类似指示路标和管控叙事所指的语义功能影响，然而在传达叙述结构信息的同时，它标记了会话话段和叙事事件话段间的序列依存性，这种依存性是我们对叙事标记的缺省意义进行整体识解的基础。

从四种意图性信息对应的针对叙事标记所体现的变量来讲，每一象限中我们主要关注的因素也各有不同。

在叙事意图象限我们关注的变量是 Georgakopoulou（2007）所提及的"小故事"中叙述者和受述者的互动身份（interactional identity）、小故事事件的可述性（tellability）以及 Ochs & Capps（2001）提及叙事的线性（linearity）排列特征和道德立场（moral stance）确定。确定了叙述互动身份后，叙事意图启动了可述事件，继而由不同种类的非概念型叙事标记和概念型叙事标记在整个话语语义平面依循事件进展来标记叙事化程度。依据这类变量，我们也将总结出受言外之力和逻辑语义程序影响叙事标记所出现位置的特点。

在所指意图象限我们关注的变量是 Jaszczolt（2005）提及的类型指称（type reference）和例型指称（token reference）的使用区别。真实口头语料中显示了大量的未经语法化而形成的固化指示模式（如"可以，这很NP"类表达）。在具体的意义识解过程中，不同的所指意图引介了不同的指称方式，如对人称指称方式的缺省，以及体现叙事逻辑过程中行为指称的缺省方式等。这类变量体现的是合并表征中社会文化和叙事世界知识与叙事推理之间的互动。

在信息意图象限我们关注叙述者和受述者双方在交际过程表达的关于叙事事件本身的信息，以及会话叙事标记在信息意图中所表现的叙事关联作用。信息意图作为交际意图的内嵌形式，它的目的是成为交际者所互通互晓的意图形式。在此基础上，为了引导受述者顺利理解叙事话语，并为信息处理提供恰当的认知方向，叙述者便会利用一些明示的话语表达方式来减少受述者在话语理解中所付出的努力，从而提供更大的话语关联性，保障叙事言语交际的成功。

在交际意图象限我们关注叙述者态度、叙述双方的认知共性表现和叙事推理之间的互动。交际意图是整个缺省意义空间的基础性意图形式，它既具有语义普遍性，又具有语用普遍性。正如王德春（2002：92）指出的，"人的相互作用在言语的交际意图中产生，这是社会存在和发展的基础。"交际意图是我们在研究语言表达式的功用问题上的一个恒量，其所反映出的叙事标记在叙述者和受述者认知主体的主观能动性和标记本身的主观化过程都是值得我们探讨的话题。

以上四种意图性信息为叙述者在叙事识解的层面，即由叙述者传达、受述者接纳的交际意图、信息意图、所指意图到叙事意图提供了一个叙事共享认知界面。在此界面，叙事标记在话题边界对叙事要素信息进行所指管控，从逻辑语义关系到对故事事件本身的标记关系，形成了一个整体上对叙事话语进行引导连贯和明晰指称的指向模式。

3.2　构建会话叙事标记的语用指向分析框架

综合上述对会话叙事标记在语用定位、语义缺省空间的形成和认知配合模式的探讨，以及通过修正 Jaszczolt（2010）合并表征信息来源框架提出的会话叙事标记的语用－语义－认知互动空间，本节主要总结并提炼会话叙事标记的指示性－互动性－意图性的语用指向分析框架。

本书提出的分析框架主要基于两个理论前提。

首先，自然会话叙事标记是叙述者为了强调和凸显主观情态，从而更好地表达其叙事意图所使用的一种话语连接手段。从功能层面来讲它们主要为叙/受述者的线性思维认知提示语境逻辑，并引导当下受述者在叙述者的叙事意图和所指意图方向寻找信息意图和交际意图，对话语进行关联识解。会话叙事交际的动态性保障了叙事标记的场景切换和语义指向变化。为了更好地理解这种动态性，我们以图 3-4 为例说明。

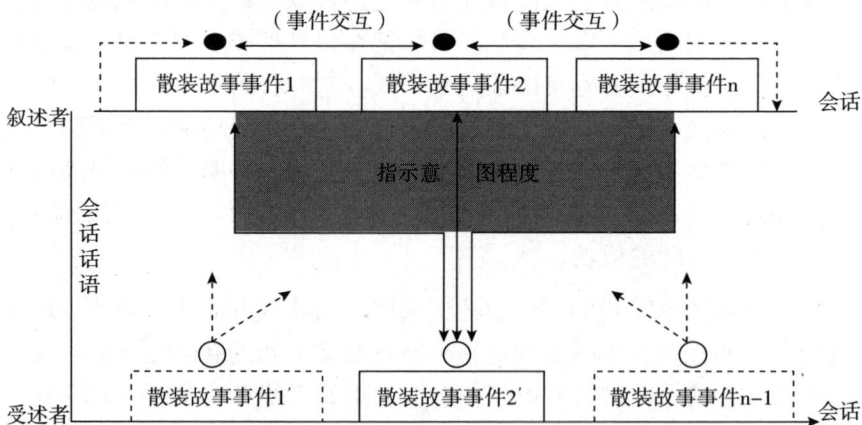

图 3-4　会话叙事标记的互动－指示－意图边界动态图示

在这一平面中，会话是始终向前进行的动态过程，而叙述者和受述者在会话过程通过单向或轮流提供散装故事事件形成会话中的故事讲述活动。叙述者会话坐标的每个散装故事事件上的实心圆球就是叙事标记可能出现的区域，我们将其假拟作圆球形状，在于叙事标记具有句法的独立性和位置可选择性的特征（它可以出现在故事事件讲述前，也可以在讲述中出现，同样可以位于话段最后作为程序总结），在叙事事件交互的过程中它们为叙述者和受述者的主观互动话语提供思维交互，从而呈现连贯的会话叙事语篇。受述者在接收到零散故事事件后，能够以不同形式的叙事推理去索引叙述者的所指意图。空心圆球的位置同样不固定，在受述者理解过程中它们为叙述者和受述者的意图信息提供指示索引。受述者会话坐标上的虚线指示箭头是会话叙事标记直接投射在交际者主观互动中的认知指向。因此，会话叙事标记的语义层面作用于阴影的指示意图程度区域、认知层面作用于虚线标示的意图指向上，而在构成叙述者会话坐标和受述者会话坐标的整个会话话语区域内，则展现了话段间的序列结构、语篇措辞排列和语用推理的标记边界管控现象。这是叙述者和受述者在故事讲述过程中无须多层解释便能够快速识别标记所指的思维路径。

其次，会话叙事标记本身能够揭示话语字面上所缺省的指称或语用隐含意义信息，它们可以通过指称缺省或语义缺省重新激活叙述所指人 / 物 / 事件 / 行为，连通句法逻辑"短路"信息，维持自然会话叙事中会话与故事讲述的顺利切换与话语认知的衔接连贯。叙事标记的指示性、互动性和意图性三个层面各有侧重，但每个层面的结构都对叙事标记在引介语义缺省功能、形成其独特语用价值的过程具有不同于话语标记大类现象的区别性表现。指示性衔接指向主要体现叙事标记语义层面的结构信息，其中主要反映叙事标记的逻辑语义指示功能所形成的指称缺省和语义缺省的所指缺省现象；互动性衔接指向主要体现叙事标记语用层面的结构信息，其中反映了叙事标记对故事序列、语篇措辞以及叙事推理形成的语用操作的影响；意图性衔接指向主要体现叙事标记认知层面的结构信息，其中也反映叙事标记在交际主体识解过程中的认知语用心理。

会话叙事标记的语用指向分析框架如图 3–5 所示。

以叙事话语的连贯关系和语用衔接指向为理论运用基础，发现会话叙事标记在语义层面共现了叙述者所使用的语言表达式的指示性；在语用层面体现了场景互动中交际者对话段细节之间的序列结构、语篇措辞方式以及语用过程的管控和推理形式；在认知层面展现了叙述者在叙事过程中的

叙事话语连贯关系图示
（会话叙事标记的衔接指向）

语义层面　　　　　　**语用层面**　　　　　　**认知层面**

概念结构　　　　　　**语用结构**　　　　　　**认知结构**

逻辑语义指示功能　　序列功能　　语篇措辞功能　　推理功能　　认知缺省功能

具有所指意义　　划定会话叙事语篇的边框　　引介零形回指方式　　叙事推理的共享与规约标记　　指称缺省协助标记

- 串联叙事时间序列
- 衔接叙事事件的事理顺序
- 标记话题指标的主观顺序

- 切换会话/叙事场景
- 叙事开场/退场标记
- 支撑会话叙事语篇的整体结构
- 促进叙事逻辑过程标记化

- 引介叙述者的直接回指
- 引介叙述者的间接回指
- 留存思考时间

- 具有程序意义
- 协助推动语篇至认知层面
- 确认会话叙事语境变化
- 促进会话叙事序列框架变化

- 引介人称指称缺省、事件/事物指称缺省、行为指称缺省
- 展示认知意图性的配合
  - 信息意图
  - 交际意图
  - 所指意图
  - 叙事意图

指示性　　　　　　**互动性**　　　　　　**意图性**

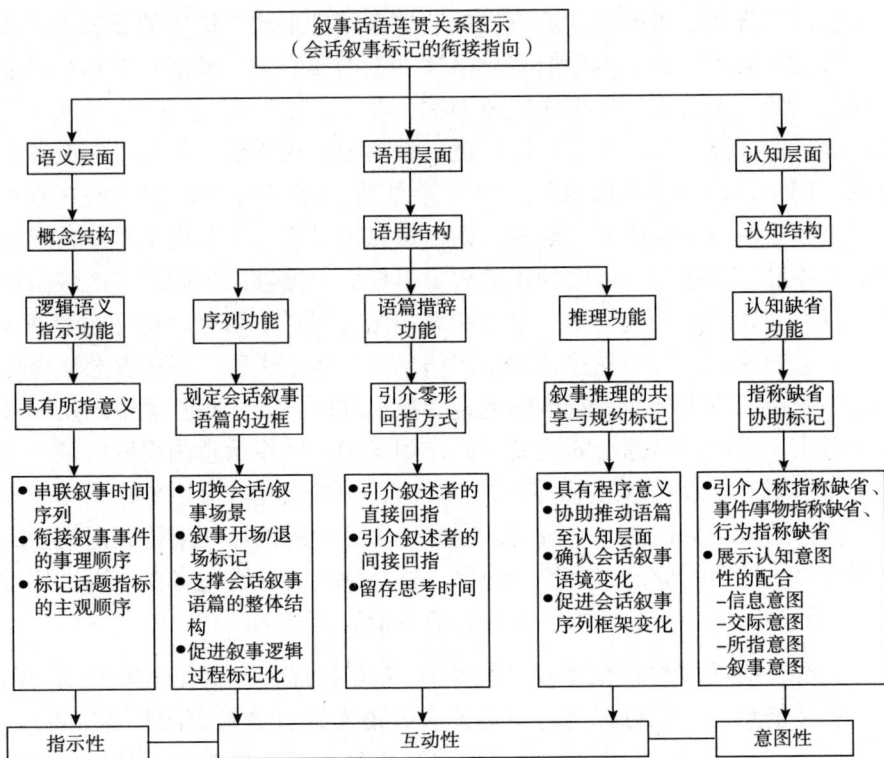

图 3-5　会话叙事标记语用指向分析框架[1]

意图性，即由叙述者传达、受述者接纳的交际意图、信息意图、所指意图到叙事意图的一个叙事共享认知界面。叙事标记在语义层面延伸出标记的指示性特征，在语用层面支撑了整个会话与叙事框架的互动性特征，在认知层面牵制了交际者的意图性特征，从而共同推进会话叙事向前进展。

　　简言之，基于语用-语义-认知层面的互动以及由此产生的话语所指连贯关系，本书主张会话叙事标记本身是结合了概念结构中的逻辑语义指示功能、语用结构中的序列功能、语篇措辞功能和推理功能以及认知结构中的认知缺省功能而形成的一种特殊语境下的话语标记现象。叙述者认知中对叙事标记的所指确定和受述者认知中对叙述者意图信息的确定，是言语交际过程所指意义之所以能够被交际者快速识解的认知缺省意义体现。而从以上三种结构以及指示性-互动性-意图性的衔接指向切入分析，特别是在语用指向横向基础上针对当下所言的语用缓和呈现方式进行进一步

1　表中符号↓表示"由……具体体现为……"。

探析，有望使我们对特定语境下话语标记大类现象的运行过程和其所具备的语境区别性特征获取更深刻的理解。

3.3　语用指向框架下会话叙事标记的语用缓和呈现模式

如上节所述，语用指向分析框架是在指示性－互动性－意图性衔接指向基础上形成的对会话叙事标记的语用模式构建。其中，指示性衔接指向和意图性衔接指向关注叙事标记在概念和认知结构的所指指向，是探究叙事标记语义和句法层面的应用性指导。而就互动性衔接指向而言，叙事标记在会话的叙事边框序列的表现、对于故事话语功效的达成，以及其在叙事推理的共享与规约标记过程中的语用表征则是对其进行横向探究的理论基底。

在细致剖析互动性衔接指向的基础上，从语料的多类化入手，我们将自发性会话叙事中的标记现象和机构语境会话叙事中的话语标记大类进行了对比分析，发现机构话语互动中故事的开启亦或结束是由某些固定的会话叙事标记所引介，叙事标记作为一种传递缓和（mitigating）用意的语言范式，从交际互动与语用均衡的维度影响机构双方的话语驱使性表达与言语确信度表现，从而达成了故事用以指事、行事以及成事的话语功效（Caffi，2007）。诚然，会话叙事标记是出现在自然会话的故事开场、故事讲述、故事退场的可推进叙述过程和叙事理解的互动标记现象。叙事标记由此在交际互动和人际互动两个维度形成了一种语用格局，从而促进叙事交互的运转。

针对叙事标记交际互动和人际互动形成的语用格局，Czerwionka（2012）曾以西班牙语为例区分了三类缓和标记，即人际标记（interpersonal marker）、话语标记（discourse marker）和认识标记（epistemic marker）。缓和标记的使用涉及了缓和语的语用功能表现。Czerwionka 吸收了 Fraser（1980）以及 Caffi（1999，2007）的缓和话语语用修饰功能观，提出以"驱使性"和"确信度"为影响驱动的缓和语呈现视角，并指出缓和话语是涉及交际者元语用意识的策略性言语表征，其最终目的是缓和交际语境，实现互动的有效性，在调控交际者情感距离的基础上形成身份建构（Caffi，2007：41）。简言之，缓和话语现象应关注其出现的条件或环境、所传递缓和用意的语言范式以及其对言谈互动和言谈双方等的影响（冉永平，2012b：5）。

　　基于此，对于机构性语境中用以促进人际互动达成的人际驱使性标记和故事被成功讲述、并被接纳理解的确信度保障标记为分类基准，我们从语用指向分析框架的基础上横向构建了会话叙事标记的语用缓和呈现模式，见图 3-6。

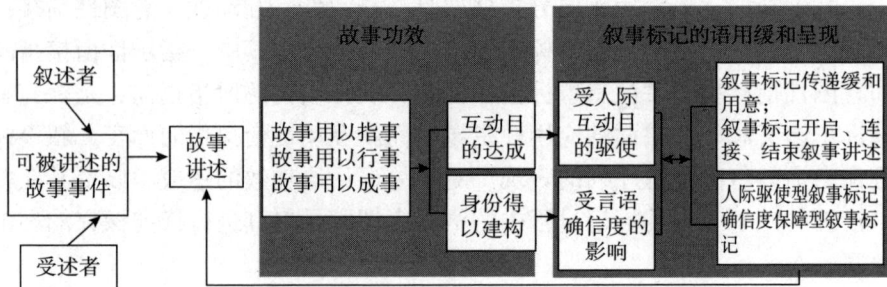

图 3-6　机构语境下会话叙事标记的语用缓和呈现模式

　　这一模式旨在探寻作为故事讲述过程中的话语标记大类现象即会话叙事标记如何传递语用缓和用意，并在何种运行机制下使以言行事更为有效，以此探析其对机构话语互动中故事讲述活动产生的引介和影响，是对叙事标记在交际互动和人际互动所形成的语用格局的应用实践探索。

　　会话叙事标记的分析应建立在多样化语料的整体语用格局基础之上，而叙事标记在句法、语义层面之外的语用多界面研究是经典语用学和话语分析亟待丰富的领域。尽管 Tsitsipis（1983）、Fraser（1996）、Norrick（2001）、González（2005）、Xiao（2010）、Feng（2011）和冉永平（2012a）等曾涉及不同的标记类型的语用分类，但仍未切入会话叙事语境从而充分阐释叙事标记的语用理论运行机制。

　　本章从会话叙事标记的多维语用互动空间出发，整合叙事标记合并表征的信息来源，对叙事标记的语用格局进一步细化，建构了自发性会话中会话叙事标记指示性－互动性－意图性的语用指向分析框架，并从互动性分析模式中横向构建出机构语境下叙事标记的语用缓和呈现框架，用以验证语用指向框架的逻辑完备性。以自发性与机构性叙事标记的语用格局为基础细化分析工具和解析模式，有助于更好地解释会话叙事标记的语用功能和应用规律。

第4章

会话叙事标记的主观缺省意义与语用运行机制

　　会话叙事标记的主观缺省意义包含两个层面上主观概念表达的缺失与省略，一个是指代不包含叙述者针对叙事发表见解概念的标记形式，仅具有语义层面的引导和承接作用；另一个是在叙事语境下进行时序或逻辑语义关系表达的过程中对叙述者叙事意图的缺失和省略，它具有重点表达叙述者所指意图和信息意图的功能。

4.1　叙事标记的主观缺省意义解读

　　叙事标记的主观缺省意义是当下叙述者主观概念表达的缺省体现，以Feng（2011）对概念型和非概念型语用标记的划分为依据，本书将具有主观缺省意义的会话叙事标记称为非概念型叙事标记。我们首先明确此处提及的非概念型标记是不涵盖概念信息的标记形式，例如 Feng 提到的"但是"一词，仅仅是将含有转折和前后类比的概念编码到两个命题之间的联系中（Feng，2011：418）。Feng 所列举的非概念类的语用标记多数为连词。连词的意义在书面语篇中大多是较稳定的，但在共时的语言使用中，经过不同因素的语义凝固或泛化，可以享有不同的语境意义改变。因此，非概念型的语用标记承载了表达规约含义的潜在力，可以将其看作是既连接两个命题，又将不同的逻辑语义编码其中而构成的一种认知构式。借助联系标记在规约含义方面的承载力及其对非概念型意图表征的特点，具有主观缺省意义的非概念型叙事标记的特征主要有：

　　（1）从语用层面来讲，它承载了表达规约含义潜在力的特点。从构词形式来看，非概念型叙事标记多由连词或副词形式构成，其本身的语用含义是在该词性特征影响下对叙事状态形成的意义影响。因此，从语用层面出发，本身具有时序表达特征的"然后"对叙事事件状态的推进影响，具有叙实特征的"其实"对叙事事件状态的证实影响等，均表达了其规约含义的潜在语境影响力。

（2）从语义层面来讲，它是连接两个命题的一种连贯形式。非概念型叙事标记在命题间的逻辑语义指向决定了其对命题的衔接与所指方向。它们在语义成分中提供引导和承接作用，在叙事语境下表达时序或逻辑语义关系。受叙事事件在会话叙事场景中出现位置的影响，叙事标记在连贯命题的过程中形成了回指或下指指称缺省的功能，在交际者的识解过程中留出语篇空位。

（3）从认知层面来讲，它是叙述者将不同的逻辑语义编码其中，受述者自动获得逻辑所指而形成的一种认知构式。指称是一种以语义为导向的语用行为，而指称缺省是叙事标记在切换会话场景和叙事场景过程中对时空顺序、事理逻辑顺序、话语程序和主观指称次序的调度合作与指示。

基于具有此种主观缺省意义的非概念型叙事标记的特征及其在会话叙事语境下实际语用操作的特点，本章主要探讨主观缺省意义下非概念型叙事推进标记"然后"、叙事证实标记"其实"、叙事论果标记"结果"和叙事总括标记"反正"的会话叙事特征。

4.2 叙事推进标记"然后"[1]

第 1 章表 1–3 语料统计显示，"然后"是交际者在自然会话叙事中使用次数较多的一种标记形式。"然后"本作为连词，在语篇当中"表示一件事情之后接着又发生另一件事情"（吕叔湘，1999：461），前句和后句之间常常使用"先、首先"和"再、又、还"这些连词做引带。那么，在探讨"然后"在自然会话叙事中的标记化过程之前，我们有必要先从"然后"的话语标记特征入手，以此反观它在会话叙事中体现出的叙事路径以及话语功能。

方梅（2000：466）将"然后"看作话轮延续的连词，但在实际会话中，"然后"可以表示时间顺序，还可以表达说话人对事件描述时的心理顺序。"然后"作为连词从表达真值语义关系到不表达真值语义关系而仅仅用作话语标记、服务于不同的话语目的，这中间是一个词汇意义衰减、篇章功能增强的过程。何洪峰和孙岚（2010：18）将"然后"在顺序表征

---

1 本节部分内容，特别是"然后"的语义缺省观点，可参见朱冬怡（2017）。

的过程总结为由客观性到主观性的变化。这些变化反映时间顺序和空间顺序中的顺承关系，到事理顺序中的条件、假设、因果和递进关系，再到以无序顺序为特征的并列、对比和转折关系。许家金（2009a：10）则从连接标记的话语功能分析了"然后"具有的表示先后关系、列举标记和开启话题这三种功能。"然后"更多体现的是一种衔接连贯的效果，并且较多出现在单个说话人个人叙述性话语内部，起到连接前后并举的若干个项目的作用，其虚化特征表现在它摆脱了原来的时间和先后的语义成分，更多地充当了承前启后的成分。在许家金看来，"然后"作为一种"非全职的"话语标记，其表示"前后相继"的语义成分依然在一定程度上得以保留。

　　然而，针对类似"然后"的联系标记，其语义特征和属性分析是未来研究必须考虑的问题，这不仅关乎学界对话语联系标记的认同问题，还关系到话语标记的"生存状态"。因此，以我们所搜集的真实的自发性会话叙事语料为例，用互动的缺省语义学模式对"然后"在自然会话叙事语篇中的"生存状态"加以探究，并从其在话语中的使用模式、标记叙事身份的路径和缺省功能三个方面详加述之。

4.2.1 "然后"的话语使用模式

　　沈家煊（2016）从英汉答问方式的差异提到了英语作为语法型语言和汉语作为用法型语言所具有的不同特征。他使用话段（utterance）、话题说明（topic）和指称语（referential expression）这种用法范畴来对应汉语语法范畴中的句子（sentence）、主语（subject）和名词（noun）。从话语联系标记在句中所处的引领位置来讲，其后的省略成分应该是由话题（主语）引导的指称省略形式。"然后"一词在文言文与现代汉语中属于连词范畴，其句类所包含的不仅是一先一后的两件事，也隐含了有甲事则无乙事的意思（吕叔湘，1982b）。在口头语篇中"然后"的用法变异则主要体现在语义上所衍生出的新的事理关系。我们就其隐含的转折、并列、因果等事理关系具体分析说明，而不是仅仅停留在"有待而然"的连贯语义关系中。

　　在口头语篇中，"然后"通常出现在话段之首，以 Labov（1972a）的叙事六要素为话段划分的基础，"然后"可以起到点题和定位的话语功能，在话题延伸处使用"然后"，则推进了交际者对话题的进展和评价功能。以如下语料为例（例 4-1），"然后$_{19}$"指代叙事时间的发展顺序，"然后$_{20-22}$"均表示叙事事件的事理顺序，依次暗含因果、递进、转折的事理关系，"然

后 $_{23}$"标记了话题的指称，是对前述话语主题，即叙述者的自称"你"的一种指称缺省，是一种主观次序表达。

例 4-1（Corpus 9 语境：大学课堂上由一幅画引发的课堂讨论）

55T：就那种：：：那个时候你长大了？

56S：那个时候，你就想那个时候中考已经结束了，然后 $_{19}$ 大家都去玩这玩那，该玩儿的玩过了，该修整的修整过了，你在医院躺半年，而且还耽误了学习，之后你再去奔你怎么去奔，所以说那个时候肯定是有压力，但是我也没有太大压力，因为我知道我自己考得不错，这还是我一个很大的慰藉。然后 $_{20}$，嗯：：只是说是，觉得，那个时候觉得就是，就感觉，嗯（0.2）失去了很多吧。然后 $_{21}$ 再加上，但是我其实我还好，总是：：总是别人觉得你不上替你惋惜，你别说，其实我觉得没有必要，因为大家都是各活各的，就只不过是我可能就是我应该经历的一个阶段。所以说我只是当时当下，我只，其实我是一直是在想当下，当下只是我养好病就 %OK% 了。然后 $_{22}$ 你的父母就是去（0.2）就是不工作，要过来照顾你，或者你这些家人围着你转，你现在要做的就是把你的身体养好，其他的不要说是再去想别的，再去给父母添一些无谓的一些别的烦恼什么的，你只是一天开心一点，然后 $_{23}$ 把自己身体养好，大夫，告诉你去休养，怎么休养就 %OK% 了。

口头语篇中，特别是结合本书的会话叙事语料来看，"然后"的使用模式呈现了语境化关系增强，语法化和词汇化关系减弱的趋势。表示时序关系是"然后"的传统话语用法，其对事理关系的表征是语法化减弱，语用化增强的结果。而对话题所指所形成的指称缺省，特别是受述者在叙事认知和理解上形成的回指省略现象，是其语境化的主要表现，这不仅仅是会话叙事语篇，也是口头语篇中极为常见的现象。因此，此处着重探讨"然后"的使用模式，是基于后两者，即语用化和语境化的"然后"在会话叙事语篇中的措辞和认知功能。

4.2.2 "然后"的叙事标记身份与认知缺省

结合例 4-1 提到的"然后 $_{19-23}$"的使用模式，本节我们从以下三个问题入手进行探讨：① 指称空缺是否和标记词"然后"本身的标记身份有关；② 观察指称空缺是否和叙事语篇中的指称转换有关；③ 考察叙事标记对确定指称有无作用。

这三个问题都围绕着一个关键词"指称"和一个关键介入身份"叙事标记身份"。因此，在总结"然后"的叙事标记身份之前，有必要阐述本书所提及的指称的概念。

对指称的研究最早见于古希腊柏拉图的命名理论中。现代语言学之父 Saussure（1959：67）提出了能指（signifier）和所指（signified）之间的关系，并指出前者是语言符号，后者是被指称的对象。语言符号从本质上讲是"指号"，从用法上讲，指称不仅是象征符（symbol），还是指示符（index），因此语言学的"指称"跟语言的运用、跟说话人的意图密切相关（沈家煊，2016：5）。会话交际中当指称发生时，指称的对象就从客观世界进入语言世界，成为交际者用语言谈论的对象；此时，指称所使用的具体的指示词意义也从语言世界系统中抽象概括的意义转化为具体的语境意义，我们可以将这种具有较强的语境依赖性的指称词语和结构理解为指示语（deixis）（Levinson，1983）。因此，在叙事标记的牵制引导下，指称一旦发生，叙述者所指称的对象会立即从叙事客观事件进入叙事主观话语，受述者按"指"索骥，通常会快速识别叙事标记的逻辑语义关系与指称缺省所空缺的所指。然而，受述者只有根据叙事语境下小故事事件的话题或主题约束才能揭示叙事标记牵制的话语指示信息。基于此，本书所谈论的指称缺省，是指在叙事语境下，在话题距离的可控范围内，由叙事指引标记对所指话题或主题信息进行的缺省。以下我们从叙事指引标记，即叙事标记身份的确定入手讨论。

1. "然后"的三种叙事标记身份引发的指称缺省

首先，对于指称的空缺是否和其本身的标记身份有关，我们可以先从口头会话叙事中指称的空缺位置和标记出现的位置来探以究竟。从语料分析可以看出，指称的缺失和省略现象大多出现在"然后"的标记之后，而"然后"所标记的是叙述者对相应话题的主观意图序列指称。在语料归纳对比的基础上，我们总结了"然后"起联系作用时所具有的三种标记身份，分别是串联叙事时间的发展顺序身份、衔接叙事事件顺序或逻辑事理顺序身份与标记话题指称的主观次序身份。在对本书自发性语料 1-14 中"然后"以叙事标记身份出现的情况进行归类后，我们对具有不同身份的"然后"进行了数量和比重统计（见表 4-1）。

表 4-1 "然后"叙事身份及出现频次统计表

语料序号[1]	"然后"的叙事序列范围	串联叙事时间的发展顺序	衔接叙事事件的事理顺序	标记话题指称的主观次序	备注：顺序身份重叠的标记[2]
Corpus 1	然后$_{1-13}$	1；7；9；10	3；5；6；11；12；13	1；2；4；5；6；8	1；5；6
Corpus 2	然后$_{1-8}$	2；3；5；6；8	4；7	1；7	1
Corpus 3	然后$_{1-8}$	1；2；3；5；6；7	4	2；3；6；8	2；3；6
Corpus 4	然后$_{1-6}$	–	1；2；4；5；6	3	–
Corpus 5	然后$_{1-4}$	–	2	1；3；4	–
Corpus 6	然后$_{1-15}$	1；2；3；8；9；11；12；13	4；6；7；10	5；14；15	–
Corpus 9	然后$_{17-37}$；	19；24；25；27；29	20；21；22；26；28；31；32；34；37	17；18；23；30；33；35；36	–
	然后$_{55}$；然后$_{58-67}$；	58；61；	55；59；67	60；61；62	61；67

本书语料库中有七个语料呈现了"然后"在自然会话叙事中的序例，由统计数据可以看出，"然后"在串联、衔接和标记话题指称的主观次序方面具有更为直接和显著的表现。

1）串联叙事时间的发展顺序标记

串联叙事时间的发展顺序是"然后"在叙事语体中非常明显的标记功能。表 4-1 显示，"然后"串联叙事时间发展顺序的频次比例是 32%。叙事时间的串联是"然后"在会话叙事语体下的客观表征。何洪峰和孙岚（2010：17）曾指出"然后"的语义本质为顺序性。而从时间顺序，即时间向度的顺承关系，到包含时序性的事件顺序则是"然后"的客观体现。在顺承叙事时间从而串联叙事事件的过程中，"然后"通常和动态助词如"着、

---

1 我们在统计语料中所标注"然后"的这三种标记身份的过程中，只涉及"然后"在叙事话语中的标记身份类别，并未列举其在非自然叙事语体中的标记作用，详见 Corpus 9 课堂会话语料。这段语是由四个散装叙事衔接构成，因此这里我们仅对这四段叙事中"然后"的标记身份进行了统计和分析。另外，Corpus 15 作为叙事独白语体，未列入此处会话叙事语料的分析范围。

2 在个别语料里，有些联系标记不仅仅具有一种顺序特征，在联系前后事件话语的过程中，这些标记具有双重标记身份。此处标识的是各语料有重叠现象的标记序号，如列表显示的语料中，共有 17 处"然后"具有重叠标记身份。具体分析见文中。

了、过"等出现在表示事件正在进行，或业已完成，或叙述者假设的将来，或必然发生的事件叙述中。

例 4-2（Corpus 3 语境：语音实验室门口关于迟到和原因解释的对话）

06M：其实快走到站口那儿时候我就是觉得一阵阵心慌，啊（0.2）<u>然后$_1$</u>你看还抱着个 L，我也不想停下来歇，后来 D 让我去站台凳子上坐一会儿

（……）

11M：当时还是从床上起来的那股子劲，头刚离开枕头，不中了，头晕，然后$_2$躺下，然后$_3$就心里头不好受，然后$_4$D 她爸爸身体也不好，我就叫他过来，拿手机给 D 的舅舅打电话，<u>然后$_5$</u>我那时候啊，连说话的力气也没有了（1.0）哎，其实当时我心里头很清楚，其实就是头晕，结果在床上躺着，还吐了，然后$_6$就是等着 D 的舅舅过来，<u>然后$_7$</u>去了医院，结果才知道，这是美尼尔综合征啊。然后$_8$现在就落了个这心头病，不敢着急，害怕着急 -

上述"然后$_1$"位于叙述者开始故事讲述的话轮，此处"然后"是叙述者 M 向受述者提供故事语境信息的节点，叙述者以"还抱着个 L"连接了其"心慌"的同时正在做着的事情，联系的是正在进行的事件发展顺序。"然后$_5$"是叙述者 M 讲述"那时候，连说话的力气也没有了"的具体事件信息，时间序列的发展促成了其所讲述正在进行的事件发展，此时"然后"也标记了叙述者对叙事语境的掌控和把握。"然后$_7$"是叙述者 M 在叙事的时间向度上交待故事事件已完成的发展顺序。通常来讲，"然后"在叙事语体最为常见的用法就是连接叙事场景中正在进行或业已完成的故事事件。

例 4-3（Corpus 9 语境：大学课堂上由一幅画引发的课堂讨论）

56S：那个时候，你就想那个时候中考已经结束了，<u>然后$_{19}$</u>大家都去玩这玩那，该玩儿的玩过了，该修整的修整过了，你在医院躺半年，而且还耽误了学习，之后你再去奔你怎么去奔那个时候肯定是有压力，但是我也没有太大压力，因为我知道我自己考得不错，这还是我一个很大的慰藉。然后$_{20}$，嗯：：只是说是，觉得，那个时候觉得就是，就感觉，嗯（0.2）失去了很多吧。然后$_{21}$再加上，但是我其实我还好，总是：：总是

别人觉得你不上替你惋惜，你别说，其实我觉得没有必要，因为大家都是各活各的，就只不过是我可能就是我应该经历的一个阶段。所以说我只是当时当下，我只，其实我是一直是在想当下，当下只是我养好病就 %OK% 了。然后$_{22}$你的父母就是去（0.2）就是不工作，要过来照顾你，或者你这些家人围着你转，你现在要做的就是把你的身体养好，其他的不要说是再去想别的，再去给父母添一些无谓的一些别的烦恼什么的，你只是一天开心一点，然后$_{23}$把自己身体养好，大夫，告诉你去休养，怎么休养就 %OK% 了。

57T：<u>然后$_{24}$</u>，<u>然后$_{25}$</u>那个时候你就长大了。

上例中"然后$_{19}$"本身是连接叙事事件的时间标记，即"中考结束－大家开始或是去玩－或是休整"，"然后"是叙述者对必然发生事件的叙述，我们之所以将其理解为一种（有条件的）必然事件的叙述，是因为此处"然后"之后，叙述者 S 接连使用了"而且－所以－但是－因为"来对上述使受述者在熟悉叙述事件中理解的"因为中考结束－然后（此后）大家玩或休整－（S 本人）却在医院躺半年－而且耽误了学习－所以自身有些压力－但是挺了过来－因为自己成绩还算可以"。叙述者完全可以省略对"然后"的使用，但我们发现，叙述者往往会使用"然后"来划归叙述事件的先后之别，以此突出言谈话题的前景化，这不仅是"然后"所起到的对或偶然或必然事件的时间引介作用，也是它作为叙事标记把一个不在当前状态的话题激活、放置当前状态的话题进行处理的一种标记身份（方梅，2000）。"然后$_{24}$"是叙述者串联叙事时间中的叙事思索引导标记，主要起到叙述者自身对所述内容进行心理扫描的作用。此后，"然后$_{25}$"是 T 所假设的（有条件的）将然（吕叔湘，1982b：261），从而引导 S 继续在叙事语境中进行叙述。

综上，"然后"作为叙事时间引导词主要起叙述者对所述事件进行时间引介的作用，是叙述者主观叙述过程中的客观时序引导标记。作为时序标记的"然后"，常常与表示进行，或完成，或叙述者假设的将来，或必然发生事件的叙述相关。

2）衔接叙事事件的逻辑事理顺序标记

衔接叙事事件顺序或逻辑事理顺序是"然后"在叙事语体中常用但也常常被人忽略的一种标记身份。"然后"在衔接叙事事件的事理顺序过程中，主要充当叙述者将主观认知中叙事事件的关联和逻辑关系体现于叙事话语结构中的一种主观标记角色。在故事事件讲述过程中，前事与后事的关联或逻辑事理关系常见于以下六种，即呈现叙事事件中事理关联的并列、承接和递进关系；与呈现事理逻辑上的说明型因果、推断型因果和转折关系。以下将以语料详细说明。

首先，我们总结了"然后"在标记叙事事件事理的三种关联关系：

（1）叙事事件的并列关系

（Corpus 1）5、6（一边做 A 事，一边又做 B 事）

（Corpus 9）119（还有；也）

（2）事理的承接关系

（Corpus 1）11（于是）

（Corpus 2）7（于是）

（Corpus 6）7（于是）

（Corpus 9）120（便；就）

（Corpus 11）8（于是）、18（后来；之后）、30（之后）、31（之后）、44（于是）

（3）事理的递进关系

（Corpus 3）4（而且）

（Corpus 6）6（甚至）

（Corpus 9）21（而且）、32（而且）、37（并且）、59（而且）、81（甚至；并且）

（Corpus 10）5（而且）、8（并且）

（Corpus 12）6（而且）、22（而且；并且）、26（并且）、29（竟然；而且）

（Corpus 13）3（而且）、4（并且）、6（而且）、15（而且）

其次，在呈现事理逻辑关系时，"然后"常见于表达因果关系和转折关系。

（1）叙事事件的因果关系→说明型的因果关系→强调叙述者对叙事事件的说明和阐释→"因为 / 由于……所以……"

（Corpus 1）3

（Corpus 4）1、6

（Corpus 6）10

（Corpus 9）20、26、55、77

（Corpus 12）1、2、12、27、32、37

（Corpus 13）13、14

又如例4-4：

例4-4（Corpus 12 语境：同学 Y 和 L 共同讲述和回忆自己大学求学时的故事会话）

02Y：我因为一直想上 P 大，我不是说过么，我从高中的时候就觉得，我最想干什么肯定干不成。然后₁（做"因此"讲），我最想去 P 大一定去不了，然后₂我就报 T 大了。可是我到了 T 大，我第二天就去 P 大了，然后₃一比才发现，哇，选择太英明了。

从叙述者最初给出自己的假设"从高中时候就觉得想干什么肯定干不成，因为自己一直想上 P 大，（所以）最终却并没有上 P 大"，"然后₁"此时在句法上具有独立性，即从事理关系上给出了其假设的原因说明。因此作为独立的叙述说明标记，"然后₁/₂"作"所以"讲。Y 继续阐释说明由于自己前期的假设，"所以最后还是报了 T 大"。这种在叙述者同一话轮内部出现的"然后"标记往往在叙述的复句间偏向于正句的位置，通常很少见于"因为/由于……所以/因而……"类似的完整的偏正结构的句子组合中，所以"然后"所表达的不同于时序标记的作用，也是会话叙事标记的主要功能之一。

（2）叙事事件的因果关系→推断型的因果关系→强调叙述者对叙事事件的告知和推测→"（因为）……因此/以至于/结果……"

（Corpus 2）4

（Corpus 4）2

（Corpus 5）5

（Corpus 9）28、34、67、122

（Corpus 12）14、16、41

（Corpus 13）10

"然后"所标记的推断型的因果关系主要见于叙述者对所述事件事理上的原因或结果的一种主观标记，仍以 Corpus 12 为例：

例 4–5（Corpus 12 语境：同学 Y 和 L 共同讲述和回忆自己大学求学时的故事会话）

25L：对啊，暑假，第一年那时候你为什么：：：

26Y：心事重重啊↑你还记得咱们，6 号楼吧，都是 11 点关灯，咱们在楼管室外面，然后 $_{14}$ 那时候你就唱，"你总是心太软"，感觉那一幕真的就是]

27L：[那时候我留校就是因为成绩不好压力很大。

28Y：其实在大学的我觉得也是，第一年每个人都是被压得不行了。

29L：是是是↓

30Y：然后 $_{15}$ 你也没有人可以这种，真的说心事，然后 $_{16}$ 一旦开始两个人能够交心了，其实挺自然而然的，然后 $_{17}$ 发现原来咱们还挺臭味相投的。

例 4–5 中 Y 在讲述过程中同样通过回忆过往事件进行讲述，"然后 $_{14}$"是 Y 对上一话轮（25L）"……你为什么……"问题的告知和回应，因为前述事件的影响，"所以那时候唱……"，而接续的 27L 和 28Y 话轮处仍然是对这一告知的回应。"然后 $_{15}$"和连接的正句"真的说心事"组成了转折关系复句，标记了"但是"的含义。"然后 $_{16}$"是 Y 对于"一旦有人可以说心事"所推断的结果叙述，标记了讲述中通过前事对后事所产生的结果行为，含有"因此"之义，也是叙述者主观上对所述事件推断的原因或结果的一种语境标记，在叙述过程中具有极强的主观性。"然后 $_{17}$"是其指称缺省的另一种用法，后文再进行详述。

（3）叙事事件的转折关系

（Corpus 1）12（但是）、13（然而）

（Corpus 4）5（但是）

（Corpus 6）4（但是）

（Corpus 9）22（但是）、31（但是）、121（然而但是）

（Corpus 10）6（但是）、7（然而）

（Corpus 12）15（但是）、32（然而）、38（但是之后）、40（不然）

（Corpus 13）1（不过）

"然后"在会话叙事中示以转折关系的过程，也常常表现为从叙事事件的阐述转向正句关联而形成的叙述者主观上的转折，即叙述者往往对前述事件省略了"虽然"或"尽管"等转折词汇，但在后续事件中以"然后"表达出的转折关系则更多体现出主观性、语境性和意图性，且多见于其所表达出的"但是、然而、不过、不然"等前述事件对后续事件产生的事理关系中：

例 4-6（Corpus 1 语境：J 向 D 讲述女儿吃橘子、长记性的对话）

06J: 然后 $_1$：：：吃了一个橘子以后觉得没吃够，然后 $_2$ 就开始讨好我，继续让我给她找橘子，我不惯她，怕她吃太多了拉肚子，然后 $_3$ 我就没给她找。在那个电脑桌抽屉的板儿上↑，然后 $_4$ 发现一个橘子，然后 $_5$ 摸进去，然后 $_6$ 拿出来，然后 $_7$ 被我发现了我给她一把抢过来，我说："你以为发现了就是你的？那不一定！"然后 $_8$ 就给她没收了。最后她给我（0.2）一直给我示好，给我在这儿耍赖皮，撒娇：：：我就让她吃了一个。然后 $_9$ 了，我又带她出去，转了一圈儿，让她知道：：：让她找到了那个吃橘子的大本营，就在那个格挡那儿（0.3）然后 $_{10}$ 她吃了一个橘子以后，她第二次直接跑出去，跑到门口那儿，不跑了，看着我（.）然后 $_{11}$ 直接奔到那儿，给我说（.）然后 $_{12}$ 我也不理她，假装听不懂（.）隔了好长时间我以为她忘了，然后 $_{13}$ 她没忘。她今天吃了四五个橘子 –

此处 J 于 06 话轮处展开话轮 4 的故事讲述，并使用了 13 个"然后"，用以指称不同的话题逻辑。在叙述者叙述事件的过程中，"然后"主要体现的是时间关系上的顺承，"然后 $_1$"至"然后 $_{12}$"在故事讲述的事件进程中起到的始终是承接事件进程单向逻辑方向的作用，即基于 L"吃橘子"的行为发展过程。"然后 $_5$"和"然后 $_6$"在体现叙述者话题逻辑的作用下，也是叙述者呈现可述事件并列发生的一种标记形式，可转换成"一边做 A 事，一边又做 B 事"，但却缺少了自然会话中的"然后"所体现的以自然、灵活的方式展现出叙述中的顺序意味。

"然后 $_{11}$"至故事结尾"然后 $_{13}$"处，起到的是前述事件对后述或当下时刻事件的逻辑关联影响。J 在故事结尾处总结了 L 吃橘子的故事："**然后** $_{11}$（于是）直接奔到那儿，给我说（.）**然后** $_{12}$（但是）我也不理她，假装听不懂（.）隔了好长时间我以为她忘了，**然后**₁₃（然而 / 但是）她没忘。她今天吃了四五个橘子 –"。由语境可得知，11 至 13 处的"然后"标记了 L "吃橘子"前后的事理关系，它们分别代替了承接关联词"于是"、转折关联词"但是"和"然而"。但如果叙述者此处使用的是这些关联词，很明显其讲述过程便失去了自然口语叙事的灵活性和自然性（Szatrowski，2010：8）。

"然后"之所以在人们日常交际中以如此灵活的方式出现，正是由于它所具有的一系列可以调节和约束话题逻辑的标记身份。又如：

例 4-7（Corpus 3 语境：语音实验室门口关于迟到和原因解释的对话）

11M： 当时还是从床上起来的那股子劲，头刚离开枕头，不中了，头晕，然后₂躺下，然后₃就心里头不好受，然后₄D 她爸爸身体也不好，我就叫他过来，拿手机给 D 的舅舅打电话，然后₅我那时候啊，连说话的力气也没有了（1.0）（……）

叙述者在向受述者回忆自己此前生病时的故事事件，"然后₂"和"然后₃"引领的是话题逻辑中的指称标记。"然后₄"递进了所述事件的联合关系，即"M 由于此时的头晕病状，心里头感觉不舒服，而且其丈夫身体也不好，接连发生了头晕卧床无力起身"的事件，进而完成后续故事讲述。又如：

例 4-8（Corpus 4 语境：母亲 D 在喂孩子 L 吃饭时，老人 B 向 D 讲述他儿时吃鱼冻的故事）

02B： 哎，我吃着这鱼冻，就想起我们小时候抢饭吃了（2.5）那时候家里穷孩子多又没啥吃的。然后₁在我们南方那边都要打鱼。

（……）

04B： 你不知道，打了鱼也不是顿顿都有的吃，经常是吃鱼冻。头天吃一小块鱼等第二天那些剩鱼就冻到一起了，结果然后₂大家就抢着吃。结果还没几口盘子就空了 –

（……）

07D： （冲 L 喊道）快来把饭吃完，不许浪费，粒粒皆辛苦。是呀，其实好习惯必须从小给孩子培养。你真别说呀爸，我妈说我小时候会背的第一首诗就是《悯农》，其实也就是两岁多的时候吧，每次吃饭时候都会背几句，然后₃那碗啊，从来吃完以后都是

干干净净的，然后₄连一粒米我都得给它舔舔吃了 {hhh}

（……）

14B：我们抠那榆树皮，然后₅黏黏的，有些人还把那磨成粉，蒸榆树粉馍吃。结果吃得人消化不良－

（……）

18B：＝玉米面馍馍，红薯面馍馍都是后来才有的，然后₆都是家里头有了点玉米面才敢蒸点馍吃，菜根，野菜那（.）都吃。白面馍没想过。六几年过年那时候才吃上白面馍。老家那邻居家里头兄弟四个，一看咱们家里头蒸馍，就趴门沿看（.）兄弟四个都看

该语料中，"然后₁"并不是叙述者对其所讲述事件的时间标记，它衔接的是叙述者所述事件的一种事理顺序：因为小时候家里穷，而后在南方那边人们通常打鱼吃，所以后面有了吃鱼冻的故事，"然后₁"标记的是叙述者对叙事事件起因的阐释。同样，叙述者在阐述"鱼冻"形成过程之后，讲述了大家一起抢鱼冻的过程，"然后₂"在"结果"之后，是叙述者对抢吃鱼冻过程的一个因果关系总结，也作"因此"来讲，同此用法的还有"然后₆"。对于标记逻辑事理关系而言，"然后₄"是 D 在回应 B 的故事讲述时所做的故事投射标记，D 对于 B "抢饭吃，常常空盘子"的行为对应了自己的故事："碗从来都吃得干干净净，而且就算一粒米也会舔舔吃了"，此处"然后₄"表示一种转折关系。"然后₅"之后的"有些人还把那磨成粉"的上下文则暗含"但是"的转折意味。可以说，"然后"所标记的转折关系通常是叙述者无意识地、主观使用的一种叙事会话标记，用以标示叙述者从认知上所排列的交际意图和叙事意图，具有叙事推理的语境成分。

如果说"然后"在串联叙事时间的发展顺序方面主要体现的是叙述者对所述事件时序顺序的一种时空观念的话，那么"然后"在衔接叙事事件的事理顺序方面，则主要体现了叙述者对所述前事与后事之间事理关系上的一种叙事主观化。这两种跨越使得"然后"的语用功能逐渐虚化，在话轮范围内的话语标记功能上逐渐显现，从而在叙事语体中显示出其独有的语义特征。

3）话题指称的主观次序标记

标记话题指称的主观次序，即添补叙述中被指称人、物的所指信息，

这也是"然后"所具有的通常最易被忽略的一种功能。如前所述,"然后"的指称首先和其自身意义相关,在会话叙事语体背景下,它以时间或事理顺序为铺设指称主观顺序,主要体现在叙述者和受述者对会话故事事件的讲述和回应过程,以及将事件话题指称人或物的所指信息缺失或省略的过程。这一过程中,"然后"既具有保持谈话的持续性作用,又具有引带指称缺省的作用。

重回例 4-6,"然后"在时间轴和事件轴上是如何标记被指称人或物的所指缺省信息呢?首先在体现叙事空间和时间以及逻辑语义的关系中"然后"承担了相关事件过程的所指缺省,从而映现了叙述者意图和受述者接纳事件可述性的言语互动。而"然后"之后的指称对象,是以此事件逻辑进程为基础的不同话题逻辑指称的呈现。上例"然后$_1$"之后的话题逻辑主语是"她","然后"引导并回指了"她",即 J 在故事事件讲述过程中的主要事件行为者,此处"然后"作为时间联系语顺承陈述了"L 今天吃橘子"之后所发生的一系列事件,起时间衔接作用;"然后$_2$、然后$_4$、然后$_{5-6}$"仍然是叙事时间轴上缺省了"她"的标记引导语。在叙事事件轴上,"然后$_5$"和"然后$_6$"衔接了并列的叙事事理关系;"然后$_8$"是叙述者在叙事事件轴上延续故事事件,回指前述的"然后$_7$被我发现了我给她一把抢过来,我$_0$说:'你以为发现了就是你的?那不一定!'(然后$_8$)$_0$?就给她没收了"中的"然后$_7$"所引导的"我","然后$_8$"起到的是缺省了"我"的标记引导语的作用。这里涉及了叙事语篇中的回指问题。关于回指,我们将在叙事语篇的措辞缺省功能中具体分析。

2.叙事标记的话题前景化

在叙事语体中,前景部分构成叙述主线,直接描述事件进展的信息;背景部分围绕事件主干进行铺排、衬托或评价,并提供诸如事件的场景、相关因素等辅助信息(方梅,2000:463;2008:291)。上节分析可以看出,叙事标记在确定所指对象、排除误解的过程中具有将叙述话题前景化,故事事件整体背景化的作用。叙述者的叙事意图和所述话题前景化为叙事标记在指称上引发的空缺提供了条件。"然后"弱化连词性质在实施叙事联系标记功能时,可以激活不在当前状态的话题,将话题前景化。这主要是由于在此标记之后,整个故事事件可以从单一、细碎的叙事流串联成为一个完整的故事。对于叙述者来说,可以添补叙述思维空白,而受述者便从不一的联系标记中构建出叙述者提供的叙述背景和事件背景。由此,话题的前景化大致分为四种情况:开启话题;改变话题;扩展话题;

返回话题。

第一，开启话题。是叙述者在交际意图和叙事意图的共同驱动下开启的一段对相关事件或事件对象的叙述话题，叙事标记承担了话题启动的任务。此时，话语双方对言谈中的事件具有继续探讨的交际意图，而叙述者的叙事意图和语境保证了话题的成功开启。下例中"然后$_3$"的作用就是开启话题。师生在课下就上课时的讨论继续发表意见，C为了印证D的话语，开启了自己的故事讲述，启动了由交际意图向叙事意图的过渡。同时，课上的集体讨论到课下师生两人间的聊天使得交谈语境从多人介入的课堂语境到仅有交际双方介入的语境，故事讲述因此出现得更早（第7话轮处）。

例4-9（Corpus 10 语境：课后C向D讲述自己恋爱状态的会话）

06D：什么七年之痒，十年之痒。

07C：→对，然后$_3$就比如说我现在和我男朋友虽然才谈了三年，嗯但是……

08D：为什么是才谈三年，你今年才大三，你们都谈三年了！（hhh）

09C：就大一开始在一起了（0.3）然后$_4$其实就是各方面都很搭调的一个人，然后$_5$对方父母也都知道，但是，我们两个现在就（0.5）本来都觉得以后一定会走到一起，可是最后，啧，现在就会慢慢发现什么现实问题特别多。

第二，改变话题。是叙事意图驱动下当前叙述者选择讲述的话题，叙事标记承担了话题改变的任务。下例中C用"然后$_{58}$"改变了前述关于"自己在大学时期的生活"的话题，开始讲述"自己真正觉得累和辛苦"的故事。受述者十分明确这一语境下故事背景和所指对象等内容。叙事标记在改变话题的话轮处往往也处在叙述者所提供的旧信息和新信息的过渡中。它同时为信息的合并，包括话语情境（参与者、地点、时间、上下话语关联）、交际者的推理系统（受述者自觉地回溯到背景话题中）以及社会文化的定式和假设（故事的说服力和言外之意），提供了保证（Jaszczolt，2010）。

例4-10（Corpus 9：大学课堂上由一幅画引发的课堂讨论）

161C：买衣服的，很自由的那种时间，

162T：对，

163C：然后 $_{58}$ 真正开始觉得有些累的时候，是在大二下半学期，

164T：嗯

第三，扩展话题。是叙事意图和交际意图驱动下当前叙述者对所述话题的拓展和深入，叙事标记承担了话题展开的任务。"然后"作为会话叙事标记，在其本身串联叙事时间的发展顺序中更充分地显示了这一功能。如上例4-10中"然后 $_4$"和"然后 $_5$"，是故事叙述者接续话题所使用的标记，为话题的继续进行提供了路标指引。

第四，返回话题。是叙述者偏离了叙事意图后，仅在交际意图下实施的话题讲述和对原有话题的重新返回。人们在交际中偏离原本话题的现象十分常见，故事讲述者在讲述中常常会用不同的事件佐证自己某个经验或观点，事件讲述的延伸和偏离也会由此出现。此时，"然后"作为叙事标记用作话题的前景化往往具有返回当前话题的作用，也就是用它"把一个上文中讨论的话题拉回到当前状态"（方梅，2000：464）。下例中"然后 $_{13}$"从复杂的事件列举中把当前话题"L有记性了"进行重新陈述。

例4-11（Corpus 1：J向D讲述女儿吃橘子、长记性的对话）

06J：然后 $_1$：：：吃了一个橘子以后觉得没吃够，然后 $_2$ 就开始讨好我，继续让我给她找橘子，我不惯她，怕她吃太多了拉肚子，然后 $_3$ 我就没给她找。在那个电脑桌抽屉的板儿上↑，然后 $_4$ 发现一个橘子，然后 $_5$ 摸进去，然后 $_6$ 拿出来，然后 $_7$ 被我发现了我给她一把抢过来，我说："你以为发现了就是你的？那不一定！"然后 $_8$ 就给她没收了。最后她给我（0.5）一直给我示好，给我在这儿耍赖皮，撒娇：：：我就让她吃了一个。然后 $_9$ 了，我又带她出去，转了一圈儿，让她知道：：：让她找到了那个吃橘子的大本营，就在那个格挡那儿（0.3）然后 $_{10}$ 她吃了一个橘子以后，她第二次直接跑出去，跑到门口那儿，不跑了，看着我（……）然后 $_{11}$ 直接奔到那儿，给我说（……）然后 $_{12}$ 我也不理她，假装听不懂（……）隔了好长时间我以为她忘了，然后 $_{13}$ 她没忘。她今天吃了四五个橘子。

以上看来，"然后"作为叙事标记具有的话题前景化功能主要是在开启、改变、扩展、返回话题四个方面进行调控。其在话轮中所处的话轮起始处位置也决定了"然后"的叙事标记化和话题前景化功能，是上下文语境中的同向发展标记。因此，不同的标记前景化也具有不同的话题激活程度。

4.2.3 "然后"的语篇措辞缺省阐释

由上述讨论得知，在叙事语体中，前景部分构成叙述主线，背景部分提供相关辅助信息（方梅，2000：463）。然而，当我们从会话叙事的语篇整体反观"然后"在叙事进程中的序列表现和隐含推理功能时，可以发现，它在叙事中通过时序引介逻辑语义的功能常常引发承前或蒙后省略的话题组块。黄锦章（1996：10）曾指出，篇章中通过话题来组块是一种信息组织策略，话题的作用是把若干个彼此相关联的语句串联起来，使之形成有机的整体，也就是话题块。这其中的话题常常通过"然后"延伸至超越了正常句子结构的话语边界，从而形成大量以零形式回指叙事话题的叙事结构，这种方式是"然后"在叙事语篇形成的一种特殊的语篇措辞策略。以下我们便从"然后"引发的指称缺省的类型和方式，即零形回指方式，来探讨它具有的指称缺省功能。

1. "然后"对零形回指方式的引介功能

陈平（1987）将汉语的回指分作三种形式：零形回指、代词性回指和名词性回指。例 4-11 中的"然后$_8$"是引导缺省了"我"作为回指对象的标记形式，从叙事事件的意义上讲，此处缺省的"我"与前述小句中"然后$_7$"之后的"我"以及"我说"中的"我"具有相同指称的所指对象，都指向"我"。但在语法格局上却表现为以"然后$_8$"直接引带对故事事件的继续讲述，"我"并未以实在的词语形式表现出来，此时便出现了以"然后"为标记导向的零形回指现象。因为零形回指本身并没有任何实在的表现形式，因此在会话叙事这种语体环境下，叙述者和受述者必须掌握足够的关于所指对象的信息，以此保证受述者不会对回指对象的身份感到费解或是产生误会，从而确保叙述者在故事事件的讲述过程和受述者在回溯所指时做到"一要明确二要经济的基本原则"（陈平，1987：365）。陈文中所提到的有关零形回指的讨论是在书面语的基础上，而本书将主要基于汉语的自发性会话叙事语料，于此处探讨：① 叙事标记之后缺省的所指对象所处的话语结构特征；② 此种话语结构为何能使所指对象在回指时以零形回指的形式出现；③ 叙事标记在确定所指对象、排除可能产生误解的过程中所起的作用。

回看表 4-1，我们发现以"然后"引带的零形回指通常处于受述者在故事事件叙述过程中的同一话轮内部，例如：

例 4-12（Corpus 2 语境：D 向丈夫讲述孩子有了小心思的故事会话）

02D：＝是，她记事更准了。

那个（.）我跟你讲个故事，昨天她在外面玩儿的时候，有（.）一个韩国小哥哥和小姐姐戴着手套玩儿，然后₁就问我说，"妈妈手套"，我说："是"

（……）

04D：结果晚上她就一直不睡觉，嗯，后来我就假装睡着，她就一直在那儿玩玩玩，到最后她可能困了，结果把手套取下来放到枕头底下，然后₆就是躺到那儿了，躺到那儿我以为她已经睡了（.）结果过了四五分钟就猛一下坐起来掀开枕头，看看手套还在不在，然后₇看看手套还在就把枕头放下来拍拍枕头……

语料中 D 作为故事事件的主要叙述者，在向受述者传达故事事件的过程中"然后₁"是 D 指称话题逻辑的一个起点。D 的讲述以"她记事更准了"开始，"她"是故事事件展开过程中的话题主旨信息，其后的细节叙述多是承前了这一话题（"她"），"然后₁"续接了"昨天她在外面玩儿的时候"这个主题，平行推进了事件的叙述发展过程，回指了话题主旨信息。和"然后₁"类似，第 4 话轮处"然后₇"围绕的是"晚上她就一直不睡觉"这个主题，话题主旨信息仍然是"她"，因此也是回指话题主旨信息的一种现象。这种"话语中的句子如果以上句的主题（topic）为本句的主题"而形成的话语结构可以被称为"平行推进评述部分（comment）"结构（陈平，1987：367），故事事件叙述沿着 $T_1 + (C_1 \rightarrow C_2 \rightarrow C_3 \rightarrow C_n)$ 的方式逐步展开，而话语标记更像是这个展开方式上的标引箭头，引带着话题逻辑的指称顺序，以话题主旨信息为主推进展开故事事件。自然会话叙事中由于故事叙述者多是在同一话轮内部围绕话题主旨进行多轮事件讲述，受述者的反馈基本上是以单一话轮呈现出来，叙述者的话题主旨信息不会轻易受到受述者的打断而改变，因此叙述话题在整个讲述过程中是连贯的。这种话题主旨单一性和叙述过程连贯性的话语结构决定了其话题链上话语标记引带的所指对象具有主观上的连续性。

也正是由于话题主旨的单一性，以及所指对象在主观上具有连续性的话语结构特征，使得叙述者在讲述过程中所提及的话题先行部分与话语标记之后所缺省的后述所指部分均对主观叙述进程形成了制约，或是对受述者在话语理解上形成制约。因此叙事标记之后所指对象以零形回指的形式出现，则主要体现了叙述者和受述者在故事事件上较为完整的话题整合和认知配合。例如：

例 4-13（Corpus 6 语境：Y 向朋友讲述小孩撒谎的故事会话）

89Y：这把孩子 0 那小心理给扭曲了呀，（然后 $_{14}$）0'得想着我要这样做人，是吧↑

90L：对对，而且她老公也是（.）怕那个学校知道了，开除公职嘛

91X：他们 0 都是有公职，对

92L：（然后 $_{15}$）0'（（省略了"他们是"））我们学校老师嘛

"然后 $_{14}$"添补的是故事事件中话题先行部分关于"孩子 0"的主旨信息，前述部分的叙事讲述主要是关于一个故事事件把"孩子的心理扭曲了"，"然后 $_{14}$"之后缺省了关于"孩子 0'"作为事件中主要人物的所指。受述者在接收"然后"的所指缺省理解时也牵扯了这一话语标记之后所出现的"（话题/人物）得想着我要这样做人"这样一种心理过程。在话题整合过程中叙述者和受述者共享了话题所指的连续性，此时的零形回指对象在叙事标记的引带之下就显得非常明确。"然后 $_{15}$"是 L 接续 X 上一话轮，平行推进话题的一种形式，即"（她和她老公）怕被别人知道–开除公职–他们是有公职的人–他们是学校老师"，话题的主旨信息由 L 在第 90 话轮处设定，"然后 $_{15}$"之后缺省的便是话轮转换处叙述者和受述者在整合和变换叙述者身份的过程中所提及的"他们是（有公职的）"。叙述者和受述者在缺省了所指对象的叙事标记的引带之下，在事件主旨信息所指意图的认知配合中，促成了叙事标记之后零形回指话题主旨信息的特有话语现象。

再如：

例 4-14（Corpus 9 语境：大学课堂上由一幅画引发的课堂讨论）

64S：但是我觉得，因为那个病反正挺严重的，要不然不可能在病床上，医院里躺半年呢。嗯，然后 $_{29}$ 那个完了之后，就是也不想提这事儿了，其实也没什么大事，现在也挺好的。然后 $_{30}$ 就是觉得对我父母态度非常改观，然后 $_{31}$ 因为那时候，你在床上肯定是会不方便（.）啥事都自理嘛，然后 $_{32}$ 父母帮你，然后 $_{33}$ 我爸有时候就是属于那种：：属于铁血硬汉那种，你还真别说，那时候也看出来他比较柔情那一面，然后 $_{34}$ 我

也真是觉得，太不容易了。我感觉当时，以前那么叛逆，然后 $_{35}$ 也挺（0.2）就是也挺混蛋的那个时候，然后 $_{36}$ 就觉得在那时候晚上，就是我

（……）

213M：对，大概三（.）三十多岁，其实，就是（.）就是班里面当时那个多媒体坏了，然后 $_{76}$ 都让这个老师过来修，然后 $_{77}$ 大家都把他叫网管呀，怎么样

　　例 4-14 来自同一语料中几个不同的散装小故事。第 64 话轮处"然后 $_{30}$"对应前面的"由于严重的病情对我产生的一系列影响"这个话题，此处以"然后"引带的零形回指，小句呈现的主要是故事讲述的事件性，把"病情"这一前提条件前景化至整个事件的叙述之中。但当略去"然后"时，此句话便会成为一个新的话题，"然后"在此缺省的故事事件的主旨对象，即人称指称"我"，是后述部分叙述者体现叙事背景和自身叙述者身份的直接表达。例如 S 对受述者描述"你在床上肯定会不方便……父母帮你"等类似以叙述者口吻代为受述者共情的人称指称。"然后 $_{35/36}$"同"然后 $_{30}$"一样，也是缺省了事件主旨对象"我"的叙事标记，它们一齐激活并回指了"我感觉以前很叛逆"的事件话题。张辉和蔡辉（2005：19）曾指出，明确义包含了由语言提供的信息，所言在概念上被拓展后，其所包含的概念内容也会相应地使目标概念与话语的其他词语一致。因此，"所激活的概念内容不多不少，恰好使我们顺利地进行话语的解释"。第 213 话轮处来自另外一个散装故事，"然后 $_{76}$"之后缺省的是一个事件指称，激活并回指的是"不管是谁碰到了多媒体坏了的时候"这个话题事件，在此受述者和叙述者对于这一话题事件的背景是熟悉且知晓的。"然后"之后还有一种缺省现象是行为指称的缺省，主要在于体现叙述者在故事事件中的行动过程。由于"然后"之后的回指对象均"从属于其同指成分所在的句子"（陈平，1987：377），其后的缺省也出现包含了叙述事件中主语和谓语的共同空缺。例如：

例 4-15（Corpus 12 语境：同学 Y 和 L 共同讲述和回忆自己大学求学时的故事会话）

59L：咱们不是应该是正好暑假嘛。你从东部飞过来。那时候特别有意思，因为我们搞了两辆大车，咱们一路是 %Camping%。然后 $_{22}$ 看了各种各样大的国家公园，然后 $_{23}$ 一路美景。

"然后$_{22}$"是一个既衔接事件事理顺序，又标记话题指称的主观次序的叙事标记，它顺承了前述事件，表达了递进的事理关系，同时其后回指缺省了"我们"这个人称指称的话题主旨信息。"然后$_{23}$"是叙述者添补事件过程的所指信息，其后缺省的是这"一路美景"的过程体验者，即"我们欣赏（了）这一路美景"。行为指称的缺省是叙述者和受述者在话题前景化充足的条件下，对故事事件背景的一种简述。如 Hopper & Thompson（1980）与方梅（2008）所指出的那样，叙事语篇中围绕着事件主干进行铺排、衬托或评价的这类背景信息相对来说是对应于一系列低及物性特征的语言结构[1]。换言之，如果我们将叙述者在叙事中以"而且我们看了各种各样大的国家公园，我们欣赏了一路美景"来替换其本身在自然会话中所使用的叙事标记所进行的表达的话，会发现替换后的句子呈现出书面化或拘泥化的现象。叙事标记在自然的面对面的叙述中所具有的自如切换、所指灵活的特点就无法被使用者所展示和表达，这也是叙事标记的功能魅力所在。

综上来看，在自发性会话叙事的语体中，话题主旨单一性和叙述过程连贯性的话语结构决定了"然后"在话题链上的连续性，进而产生了指称空缺的现象。在体现叙事空间和时间以及逻辑语义的关系中，"然后"从人称指称、事件指称和行为指称三方面承担了受述者对相关事件过程的所指缺省，从而映现了叙述者意图和受述者接纳事件可述性的言语互动和叙事过程中双方所体现的话题整合和认知配合。而"然后"之后的所指对象以零形回指的形式出现，则体现出叙述者和受述者在故事事件上较为完整的对主旨信息所指意图的认知配合，以此促成了叙事标记之后以零形回指进而指向话题主旨信息的这种将叙述话题前景化，故事事件整体背景化的指称缺省的话语现象。

2. 指称缺省和指称转换的关联

"然后"的指称转换到指称缺省是其话语连接功能到叙事标记功能的关联过渡，也是其作为标记语由客观化到主观化的过程。"然后"作为话语标记，主要有衔接话语结构、标记转换话题和提起补说话语的功能（何洪峰、孙岚，2010：18）。它作为叙事标记，主要功能是串联叙事时间的发

---

1 叙事标记对及物性过程的引介功能也是叙事标记化在特定语境下对语言形式的选用及其所要表达的意义，但此处的语篇措辞结构处我们没有对这一功能加以讨论，原因在于我们将这样一种引介功能视为平行于措辞缺省策略的一种语用结构下的子功能（详见第3章图3-4），即叙事标记所展现的序列功能的一种核心体现。关于话语和叙事标记引带的及物性及逻辑过程，我们将在下文重点讨论。

展顺序，衔接叙事事件的逻辑事理顺序和标记话题指称的主观次序。作为呈现交际者主观性的标记来说，"然后"的指称缺省功能和指称转换的关联关系是交际者在叙述过程中的主观认知和多重意图的交互体现。

观察了"然后"引带的人称、事件和行为的指称缺省类型，我们还需要探讨这些指称缺省类型是否和口语叙事语体中的指称转换具有关联，也就是去掉话语标记后其完整的带有指代词的句子形式是什么，以及两个相邻语段之间又有什么变化和特征，进而验证会话叙事中的标记语和只有两个语段的语篇标记的异同。

例 4-16（Corpus 1 语境：J 向 D 讲述女儿吃橘子、长记性的对话）

（1）吃了一个橘子以后觉得没吃够，（2）就开始讨好我，继续让我给她找橘子，我不惯她，怕她吃太多了拉肚子，（3）我就没给她找。在那个电脑桌抽屉的板儿上，（4）发现一个橘子，（5）摸进去，（6）拿出来，（7）被我发现了我给她一把抢过来，我说："你以为发现了就是你的？那不一定！"（8）就给她没收了。最后她给我，一直给我示好，给我在这儿耍赖皮，撒娇，我就让她吃了一个。（9）了，我又带她出去，转了一圈儿，让她知道，让她找到了那个吃橘子的大本营，就在那个格挡那儿。（10）她吃了一个橘子以后，她第二次直接跑出去，跑到门口那儿，不跑了，看着我。（11）直接奔到那儿，给我说……（12）我也不理她，假装听不懂，隔了好长时间我以为她忘了，（13）她没忘。她今天吃了四五个橘子—

我们空缺了这段叙事中"然后"所在的位置，可以发现此时叙述者的叙事讲述有两个层面的不同：

首先是连贯性的缺失。日常会话中的故事通常是叙述者对日常发生的小事件流的陈列性描述。此例中当叙事标记空缺后，小事件的连续（1/9/10/11）或转折（7/12/13）或递进（4/5/6）或因果（2/3/8）等的连贯性事理关系便无法得以体现。因此，指称转换多可以看作隐形的指称缺省。如蒋严（2007）所说，省略的两个条件，其一是一句话离开上下文或者说话的环境意思就不清楚，必须添补一定的词语意思才清楚；其二是经过添补的话实际上是可以有的，并且添补的词语只有一种可能，这样才可以说是省略了这个词语。"然后"作为叙事标记在发挥指称缺省功能时其形式是不能缺省的，它在会话叙事中的地位亦不可省略。叙事标记的空缺是一种省略，而不能说是一种隐含，但其后所缺省的指称的主观顺序，可以说是一种隐含："如果添补时不能限定具体的词语，并且实际上都不这样说，我们就只能说这里隐含着某内容，不能说省略了某内容。"（吕叔湘，1979）

其次是指称序列上的模糊。这主要造成了叙述者在小事件的陈列过程呈现的事件实施者的动作或所属行为的指称模糊性。从1和2处的空缺可以看出，"然后"在上下语篇中衔接了叙述者讲述过程中的事件实施者行为，空缺后事件实施者的位置只能由后续的提及实施者的讲述推断而出，因此：

然后$_1$（她$_0$）吃了一个橘子以后觉得没吃够，然后$_2$（她$_0$）就开始讨好我，继续让我给她$_0$找橘子……

上文和下文叙述的连贯性保证了受述者在理解过程中对话题指称的确认，也正是这种连贯性保证了缺省"然后"状态下可被受述者理解的指称转换。下文的"让我给她……"中的"她"是叙述者提及的为受述者自动接纳的被动指称语，被动也可以理解为被叙述者所提及的事件行为实施者。后续4、5、6处的"然后"则是由3和7处的"没给她……"以及"我给她……"共同给出的"她"为标记性的指称语。很明显"然后"在3和7处并未引带指称缺省，而4、5、6处"然后（她）"的空缺则是自然会话叙事中常见的使用叙述标记引带一个缺省的话题指称语，这种空缺也是使事件讲述具有模糊性的一个体现。由此可见，叙事标记对指称的确定具有引介指代作用。

例4-17（Corpus 12 语境：同学 Y 和 L 共同讲述和回忆自己大学求学时的故事会话）

79Y：= 不是：：我是 2006 年回 T 大度假（.）不是回 T 大度假，我是回中国度假，然后$_{33}$就去拜访咱们 S 老师，你记得吧。他当时说他是医学院的，然后$_{34}$说他们现在在招人，然后$_{35}$就直接问我一个问题说，"你发表过 %nature% 吗？"我当时傻眼了说我发了。然后$_{36}$他说，"那你想回来做教授吗？"我当时以为他在开玩笑，我说："可以啊。"然后$_{37}$就这么安排个面试。其实我当时也没有把这个特别认真，然后$_{38}$我去问我父母，结果一问不得了，他们就特别高兴。这就是阴差阳错，反正只要做好眼前的事情，你只要把你力所能及的做到最好，就是说那后面总是有你的路的，有你的机会。

（……）

　　"然后 $_{33}$" 在串联叙事时间的同时，在话题的主观指称方面添补了人物所指 "我" 的所指信息；"然后 $_{34/35}$" 添补的是人物所指 "他"，即前句所述的 "S 老师"；"然后 $_{36}$" 衔接的是说明型的因果事理关系；"然后 $_{37}$" 的指称关联了 "然后 $_{36}$"，添补的是人物所指 "他" 的信息；"然后 $_{38}$" 衔接的是表转折的事理关系。可以看出，指称缺省无一例外都出现在叙事标记之后，又是在空缺了叙事标记的情况下。例 4-17 的缺省改写示例如下：

　　79Y："……我 $_0$ 是回中国度假，（33）（我 $_0$）就去拜访咱们 S 老师，你记得吧。他 $_0$ 当时说他是医学院的，（34）（他 $_0$）说他们现在在招人，（35）（他 $_0$）就直接问我一个问题说，"你发表过 %nature% 吗？"我当时傻眼了说我发了。（36）他说，"那你想回来做教授吗？"我当时以为他在开玩笑，我说："可以啊。"（37）（他 $_0$）就这么安排个面试。其实我当时也没有把这个特别认真，（38）我去问我父母……"

　　33 处空缺的人物所指信息 "我" 是零形回指前述 "我是回中国度假" 中的 "我"。此时的所指信息是新旧信息交汇中受述者非常容易获得的信息内容，可及性强。这种以叙事标记引带直接零形回指的方式通常出现在叙述者的故事讲述或独述过程中；34 处空缺的指称缺省由于距离新信息的话题所指更近，无论对于叙述者还是受述者来说，指称实体在其心理表征和记忆结构中都是最近距离信息，即来自 "医学院" 的 "他"，因而近距离信息的心理可及性更强（Ariel，1988）；35 处延及所指信息 "他"；37 处空缺的所指信息依然是 "他"，延续的是 36 处的所指信息 "他"。在指称的可及性范围内，35、37 处是指称转换过程中受述者最易出现受述误解的部分。而以 Ariel（1990）可及性的语用关联原则来看的话，语篇中越是具有高可及性的词语其编码信息就越少，受述者此时需要付出的认知努力也就越少。这两处的指称缺省标示出的一方面是叙述者的所指信息在受述者的大脑记忆结构中的可及性，另一方面是他们本身的主观意图性，以此才能促成交际双方在可及性前提下形成顺畅的叙述所指理解。换言之，"然后" 以叙事标记身份出现在故事事件的陈述过程中时，它拓展的是叙述者的叙事愿望和叙事意图，并因此达成了交际意图，其后的指称缺省是叙述者所指意图的延展。

　　综上所述，指称缺省和指称转换的关联是促成口语叙事语篇的连贯性以及所指信息的清晰性的关联。"然后" 作为叙事标记对指称的确定具有引领指代的作用，以此在指称缺省情况下体现叙述者和受述者的主观所指认知，并与叙事意图、交际意图、所指意图等多重意图交互的过程。

4.2.4 "然后"的语用元叙事功能

"然后"的指称缺省功能形成的语用元叙事功能，是叙述过程中由叙事标记引介指示相关过程形成的缺省表现。元叙事（metanarrative）是针对谈论其他叙事的叙事，或是指涉叙事本身及其叙事程序的叙事（Hawthorn，2000：208）。叙事标记属于后者，其由此所引介的指称缺省功能是关涉叙 / 受述者在叙事程序的启动和进展过程中对缺省指称对象，即人或物或行为的过程引介或引导。

言语进行中的逻辑过程通常来讲是言者通过句子单位向受话者传递的相关事件的动态语言过程。会话叙事在人类言语交际中必不可少，当叙述者在叙述事件过程中向受述者讲述发生过或正在发生的事件时，便会凭借自身的记忆经验和心理认知提取合适的言语片段组成叙述话语，此时叙述者的"心理意识对外部世界的感受和反映也是个过程"（胡壮麟等，2005：76）。这个"过程"，也就是人类通过客观世界经验得出的主观反映，客观世界是语言的社会属性所勾勒出的言语平面，而主观反映则是在不同的语境下交际者所描述出的语言过程。因此，语言铺设的是一个既能够在交际者心中构建现实社会，又能够重塑交际者经验的过程。这正是 Halliday（1967）把语言看作可以在人类社会生活中发挥功能作用的一种意义潜势，而及物性系统以过程为核心（Halliday，1994），把人们（参与者）对外部世界（外部环境）和内心世界（内部环境）的经验，即人们在现实世界中的所见所闻、所作所为，分为六种不同的过程（process），即物质过程（material process）、心理过程（mental process）、关系过程（relational process）、行为过程（behavioral process）、言语过程（verbal process）和存在过程（existential process）。过程是核心，参与者和环境构成外围。

会话叙事是人们使用语言来描述事件经过的一种过程，叙事部分的及物性结构可以表示为。

（叙述环境 / 语境）+（叙述者 / 受述者）

+（过程）+

（叙述者 / 受述者）+（叙述环境 / 语境）

　　会话叙事语篇的功能就是叙述者和受述者通过概念功能表达交互主客观经验的一种语篇形式。会话叙事的过程主要关乎叙述者使用该叙事语篇进行某种类型的故事讲述活动，及如何构建这一讲述活动，故事讲述中的参与者是谁，相关活动如何进展，以及该活动发生时的环境成分是如何切入叙述者的主观经验之中的。叙事标记是启动这一过程的标记符号。而及物性系统可期为会话叙事标记开启并引介叙述者主观经验的叙事语篇提供一种阐释视角。"然后"在体现叙事空间和时间以及逻辑语义的关系中承担了对相关过程的所指缺省，从而映现了叙述者的多重意图和受述者的认知过程互动。在 3.1.2 小节，我们概述了"然后"在整个叙事中的标记化过程以及"然后"对及物性过程的逻辑引导与其所促成的语义缺省状态。回溯"然后"所引介的所指对象的缺省，可以发现它们所空缺的是不同过程中的参与者，叙事标记由此承担了叙 / 受述者在反映客观世界和主观世界时不同的经验功能，及其在叙事话语中的参与体验和叙述连贯。与此同时，我们发现此处可以体现"然后"语用元叙事功能的指示过程缺省均出现在"然后"标记话题指称的主观次序身份过程。这也是体现叙述者在认知外围，借由叙事标记对叙事程序的启动，以及进展过程中对缺省指称对象，即人或物或行为的过程引介的进一步展现。对于"然后"在不同的及物性过程中所指示的参与者在叙事过程中的语义表达，我们可以从下列例子中一窥究竟。

例 4–18

06J:　　<u>然后</u>$_1$： ： ：<u>吃了</u>一个橘子以后觉得没吃够，<u>然后</u>$_2$<u>就开始讨好我</u>……

（参与者之动作者缺省）——（物质过程）	（参与者之行为者缺省）——（行为过程）

　　　　<u>然后</u>$_4$　　　　　　　　<u>发现</u>一个橘子……

（参与者之感知者缺省）——（心理过程）

　　　　<u>然后</u>$_7$<u>被我发现了</u>我给她一把抢过来……<u>然后</u>$_{11}$<u>直接奔到</u>那儿，

（目标成分之目标物件缺省）——（物质过程）	（参与者之行为者缺省）——（行为过程）

　　　　给我说（……）（Corpus 1）

45X:　　<u>然后</u>$_5$<u>每天都在说</u>这个事情，他说……（Corpus 6）

（参与者之讲话者缺省）——（言语过程）

70L：然后$_{28}$就把这简历写完，也不知道会不会行。（Corpus 12）

（参与者之动作者缺省）——（物质过程）

79Y：他当时说他是医学院的，然后$_{34}$说他们现在在招人，然后$_{35}$就直接问我一个问题说，

（参与者之讲话者缺省）——（言语过程） ｜ （参与者之讲话者缺省）——（言语过程）

"你发表过 %nature% 吗？"（Corpus 12）

物质过程既是做的过程，又可表示事件的发生、发展和变化。"然后$_1$"在话题块的语义位置上缺省了"吃"的过程的动作者"她"，承担的是物质过程中动作者的缺省所指，在叙事外围环境中直接指示了物质过程的进行。"然后$_7$"在话题块的语义位置上缺省了"被我发现后一把抢过来的""橘子"，此时"橘子"是物质过程中动作者通过做某件事而要获得的目标。语料中和"被"字式相关的过程所指缺省通常都和过程中的目标成分或范围成分有关联。目标成分和人称指称的缺省都是在叙事标记引带的零形式指称时产生的一种叙/受述者基于元认知层面对过程的所指缺省。和"被"字式的缺省不同，"把"字式的相关过程缺省所指，通常和物质过程中以叙事标记引带缺省了参与者对受事处置的过程为主要表现形式，正是有了叙事标记作为话题组块的边界引导，才有可能在叙事标记之后留出缺省位置，回指前述话题中的施事。Corpus 12 中"然后$_{28}$"就是空缺了施事而直述目标受事状态的情况，即"我$_0$把简历写完"。

行为过程通常只有一个参与者即行为者，且通常表达行为者的一系列诸如呼吸、咳嗽、叹息、做梦、哭笑等生理活动过程（胡壮麟等，2005：82）。"然后$_2$"在话题块的语义位置上缺省了"讨好我"的"她"，和前句"然后$_1$"虽然同指叙事事件话题的所指人，但事件参与者所参与的不同过程使得叙事标记在不同过程的指示中表达了特殊的概念范畴。这种概念表征是通过叙述者在对经验表达层面所形成的话题组块的标记化形成。此时"然后$_2$"的施事行为者，前指的"她"和受事行为者"我"，为这一话题组块明晰了叙事所指。和"然后$_2$"不同，"然后$_{11}$"在话题块的语义位置上虽然回指前述句子中提到的抢橘子的"她"，但指示的是"她"的行为过程以及叙述事件所发生的环境"那儿"，这是叙述者对叙事事件的一种

前后移位相关。

心理过程是表示感觉、反应和认知等心理活动的过程（胡壮麟等，2005：76）。心理过程的两个参与者一般包括了心理活动的主体即感知者和心理活动的客体即被感知的现象。"然后₄"在话题块的语义位置上缺省了"发现橘子"的"她"，"她"同指于前述经过了物质过程和行为过程的指称。在叙事过程中，"然后"作为叙事标记在切换不同的及物性过程中也将所述对象的不同经历自由转换。这和 Halliday（1994：106）对语言的概念功能的划分初衷一致，即语言的概念功能由经验功能和逻辑功能两个部分组成。经验功能是人们使用语言对自身在现实世界，包含内心心理世界中的各种经历的表达，而及物性系统正是表现经验功能的一种主要形式。

言语过程是交际者通过言谈讲话交流信息的过程。由"然后"引导的在话题块的语义位置上缺省的人称指代空缺，其后的"说"或"问"或其他引起讲话者"说话"的言语行为通常是回指或续指说话人。正如封宗信（2004：31）所指出的，"元语言是把语言本身作为指称和描述对象的语言"。"然后"此时在空缺人称所指的基础上提供了元语言层面的叙事认知向导，是叙述者在叙事层面外对关乎所指对象言说行为的引介。

对"然后"在话题块的语义位置上引介的及物性过程统计可见表 4-2。

表 4-2　"然后"的及物性过程引介次数统计

"然后"涉及及物过程	出现的有效次数（单位：次）
物质过程	36
行为过程	9
心理过程	4
言语过程	4
关系过程	-
存在过程	-
总数	53

我们未从语料中发现"然后"与关系过程和存在过程相关的引介指代，究其原因，这和过程本身所体现的特征有关联，如关系过程是反映事物之间处于某种关系的一类过程，而存在过程是表示某物客观存在的一种表现过程。"然后"的引介，是叙/受述者在主观讲述中对经验或经历的一种主体间互动，而反映事物的过程和表现事物客观存在的过程显然更少见于叙述中的主体互动。这和会话叙事过程以及及物性过程本身是依赖于对经

验经历的表达功能相重合，也和叙事标记的元叙事功能，即针对启动和进展叙事过程中对缺省指称对象的过程引介或引导的表现相吻合。

总的来讲，在叙事语境下话语中的联系标记也常作为一种连接话语逻辑过程的联系语，叙事标记对过程的指示缺省是叙 / 受述者在认知缺省层面对缺省指称的一种主动过程协调。连接过程以及缺省了过程参与者的话语位置，为我们呈现出日常会话中交际者用语言表述经验或经历时的一种话语"省力"惰性。尽管叙事标记的语篇连贯功能不可或缺，但是当我们对叙事标记引介指称缺省的深层表述进行重新分析时，可以发现，叙事标记的指称缺省以及由此产生的对于叙事经验过程的惰性叙述也正是人类语言表述追求经济、省力的一种表征。叙事标记需要为叙事内容与场景的切换进行标引，也需要为言语者叙述和回顾所指对象经历、经验的过程铺石造桥，结算埋单。

4.2.5　小结

本节我们主要对叙事推进标记"然后"进行了语用 - 语义 - 认知层面的衔接指向分析。我们首先讨论了"然后"的话语使用模式，发现在会话叙事的话语环境中，"然后"呈现了语境化关系增强，语法化和词汇化关系减弱的趋势。由此在语义及认知层面所表现的逻辑语义指示上形成了三种叙事标记身份，并在不同的衔接层面发挥作用，包括：

（1）串联叙事时间的发展顺序身份为叙事时序做引领指代；

（2）衔接叙事事件的联合顺序或逻辑事理顺序身份为叙事推进过程提供并列关系、承接关系、递进关系、说明型因果关系 / 推断型因果关系、转折关系等事理关系；

（3）标记话题指称的主观次序身份引介了人称指称缺省、事件 / 事物指称缺省和行为指称缺省。

其中，第三种叙事身份又进一步推动了"然后"的话题前景化功能，主要表现为"然后"在开启话题、改变话题、扩展话题、返回话题四个方面所进行的前景化调控能力。

接着讨论了"然后"在语用层面所使用的语篇措辞策略。当我们从会话叙事的语篇整体反观"然后"在叙事进程中的序列表现及其隐含的推理功能时，我们发现它在叙事中通过时序逻辑引导功能，能够引领承前或蒙后省略的话题组块，此时，由于话题主旨单一性和叙述过程连贯性而常常通过"然后"延伸至超越了正常句子结构的话语边界，从而形成了大量以零形式回指叙事话题的叙事结构。这种结构体现出叙述者和受述者在故事事件上对主旨信息所指意图的认知配合，以此促成了叙事标记引介零形回指话题主旨的指称缺省现象。这种现象与 Jaszczolt（2005，2016）提出的主要意图原则体系相互作用，决定了叙事标记"然后"在引介指称缺省过程中的意图性和指示性。

最后，我们讨论了"然后"的指称缺省功能在元叙事功能层面的构建基础和形成过程。我们的基本理论假设是，"然后"所引介指称对象的缺省和它们所处的不同空缺位置中的过程参与者是完全一致的。"然后"指涉叙事本身及其叙事程序的叙事过程，其作用是在叙事理解的外围提示受述者搜寻某一特定过程的参与者身份，这正是叙事标记的元叙事功能体现所在。本书认为，在叙事语篇的理解过程中，"然后"承担了叙 / 受述者对主观世界经历讲述过程的参与体验和过程监控，这一过程引介原则和叙事标记在语用、语义和认知结构方面的制约规则相互作用，共同决定了叙事标记所引介的三种指称缺省现象。在其后的章节中仍将继续检验这个原则的有效性，并根据我们从本书所使用的自发性会话叙事语料中观察到的语言事实，进行补充和修正。

4.3　叙事证实标记"其实"

现有文献针对"其实"的研究既有从共时平面解读其在现代语篇中的使用方法，也有从历时平面考察使用模式及其词汇化过程。基于本书所分析的自发性会话叙事语料的现时性特点，我们将主要从共时平面考察它的叙事证实特征及其相关语用状态。

4.3.1 "其实"的共时平面使用调查

"其实"最初是一个名词性结构，由指代性成分"其"和修饰性中心词成分"实"组成，最初意义是"事物的实际情况"。从历时平面来看，"其实"是由句外和句内管辖逐渐发展而来的具有主观化的词汇。据朱冠明（2002：34）考证，"其实"意义逐渐虚化，由名词性结构过渡到副词，且评注性副词形式最早出现于唐代，"其"的指代功能逐渐丧失，整词"其实"的主语资格也逐渐丧失，正式成为一个表主观态度的副词。

共时平面上对"其实"的探讨大多是从语义功能或篇章的语用意义入手，语料大体是以书面语料为主，偶见于口头语料。如许娟（2002）利用 Halliday 的"主位－述位"理论分析了"其实"所具有的人际功能以及它在上下文中的语义关系；王江（2005）将"其实"视为篇章关联副词，分析了它的隐性预设语义特征和较强的交际语境依赖的语用特征；唐斌（2007）则以"其实"作为话语标记探讨了它在重构会话含义过程中具有的语用功能；崔蕊（2008）从共时层面描写了"其实"主观性程度的差异，并对其语义和主观化过程进行了探讨；张爱玲（2016）从语义学中"所谓"与"所指"的层级探讨了"其实"在现实域、认识域和言语行为域中具有的多功能性；张利蕊和姚双云（2022）则以"语义镜像法"为基本假设总结出"其实"含有的解释、修正、确认和提醒四种语义含义。综上，学者们在共时平面的研究多是从书面语篇对"其实"进行考察，从而得出的是其在书面语篇中经历了实词虚化、副词连词化和语法化斜坡而形成的语法语义特征，而少有从真实的互动交际语境层面入手的会话语料切入。下文将以自发性会话叙事语料为基础，首先探讨"其实"在口头叙事语篇中的语义轨道，其次为"其实"在自发性口头交际中涉入的语用和语义界面提供新的互动性见解。

4.3.2 "其实"的语用标记身份与叙事框架下意义的运行路径

表 1–3 对会话叙事联系标记的有效次数统计显示，"其实"以 96 次的高使用频率出现在口头自发性叙事中。在故事讲述过程中，"其实"往往以确认或证实叙述者所述信息为叙事路标，为叙事事件提供信息解释或重述。本节主要讨论"其实"的语用标记身份及其在叙事框架下的意义运行路径。

1. "其实"的语用标记身份

通过对语料的分析整理，我们总结了"其实"所具有的以下三种语用标记身份：

（1）佐证相关叙事话语情境要素的叙事标记身份。此时，"其实"作为叙事标记主要为叙述者所述故事事件的相关叙事话语情境要素提供佐证解释，这部分证实了我们关于会话叙事中合并表征的信息来源假设（详见第 3 章图 3–1）。叙事话语情境主要体现故事要素，其中包括参与者、时间、地点和上下文等。"其实"在叙述者展开故事事件的过程中，对不同故事要素提供了相应的时间佐证、地点佐证、参与者佐证和上下文要素佐证。例如：

例 4–19（Corpus 4 语境：母亲 D 在喂孩子 L 吃饭时，老人 B 向 D 讲

述他儿时吃鱼冻的故事）

07D：（冲 L 喊道）快来把饭吃完，不许浪费，粒粒皆辛苦。是呀，其实₁好习惯必须从小给孩子培养。你真别说呀爸，我妈说我小时候会背的第一首诗就是《悯农》，其实₂也就是两岁多的时候吧，每次吃饭时候都会背几句，然后那碗啊，从来吃完以后都是干干净净的，然后连一粒米我都得给它舔舔吃了

（……）

12B：大雁粪呀，其实₃大人们不敢说，就是拾起来晒干了蒸蒸吃，结果后来吃了就吐呀，不是一般的煎熬（.）你们 80 后已经很幸福了（.）

此处，"其实₁"佐证上下文要素，"好习惯"与前述"不浪费"的行为观照形成上下文关联；"其实₂"佐证时间要素，回溯事件时间。"其实₃"佐证参与者要素，"大人们"是前述"大雁粪"所"不敢说"的直接参与者和事件经历者。

例 4-20（Corpus 12 语境：同学 Y 和 L 共同讲述和回忆自己大学求学时的故事会话）

14Y：……真的好大，就是我还记得很清楚，当时我爸妈送我来的，然后我们从南门，其实₂当时还是一个不起眼的小门，你记得吧。然后就一条南北主干道就走哇，一直往东操走……

"其实₂"佐证地点要素，讲述经历中的"南门"与"不起眼的小门"的关联性。

（2）叙事推断标记身份。在故事讲述过程中，叙述者常常由于对所述事件的零散记忆而出现记忆模糊或不确定，或是对后续叙述进行预设，因此使用"其实"对所述事件进行推断。例 4-20 中的"其实₂"，就是叙述者对所述事件发生时间的一种推断。再看下例：

例 4-21（Corpus 12 语境：同学 Y 和 L 共同讲述和回忆自己大学求学时的故事会话）

14Y：……其实₃那不是 T 大当时有三宝么，自行车，%walkman% 就是那个随身听来着，还有一样是什么来着，水瓶。你的印象呢？

（……）

62Y：= 我其实$_{10}$%Yellowstone% 那次吧，因为你知道，我是刚到
　　　%Princeton% 的时候压力也很大（……）

　　　（……）

89Y：但我觉得能在这一瞬间成为朋友这是一个缘分。其实$_{26}$我们也
　　　彼此扩展彼此的人生，对吧↑]

该语例中，"其实$_3$"同句末加强语气的标记"么"，是针对叙述者对
零散记忆的回忆而进行的事件具体内容推断。"其实$_{10}$"同"其实$_2$"，和
句末语气加强标记"吧"共同对叙述要素进行推断。"其实$_{26}$"和句末"对
吧"，对叙述者主观确信进行推断证实。

例 4-22（Corpus 14 语境：Y 向朋友们回忆述说写作生涯的故事会话）

125S：谢谢 Y。其实$_{12}$刚才 Y 说到一句，说到过网络文学让文学的门
　　　槛降低了，是吧？我同意这当中的一部分（0.2）是让文学传
　　　播方式的门槛降低了，但是对文学的品质从来没有降低要求。
　　　（……）

"其实$_{12}$"提及受述者前述话语，忆及受述者"说到过"的话，并以"是
吧"为信息确定标记，这同样是"其实"对前述叙述的推断。

（3）标记叙述者的主观指称次序身份。这是在当下叙述者正在进行的
叙述中，或是对主观指称的所指对象具有的所指缺省，或是表达叙/受述
者主观化态度，并在同一话轮内部构成主观确认标记的一种标记形式。其
中前者形成"其实"引介的指称缺省的认知功能，后者形成"其实"所具
有的人际功能。例如：

例 4-23（Corpus 9 语境：大学课堂上由一幅画引发的课堂讨论）

149C：然后她就有的时候说，其实$_{10}$有的时候感觉是，舍弃了很多
　　　社交，结果就是去把这些时间用来读书（0.5）

　　　（……）

217M：……就是老从他当时给我反馈的一些我们教学信息当中，其
　　　实$_{14}$能感受到他（.）我觉得他（0.2）……

"其实$_{10}$"缺省了话题主语"她"，是叙述者对前述提及的"她自己"
的"感觉"进行的后续陈述。"其实$_{14}$"缺省叙述者对自身的自指，即针
对"我"的所指，从后指"我觉得他"中我们可以补全"其实"后的缺省
所指对象。

例 4-24（Corpus 12 语境：同学 Y 和 L 共同讲述和回忆自己大学求学时的故事会话）

86L：……你怎么觉得你回国这些年（0.5）感觉？其实 $_{20}$ 回来教育学生，因为现在也有很多大家对现在的大学生的一些看法，包括有的时候提到现在我们在培养的是一些精致的利己主义者什么的。

87Y：当这个利己主义上升到一个主义就肯定不对了，但是你不觉得咱们从小，你有没有这种感觉，就是说我们从小被教育的就是说，我集体主义怎么样，好像我为了一根稻草牺牲生命。你现在想想其实 $_{21}$ 当大家开始意识到自我的存在，意识到个人价值，我觉得这本身是个进步是个好事。其实 $_{22}$ 我觉得我们每个人都是在努力地实现自己的价值。当然你的价值如果说，就像我们刚才说到的，你的价值只是与物质联系在一起，这其实 $_{23}$ 蛮可悲的。所以我觉得利己没有什么错的，但是你需要把自己的一个价值想明白。

88L：对，这个我同意的。包括咱们讲年轻人应该有梦想有什么的。我觉得这个挺重要的。就是说你会对生活的预期，是有一个精神层次的高度的东西。这个东西不一定是一个什么样的形式对吧：：我觉得其实 $_{24}$ 有可能因为各种各样的原因，咱们从事了不同的职业，也可能在不同的职业上，走得也不一定是有远有近。我觉得其实 $_{25}$ 在职业上，走得远和近也是跟机缘有关系。

这里的"其实 $_{20}$"同样是缺省了话题主语，是对前述提起的"你"的指称缺省。如若缺少上下文的依赖，"其实"位置上的零形回指是指称同一话轮内部前一小句所表达的期待主题。"其实 $_{21}$"和"其实 $_{23}$"做叙事佐证标记身份出现；"其实 $_{22}$"后补出"我觉得"，表达的是叙述者的主观态度，主观化程度也越来越高。而表示主观态度的"我觉得"或其他形式的标记可以位于"其实"之前，也可以位于其后，组成"主观态度标记"+"其实"（+"主观态度标记"），"其实 $_{24/25}$"均为叙述者的主观确认标记形式。

综上，"其实"的叙事标记身份表现在佐证所述内容、推断叙事经验或经历，以及指称叙述者主观次序方面。叙事过程属于明显的单向交流模式，其前后的逻辑关系或顺接关系十分明显。而依赖于叙事语境出现的叙事标记更常见于此种逻辑关系，从而起到相关转承启合的作用。基于叙事语境下的转承启合则表现在具有个性化的叙事标记在叙述者的叙事意图和所指意图下完成主题期待，借此对叙述整体进行标记化。"其实"便是叙述者在叙事语境下对叙事整体进行故事要素佐证、推断，并在认知结构上对话轮内部形成指称缺省和主观确认的典型化标记。

2. 叙事标记的意义

在叙事框架下意义的运行轨迹要为我们验证这样一个假设，即叙事标记是不是语境化的标记。在此需要首先上升至意义的本体层面，从上而下逐渐摸索，厘清意义的本质，其后再探究叙事框架下意义的运行轨迹。

语言中的标记现象存在于人们所使用语言的各个层面（Battistella，1996：3）。而语言层面同一范畴内具有标记的对称性和不对称性之分。例如，汉语中的关联联系语"既然……就""既不……也不"是需要前后配对出现的标记形式，体现了语言的对称性，属于不需额外标记的语言形式，是无标记的体现。而联系语如"然后""其实"等不需配对出现，体现的是语言的不对称性，属于需要标记的语言形式，是有标记的体现。在话语中，我们一般将有对称关系的可表述命题概念功能的话语视为无标记话语，而将具有标记形式的，即表达语篇或人际联合功能的话语视为有标记现象，如会话叙事标记。可参见下例。

例 4-25

a. 我们先去上课，然后再去参观博物馆。

b. 当时还是从床上起来的那股子劲，头刚离开枕头，不中了，头晕，然后$_2$躺下，然后$_3$就心里头不好受，然后$_4$D 她爸爸身体也不好，我就叫他过来，拿手机给 D 的舅舅打电话，然后$_5$我那时候啊，连说话的力气也没有了。（1.0）（Corpus 3-11M）

c. 总是别人觉得你不上替你惋惜，你别说，其实$_3$我觉得没有必要。（Corpus 9-56S）

d. 所以说我只是当时当下，我只，其实$_4$我是一直是在想当下，当下只是我养好病就 %OK% 了。（Corpus 9-56S）

上述 a 和 c 的"然后"和"其实"有对称话语结构"先"和"总是"做搭配，呈现的是关于命题概念的逻辑意义关系，属于联系标记词。而 b 和 d 中，"然后"和"其实"显示言者将前后的故事事件要素联系起来的主观叙事意图，是叙事语境下的标记形式，属于会话叙事标记。

我们在第 2 章讨论了语言标记现象在语义层面及语用层面的意义，根据格莱斯经典理论及后格莱斯语用学理论中意义研究的走向和发展的总结，真值意义、命题意义以及概念意义多见于从语义层面切入，对程序意义的启动与探讨则更多见于从语用层面切入。程序意义是相对于概念意义而言的，如 Blakemore（1992：149）将话语联系语看作引导听者理解语篇并获得对应期待信息的一种制约机制一样，会话叙事语境下联系标记的程序意义呈现的是叙述者对叙事的一种语境编码意义，此时，意义即功能。叙事话语中经常连用的成分组块化和一体化，是叙事标记形成过程中话语隐含义的规约化。就会话叙事标记的大类现象——话语标记而言，其形成过程都会经历一些相似的句法上的辖域扩大变化，以及语义上的词义虚化或主观化的变化（董秀芳，2007：58）。

因此，就叙事标记而言，其意义可以被理解为叙述者所暗含表达的具有主观认知偏向的规约性意义。它们对话语的真值条件不构成影响，不改变话语的真值条件意义，但对命题意义却具有点评、补全、映射或修正的功能，依存并影响命题内容，在形式上省略与否会影响到叙事的连贯性与完整性。

3. "其实"在叙事语境框架下意义的运行路径[1]

在第 3 章（3.1.2 节）我们讨论过叙事标记作为特殊语言表达式所经历的五种意义转换路径。本节我们将从规约义开始，探讨"其实"作为叙事标记在叙事语境之外和进入叙事语境框内的功能意义，从而分析叙事语境内以受述者为主体对叙事标记的指示推断是如何形成的，以及其在认知缺省层面的转换步骤。

1）规约义

首先是"其实"在叙事语境之外的规约义。"其实"作为副词，在语篇中，或是"引出和上文相反的意思，有更正上文的作用"，或是"表示对上文的修正或补充"（吕叔湘，1999：437）。其词义"表示所说的情况是真实的"，通常用在动词前或主语前。"其实"的规约义是交际者在交际语境下以理性规约来理解的话语意义。例如：

例 4-26（Corpus 3 语境：语音实验室门口关于迟到和原因解释的对话）

04M：年龄大了稍微跑跑还受不了了。

1　本节部分内容，特别是对于"其实"的微观缺省语义描写，可参见朱冬怡（2020b）。

05D：嗨↓早上出来的时候就说害怕误了点儿，结果一路小跑等着赶地铁。

06M：其实₁快走到站口那儿时候我就是觉得一阵阵心慌，啊（0.2）然后你看还抱着个 L，我也不想停下来歇，后来 D 让我去站台凳子上坐一会儿。

这段语料中"其实₁"体现的是它本身的规约义，是叙述者对接上文自述话语的补充和修正。M 本身认为年纪大了跑步不利索了，在 06 话轮用事件陈述来补充自己 04 话轮处的观点：因为稍微跑了跑－觉得心慌－坐下来休息一会儿。但此时"其实₁"对于 05 话轮处 D 的话语同样是含有言外之力的标记词，具有言外之意，从这一系列的故事讲述回溯自己年老后身体的每况愈下，最终都是用来解释自己迟到的原因并请对方给予谅解。此时"其实"实施了言域的功能（沈家煊，2003），其本身具有表达言者言语行为的功能，进而显示了言者对自述话语的承接关系，我们将其标示为"其实₁"，其语义模式是：

$$其实_1：A，其实 + A_{扩展解释}$$

日常会话中，除非在交际者完全准备进入叙事语境的情况下，大多"其实"体现的是交际者修正和补充上文的意义。但也见如下情形：

例 4-27（Corpus 9 语境：大学课堂上由一幅画引发的课堂讨论）

305Q：大家先来看这个，这就是读书的意义，读书的目的有两种，谋生，谋心。谋生的话，我说的话可能就是像易中天说的，就是为了找份工作你将来之后，其实₁₅我觉得这个图片教会我们的是，我们要谋心

这段语料中"其实₁₅"体现的仍然是其本身的规约义，是叙述者引出的与上文相反的观点或是对上文观点的一种更正。这段话的语境是 Q 和 T 针对课堂上大家对一幅画的不同观点进行的聊天。Q 在呈现自己观点时，谈到对读书两种目的，即谋生和谋心有不同的看法。"其实"之后是言者所表明的一种对上文陈述所持的相反观点，Q 更倾向于把"读书的目的"归结为"谋心"。此时"其实"实施了知域的功能，表达的是他对某事件的认识。我们将其标示为"其实₂"，其语义模式是：

$$其实_2：A，其实 + B_{更正观点}$$

2）推理义

"其实₁"和"其实₂"是话语交际中常见的"其实"的话语意义，它属于这一标记形式的规约编码含义。上下文的话题连贯性和以事实对所言的补充和修正是制约"其实"规约义的主要方面。然而，"其实"所具有的对所言的证实性特征又铺垫了它在下文对所言的自返蕴涵特性：下文的所言证实需要回溯到上文所蕴涵的预设义，此时交际者对交际内容的认知预设推理出了不言自明的标记含义。例如：

例 4–28（Corpus 4 语境：母亲 D 在喂孩子 L 吃饭时，老人 B 向 D 讲述他儿时吃鱼冻的故事）

12B：　大雁粪呀，((关于"大雁粪"大人们确实不愿说起来))其实₃大人们不敢说，就是拾起来晒干了蒸蒸吃，结果后来吃了就吐呀，不是一般的煎熬（.）你们 80 后已经很幸福了（.）

此语例是老人向年轻人讲述生活艰苦时期的故事事件。12 话轮处，B 在提及"大雁粪"时因为忆起过往的艰苦生活岁月不愿多说，不想多说，也不敢多说。此时上文"大雁粪"蕴涵了下文"大人们不敢说"的事实状况，"其实₃"也是叙述者向受述者表达的隐含推理义。那么"其实"是否还含有显明推理义？我们在语料中发现"其实"的上下文中也存在着完全不一致的心理或认知预设义，此时伴随着交际者对所述内容的常规思维预期，"其实"往往是在形式上间接否定了上文，在语义上编码了显明的推理义。例如：

例 4–29（Corpus 6 语境：Y 向朋友讲述小孩撒谎的故事会话）

72L：　他就让（.）他就教他儿子撒谎，((关系特别好的朋友之间不应该撒谎))其实₁他儿子明明跟我儿子关系特别好，以前俩小孩老一块玩嘛：：

L 的心理预设是"其实"关系特别好的朋友间不应该撒谎，但"他还是教他儿子撒谎"，因此"其实"引出的是 L 对预设义显明的否定推理。此时上下文之间的叙述内容虽然不直接具有认知关联，但是基于交际者对社会文化常识和心理认知的一般见解，"其实"的上文已预设了下文，具有显明的推理义。我们将含有隐含推理义和显明推理义的"其实"标示为"其实₃隐"和"其实₃显"，其语义模式是：

$$\begin{array}{l} \text{其实}_{3\text{隐}}: B, \ \text{其实} + B \to A \\ \text{其实}_{3\text{显}}: B, \ \text{其实} + \text{非} B \to A \end{array}$$

"其实"的隐含推理义中，叙述内容 B 是上文，它蕴含了下文 A，"其实"引导了叙述者由上文到隐含了扩展解释上文至下文的推理之中。而在"其实"的显明推理义中，"其实"引导了叙述者不同于上文叙述内容的观点，在此基础上直接明了地将不同于上文的预设义扩展推理到下文之中。"其实"引导的隐含和显明的推理义是它在蕴含和预设基础上对叙述内容的一种常识性推理。而在会话叙事语体中，特定的叙事语境是否会使得标记词具有语境特殊性意义？我们将在下文继续探讨。

3）由标记扩充的语用充实义

不少学者在有关话语联系标记的语义化研究中，以话语标记的非命题意义入手进而对其在构成完整命题意义中所起的作用进行研究（详见 2.3.2 小节）。在构成完整命题意义的过程中，交际者凭借语用推理所形成的标记的语用充实义，既和语境直接关联，又是标记语词在叙事交际者主体间的语义表现。

在会话叙事语体中，和语境关联最为紧密的是叙述者和受述者在叙事语境下对故事事件进行的语用加工过程。Sperber & Wilson（1986）认为语用指向的扩充包括词语、话语结构和整个话语语境化过程的语用收缩和语用扩充。冉永平（2008：5）对语用扩充的见解是将其看作以寻找特定语境信息为终极目的的具体化过程，包括指称对象的认定、指称范围的缩小、歧义的排除、照应关系的识别、显性意义或命题意义的补全、含义的推导等方面。充实的信息处理范围与层次是语用充实的多方面过程，由此我们能够逐渐认识到标记语词在叙事语境信息下的动态意义扩充形式。与此同时，我们也应该对叙事标记在交际者心理认知和社会文化语境过程中的语用充实予以关注。Jaszczolt（2010：209）对语用扩充的形式注入了更新的见解，她从认知和社会文化互动的整体，而非对句子逻辑形式的字面充实入手，来考察基于一个完整命题形式的词语或话语结构，这对我们把会话中的叙事作为一个完整的命题讲述提供了一个既契合话语的实际运用，即语用层面，又契合话语的字面表义，即语义层面的双层次框架。基于 Jaszczolt 的观点，唐韧（2012：64）也提出了语用充实是语境的推理或缺省阐释的过程。本书将叙事标记的语用扩充现象理解为一个以叙述者和受述者共为主体的对该叙事标记的指称、态度等主体间意义的动态过程，它的表现形式是标记语词在会话叙事语体下的叙事编码延伸，体现了意义和功能的互动性。

　　叙述者和受述者的主体间意义，从根本上讲是发话人和受话人相互之间交际意图和叙事意图的动态作用意义。在交际意图和叙事意图的驱动下，叙述者往往会在受述者对自己所述话语予以关注的下一个话轮位置，使用话语联系标记解释、补充或修正所述事件。此时叙述者和受述者在故事事件的讲述和受述过程中建构了自然的叙事过程。如 Schegloff（1992）提到的，交际者的主体间共性正是在修正、确定和扩展的话语过程中逐渐形成的。对于"其实"在交际者的主体间形成的语用充实义，朱冠明（2002：35）指出它是由"其实"的虚化，即主观化过程，到命题功能（命题论元），再到表现功能（表达主观态度）的一个过程。崔蕊（2008：506）认为"其实"虚化为话语标记后主要具有话语组织功能和人际功能，在确认话轮的同时，具有缓和语气的作用，体现出一定的交互主观性。在叙事语境中，它由规约和推理状态扩展为主体间的主观化过程，表达的正是交际者的主观态度。例如：

　　例 4-30（Corpus 12 语境：同学 Y 和 L 共同讲述和回忆自己大学求学时的故事会话）

14Y：我刚一进 T 大就一个感觉——大！真的好大，就是我还记得很清楚，当时我爸妈送我来的，然后我们从南门，其实₂当时还是一个不起眼的小门，你记得吧。然后就一条南北主干道就走哇，一直往东操走。天哪，我就在想，我小时候从家到学校好像这距离才是这儿的五分之一的样子。然后就一路走，一路走，也不知道该到哪，但是前面有一个人也是拖着行李，我们就跟着人家走，感觉就是大。其实₃那不是 T 大当时有三宝么，自行车，%walkman% 就是那个随身听来着，还有一样是什么来着，水瓶。你的印象呢？

15L：我印象特别深的就是宿舍楼特别旧，一进去之后，觉得就是一眼望不到底的很黑的走廊，而且还挂着各种各样的内衣（笑）觉得这个憧憬很久的 T 大的生活，就在这个黑咕隆咚的走廊里开始了。我记得咱们那时候刚去，楼长阿姨给每个人两个纸包，一包耗子药，一包蟑螂药。蟑螂粉，对对对。然后当时我就惊呆了，对啊]- 然后发现去了以后：：

　　（……）

31L: 你对我的影响也特别特别大其实$_7$(.)就是因为我觉得，我原来那个咱们俩的那篇文章里，我写过我觉得我是一个无趣的奔前程的人，你是一个有趣的没前程的人。就是我觉得我那时候特别，用现在的话说比较苦逼。反正就是那时候觉得特别愿意，就是总是要把一件件的事做好。结果你那时候老笑话我说没看过武侠小说。

（……）

64Y: 对啊，结果一直就是压力好大。其实$_{11}$我还有另外一个印象，我不知道你记不记得？就是你来找我，然后你其实$_{12}$又趴在床上在那改%paper%。其实$_{13}$你自己做得非常好当时，也就是有好几篇论文对吧？那你为什么毕业之后你没有继续从事我们高大上的科研工作，人类知识的更新工作↑

"其实$_2$"履行的是"其实$_{3隐}$"的用法，具有叙述者由上文扩展解释至下文推理的隐含推理义，是 Y 对话轮之初"T 大就一个大"的感觉所进行的对比扩展解释。"其实$_3$"的前句是叙述者对叙事话题的重申，此后所出现的叙事标记"其实"，是话轮交接者在对比语境中进行的叙事陈述和总结："之所以 T 大三宝里面有自行车，正是因为 T 大很大"，因此，此处"其实"的语用充实义是在叙事语境下叙述者和受述者对散装故事事件的对比回忆，进而陈述形成的对比叙事意图义，正如崔蕊（2008：509）所提及的"其实多出现在对比性语境中，并且上文有显性的对比性标记"。"其实"的语用充实义是在叙事前后的显性对比语境中，标记前后叙事对比的话题链，并将话题链与支撑话题主体的若干个话题进行延伸对比。叙事标记可以出现在叙事话段的叙述前部，也可以出现在中部，此时通常呈现的形式是：在话题链的引导下，叙述者使用标示自身叙事意图期待的"其实"，对话题$_{T1}$、话题$_{T2}$，直至话题$_{Tn}$进行扩展讲述。如 Givón（1983：8）提到的在话题连续性的表征中，语篇的微观构筑常见于 Theme>Action>Topics/Participants，话题基础的连续性关涉了话题和参与者的相关活动，叙事标记在这一关涉中起到了引述或推断话题及其参与者情况的作用。由此，"其实"的作用不是将话题链与若干话题进行对比，而是以若干个话题与由话题链所引起的推理命题进行对比。当然，如 Corpus 11 中"其实$_7$"紧随话题出现在话段的分割位置，这种情况也说明在对比性话语情境下，叙事标记所扩展的语用充实义具有切割话题的功能，并对话题链上的话题事件进行对比延伸。此时，"其实"对于单一话题的延伸形式是：

话题 T，其实＋话题解释 T'，"其实"的词义及语用功能基本等同，属于零充实现象，此时话题链是一组以零形回指形式的话题联系起来的小句（屈承熹，2006：250）。在语用零充实情况下，"其实"的用法和"其实$_1$"类似。语例中的第 64 话轮处，"其实$_{11/12/13}$"是叙述者在对"压力好大"的回溯性叙事中指称这一话题的主观标记，它同样是在话题链与若干个话题命题进行比对的语境中延伸和发展的，而其表达的是依据叙述者个人经验形成的不同的事理关系意义。"其实$_{11}$"和"其实$_{13}$"在回溯对比过程中含有语用转折，即"但是"的意味，这也是在客观对比语境中"其实"主观化的一种早期用法（崔蕊，2008：504）。此时，"其实"的语义模式是在话题链的引导下，叙述者使用表示不同经验信息的"其实"对事理关系加以解释说明。至此，我们将在叙事语境下表达语用充实义总结为两种：一种是叙事意图激活的语用充实义，标示为"其实$_{4叙}$"；另一种是交际意图及经验激活的语用充实义，标示为"其实$_{4交}$"，其语义模式是：

> 其实$_{4叙事意图}$：话题链 TC，其实，话题$_{T1}$＋话题$_{T2}$＋话题$_{Tn}$
>
> 其实$_{4交际意图}$：话题链 TC，（表不同经验信息的）其实＋事理关系说明

然而，由于会话叙事这种特殊的语体形式，"其实"在语用充实下作为叙事标记已经完全具备了指称话题的功能，进而成为能够反映叙述者态度的主观化标记。此时，"其实"的交际、信息和叙事意图停留在稳固话题链的层面；而所指意图，是主观上对话题链的回指扩展，还是从叙事认知心理上对某种事理关系（如转折、递进或并列等事理关系）的体现，这引导我们继续探究"其实"在叙事意图和交际意图的语用扩充下具有的认知缺省义。

4）认知缺省义

缺省义是针对叙述者所言扩充形成的意义。不同于 Jaszczolt（2010：198）所认同的合并表征中五个信息来源（WK/WS/SD/IS/SC）对所言内容的贡献具有地位均等的观点。本书认为，在叙事语境下，语词结构和话语情境是最优先的信息来源，并且叙事的话语情境涵盖了世界知识和社会文化定式假设的内容，从熟人间的故事讲述活动到相对熟悉或比较陌生的群体间，故事讲述中的事件内容无不关涉到交际主体间的社会常识和文化背景。在叙事主体中，叙述者对叙事话语的选择以及有意识或无意识的择词过程中，叙事标记启动了叙事话语本身的内容并切换了会话场景至故事场景的程序性信息。在内容形式上，它体现了元话语的功能，而受述者对叙

事标记的认知导向是基于语用扩充的心理推理机制和元叙事的交际意图，以此对叙事标记的缺省义进行元认知构建。

元认知是有关认知本身的一种认知心理活动。在言语交际中，它是交际者认识事物、获取信息、习得知识的行为过程中的一种心理思维认知活动。自 Flavell（1976）首次引入元认知的概念，并深入探讨了认知主体及其相关的认知心理活动与认知目标之后，他（Flavell，1979：906）进一步指出，元认知是交际主体在大脑中存储的关于不同认知类别活动、目标、行动和经验的认知性知识，这些见解为言语生成过程中的认知构建提供了重要的参考思路。此外，Lysaker 等学者（2005：64）通过心理学研究实验发现叙述过程中良好的元认知构建可以使言语者拥有更好的口头记忆、叙事能力以及社会交际能力，也能够更多地避免情感退缩和偏执类的心理疾病。对于日常交际而言，叙述过程中交际者所使用的叙事标记可以理解为监控叙述者从认知活动到认知经验，从思维到言语，从交际意图到叙事意图的启动阀。据此推断，对于组成元认知话语的叙事标记来说，它可以包括开启话题所指但不涉及话题内容的语言信息；在内容形式上，它体现了标记本身的语义信息或言域的程序启动信息；在交际意图方面，它起到调控、组织，并对知域和言域信息进行佐证、评价或反思，自返的作用。因此，"其实"的认知缺省义是叙/受述者基于元认知层面所使用的一种言语交际策略。例如：

例 4-31（Corpus 4 语境：母亲 D 在喂孩子 L 吃饭时，老人 B 向 D 讲述他儿时吃鱼冻的故事）

20B：那你别说，男孩们能吃呀，结果就蒸出来以后了，拿给他们掰一点，都吃一点，他家再做啥馍馍了，俺们也去蹭点。其实$_4$都苦，谁家不苦（.）全国都苦：：

"其实$_4$"是叙述者 B 对具体记忆的认知心理加工，认知缺省在其后空缺了所指"大家"或是理解所指后置，紧随其后的"谁家不苦"中的"谁家"是"其实"的认知所指，我们将其理解为"其实$_{4\varnothing}$（缺省了后指主题"谁家"和"全国"）都苦"是叙述者元认知层面对话语所指意图的自我调控。又如：

例 4-32（Corpus 6 语境：Y 向朋友讲述小孩撒谎的故事会话）

82L：……我一听，我就知道，我儿子是属于那种粗线条的，其实$_2$根本就没看到车里有个小孩啊，其实$_3$：：何况我们都知道

"其实₂"在此处具有标记 L 主观指称的身份，它针对 L 在叙述中对回指主题"我的儿子"进行了调控。从另外一个角度看当下的叙述：

a. 我一听，
b. 我就知道，
c. 我儿子是属于那种粗线条的，
d. 其实₂ø（（缺省了回指主题"我的儿子"））根本就没看到车里有个小孩啊，
e. 其实₃：ø（（缺省了"车里有小孩"的事件情况））何况我们都知道

这段叙事中 L 向受述者讲述"儿子和车里小孩"的故事，当前主题是"我"，在叙事语篇 a 与 b 中同现，小句 c 引入了新主题"我儿子"，"其实₂"作为制约和调控叙事主题再现的标记，ø 是零形代词"我儿子"形成的缺省空位，在语义距离上激活的是被最新引入的实体，即 c 句中的"我儿子"。这一点印证了许余龙（2004：71）的观点：自然篇章中的主要实体往往是引入、谈论并被其他实体所取代，然后再次被重新激活并讨论。而"其实₃"引介并回指的是 d 句形成的新主题，即关于"我儿子没有看到车里有个小孩"的事件情况。值得说明的是，和"然后"一样，"其实"引介的同样是零形回指的事件主题。这验证了我们的假设：叙事标记在叙事语篇中成为不断激活叙述者所指实体（或事件）的认知路标标记，它在引介回指主题的同时形成了自身的认知缺省功能。我们将在叙事语境下表达认知缺省义的"其实"标示为"其实₅"，其语义模式是：

> 其实₅：A 叙事事件，其实 + 回指事件主题 A'

Jaszczolt（2010，2016）强调了不同意义来源合并于意义构建过程的同一个层面上，没有限制和界面之分。认知缺省义在此基础上依赖的是从叙事标记的最小语义要素覆盖至语段层面，或者说是从叙事标记所隐含的词汇意义向所指意图意义层面覆盖，最终逐渐扩充了标记指称内容和隐含的会话含义内容，形成了具有叙事语境特色的标记化路径。"其实"在叙事框架下意义的运行路径并非单向不可返回，它的意义是双向且部分可以重合的，例如当"其实"引介语用零充实的情形时，其意义和"其实₁"反向重合，是叙事标记语境化的表现所在。结合"其实"的运行轨迹，我们将其意义合并表征为连接事件（Event）的集合，如图 4-1 所示。

$$\text{Event}_1, \text{Event}_2, ..., \text{Event}_n \qquad \Sigma_1 \Sigma_2$$

讲述者 $(\text{Event}_1, ..., \text{Event}_{n-1})$ NM

受述者 $(\text{Event}_2, ..., \text{Event}_n)$ NM

$$[\Sigma_1 \xrightarrow{\quad \text{NM} \quad} \Sigma_2] \text{CD}, \text{CPI}_{pm}$$

$$\Sigma_1 [\text{Event}_{1, 2, ..., n}] \text{WS}$$

$$\Sigma_2 [\text{Event}_1 + \text{NM} + \text{Event}_n + \text{NM}] \text{CD}, \text{CPI}_{sm}$$

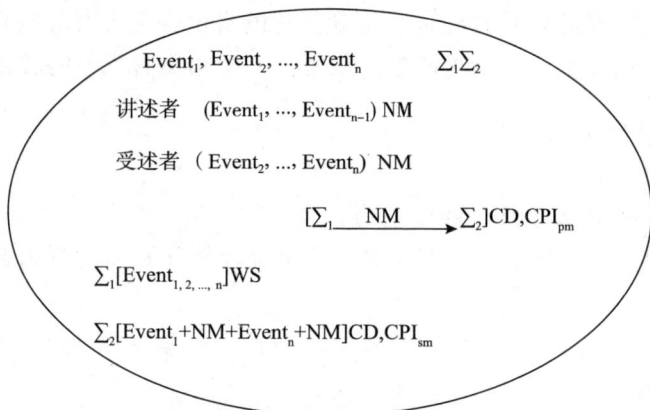

图 4-1　叙事语境下"其实"的事件合并表征图式

合并表征 Σ_1：叙事单向事件的字面意思，即句子和词的合并所表达之意。

合并表征 Σ_2：由叙事标记"其实"连接的叙事事件，"其实"在叙述者和受述者的认知缺省和下意识的语用推理中形成了快速的所指缺省，传递了所指意图和叙事意图。值得说明的是，从 Σ_1 到 Σ_2 的过程中，牵涉了由"其实"的推理义和语用充实义引带的对于叙事事件整体的认知缺省构建。叙述者使用"其实"启动首要的下意识的语用推理过程正是"其实"表达的有关证实或佐证意义，其后的二级意义是在不同的意图指向下，叙/受述者对不同所指形成的认知缺省意义体现。

4.3.3 "其实"主位模式推进的叙事信息流动

从上节讨论看来，"其实"在叙事语境下的意义运行和它在会话叙事语体中的叙事叙实性（factive）分不开。Crystal（2008：184）指出叙实性指的是"发话人预设其所述小句表达的命题为真"，从叙述者在会话叙事中围绕"其实"展开的事件讲述来看，"其实"在故事事件展开过程中所表达的主观叙实能力越来越强，并已逐步虚化为可以表达情态（modality）的副词，且当"情态用作推测时，语篇中往往有可供推测的信息出现"（范文芳，2006：15）。我们从会话叙事中叙述者在表现自己所推断或佐证的观点时，常使用"其实"附带"我觉得"或"你看"等表示主观看法的结构便可略窥一二。本节主要探讨叙事事件展开进程中"其实"的主位结构模式及其在叙事信息流动中的推进程序。

1. "其实"的主位结构模式

Halliday（1985）在探讨语言的语篇功能时提出了主位（theme）和述位（rheme）的概念。他指出，主位是话语的出发点，它和述位，即围绕主位所说的话，共同构成一个有机语篇。依照主位结构的不同功能，可将其划分成 3 个成分，即在话语的及物性结构中担任角色的概念（ideational）成分、表达言者语气和态度的人际（interpersonal）成分和连接及组织语篇关系的语篇（textual）成分，我们将其相对应的主位结构称为概念主位（IdT）、人际主位（IpT）和语篇主位（TxT）[1]。我们认为，作为叙事标记，"其实"行使的是以概念主位为论证标记的结构模式，人际主位模式是叙述者为期待叙事互动及主观上表情达意的一种结构模式，在概念主位和人际主位的共施推进下，催生了它在会话和叙事场景的语篇主位模式。

首先，关于概念主位结构，是"其实"承担了叙事话语中及物性主题的一类模式。Halliday（1994：38）曾指出，主题（topic）[2]是一种特殊的主位，它是"分句中在概念结构里具有某种功能的第一个成分"。我们发现，"其实"在叙事事件推进的过程中常常引带出事件主题，且其主题主语常以事件整体叙述或代词结构出现，此时它或可称为主题主位（TpT）的一种结构，参见下例：

例 4-33（Corpus 12 语境：同学 Y 和 L 共同讲述和回忆自己大学求学时的故事会话）

86L：　其实$_{20}$（（IdT））回来教育学生（（topic）），因为现在也有很多大家对现在的大学生的一些看法，包括有的时候提到现在我们在培养的是一些精致的利己主义者什么的。

87Y：　当这个利己主义上升到一个主义就肯定不对了，但是你不觉得咱们从小，你有没有这种感觉，就是说我们从小被教育的就是说，我集体主义怎么样，好像我为了一根稻草牺牲生命。你现在想想其实$_{21}$（（IdT））当大家开始意识到自我的存在（（topic）），意识到个人价值，我觉得这本身是个进步是个好事。

1　概念主位 IdT 完整形式是：Ideational Theme；人际主位 Ipt 完整形式是：Interpersonal Theme；语篇主位 TxT 完整形式是：Textual Theme；主题主位 TpT 完整形式是：Topic Theme。

2　有些学者将主题或话题，和述题（comment）并置一起，和主位与述位的作用等同起来。但 Halliday 本人并不赞同这一观点，他认为主题和述题的内涵是不同的。主题是特殊的主位形式，且主题的定义不仅仅涉及词汇语法层的已知信息，也涉及了音系层的已知信息。详见 Halliday（1985），或参见胡壮麟等（2005）。

其实 $_{22}$（（IpT））我觉得（（IdT））我们每个人都是在努力地实现自己的价值。当然你的价值如果说，就像我们刚才说到的，你的价值只是与物质联系在一起，这（（IdT））其实 $_{23}$（（IpT））蛮可悲的。所以我觉得利己没有什么错的，但是你需要把自己的一个价值想明白。

"其实 $_{20}$"作为叙事事件概念展开的首要成分，引出了"回来教育学生"的主题，本身这一主题的实施者即为叙述者，因此，"其实"此时也具有主题主位（TpT）的结构功能。"其实 $_{21}$"同样引出了一个新主题"当大家开始意识到自我的存在"，作为概念主位的"其实"不可省略，它承担的是对叙事概念或事件主题的一种前向或后向所指，从另一个角度来讲，概念主位内含了主题主位，并推动了主题主位向人际主位的转化，以更直观的形式来看：

其实 [IdT（→ TpT）] → IpT

"其实 $_{23}$"可以例证，一个小事件即将结束讲述时，以指代形式，通常是代词（"这"或"那"）来前指整体事件，"其实"此时具有表现叙述者情态的功能。例如"其实 $_{23}$"后的"蛮可悲的"，此时主观性增强，人际主位的"其实"省略与否对叙述不产生直接的影响。

其次，关于人际主位结构，是"其实"传达叙述者主观态度，并对所述事件进行扩展、佐证或修正的一类模式。通常表现为：

A."其实 + TpT"

B."TxT + 其实"

"其实 + TpT"中"其实"常常和主题主位，即叙述中的参与人物，且一般是以第一人称代词的形式出现，如下例中的"其实 $_{11}$"和"其实 $_{13}$"。"TxT + 其实"的类型，如"其实 $_{12}$"所示，表关联的篇章联系标记充当语篇主位，"其实 $_{12}$"的人际主位模式凸显，此时"其实"的省略与否对叙事命题不产生影响，但影响叙述者主观态度的表达。

例 4-34（Corpus 12 语境：同学 Y 和 L 共同讲述和回忆自己大学求学时的故事会话）

64Y：对啊，结果一直就是压力好大。其实 $_{11}$（（IpT））我（（IdT））还有另外一个印象，我不知道你记不记得？就是你来找我，然后（（TxT））你（（TpT））其实$_{12}$（（IpT））又趴在床上在那改 %paper%。其实$_{13}$（（IpT））你（（TpT））自己做得非常好当时，也就是有好几篇论文对吧？那你为什么毕业之后你没有继续从事我们高大上的科研工作，人类知识的更新工作↑

最后是关于语篇主位结构，叙述者在传达主观情感或态度的同时，使用"其实"承接了表情感或态度的话语，叙事语境下的语篇主位是概念主位和人际主位派生的一种模式，又如：

例 4-35（Corpus 13 语境：Q 向 N 讲述自己寻找亲生父母的故事会话）

16Q：这不老邻居一见面挺亲的么，后来他就摸着我头，他就说"哎呀，都长这么大了，是挺像的，还挺像的"。其实$_2$（（IpT））我（（TpT））也不知道啥意思。当时我寻思什么叫挺像的。我妈说，你去玩去吧，就让我出去。后来他们再说啥我也不知道。这个都是以后慢慢想，我说那可能就（有）一点点联系的。这个时候，其实$_3$（（TxT））心里有想法（（IdT））。什么意思呢，你别看小，其实$_4$（（TxT））那会我（（TpT））想事也挺多。我就寻思什么意思呢，那自个家孩子什么叫挺像的，人家自己家孩子哪有这么说的↑那个时候（（TxT））其实$_5$（（IpT））我（（TpT））就挺怀疑的，不过我也不敢问。

"其实$_2$"表达了叙述者的当下态度"并不知道啥意思"。"其实$_3$"与"其实$_4$"相同，都是承接前述话语，继续展开新的概念主位话题"心里有想法"，作为承接语篇的联系标记，承担语篇主位的"其实"的省略与否对叙事命题不产生影响。"其实$_5$"切换为人际主位模式，表达叙述者 Q"怀疑"的个人情感态度。

综上，在会话叙事语境下，"其实"表现了叙述者的语义转折，它的三种主位结构模式对叙事命题、叙述者态度以及叙事连贯性产生了不同的影响。对叙事命题产生影响的是承担概念主位结构的"其实"，这和其启动概念所指和引发叙事话语主题的功能分不开，也更进一步证明了我们的假设，即叙事标记对叙事命题具有概念所指和主题引发的影响。叙事标记影响叙事命题的同时，也相应地影响着叙述者的态度，并与人际主位保持一致，此外，叙事标记对于叙事连贯性的显著影响不容置疑。具体可参见表 4-3。

表 4-3 "其实"主位结构对叙事的影响

"其实"主位结构模式	叙事命题	叙述者态度	叙事连贯性
其实（IdT）	+	+	+
其实（IpT）	−	+	+
其实（TxT）	−	−	+

注：表中"+""−"代表"产生影响"和"不产生影响"。

作为概念主位的"其实"不可省略，它承担的是对叙事概念或事件主题的一种前向或后向所指；从另一个角度来讲，概念主位内含了主题主位，并推动了主题主位向人际主位的转化，人际主位在表达叙述者情态功能的同时催生了语篇主位结构。而"其实"的概念主位和人际主位模式是推进会话叙事信息流动的两种主要模式类型。

2. "其实"的主位结构模式推进的叙事信息流动

通过语料我们发现"其实"的主位结构形成的主位推进（thematic progression）模式影响了叙事信息的流动。而会话叙事中"其实"的佐证标记化过程主要出现在叙事定位（orientation）- 进展（complication）- 评价（evaluation）步骤，其引介的主位和述位信息因而能够以相关的信息推进模式呈现出来。Carston（2002：226）曾指出即时话语中的叙述事件通常是交际者因某种交际目的或意图而产生并传播，而人类认知能力具有将所述事件或相关行动黏合、衔接并连通为话语供交际者反思和接续的话语形式。此处"其实"起到的就是黏合、衔接和连通的作用。上节我们已经明确，作为概念主位、人际主位和语篇主位的"其实"，在信息推进过程中连通了句法本身所体现的时间或事理状态信息，并维持了自发性会话叙事中会话与故事讲述的顺利切换与话语认知的衔接连贯，具有确保叙事连贯性的功能。因此，"其实"的叙述步骤定位和主位结构模式使其呈现出主述有别、信息交错的信息推进模式。

以下我们总结"其实"常见的推进叙事信息流动的类型图。

第一个类型是 Z 字形推进图，即由主位"其实"引带的述位提起后一个叙事事件要素的主位，事件依次向下进行，如图 4-2 所示。

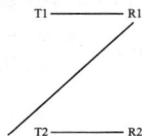

图 4-2 "其实"的 Z 字形推进图

可参见例 4–36，"其实 $_2$"作为故事事件起点，向受述者传递"心里很清楚说不出话来的原因"，而"这个原因"——"其实 $_3$"就是"头晕"，叙述者依次推进讲述故事信息向下流动，完成故事讲述。

例 4–36（Corpus 3 语境：语音实验室门口关于迟到和原因解释的对话）

11M：然后我那时候啊，连说话的力气也没有了（1.0）哎，其实 $_2$（（T1））当时我心里头很清楚（（R1）），其实 $_3$（（T2））就是头晕（（R2）），结果在床上躺着，还吐了，然后就是等着 D 的舅舅过来，然后去了医院，结果才知道，这是美尼尔综合征啊。

第二个类型是阶梯形推进图，即后一个信息的主位与前一个信息的述位相同或相关联，叙事信息交叠向下进行，如图 4–3 所示。

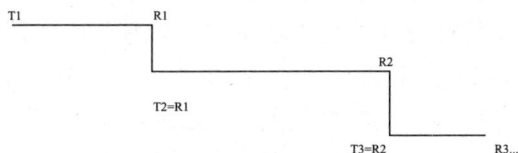

图 4–3 "其实"的阶梯形推进图

如例 4–37，"其实 $_1$"作为叙事展开的起点，向受述者传达"关于好习惯必须从小给孩子培养"的故事事件，"其实 $_2$"点明"从小给孩子培养"的叙事概念。叙述者回忆"两岁多的时候"的故事事件，即"两岁多时候每次吃饭""都会背几句《悯农》"，在叙述中不断提及旧信息（given information），给出新信息（new information），推动叙事信息向下进行。

例 4–37（Corpus 4 语境：母亲 D 在喂孩子 L 吃饭时，老人 B 向 D 讲述他儿时吃鱼冻的故事）

07D：（冲 L 喊道）快来把饭吃完，不许浪费，粒粒皆辛苦。是呀，其实 $_1$（（T1））好习惯必须从小给孩子培养（（R1））。你真别说呀爸，我妈说我小时候会背的第一首诗就是《悯农》，其实 $_2$（（T2））也就是两岁多的时候吧（（R2）），每次吃饭时候（（T3））都会背几句（（R3）），然后那碗啊，从来吃完以后都是干干净净的，然后连一粒米我都得给它舔舔吃了

第三个类型是梯形交叉形推进图，即后一个句子的主位和述位与前一个句子的主位和述位部分交叉相同或完全交叉而相互关联，叙事信息交互向下进行，如图 4–4 所示。

141

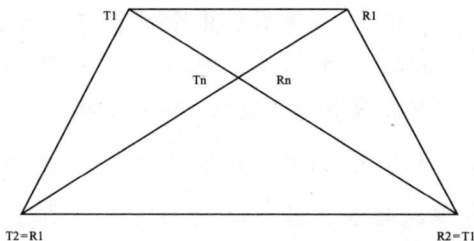

图 4-4 "其实"的梯形交叉形推进图

例 4-38 中"其实$_2$"在叙事推进过程中，和前述 R1 等同主位所指，即"南门"，但其后 R2 和 R3 的述位所指是等同的，T4 和 R3 又承担了同一所指的相关性，其后一直到 R11，叙述者对叙事信息的陈述才告一段落。这种复杂的主位混合推进类型是会话叙事中最为常见的类型，这是由于自然的会话叙事往往是在日常生活中叙述者基于生活琐事、日常活动或根据回忆提起的散装故事事件。这些故事事件有些是一手信息（firsthand stories）或亲身经历，有些是二手信息（secondhand stories），即闲谈中从他人处得知的故事或转述他人的经历（Schank，1990：29）。叙述者为了向受述者告知新信息或分享经历事件，会采取不尽一致的主位模式推进叙事信息的流动。正是由于其自然性和日常性，主位推进的模式也随即更加多变，梯形交叉的主位推进模式因而是日常会话叙事中最为常见的一类主位推进类型图。

例 4-38（Corpus 12 语境：同学 Y 和 L 共同讲述和回忆自己大学求学时的故事会话）

14Y：我刚一进 T 大就一个感觉——大！真的好大，就是我还记得很清楚，当时我爸妈送我来的，然后（（T1））我们从南门（（R1）），其实$_2$（（T2））当时还是一个不起眼的小门（（R2）），你（（T3））记得吧（（R3））。然后（（T4））就一条南北主干道就走哇（（R4）），一直往东操走。天哪，我（（T5））就在想（（R5）），我小时候（（T6））从家到学校好像这距离才是这儿的五分之一的样子（（R6））。然后（（T7））就一路走，一路走，也不知道该到哪（（R7）），但是（（T8））前面有一个人也是拖着行李（（R8）），我们（（T9））就跟着人家走（（R9）），感觉就是大。其实$_3$（（T10））那不是 T 大当时有三宝么（（R10）），自行车，%walkman%就是那个随身听来着（（R10）），还有一样

（（T11））是什么来着，水瓶（（R11））。你的印象呢？

我们从研究总结中发现，距离讲述时间长的会话叙事更倾向于使用梯形交叉形的主位推进模式，而对于刚刚发生不久或即将发生事件的叙述，叙述者则多使用 Z 字形或阶梯形。不难理解，长期记忆中回忆时间长度增加了我们根据叙事标记索取事件要素的时间成本，叙事标记在其中起到了更多明晰所指、连贯事件要素的作用，并且在叙述者滔滔而言的过程中，也可产生思维留白，为当下故事事件的扩展解释争取更多的话轮权。

4.3.4　小结

通过观察和分析，本节首先讨论了"其实"具有的三种叙述标记身份：① 佐证相关叙事话语情境要素的叙事标记身份；② 叙事推断标记身份；③ 标记叙述者的主观指称次序身份。其中，标记主观指称次序身份验证了我们对"然后"分析假设中提到的问题，即叙事标记是在当下叙述者正在进行的叙述中，具有对主观指称的所指对象留待缺省的功能，它能够表达叙/受述者的主观化态度，是在同一话轮内部构成主观确认标记的一种标记形式。因此从认知层面来讲，"其实"是叙述者在叙事语境下对叙事整体进行故事要素佐证、推断，并在认知结构上对话轮内部形成指称缺省和主观确认的典型化标记。基于此，从标记语境化的层面来讲，"其实"同样验证了叙事标记的起承转合能够在叙述者的叙事意图和所指意图下完成主题期待，并借此对会话中被切换的叙述整体进行标记化。综合本节的讨论，"其实"在会话叙事框架内的意义运行和功能运转（如图 4–5 所示）总结如下：

（1）在标记的意义表征方面，"其实"具有表征从规约义到推理义，到语用充实义至认知缺省义的意义运行路径。叙述者利用不同意义表征的"其实"对叙事事件进行扩展、佐证、重述或修正。其中，规约表征和语用指向表征的"其实"义主要对叙事事件进行扩展、重述和修正，实施了叙事意图和信息意图的叙/受述者交互。推理表征和认知缺省表征的"其实"义则主要对叙事事件进行叙事佐证，在意图指向上由信息意图和所指意图相互作用产生影响。

（2）"其实"的意义路径以及在会话叙事中常见的首位位置铺设了它以概念主位和人际主位为主的结构性特征。作为概念主位的"其实"不可省略，它承担的是对叙事概念或事件主题的一种前向或后向所指；从另一角度来讲，概念主位内含了主题主位，并推动了主题主位向人际主位的转化。人际主位在表达叙述者情态功能的同时推动了语篇主位结构。同时，作为人际主位和语篇主位的"其实"可以省略，并且省略之后对叙事命题不造成影响。

（3）Z字形主位推进、阶梯形主位推进和梯形交叉形主位推进是"其实"常用的三种推进叙事信息流动的主位推进模式。语料显示：不同的推进模式和故事讲述时间存在关系影响，距离正在讲述时间长的故事事件更倾向于使用梯形交叉形的主位推进模式，而对于刚刚发生不久或即将发生事件的叙述，叙述者则多使用 Z 字形或阶梯形。

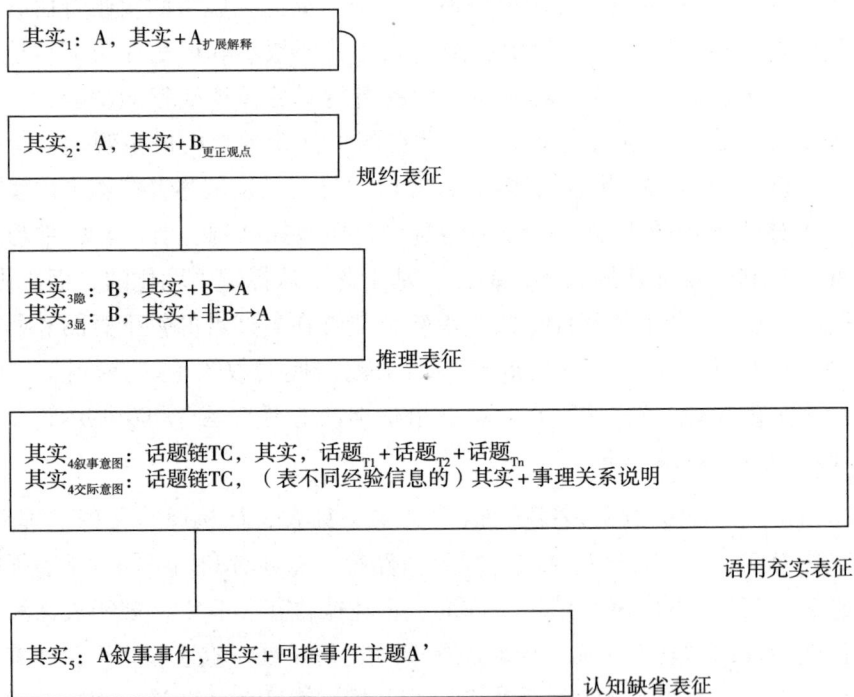

其实$_1$：A，其实$+A_{扩展解释}$

其实$_2$：A，其实$+B_{更正观点}$

规约表征

其实$_{3隐}$：B，其实$+B \rightarrow A$
其实$_{3显}$：B，其实$+$非$B \rightarrow A$

推理表征

其实$_{4叙事意图}$：话题链TC，其实，话题$_{T1}+$话题$_{T2}+$话题$_{Tn}$
其实$_{4交际意图}$：话题链TC，（表不同经验信息的）其实$+$事理关系说明

语用充实表征

其实$_5$：A叙事事件，其实$+$回指事件主题A'

认知缺省表征

图4-5 "其实"意义运行路径图

4.4 叙事论果标记"结果"

"结果"在现代汉语中有三种常见的使用方法：① 名词，表示在一定

阶段，事物发展所达到的最后状态；② 连词，通常用在复句中的下半句，表示在某种条件或情况下产生某种结局；③ 动词，表示将人杀死（多见于早期白话）；另外作为动词（读作阴平），也可指代长出果实（《现代汉语词典》，2012：663）。现有文献针对"结果"的研究多从其词汇化或语法化过程入手，解读其在现代语篇中词汇的虚化过程及语用规律的形成。基于本书会话叙事语料的交互现时性特点，本节我们主要从共时平面考察它的叙事论果性质及其意义转化和语用功能特征。

4.4.1 "结果"的共时平面使用调查

"结果"在共时平面上的差异涉及较为复杂的历时变化（姚双云，2010：61）。结合先前文献对"结果"所进行的研究，我们将其总结为：

（1）"结果"的词汇化研究。吕叔湘（1982a：422）曾谈到过，"结果"由"结裹"而来，其词义的语义演变经历了表达"用衣被裹扎"之义，其中包含了"料理（生活方面）"和"装殓 – 发送 – 杀死"之义。王佳毅（2005：5）针对"结果"在复句中连接前后两个分句的连词词汇特征做了总结，认为当"结果"用在复句之后、分句之前起连接作用时，不能够充当名词或关联副词。姚双云（2010：61）也指出，"结果"经历了词汇化过程，它由动词短语演化为名词，继而转借到与佛教相关的比喻义，喻指人或事物的归宿，进而演变为名词，引申为事物的最后结局。综合学者们在已有文献对"结果"的看法，"结果"的兼语类特点导致了它既不仅仅是独立概念上的动词或名词，也非完整概念上的连词或关联副词。因此，"结果"的词汇化自然导致了人们对其语法化进程的探究。

（2）"结果"的语法化研究。周毕吉（2008：65）将"结果"的语法化动因归结为认知规律、语用规律以及类推机制和重新分析。姚双云（2010：62）则认为："诱发'结果'由名词向连词语法化的因素主要有交际的语用因素、认知的心理因素和语言的内部因素"。"结果"的语法化过程印证了沈家煊（1994：22）所提到的"语篇的组织和交流的意图等语用因素是语法化的重要原因"，而"用虚化成分来表现语法关系是人的一种自然倾向"，这对下文我们在"结果"的语法化基础上考察叙事意图等语用功能及其在认知及社会文化方面的缺省具有启示作用。

（3）"结果"的语义类型研究。学界关于"结果"的语义类型存在较大分歧。大致有以下五种观点：① "结果"是表示因果关系的连词（张斌，2001）；② "结果"具有连贯、因果、转折三种语义类型（王佳毅，

2005）；③"结果"是表示承接关系的连词（周毕吉，2008）；④"结果"首先是一个连贯连词，然后出现因果连词的用法（姚双云，2010）；⑤"结果"是表示事物发展有了最终结局的连词（王还，2015；钟兆华，2015）。上述各观点都有其合理性，但也有明显的不足，主要还是在于其未充分关注语用因素对语义类型的制约，这也是我们下文所要提及的重点。

4.4.2 "结果"的叙事标记身份与消极语义韵

表 1–3 对会话叙事联系标记的有效次数统计显示，"结果"以 83 次的次高使用频率出现在自发性会话叙事中。故事的讲述过程中，"结果"往往以提供叙事因果为叙事路标，为叙事事件解释其所导致的后果或形成的成果。本节主要讨论"结果"的语用标记身份及其在会话中故事的"后果"或"成果"的接续话轮处具有的语用特征。

1. "结果"的语用标记身份

通过对语料分析整理，我们总结了"结果"所具有的以下三种语用标记身份：

（1）提供叙事因果以及其他事理关系的标记身份。此时，"结果"实施的是叙述者在故事讲述过程中对故事小事件内部的前因逐步推进的事件后果的联系词身份。我们发现，这类标记身份常先确认"结果"所关联的小事件内部的关联关系，其次明确事件前因后果的联系，以及其他事理关系。在语义类型上和姚双云（2010）的观点部分一致，但就会话叙事的语境环境来讲，"结果"在承担一个表示承接的连词身份后，一并承担了具有因果以及转折或并列的事理联系身份。参见例 4–39：

例 4–39（Corpus 2 语境：D 向丈夫讲述孩子有了小心思的故事会话）

01J：她真是长心眼了 –

02D：=是，她记事更准了。那个（.）我跟你说个（0.2）昨天她在外面玩儿的时候，有（.）一个韩国小哥哥和小姐姐戴着手套玩儿，然后就问我说，"妈妈手套"，我说"是"，然后我就说外婆不是也给你织有手套，我们回家带吧。然后我们不是就回来了么？回来家以后呢，嗯（.）结果₁就让外婆给她把手套拿出来，拿出来，她就一直戴着，就不舍得放，不舍得那个给别人，就一直带着（0.3）嗯，之后晚上睡觉的时候，她还是一直戴着，然后我就说，L，我们睡吧，不要再戴了，你可以把手套放在枕头底下，然后，等那个－(……)

03J：　嗯－

04D：　＝等那个明天早上的时候，你掀开枕头就看到手套了。结果$_2$呢，结果$_3$晚上她就一直不睡觉，嗯，后来我就假装睡着，她就一直在那儿玩玩玩，到最后她可能困了，结果$_4$把手套取下来放到枕头底下，然后就是躺到那儿了，躺到那儿我以为她已经睡了(.)结果$_5$过了四五分钟就猛一下坐起来掀开枕头，看看手套还在不在，然后看看手套还在就把枕头放下来拍拍枕头，然后了她就自己躺下去睡着了。结果$_6$今天早上一睁眼就掀开枕头把她手套拿出来，你说她这不是记事了？把我笑得(……)

05J：　早上也跟我说，"外婆织的手套真好呀"(……)

"结果$_1$"首先联系了"她回家以后"所做的事件，其次是对"我们不是就回来了么"这个前因说明了之后的事件接续，即"让外婆给她拿出手套"，这件事情本身更大的前因是故事展开前"她"在"外面玩儿的时候看到的韩国小哥哥和小姐姐戴着手套"的事件。因此，"结果$_1$"先关联事件，其次再溯因系果。"结果$_2$"属于话语标记，也表明了叙述者对事件后续所述的一种期待。"结果$_3$"至"结果$_6$"切换为叙事标记，是叙述者继续小事件要素的展开过程。此时，其连贯的事件是"她睡不着觉"－"她把手套取下来放到枕头底下"－"不时地检查手套是否还在"－"早上一睁眼就拿出手套来"，而形成的事理关系是由于"她不舍得睡觉后来玩儿地困了想睡觉"，与此同时"她将手套取下来放在枕头底下准备睡觉"，但是"她担心手套会自行消失"，所以"她今天早上一睁眼就赶忙查看手套是不是还在"，从而形成了因果－并列－转折－因果的事理关系结构。

（2）重指叙事实体的主观指称标记身份。这里的主观指称标记身份，主要是叙述者使用"结果"和缺省了的事件实施者的零形指称，或称零代词的标记身份。而重指主要指会话叙事中叙述者对某实体的"重新指称"，是叙述者首次提出某实体后，在下文继续提起该实体时向上文回指或向下文后指。参照 Matthews（1997：18）的划分方式，我们将重指分为回指（referring up）和后指（referring down）两类。如例 4–39 中"结果$_1$"由于所指距离和叙事信息饱和的原因，是后指"她把手套拿出来"的"她"；

"结果₄"和"结果₅"回指前述小句中"她可能困了"中的"她";"结果₆"仍然回指前句所述"她就自己躺下睡着了"中的"她"。

可以发现，会话叙事中叙述者向受述者叙述零散小故事事件的过程包含了大量的故事信息要素，在会话场景切换至叙事场景的一刻，叙述者已将足够的可述事件信息脱出。所述事件的实体，通常是事件行为的实施者，在上文刚提及过的后续叙述中常常被再次提及。对于受述者来说，这种对所提及实体的搜索和提取是依靠认知和短时记忆而形成一个自动、快速的搜寻过程，叙述者使用叙事标记将前述事件实体逐步重新激活，受述者因此将当前叙事标记引介的所指信息与事件实体联系起来。这个过程验证了Ariel（1990：80）提到的关于指称词所表达的词汇信息量（informativity）对确定指称对象的可及性所具有的正向关联关系。因此，零形指称形式所标示的高可及性为叙事标记引导的所指事件实体扫清了认知障碍，例4-40也可说明这种现象：

例4-40（Corpus 5语境：S向D讲述自己遭坏人蒙骗被偷的故事会话）

05S： 那个女的带着他俩孩儿从重庆一个农村坐轮船去城市里头找孩子他爸，结果₁ø在船上被一个男的拍了一下，这个女的就迷了（……）

06D： 拍一下都迷了？]

07M： [拍一下↑

08S： 那可不是（.）就拍了一下就迷了 (0.5) 啥也不知道了，结果₂ø就被那个男的拐到西安去了，小龙结果₃就被拐走了。

"结果₁"环绕的信息量包含了"那个女的""俩孩儿""孩子他爸"三个指称词，但小事件后果仍是对前述小句主体位置上"那个女的"的所指，因此"结果₁"这一信息提供了空语位置。D和M在会话中与S的会话互动仍然指向叙述事件的实体，即"那个女的"，因此"结果₂"和"结果₁"所缺省的空语一致。而"结果₃"引介了叙述者提起的新事件实体"小龙"。我们在语料中也发现了类似的语言现象：叙事实体的重指缺省多产生于故事叙述者和受述者在同一散装小故事内部的话轮切换中，只有在当下叙述者提及新的事件要素之时，叙事标记的主观指称功能才会被再次激活。

（3）表明叙述者道义立场的标记身份。此时，"结果"承担了叙述者针对故事事件所述而产生的与主观道德意义方面相关的积极"成果"、消极"后果"或一般性结局的标记身份。Ochs & Capps（2001：20）曾指出，会话叙事活动中叙述者的道义立场是主观变化的一个变量，它可以是清晰明了的，也可以是模糊不定的。其主要原因在于会话叙事中的故事本身也是叙述者在交际实践中表明自己主观道德信念的一种叙述体现方式。请参见例 4-41：

例 4-41（Corpus 9 语境：大学课堂上由一幅画引发的课堂讨论）

351Z：　我很小的时候就背那首《春夜喜雨》，都到中考后的有一个晚上，那天傍晚时候本来还很热，结果$_4$夜里十点多就下大雨了，那个凉风呀，透过窗户吹得人真舒服，然后就在窗户边上，结果$_5$"随风潜入夜，润物细无声"，你别说，就一下子让人觉得，啊（.）反正就是这种细润的无声的感觉，结果$_6$就一下子（.）让人一下子就知道了这诗句的真意，或者说体会到了诗人那时候的感觉，然后一下子就对诗句的意义有了最深切的体会。

　　Z 的故事讲述中"结果$_4$"承担的是一种转折事理关系。"结果$_5$"和"结果$_6$"具有积极的影响之意。Z 意在表达诗句的切身理解需要结合生活中的真实感受，才能具身体会到其中的美意。此处"结果"标记了叙述者相对积极的道义立场。但我们发现，在语料 83 次的"结果"显示中，"结果"更集中地引述出叙述者对所述事件引发而产生的消极后果，是叙述者对所持道德信念的一种消极标记意义体现。如例 4-42 所示：

例 4-42（Corpus 11 语境：B 向 D 讲述自己租房子的经历会话）

12B：　啊↑，结果$_3$三句话没说完就说你要不去别的地方找房子吧，我这儿再过两个月父母可能也得过来。我说你怎么能这样，我们有合约，虽然没有正式签合同，但是君子协议也要遵守啊，不能随便改动啊？而且关键是现在我已经开始上班了，H 大这儿房子又不好找，你这不是欺负人吗？结果$_4$他说我们没有合约，微信聊天不算，我说你这样变不太好吧，结果$_5$直接跟我大嗓门吵开了，说你说我变，我就是变了，不想住你现在就走。我说你不能这样吧？我现在去哪找房子？结果$_6$又嚷嚷了半天]

13D：［这也太过分了

从 B 的叙述中可以知晓其对自身经历事件的抱怨态度，"结果$_3$"后对"三句话没说完"就发生了一系列不愉快事件进行了抱怨,"结果₄"对 B 认为"不太好"的处理方法进行了标记引导,"结果₅/₆"中,叙述者分别就"大嗓门吵闹"和"嚷嚷半天"的事件进行评论,而受述者"这也太过分了"的回应是对叙述者道义立场的一种赞同和支持。我们发现,"结果"在作联系标记的过程中所表达的消极意义更多是言者针对自身经历或引述他人经历所表达的不满、批评或抱怨,这种道义立场也形成了"结果"作为叙事标记而铺设出的消极语义韵特征,我们将在下一节进行讨论。

综上,"结果"的叙事标记身份,主要体现在提供叙事因果以及转折和并列的事理关系、重指叙事实体和表明叙事者道义立场的三种标记身份。我们发现,作为叙事标记,"结果"的因果性更多体现在叙述者对所述事件的消极发展态势的叙述,而在针对事件发展情况的所指过程中,新事件要素在同一散装故事内部的再次出现对于叙事实体的重指及其引发的叙事实体缺省现象具有正向关联作用。下面我们主要探讨"结果"的消极意义所引起的消极语义韵特征。

2."结果"的消极语义韵律特征

Stubbs(1996:176)和 Crystal(2008:428)提出词语搭配行为中的同语义相吸特点,将其称为语义韵律(semantic prosody)。语义韵律包含积极语义韵律(positive prosody)、中性语义韵律(neutral prosody)和消极语义韵律(negative prosody)。在会话叙事语料中,我们发现叙事标记也常常倾向于和具有某种相似语义特点的词语共现,并搭配构成标记语义韵律,例如"然后"的语义韵律倾向于中性的时空性质,"其实"的语义韵也多呈中性的含有佐证意义的特点。

从上节探讨的"结果"的语用叙事身份可以看出,"结果"在会话叙事语境中具有双重语义特征,一方面,它具有表示承接的连词身份,另一方面,它也具有因果以及转折或并列的事理联系身份。作为连词时它主要连接两个分句,其中,后一个分句使用"结果"引出事件发展的结局,其结局可以是顺接的也可以是反接的,其意义可以是积极的也可以是消极的。通过对语料的分析总结,我们得到了"结果"的结局意义分布比例,如表 4—4 所示:

表 4-4　"结果"意义比例表

"结果"意义序例	积极意义	中性意义	消极意义	"结果"出现总次数
次数比较（单位：次）	13	26	44	83
比例	16%	31%	53%	100%

由表 4-4 可见，"结果"所示的消极意义比例最高。我们把"结果"常常与消极意义的结局叙述连用现象称为消极语义韵现象。那么"结果"的消极语义韵对会话叙事的整体推进具有什么影响呢？从"结果"所搭配的消极叙事事件来看，叙事语境能够触发叙述者和受述者对相关所指形成指称确认，在此形成了快速的有意识的语用推理过程（CPI_1）。这一推理过程直接和叙事的线性结构以及叙述者的道义立场相结合，构成了"结果"的消极语义加工模式。

分析显示，"结果"之后所接续的是事件实施者和具有消极意义的事件过程。实施者的话语位置根据叙事语境具有直指和缺省两种，但最具明显语义韵表征的仍是直指或缺省后的事件语义素，且这些语义素正是事件讲述展开过程中使故事复杂的行动进展（complication）或叙述者评判（evaluation），以及表达叙述者态度的一类过程（Labov，1972a），在叙事和会话场景的切换中也体现结局（resolution）或事件尾声（coda）。我们因此可以推断出这样一种现象："结果"的消极语义韵是叙述者向受述者铺设叙事进展和评判的一种语义集合现象，行动进展中的消极意义表达多呈现叙事标记后的后位缺省，而对叙事事件的评判多呈现直指消极语义素的特点。试看例 4-43 的句子及图 4-6：

例 4-43

a.（Corpus 11-12B）结果 5 直接跟我大嗓门吵开了

b.（Corpus 11-16B）结果 8 今天一早人家假惺惺地问我吃饭了吗，咱这种人也不愿意跟别人真的撕破脸（.）

c.（Corpus 11-18B）我就问他你怎么骂人，结果 12 他又嬉皮笑脸地说他没骂我，

d.（Corpus 11-26B）结果 15 你知道了吧，他就是想讹我，让我多分担些房钱。

e.（Corpus 5-25s）结果 10 你不知道呀，他爹哭得撕心裂肺呀（……）

f.（Corpus 12-64Y）对啊，结果 4 一直就是压力好大。

g.（Corpus 12-73Y）结果$_6$后来你不在我身边了，我怎么办我都糊涂了。

h.（Corpus 13-32Q）结果$_1$到那就没找到，回来特失落，心情挺不好的。

i.（Corpus 15-1C）这小男孩看这小姑娘挺漂亮，目不转睛地瞅着人家，结果$_1$一不小心把帽子给吹翻了，

j.（Corpus 15-6Z）小男孩儿多看了她一眼，结果$_2$被一块儿大石头给绊倒了，梨全部撒出来了

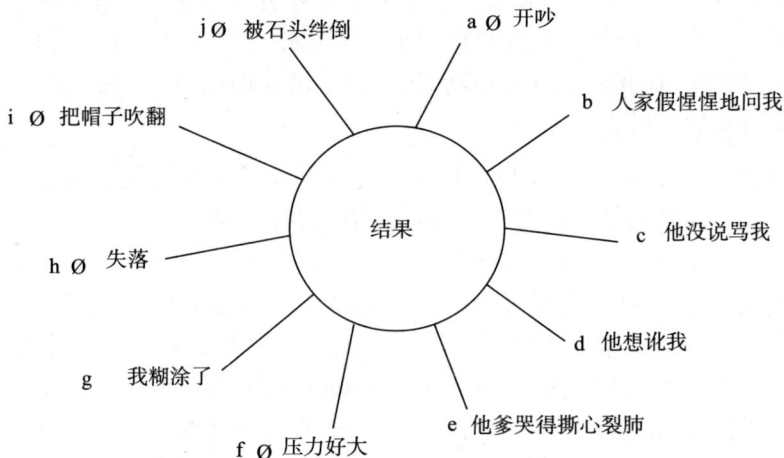

图4-6 "结果"消极语义韵图示

图4-6"结果"之后的消极接续在行动进展的讲述进程中，常使用指称空位，所缺省的所指对象亦是对前述事件实施者的重指，其中包括向上文回指和向下文后指。结合会话叙事语境的会话前后与故事讲述活动，我们可得知示例中的a、f、h、i、j均属于叙述者在单向叙述过程中对事件的重指，是叙述者在事件之外对不理想结局的间接指控，属于间接体现消极语义韵的现象。除此之外，其他韵类多现于叙述者的主观评判或评价，例如"假惺惺""撕心裂肺"以及"糊涂"，是叙述者对事件的主观情感描述，属于直接体现消极语义韵的现象。

因此，"结果"引发的消极语义韵是会话叙事中叙述者对不理想事态发展后果的叙述，其中故事讲述的语境条件触发了叙/受述者对相关所指形成的指称确认，进而激活了叙事双方快速的有意识的语用推理过程。同时，我们发现"结果"的消极语义韵是叙述者向受述者铺设叙事进展和评判的一种语义集合现象，行动进展中的消极意义表达多呈现为叙事标记后

的后位缺省，即重指的缺省状态，而对叙事事件的评判多呈现为对消极语义素的直接指称。

4.4.3 "结果"的语义缺省加工模式

本节主要从"结果"的语义缺省形成过程入手，推断在这一过程中形成的指称缺省合作原则，从而总结"结果"的语义缺省加工模式。

1. 叙事标记的语义缺省形成过程

语义缺省是一种特殊的省略现象，相对于句法空位而言，它在形式上表现为语义空位，即语义成分的空缺（唐卫平，2017：63）。语义的加工始于语言交流的产出活动，运行于各语义要素成分间的相互作用，交际者的认知活动贯穿始终。同样，对于语义缺省的加工也是基于交际者的认知运行而形成的一项认知活动。

叙事标记的事理关系和主观次序过程为叙 / 受述者对上下连贯关系的整体把握和语义缺省的存在提供了基础。会话场景和叙事场景中不断切换的各种事理关系赋以叙事标记独特语境化的词义转化功能，这一转化既有加强和强化的过程，也有减弱和虚化的过程。对于叙事标记本身来说，强化和虚化都为故事讲述中叙事实体的凸显提供了快速的所指关联和指称确定，而指称确定属于明确义的范畴（张辉、蔡辉，2005：19），这为叙事标记在认知缺省层面的次要信息加工过程提供了所指指向。主观次序过程确保了叙 / 受述者明晰叙事实体的所指保证，无论是代词形式还是零形式，指称距离的远近和叙事信息要素的可及性都为叙 / 受述者的主观次序提供了所指中认知具化的条件。以例 4-44 说明，Corpus 11 是一段发生在两个朋友（D 和 B）约好的碰面聊天会话，我们从会话场景进入叙事场景，从故事讲述者 B 的叙述过程及其与 D 的会话互动过程中逐步厘清"结果"在其中承担的不同的语用叙事标记身份和其所形成的语义缺省过程。

例 4-44（Corpus 11 语境：B 向 D 讲述自己租房子的倒霉经历的会话）

01D：在这儿，我也刚到。　　　　　　　　　（话轮 01 至 07 均属会话
　　　　　　　　　　　　　　　　　　　　　场景）

02B：哦（.）出来给车打了打气

03D：嗯

04B：昨天点背极了，我跟你讲 　　　　　　（叙事预设话轮，B 先提
　　　　　　　　　　　　　　　　　　　出了预设话题"点背极
　　　　　　　　　　　　　　　　　　　了"）

05D：啊？咋了呀 　　　　　　　　　　　（预设回应 4B）

06B：就是我在 H 大对面租的那房子，给我气　（叙事投射话轮 08）
　　　死得了。

07D：不是说已经搬进去了么？

08B：你听我跟你讲，我之前在微信上认识的　（叙事开始，投射回应话
　　　那个同学，他不是让我 2000 元一月跟他　轮 06）
　　　合租么？结果₁ø 前几天跟我说因为房东　（故事实体"那个同学"
　　　涨价所以得 2500 元一个月了，因为那房　首次出现，"结果₁"ø 近
　　　子地方不错，然后离我上班的地方也还　指¹ 实体代词"他不是让
　　　挺近的，我也去看过，各方面都还挺满　我……"中的"他"）
　　　意，我考虑了一下 2500 元也还行，就答
　　　应了，还一再确认之后半年是不是不会
　　　涨价了，他因为一直在住这个房子，说
　　　不会的，放心吧不会涨的。结果₂我这　（"结果₂"叙事因果型标
　　　不这个月初就搬进去了 　　　　　　　记）

09D：嗯，他不会又涨价了？

10B：你听我跟你说（0.2）我搬进去的时候
　　　问他咋样付钱，因为想着支付宝转账可
　　　以的话就转给他也可以，本来想着也就
　　　是礼貌性地问一下，反正我去取钱再给
　　　他也可以的。谁知道人家给我回复的时
　　　候说半年交再把半年的水电网也垫付进
　　　去吧，先垫 2000 元吧。这不是变相收
　　　我黑心钱吗？当时看房子的时候他说
　　　过水电网啥的每人按月交就可以，你
　　　说他这么急着要钱我得说道说道吧？

11D：对啊

1　参照 Bloomfield（1962：38）对话语里话题再现的观点，即"话语里近指（proximate）的第三
　　人称通常是话语中的话题再现"，本书中，此处的"近指"概念是指叙述者话轮内部对
　　人称或事物指称的回指现象。下文的叙事近指均指代同一话轮内部的回指现象。

12B：啊↑，结果$_3$ø三句话没说完就说你要不去别的地方找房子吧，我这儿再过两个月父母可能也得过来。我说你怎么能这样，我们有合约，虽然没有正式签合同，但是君子协议也要遵守啊，不能随便改动啊？而且关键是现在我已经开始上班了，H 大这儿房子又不好找，你这不是欺负人吗？结果$_4$他说我们没有合约，微信聊天不算，我说你这样变不太好吧，结果$_5$ø直接跟我大嗓门吵开了，说你说我变，我就是变了，不想住你现在就走。我说你不能这样吧？我现在去哪找房子？结果$_6$ø又嚷嚷了半天]

（"结果$_3$"叙述者 B 的道义立场标记，此外，ø 重指[1]最近距离实体－话轮 10 处中"他这么着急要钱"中的"他"）

（"结果$_4$"叙事并列事理标记）

（"结果$_5$"和"结果$_4$"承并列连贯关系，ø 近指同样列于此关系内，指称"他"）

（"结果$_6$"ø 重指"结果$_4$"之后的人称指称"他"）

13D：[这也太过分了

14B：结果$_7$你猜他说啥，说大家都是成年人，别吵了，不想住的话现在就走来得及，这两天只收我 200 块钱就可以。

（"结果$_7$"叙事回应话轮 13，表明 B 的叙事道义立场，同时"结果"后的叙事实体后指"他说啥"中的"他"）

15D：天呢：：：

16B：你听我说，然后人家说给我个面子，让我现在找房子，周末，也就是明天晚上离开。你说这地方就算再方便，有这么一个奇葩的室友我还住什么住，我说好。我就是找的稍微远点的地方也不跟这个奇葩当室友了：：↑结果$_8$今天一早人家假惺惺地问我吃饭了吗，咱这种人也不愿意跟别人真的撕破脸（.）不是，就礼貌性地回了一句。结果$_9$他又跟我说起昨天的事，说拍桌子是因为我骂他，

（"结果$_8$"因果转承）

（"结果$_9$"转折接续，含"但是"事理义）

1　这里的"重指"是相对于上文提出的"近指"概念而言的。本书提出的"重指"，意在表达"重新回指"的概念，其主要出现在会话中不同言者的跨越话轮间的回指现象。因此，为区别话轮内部和话轮间指称距离不同的回指现象，我们提出了重指和回指作以区别，但需要说明的是，本研究提出的近指和重指均属于回指现象。

我说我怎么骂你了，他说你说君子协议
就是骂他，因为君子协议是君子之间的
协议，这就是骂他，我说那你意思是你
不是君子了？结果$_{10}$他说反正就是觉
得在骂他。接下来说当初租我房子是看
我可怜，我要懂得感他的恩。我说，咱
俩就是通过微信群认识的，之前谁也不
认识谁，看你招合租我就来租，我也没
求你租给我，这么大的北京也不是就你
一个人租房子，你怎么就可怜我了呢？
结果$_{11}$他直接就说，你这种人见人嫌的
人现在就赶紧滚出去吧↑

（"结果$_{10}$"并列转承，含"此时结局"事理义）

（"结果$_{11}$"并列转承，含"此时结局"事理义）

17D：啊：：这不是他骂人么

18B：我就问他你怎么骂人，结果$_{12}$他又嬉皮
笑脸地说他没骂我，他让神经病滚出去。
后面我都不惜得说了（0.2）你说这是不
是个奇葩，这是啥样的一个人？：：

（"结果$_{12}$"因果转承）

19D：是呀，你不是说还是 H 大的研究生毕
业？也在研究所上班？

20B：你听我说，然后这奇葩就要求我明天晚
上必须搬走，还拿起手机要录音，说当
证据，让我说"我某某某明天（25 号）
必须搬离某某的家"，你说这不是神经病
这是个啥↑

21D：天呢，真的是

22B：结果就打开手机要让我说，我才恶心跟他
说，我说都闹这样了，我肯定不会在你这
住了，但是奇葩逼着我一定要说那句话，
他要录音，说这是协议，明晚不走可以告
我。我心想我真是遇上神经病了。

23D：那你就录了？

24B： 咋可能？我摔门就走了（0.2）结果₁₃∅ 今天上午就发微信问我有没有找到房子，我跟他说正在找，一有合适的立马就搬走行李不跟他那儿住。结果₁₄∅ 竟然换了副嘴脸，回信息说什么大家出门在外都不容易，要不这样吧，还是按之前的2000元住这里算了。

（"结果₁₃"回应话轮23，关于"录音"的叙事主体，∅ 重新指称前述事件"他要录音"中的"他"）

（"结果₁₄"∅ 叙事近指人称"不跟他那儿住"中的"他"）

25D： 天呢，他脑袋有问题吧↑

26B： 绝对是进水。结果₁₅ 你知道了吧，他就是想讹我，让我多分担些房钱。然后我这不是又让你们帮我也问嘛，好在L那儿有信儿了说现住在他们的公寓那儿这几天能好了，最起码能过渡一个月。我跟你讲，我是幸亏没在他那儿住，你说他不就是个奇葩吗：：

（"结果₁₅"因果转承，和情态疑问"你知道了吧"一起直指叙事尾声，同时标记叙事退场）

27D： 消消气吧，好在你没住下去，这人有问题

28B： 哎，气死我了（0.1）奇葩↑（……）

　　"结果₁/₅/₁₄"中提到的近指是相对于叙述者对叙事视角的远近而选择的一种指称方式，尽管都是指称"他"，但 B 和 D 在互动叙述时刻的语用推理则主要涉及前述刚提及过的人或事件，Bloomfield（1962：38）认为类似话语里的近指（proximate）第三人称通常是话语中的话题再现，或是最接近言者的话语视角，或是前文已提及和已知晓的人或物，此时近指和重指具有了区别性特征。从以上语料分析可以得出这样一个结论："结果"的语义缺省形成于其在会话场景与叙事场景中对因果、转折及并列事理关系指向以外的近指（"结果₁/₅/₁₄"）和重指（"结果₃/₆/₁₃"）。近指多见于同一话轮内部（"结果₁₄"），重指多见于话轮跨越或话轮间（"结果₁₃/₃"）；近指多见于同一事理关系内部的语义空位（"结果₅"），重指多见于独立于事理关系以外的单向语义空位（"结果₆"）。在此过程中有一点可以肯定，近指和重指都是言语者在指称缺省现象中对语篇空位的一种认知填充和补偿。图 4-7 将更直观地显示其缺省语义空间的形成：

会话话轮回应 — 结果$_1$：叙事意图 + 所指意图（人称所指"他"的缺省）SCWD$_{pm}$ + CPI$_{pm}$ + CD

叙事因果型事理标记 — 结果$_2$：信息意图 CPI + CD

叙述者道义立场标记 — 结果$_3$：叙事意图 + 信息意图 + 所指意图（人称所指"他"的缺省）SCWD + CPI + CD

叙事并列事理标记 — 结果$_4$：信息意图 CPI + CD → 结果$_5$：信息意图 + 所指意图（人称所指"他"的缺省）SCWD$_{pm}$ + CPI$_{pm}$ + CD → 结果$_6$：信息意图 + 所指意图（人称所指"他"的缺省）SCWD$_{pm}$ + CPI$_{pm}$ + CD

叙事话轮回应，同时表明叙述者道义立场 — 结果$_7$：叙事意图 + 信息意图 SCWD + CPI$_{pm}$

叙事因果型事理标记 — 结果$_8$：信息意图 CPI + CD → 结果$_9$：信息意图 CPI + CD — 叙事转折事理标记

叙事并列事理标记 — 结果$_{10}$：信息意图 CPI + CD → 结果$_{11}$：信息意图 CPI + CD — 叙事并列事理标记

叙事因果型事理标记 — 结果$_{12}$：信息意图 + 交际意图 CPI + CD

叙事话轮回应 — 结果$_{13}$：交际意图 + 叙事意图 + 所指意图（人称所指"他"的缺省）SCWD$_{pm}$ + CPI + CD → 结果$_{14}$：叙事意图 + 所指意图（人称所指"他"的缺省）SCWD$_{pm}$ + CPI + CD — 叙事因果型事理标记

叙事退场标记 — 结果$_{15}$：信息意图 + 交际意图 CPI + CD

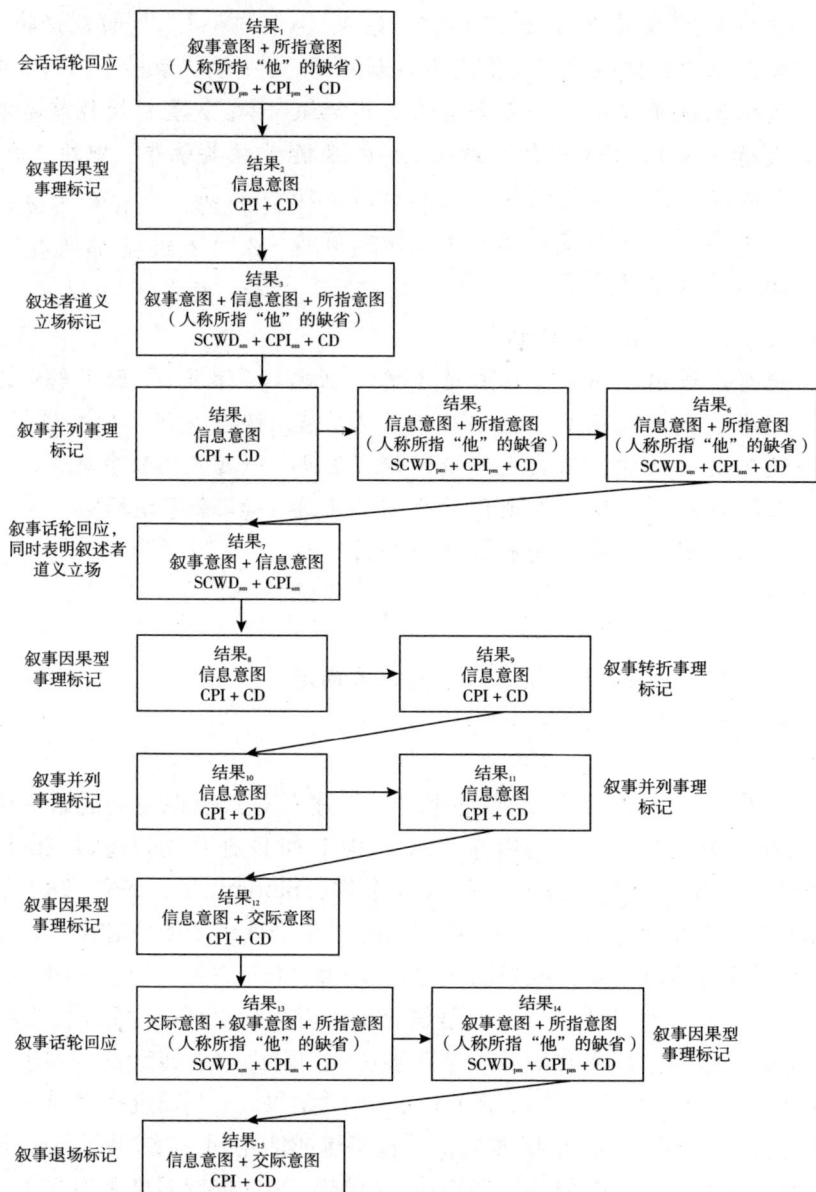

图 4-7 "结果"构建的语义缺省空间

在话轮内部叙事近指的"结果$_{1/5/14}$"是故事讲述者在话语加工模式上调用的首要意义形成的一般性会话含义过程，不难理解，话轮内部对所指的确认是"结果"作为论果性标记最直接的意义体现，这一点验证了Jaszczolt（2010：200）在语义加工模式中反复强调话语情境的观点。但是我们也关注到，在汉语自发性会话叙事情境中，话语情境除去包含了叙事参与者、时间、地点、上下文等因素，话题事件或事件的集合是叙述者必然列举也反复提及的。这修正了 Jaszczolt（2010）模式，汉语会话情境中，叙事标记对不同叙事事件的引带和所指靠叙述者和受述者之间的协作推理共同完成。因此首要意义是话语情境触发有意识的语用推理的直接体现。跨越话轮间的"结果$_{3/6/13}$"是次要意义形成会话含义的过程，也主要由于这些标记在故事讲述过程中蕴含了叙述者对故事事件的主观认知和道义情态，以"结果"为例就是在次要信息处理的过程中，叙述者对所指缺省添加了更多有意识的责备和主观评判，这也正是基于次要信息的基础上，从社会文化背景知识（$SCWD_{sm}$）与有意识的语用推理（CPI_{sm}）中得到的概念意义。

2. 指称缺省的合作原则

上节分析表明，叙事标记在重指和近指的所指调节中不断产生指称的语义缺省现象，此时指称的确立与省略是叙述者和受述者共同合作与协调的过程，而制约和影响这一过程必然包括言语者的认知、心理、语用、文化和话语习惯等因素，从而才能确保言语者在指称的选择、使用、调整、空缺上作出适切性选择，直到话语最终被顺利理解。基于此，我们尝试归纳出指称缺省的语用原则，在确保上述指称遴选成功的前提下，指称的明晰性、视角的互动性以及意图的合作性是促成指称达成缺省的三个合作性准则。

（1）指称明晰性准则，即①叙述者介绍叙事实体；②话轮内部或跨话轮间维持所指实体；③重新指称实体的合作过程。值得说明的是，叙事标记之所以能够在语义上缺省指称所指对象，指称明晰性是基础。无论是对人或物或事件的所指，叙述者在故事讲述起始都需要明确介绍叙事实体，并在接续的讲述中以实体同指的名词或代词形式维持所指的实体，即我们常说的定指形式（可参见陈平，1991：119），并重新指称这一确定所指实体的合作过程。陈平（1991：121）也肯定了重新指称中的定指条件：上文出现过，或允许用眼神或手势指点，或与其他已知事物有从属连带关系。叙事标记是明晰定指条件的话语连接要素。

（2）视角互动性准则，即叙述者和受述者的视角互动合作原则。故事讲述的语言表达通常是从当下叙述者的视角出发，因此其对指称信息和所指对象的发出和理解多以叙述者的视角为默认视角。当然，我们不否定叙述者也会从强调或强化道义立场的角度而突出使用"你"来对事件或叙事实体进行现场评判或谴责。如例 4-44 中"结果₃"就是跨越话轮，叙述者 B 在话轮 10 向受述者 D 传达"你说他这么急着要钱我得说道说道吧？"，"结果₃"重新指向叙事实体"他"，是 B 和 D 针对这段故事形成的视角交换和互动。这种合作原则契合了热奈特（1990：129）对叙述者叙事视角的"聚焦含义"的评判。日常会话叙事中叙 / 受述者符合热奈特的"内聚焦型"视点，叙述者只说其知道和主观感受中的情况和体验结果，故事效果往往体现其叙述内容的主观性，但其叙述焦点或为固定式（焦点始终固定在一个人物身上）、不定式（焦点在人物间变动和转移）或多重式（多重不同视点聚焦同一事件）。指称缺省的必要条件之一便是叙 / 受述者在固定式和不定式叙事焦点上的视角调整和互动。

（3）意图合作性准则，即交际意图、信息意图、所指意图和叙事意图的合作原则。语言的表达式都是为交际意图服务，指称也不例外。在叙述者交际意图的驱动下，叙述者为受述者提供叙事信息，促成故事讲述中的会话合作需要确保故事的可述性，叙 / 受述者的互动身份，叙述者以此达成叙事意图，从而能够在思维的线性排列中对叙事实体进行指称。任何一项意图的缺失都会模糊指称缺省的认知路径，从而阻碍叙事实体的明晰所指与视角同指。

当然，只有达成以上三个准则，指称的缺省意义才能够在以交际者为主体的缺省默认机制下产生知其所指、晓其所述的语用效果意义。

4.4.4 小结

本节我们主要讨论了作为叙事论果标记的"结果"在会话叙事语境中的三种语用叙事标记身份：

其一，提供叙事因果及其他事理关系是"结果"叙事论果的主要标记身份。我们发现"结果"在论果的标记过程里其"果"主要分为积极的成果、消极的后果与一般性的结果或结局三种论果形式。其中占据消极后果的论果比例最大，因此也构成了"结果"的消极语义韵特征。

其二是重指叙事实体的主观指称标记身份。我们在分析中发现对叙事实体的重指多呈现为"结果"之后重指缺省的语言形式，这一现象多产生于故事讲述者和受述者在同一散装小故事内部，只有在当下叙述者提及新的事件要素之时，叙事标记的主观指称功能才会被再次激活。叙事标记在重指叙事实体时形成的重指缺省现象进一步表现为跨越话轮间的重指缺省与话轮内部的近指缺省。

　　其三是表明叙述者道义立场的叙事标记身份。"结果"通常表明叙述者对故事事件的消极立场或视点，它引发的消极语义韵是会话叙事中叙述者对不理想事态发展后果的叙述，也是叙述者向受述者铺设叙事进展和评判的一种语义集合现象。行动进展中的消极意义表达多呈现为叙事标记后的后位缺省，即重指的缺省状态，而对叙事事件的评判多呈现为对消极语义素的直接指称。

　　基于此，我们尝试总结了叙事标记的语义缺省形成过程，发现叙事标记的事理关系支撑和主观次序过程为叙 / 受述者对上下连贯关系的整体把握和语义缺省的存在提供了基础。会话场景和叙事场景不断切换的各种事理关系表达赋以叙事标记独特语境化的词义强化和虚化功能。叙事标记的不断虚化为指称缺省提供了话语环境，无论缺省的是直接指向叙事实体的代词形式还是零形式，指称缺省现象都是对语篇空位的一种认知填充和补偿。

　　最后，我们也提出指称明晰性准则、视角互动性准则和意图合作性准则是指称缺省的合作原则。

4.5　叙事总括标记"反正"

　　会话叙事中"反正"具有直接传达叙述者对叙事事件的肯定 / 否定态度含义，是一类用法较复杂的情态副词（modal adverb）（董正存，2008：12）。本节从"反正"的共时平面使用模式入手，主要探究其在会话叙事中的叙事标记化过程及其语用功能，并在此基础上挖掘意图性交互对"反正"的使用存在的影响，进而探寻叙 / 受述者的"反正"体现的认知缺省心理。

4.5.1 "反正"的共时平面使用调查

　　现有文献对"反正"的研究可见于分别从句法、语义、语用和语篇入手的分析，其中对"反正"的语法状态和句法特征的探讨是语义、语用和语篇分析的基础。

　　首先，对于"反正"语法状态和句法特征的研究主要见于以下观点：吕叔湘（1999：199）认为"反正"有两种句法特征，其一是强调在任何情况下都不改变结论或结果，并且上文常有"无论、不管"，或表示正反两种情况的词语，多用在主语前；其二是指明情况或原因，意思与'既然'相近，语气较强，多用在动、形或主语前。《现代汉语词典》（2012：362）总结了"反正"所表达的两类含义：① 表示情况虽然不同但结果并无区别；② 表示坚决肯定的语气。上述观点表明"反正"多表达言者对事件的主观结论或结果，并且是表达言者较强语气的态度副词。

其次，从语义层面对"反正"的研究主要见于李宏（1999）和陈晓桦（2007）。他们从不同角度对"反正"具有的语义功能进行讨论，都提出了"反正"的第二语义项与"既然"不相符的特征。李宏（1999）主要借鉴转换生成语法，引入了表层语义和深层语义两个概念，指出"反正"的意义是通过深层关系，即"（相关项）条件，（反正项）结果"的形式表现出来的，否定了"反正"的"既然"义项；陈晓桦（2007）则从"反正"以"肯决断"语气形式入手，在认可李宏（1999）观点的同时，分析并比较了"反正"和"既然"的语法意义，指出"既然"并非"反正"的一种语义体现，而是话语主体"在不变结果上的主观情绪"，强调的是"在不变性基础上表示主体对客体所做的主观评价和衔接语篇的语用功能"（陈晓桦，2007：112）。

再次，从语用层面来看，董正存（2008）、周玉和暴丽颖（2014）针对"反正"的研究具有语言使用层面的代表性。两者都从"反正"的使用与功能角度总结了"反正"的语言功能。董文列举了"反正"的主观情态功能、语篇功能和话语标记功能。周文则从"反正"的分布位置变化对其辖域所产生的不同影响总结了六种话语标记功能，分别是例举标记、追补标记、肯定标记、语气标记、模糊标记和推卸标记。

最后，关于"反正"在语篇层面的表现，主要见于宗守云和高晓霞（1999）、Gao & Tao（2021）及陶红印和高华（2022）的研究。他们从语篇的角度入手，探讨"反正"在语篇中具有的功能，指出"反正"是逻辑联系语，其所衔接的语义关系包括因果关系、条件关系、并列关系、解注（解释）关系和转折关系，并提到"反正"常出现在口语语境是其可以衔接多种语义关系的原因之一。Gao & Tao（2021）从语篇层面指出了"反正"高度灵活的话语音律表现，将该词视为多能的"瞬时困境调节装置"（陶红印、高华，2022），这为标记词类的语篇功能与语用调节的阐释提供了一种全新的视角。

以上学者对共时平面"反正"进行的探讨均未离开"反正"的句法模

式和语言本体上的功能性讨论。因此，当我们从会话叙事语境探究"反正"的用法和功能时，将主要从"反正"的叙事标记化过程入手，挖掘其在会话叙事中表现出的语用功能，并以此探究语用功能的驱动原因和叙述者心理。

4.5.2 "反正"的叙事标记化与叙事语用功能 [1]

本节主要探讨"反正"的叙事标记化与其语用功能。本书的语料统计显示，"反正"以较高的使用频率常现于叙述者对故事事件要素的条件与结果的协商与解释扩展之中。并且"反正"与"就是（说）"在故事话题共现的情况非常常见，这也是"反正"叙事标记化过程的一种叙事身份体现。

1. "反正"的叙事标记身份

和前文探讨的具有论果性质的"结果"和证实性质的"其实"不同，"反正"的叙事标记化主要体现在叙述者主观上对两项或多项叙事事件信息相关性和结果相对性的叙述中。因此，当我们设定"反正"条件 p 和对应的叙事结果 q，可以从中发现"反正"具有叙事语境下的逻辑语义关系表达。其丰富的逻辑语义加强了"反正"的主观语气和故事表征陈述。语料分析显示，"反正"的前后故事要素是叙 / 受述者叙事主体间性意义的正向指示调和，其促进叙事进展，推进叙述者的故事讲述，并在此基础上促发了受述者与叙述者产生叙事共情的缺省心理。基于此，我们总结了"反正"所具有的三种叙事标记身份：

1）展现叙事事件逻辑关系的叙事标记身份

"反正"在会话叙事中的逻辑关系体现在叙述者相对受述者，故事条件相对故事进展及结果的主体间性意义之中。从 Traugott（2010：29）对主体间性所具有的间接调控交际者话语的关注度、参与度与社会规约切合度的观点来看，"反正"的使用过程中，叙述者相对受述者的主体间性意义体现在以"反正"引发的叙述者对受述者的叙事提醒、叙事总结、叙事坦白、叙述者语气调节等语用功能上；而故事条件相对故事进展及结果的主体间性意义体现在叙事语境范围内"反正"展现的和叙事事件相关的逻辑事理关系中。

我们设定"反正"条件 p 和对应的叙事结果 q，发现"反正"具有以

1　本节部分内容，特别是"反正"的语用功能分析，可参见朱冬怡（2020c）。

下五种叙事逻辑事理关系。

（1）条件关系：在会话叙事中通常有叙事可以向下进展的充分条件信息，"反正"衔接的是充分确定条件下故事事件的可选择性。如例 4-45 中，D 之所以在下述故事中讲述两个孩子家庭的优劣性，在于有"反正$_3$"提供了可以要二孩的一种充分条件，即设定（反正）有了条件 p，因此可以 q（当然也可选择非 q）。叙述者为了在接续的故事讲述中不断提供自己故事的确信度和真实性，往往会提供故事可发展条件的确定性，在故事推进会话互动的过程中，交际双方对事件的可选择性才有了探讨和向下推动的可能。因此，叙述过程中"反正"的条件关系呈现了：反正（确定性）条件 p，（可选择性）结果 q 的特点。这和宗守云和高晓霞（1999）以书面语例得出的"反正"条件关系的"任意性条件 p，确定性结果 q"的结论不尽相同。例 4-46 中的"反正$_4$"由于有"只要"的情感态度意义搭配，因此更突出了 S 在某件事发生的充分条件下，对叙事结果的确定态度。

例 4-45（Corpus 7 语境：研究生同学 L、D 和 Y 在食堂聊天的故事会话）

50D： 你还真别说，我昨天有个高中同学发了条微信说，反正$_3$二胎放开了，要不就要两个吧。她说"等咱们老了不会动的时候躺在床上，老大还能跟老二商量'拔不拔]？'"

例 4-46（Corpus 9 语境：大学课堂上由一幅画引发的课堂讨论）

64S： ……基本上，因为我父母挺开明的那种家长，不是说很专制的那种家长，然后我也是，反正$_4$就是说$_1$只要是这个事如果发生了，我父母给我的意见，我是第一个去遵从的，因为我觉得我肯定是走的路太少了，而且他们会把我保护得太好了，就是说$_2$我是：：我完全听他们的现在↓

（2）因果关系：往往是叙述者加强事件原因说明的一种逻辑语义体现。如例 4-47 所示，S 在讲述自己真正懂事是从生了一场大病之后才慢慢有所改变，在讲述自己在医院的经历时，借由"反正$_3$"强调了"病"的严重性，因此才会在"医院里躺半年"。叙述过程中"反正"的因果关系呈现的是：反正（因为且正是由于）p，（因此）结果 q 的特点。由"反正"表达的因果关系是具有加强语气性质的因果表达。

例 4-47（Corpus 9 语境：大学课堂上由一幅画引发的课堂讨论）

64S： 但是我觉得，因为那个病反正$_3$挺严重的，要不然不可能在病床上，医院里躺半年呢。……

（3）转折关系：是叙述者借以对前述事件中否定或消极因素的再次思索、掂量和肯定。如例 4-48 中，"反正$_4$"对前述 Q 的母亲"摔坏腿以后"的情况予以转折接续，前半部分具有否定性和让步性，之后是对这种否定或让步所作出的故事反转和进一步叙述。"反正$_5$"衔接"还没能来这儿说说"的情况，由此"再想什么办法"去找新的线索。"反正$_6$"对前述"说实在的"所引介事件的悲观态度进行了支持和鼓励，在主观情态上也表达了转折关系。胡壮麟（1994：100）把"反正"看作为连接强式的排除性转折词，但在会话叙事语境中，"反正"所表达的转折关系更多是对故事事件进展过程的一种叙事肯定或慰藉。叙事过程中"反正"的转折关系呈现的是：（否定或消极的）p，反正（肯定或积极的）q 的特点。当然，当叙述者对所述事件报以悲观态度时，"反正"前后的态度也可能相互转换，变为（肯定或积极的）p，反正（否定或消极的）q，如例 4-49 所示，C 在阐述自己坚定的态度是如何一点点改变的过程，"反正"引导出 C 对"乱的时期"的一种否定情感，但与此同时也是对自己的另一种鼓励。

例 4-48（Corpus 13 语境：Q 向 N 讲述自己寻找亲生父母的故事会话）

26Q：……那个时候，我妈也是经常有病，我也离不开。那是 1995 年的时候，我妈腿摔坏了。她老瞅着我，她摔坏腿以后，那时候她就 78 了，快 80 岁了。反正$_4$身体不再好，她总好像有话要跟我讲。她就是$_7$瞅我就哭，就是$_8$掉眼泪。……

（……）

33Q：那个时候说实在的，我就寻思，要是我就现在没找着，以后我也一定努力，我就是尽我最大的努力，我能使多大劲使多大劲。那时还没能来这儿说说，说实在的，我寻思反正$_5$我看我再想什么办法，反正$_6$我就是$_{10}$尽我最大的努力。

例 4-49（Corpus 9 语境：大学课堂上由一幅画引发的课堂讨论）

183C：然后这样子就发现，自己，可能刚开始自己很坚定地觉得我就是要出去工作。但是，你越学你就会发现，我要不要考一下公务员，我要不要考一下教师资格证，我要不要考一下这个，我要不要考一下那个，就进入了一个（.）一个很乱的时期。

184T：其实我好像觉得就是这种乱的时期，把咱们才给培养出来，你要是大学这几年没有这种乱的时间（.）时间的话你可能最后（.）最后，毕业以后是更乱的。

185C： 然后就进入了这个乱的时期，现在吧，反正。就是说，会觉得，
其实也就是老师说的，乱的时期，越乱的话才给自己有一个
逐渐清晰的方向，才知道你想要什么。

（4）并列关系：是叙述者补充和比对前后叙事事实的一种逻辑语义体
现。例 4–50 中 X 与 T 交流图画上自己所偏好的读书状态，借此讲述自己
从书籍中体会到的不同感情和情绪，"反正$_{12}$"补充说明前述"深层的东
西"，就是"每本书中的喜怒哀乐"。"反正$_{15}$"则是 Z 对比背诗前后由含
糊理解到因为环境所触发的对诗歌的顿悟感受，在逻辑上都属于并列叙述
的模式。叙述过程中"反正"的并列关系呈现的是：p（补充和比对）反
正 p'，呈现 q 的特点。

例 4–50（Corpus 9 语境：大学课堂上由一幅画引发的课堂讨论）

255X： 我比较欣赏第二种状态，因为，嗯（.）他既然（0.2）既可以
看到第一种简单快乐，还可以看到一些比较深层的东西，反
正$_{12}$就是说$_{14}$每本书里面都有喜怒哀乐嘛，而且你如果读了
很多书的话，光是喜里面，就分为几百种上千种这些情绪嗯
（……）

351Z： 我很小的时候就背那首《春夜喜雨》，都到中考后的有一个晚
上，那天傍晚时候本来还很热，结果夜里十点多就下大雨了，
那个凉风呀，透过窗户吹得人真舒服，然后就在窗户边上，
结果"随风潜入夜，润物细无声"就一下子让人觉得，啊（.）
反正$_{15}$就是$_{66}$这种细润的无声的感觉，结果就一下子（.）让
人一下子就知道了这诗句的真意，或者说体会到了诗人那时
候的感觉，然后一下子就对诗句的意义有了最深切的体会。

（5）递进关系：基本上包含了故事讲述中叙述者对故事事件要素的承
接、扩展和加述。如例 4–51 中，"反正$_1$"是 Y 加述使其"印象深刻"的事件，
从"假小子"的印象，到确定所述经历的时间"军训的时候"，进一步扩
展"你那时候很活泼"的事件要素，承接并递进了"印象深刻"的叙事
话题。叙事过程中"反正"的并列关系呈现的是：p（扩展、承接、加述）
反正 p'，呈现 q，体现了叙事关联的逻辑性。

例 4–51（Corpus 12 语境：同学 Y 和 L 共同讲述和回忆自己大学求学
时的故事会话）

18Y： 不过对你印象还是挺深刻的，因为你那时候是个假小子，就是$_1$

军训的时候，反正₁你那时候基本上就是很活泼的一样，其他人都在那傻傻的，都被震住了。

综上，"反正"的逻辑事理关系促进了叙述者在故事讲述中以不同的逻辑事理对故事事件表述出叙述的主观情感和态度。以上"反正"的五种逻辑事理关系中，条件关系、因果关系和转折关系更能体现出叙述者对于故事结果的坦白或举例示例，是注重叙事结果的"反正"的用法。而后两种表达逻辑关联的并列关系和递进关系，则更多体现出对叙事事件本身发展的承接、解释和扩展。

2）和叙述者表"评价义"的动词搭配，共同显示叙述者针对故事事件要素的强烈主观态度的叙事标记身份。

从"反正"在叙述者相对受述者，故事条件相对故事进展及结果所体现出的主体间性意义中，我们发现叙述者使用的"反正"是对所述事件要素提起的一种快速、果断、直指事件发展结果的一种标记形式。虽然有些情况下"反正"并未使叙事直接退场，但仍然间接地和评价动词搭配使用，如"我觉得""我看""你看"等，进而引入叙事评价直至叙事总结。在体现叙述者决断态度的标记身份中，"反正"常和表示叙述者自指的"我"或直接指称叙事话题的叙事主语搭配出现，如例 4-52 和例 4-53 所示：

例 4-52（Corpus 9 语境：大学课堂上由一幅画引发的课堂讨论）

257X：如果你（.）同一件事情发生的话，读书少的人和读书多的人反射出来的情绪状态也是不一样的

258T：对，真的投射出来，投射的个人精神状态是不一样的

259X：对，而且（.）就是₅₄反正₁₃我觉得，我自己的观点哦，我觉得读（0.5）我身边的朋友，有那种读书特别多的，然后，但我觉得真的是会，有点偏执。可能同样跟普通人相比的话，目标没有实现，或是没有达成自己想要的那种效果的话，普通人的那种悲伤或者是失落，就是₅₅（0.5）周期比较短。

例 4-53（Corpus 11 语境：B 向 D 讲述自己租房子的倒霉经历的会话）

16B：你听我说，然后人家说给我个面子，让我现在找房子，周末，也就是明天晚上离开。你说这地方就算再方便，有这么一个奇葩的室友我还住什么住，我说好。我就是找的稍微远点的地方也不跟这个奇葩当室友了：：↑结果今天一早人家假惺惺地问

我吃饭了吗，咱这种人也不愿意跟别人真的撕破脸（.）不是，就礼貌性地回了一句。结果他又跟我说起昨天的事，说拍桌子是因为我骂他，我说我怎么骂你了，他说你说君子协议就是骂他，因为君子协议是君子之间的协议，这就是骂他，我说那你意思是你不是君子了？结果他说反正$_2$就是觉得在骂他。接下来说当初租我房子是看我可怜，我要懂得感他的恩。……

例 4-52 中"反正"和"我觉得"提供出叙述者 X 对"读书读到偏执"的个人看法，叙述者使用"就是"将叙事话题，即话轮 257 处"读书少的人和读书多的人反射出来的情绪状态也是不一样的"话题锁定，之后"反正"与"我觉得"对前述话题提供个人的表决态度，实则帮助 X 缓解了当下话题以及个人态度索取的暂时不确定性（陶红印、高华，2022：4）。但叙事话题作为条件项是不改变命题性质的。例 4-53 中"反正"指向的是故事要素中叙事话题"他又跟我说起昨天的事"中"他"的一系列行为表现，叙述者使用"反正"例证"他"的"蛮不讲理"，以此表达叙述者对这一叙事话题的不满和抱怨。"反正"项基于叙事话题的条件项，表达叙述者对叙事事件的情感态度或认识评价，主要凸显叙述者的主观态度。此时"反正"体现出表情态的人际功能，表达了较为强烈的主观态度。不难理解，作为具有反义语素的"反"和"正"组合在一起，它们本身就"处于一个语义场的两个顶端或两面，肯定或否定一个语义场的两端或两面也就确定或排除了一切前提，所以都会自然而然走上表总括的主观化道路"（张谊生，2004：343）。基于此，本身就具有主观化的"反正"和叙述者的评价动词相结合，形成了具有表达强烈主观态度的标记功能。

3）和"就是"或"就是说"共现体现叙述者对叙事事件从不确定性到确信态度的叙事标记身份。

"反正"和"就是（说）"共现，主要表现了叙述者对所述话题的不确定性向主观确信度的偏移，它们在故事话题共现的情况非常常见，在本语料的统计中占 61%（详见表 4-5）：

表 4-5 "反正"与"就是（说）"的共现比例

出现"反正"的语例	"反正"的出现次数 （单位：次）	与"就是（说）"的共现次数 （单位：次）
Corpus 6	1	1
Corpus 7	4	–
Corpus 9	16	12
Corpus 11	2	1

（续表）

出现"反正"的语例	"反正"的出现次数 （单位：次）	与"就是（说）"的共现次数 （单位：次）
Corpus 12	7	5
Corpus 13	6	3
总计	36	22
比例（单位：百分比）	100%	61%

"就是（说）"接续"反正"，直接将叙述者对叙事命题的话题管界控制在"就是"所表达的叙事确信度中，这和"就是（说）"在语法化为连词的过程中，逐渐"以命题为辖域，反映说话人对话语单位之间的关系或话语单位与语境之间关系的'主观认同'"（张惟、高华，2012：97）具有直接联系。此时"反正就是（说）"铺设了叙述者针对故事事件的确定态度偏移，即由不确定性向确定性的一种叙事确信度的转变，我们从例 4-54 可以看出这种趋势：

例 4-54

a.（Corpus 6-59X/61X）反正$_1$就（.）就是$_3$这么多天来……每天都在嘟噜这事儿，那天他再嘟噜……

叙述者对"这么多天来"他"嘟噜这事儿"的故事事件报以不确定态度，随后解释"那天他再嘟噜"后的故事事件。

b.（Corpus 9-60S/62S）不是很懂事一个孩子 -……= 反正$_2$就是$_9$比较任性

叙述者前述话语对"孩子"的个性不够肯定，虽指出"不是很懂事"，但随后的"反正就是"确信了"孩子不是很懂事"的表现：是由于"比较任性"。

c.（Corpus 9-64S）我父母跟我说什么，基本上，因为我父母挺开明的那种家长，不是说很专制的那种家长，然后我也是，反正$_4$就是说$_1$只要是这个事如果发生了，我父母给我的意见，我是第一个去遵从的，因为我觉得我肯定是走的路太少了。

叙述者前述"父母不是很专制的那种家长"，但并未确定如何对"我父母跟我说什么"的叙事话题进行扩展讲述，其后"反正就是说"确定了"父母跟我说什么"以及"我"的表现和回应。

d.（Corpus 9-117Y/119Y/121Y）我觉得这个纠结状态，其实跟你的理想状态不一样的时候，你想不开的时候，这时候是（.）比较纠结。……嗯，反正$_7$就是说$_5$那种迷茫的状态－……＝就是$_{15}$不知道该干什么

叙述者前述对"纠结状态"的描述具有不确定性，随后"反正就是说"指定了"纠结状态"是"那种迷茫的、不知道该干什么"的状态。

e.（Corpus 9-185C）然后就进入了这个乱的时期，现在吧，反正$_9$就是说$_9$会觉得，其实也就是老师说的，乱的时期，越乱的话才给自己有一个逐渐清晰的方向，才知道你想要什么。

叙述者对前述的"乱的时期"没有清晰的认识，"反正就是说"随即确定了一条较为清晰的认识，即"在越乱的时候更要给自己定一个逐渐清晰的方向"的计划。

f.（Corpus 9-237M/238T）人是一种有思想的高级动物，经历了这些思想，这些人他（.）导致的另外一种好的结果的话，他会在这个过程中，离自己的理想，还有现实，就不断地去纠正自己（0.2）自己的三观，就会（.）就会有一种自我反思，自我醒悟，并且，不断地自我救赎的过程，因为它就是最后的冲刺阶段，反正$_{10}$就是说$_{12}$，嗯，有一种，更］－［更高的境界，嗯好的。

叙述者M在237话轮中不断地阐述"人作为高级动物"的"认识过程"，最终以"反正就是说"为这一想法作结尾，受述者T此时回应M的话轮，"更高的境界"是双方共同确信的对"不断自我救赎过程"达成的主观认识共识。

g.（Corpus 9-255X）我比较欣赏第二种状态，因为，嗯（.）他既然（0.2）既可以看到第一种简单快乐，还可以看到一些比较深层的东西，反正$_{12}$就是说$_{14}$每本书里面都有喜怒哀乐嘛，而且你如果读了很多书的话，光是喜里面，就分为几百种上千种这些情绪嗯

叙述者对其所欣赏的"第二种状态"作以解释，"反正就是说"和句末的语气助词"嘛"，既是和受述者确信和共享"深层的东西"即"每本书里面的喜怒哀乐"的主观认识，又是对其之所以欣赏"第二种状态"的原因作以解释。

h.（Corpus 9-351Z）我很小的时候就背那首《春夜喜雨》，都到中考后的有一个晚上，那天傍晚时候本来还很热，结果夜里十点多就下

大雨了，那个凉风呀，透过窗户吹得人真舒服，然后就在窗户边上，结果"随风潜入夜，润物细无声"，你别说，就一下子让人觉得，啊(.)反正₁₅就是₆₆这种细润的无声的感觉，结果就一下子(.)让人一下子就知道了这诗句的真意，或者说体会到了诗人那时候的感觉，然后一下子就对诗句的意义有了最深切的体会。

叙述者讲述自己从懵懂背诗直至结合真实语境对诗歌内容的顿悟，"反正就是"述清了叙述者对"润物细无声"从不知所感到完全领悟的一种经历。

　　i.（Corpus 12–79Y）其实我当时也没有把这个特别认真，然后我去问我父母，结果一问不得了，他们就特别高兴。这就是阴差阳错，反正₇只要做好眼前的事情，你只要把你力所能及的做到最好，就是说₂那后面总是有你的路的，有你的机会。

叙述者对"当时阴差阳错"的事情"没有特别认真"对待，其后"反正"对这个"阴差阳错"的事件予以解释，明晰了"只要做好眼前的事情"，"就是说"续接了"反正"的话题信息，即"只要做好眼前的事情"，才会"有你的机会"。当"反正"和"就是说"分开出现时，"就是说"的话题信息往往是对"反正"的进一步明晰和确定。

　　j.（Corpus 13–33Q）那个时候说实在的，我就寻思，要是我就现在没找着，以后我也一定努力，我就是尽我最大的努力，我能使多大劲使多大劲。那时候还没能来这儿说说，说实在的，我寻思反正₅我看我再想什么办法，反正₆我就是₁₀尽我最大的努力。

叙述者对"那时候"的事情心里没底，并且对事情进展的方向也不明确，随后"反正"是叙述者自我鼓励的一种方式，无论事情发展如何，叙述者明确了自己的想法，即"尽我最大的努力"再去尝试寻找亲人。

　　从上述例子中我们可以看出，叙述者在故事讲述中往往是对故事事件经历的某一特殊故事节点或片段进行回忆。其讲述过程必然存在对过往经历的不确定因素，包括个人对故事事件记忆的不确定因素，或者是认知上对纯粹故事事理的不确定因素或状态（陶红印、高华，2022）。"反正就是（说）"基于这些不确定因素，述清了叙述者所想和所要确定与明晰的故事事理，以此以更为确信的态度回应叙事话题，这是"反正"叙事标记化过程具有正向回应叙事进展、反向佐证叙事话题的一种叙事身份体现。

　　以上我们探讨了会话叙事中"反正"具有的展现叙事事件中表条件、

因果、转折、并列和递进的五种逻辑事理关系，和"评价义"的动词搭配显示叙述者强烈的主观态度，以及和"就是（说）"共现体现叙述者对叙事事件从不确定性到确信态度的三种叙事标记身份。"反正"的强烈表主观的特征使得其在会话叙事语体中成为表述叙述者情感、态度、意见和解释的人际型叙事标记，而会话的互动性又促使其具有丰富的逻辑语义关系，从而形成了"反正"在语篇中多变的语用功能。

2."反正"的叙事语用功能

"反正"的逻辑语义关系促进了其在特殊语境下多维语用功能的发展。通过对本语料的研究分析，我们总结了"反正"在会话叙事语境中所具有的以下七种叙事语用功能。

1）叙事提醒功能

在会话的故事讲述过程中叙述者就某事提醒受述者对相关叙事要素予以关注，是叙述者表明自身态度的提醒标记。如例4-55中，Y对研究生同学L和D讲述其家人对"二胎"看法的故事事件，L针对Y的故事对其进行提问，而D对Y的故事先是给予不赞同的观点，"因为我现在已经%suffer a lot%了"，此时Y提醒D和L关注自己所持观点的原因，"反正"将Y自身的明确观点表达出来，Y提醒D和L，尽管"这个时候可能会受点罪"，但是在D即将准备接续话轮44之时，Y（话轮46）和D（话轮45）发生了话轮抢夺，将话轮44处提醒受述者关注自己观点的原因全盘表述出来，在后续的故事讲述中不断以自身经历的经验故事证实自己的观点。"反正"在会话的故事讲述中有提醒受述者关注其个人态度和观点的语用功能。

例4-55（Corpus 7语境：研究生同学L、D和Y在食堂聊天的故事会话）

42L：你家那位想要两个啊]

43D：[我才不想（笑），因为我现在已经%suffer a lot%了

44Y：反正₁：：[这个时候可能会受点罪，

45D：[但是

46Y：但是]，不管是对孩子的成长，还是对[大人……

2）叙事例举功能

在故事的扩展叙述中，利用"反正"对叙述扩展的故事要素进行例子

列举和说明，含有"例如、比如"之义。如例 4-54-b，S 讲述自己当时"不是很懂事一个孩子"，之后举例说明"反正就是比较任性"，"反正"例举了"不懂事"的具体表现方式，具有"例如、比如"的意义。d 中 Y 所述的"纠结"和"想不开的时候"的状态，也在下文利用"反正"举例说明了这种状态正是"那种迷茫的状态"，"反正"同样具有"例如"的例举功能。

3）叙事总结功能

叙 / 受述者利用"反正"对所述散装事件或对故事要素的观点总结，此时含有"总之"的含义。例 4-52 中，叙述者即将对个人观点进行总结时，会使用"反正"引介出个人对前述事件的观点。此外我们也发现，在"反正就是（说）"的使用模式中，"反正"通常含有"总之"或"总的来说……就是（说）"的例举总结功能，可参见例 4-54，除 b 和 d 的"反正"属于叙事例举功能，其余的"反正就是（说）"均可和"总之 / 总的来说"替换，表达了叙述者对经验故事中相关的事件状态（a、e、f）或事件认识（c、g、h、i）的评价总结。

4）叙事证实功能

叙述者在证明自己对前述叙事话题的看法时会使用"反正"，此时"反正"和"其实"在实施佐证叙事事件要素的功能类似，是对前述话语的一种主观证实或证明。如例 4-56 中，L 在讲述自己经历的故事时和 T 对"他"在画出的"画中"所表达的某种意思进行讨论。此时"反正"证明了叙述者对"他能画出来"的看法。

例 4-56（Corpus 9 语境：大学课堂上由一幅画引发的课堂讨论）

98L：他既然把他画出来，他能画出来，反正$_6$肯定说明是有一定寓意的，他应该是这个意思

5）叙事坦白功能

叙述者针对故事要素直接指出故事结果项与条件项的关联。如例 4-45 中，D 在讲述"昨天高中同学发了条微信"的故事话题时，直言出与故事话题相关的话题条件，即"二胎放开了"，后续故事讲述则围绕"要不就要两个"的话题扩展陈述。"反正"的叙事坦白功能是基于其所具有的展现条件关系的叙事逻辑身份，即提出叙事充分条件和结果的相关故事要素具有直接关联。

173

6）叙事补述功能

叙述者对叙事话题进行补充、说明，用以完整述清故事事件。如在例 4-51 中，Y 讲述大学军训时期"对你印象还挺深刻"的故事事件，"反正"补充说明了 L 让其"印象深刻"的原因，在于其"很活泼的样子"。"反正"的补述功能前会出现管控叙事话题边界的"就是"，如此例中 Y 在故事讲述中不断提供新的叙事话题信息，"就是军训的时候"，其次补充"军训时候你很活泼"的陈述，是逐步述清故事事件的功能体现。

7）叙述者语气调节功能

"反正"具有增强和缓和语气两种语用功能。叙述者在表达主观看法或信念时，以"反正"来加强其对叙事话题的认识。上述六种功能中，都可见"反正"起到的加强叙事语气的功能，其使用模式均以"反正"在话轮起始处或故事事件话轮的进展过程中出现。当"反正"出现于话轮末尾时，其语气程度缓和，仅作为叙述者的观点重申。如例 4-57 所示，Y 在会话过程中以两个故事重复自己对"孩子多了好"的观点，在第二段故事讲述结尾处，"反正$_4$"重申了其对故事话题的观点。值得说明的是，当"反正"位于话轮末尾时，和其在话轮起始及话轮中间接续过程的重读语调不同（Gao & Tao，2021），末尾处的语调较轻，对叙事语气起到了缓和的作用。

例 4-57（Corpus 7 语境：研究生同学 L、D 和 Y 在食堂聊天的故事会话）

58Y：这有病以后过来北京，然后我哥他们在老家照顾我爸她也不用操心，你不知道我爸身体也不好↓，我上大学时候他就住过院。我妈前几年又有些抑郁症，要就我一个的话真是操碎心了。然后这段时间她来我这儿看病有我她也不操啥心了。孩子多了还是好，反正$_4$。

综上来看，"反正"在会话叙事中具有叙事提醒、叙事例举、叙事总结、叙事证实、叙事坦白、叙事补述及叙述者语气调节等七种语用功能。根据会话叙事标记所作用的叙事进程来看，"反正"基本上以叙事推进型模式为主，用以表达叙述者对所述故事事件秉持的具有强调特征的观点态度和语气特征。而具体使用中的"反正"也可作为叙事退场型标记出现，此时主要起到缓和叙述者语气的作用。

4.5.3 "反正"的意图交互性与叙事共情缺省心理

"反正"在会话叙事中的逻辑关系体现在叙述者相对受述者，故事条件相对故事进展及结果的主体间性意义之中。而"反正"前后故事要素是叙 / 受述者叙事主体间主要意图的指示调和，它可以促进叙事进展，推进叙述者的故事讲述，并在此基础上触发受述者与叙述者产生叙事共情的缺省心理。本节主要讨论"反正"的意图交互性与其所触发的叙事共情的认知缺省心理。

1. "反正"的意图交互性构建的语义缺省

我们在 4.5.2 节讨论了"反正"在叙事化过程中展现的五种逻辑事理关系，即设定"反正"条件 p，和对应的叙事结果 q，总结出"反正"的五种逻辑事理关系：

① 条件关系，反正（确定性）条件 p，（可选择性）结果 q；
② 因果关系，反正（因为且正是由于）p，（因此）结果 q；
③ 转折关系，（否定或消极的）p，反正（肯定或积极的）q
　　　　　　（肯定或积极的）p，反正（否定或消极的）q；
④ 并列关系，p（补充和比对）反正 p'，呈现 q；
⑤ 递进关系，p（扩展、承接、加述）反正 p'，呈现 q。

此五种逻辑关系的呈现和叙 / 受述者对会话中故事讲述所期待给予的意图具有直接关联。"意图是第一视角（行为主体'我'的视角），是行为的初始状态"（顾曰国，2017：320），从 4.4.3 节总结出的叙述者和受述者的视角互动合作原则来看，叙述者"反正"的当下视角是以多重不同视点聚焦于同一故事事件，以此在交际意图发挥作用的前提下强调信息意图的可控性。那么对于会话叙事中的"反正"来讲，它所标记的是从叙述者的已叙述信息到新信息扩展过程的一种基本意图形式，可示意为：

已叙述信息 + 新信息 + WS →基本意图形式

此时的基本意图形式应包括了关联论者（如 Sperber & Wilson，1986）谈及的交际意图，交际意图属于二级（second-order）信息意图，因为信息意图作为一级意图形式一旦被识别，交际意图的工作也随即完成（Sperber & Wilson，1986：29）。而信息意图意在履行使言者的话语对听者显现（manifest）的一个心理过程，此时言者对于所言提供的话语信息也必将产生命题的真伪，或者说是之于听者信息的可选择性。在不同的语境假设和社会文化影响下，意图的交互产生形成了多变的话语。此过程可示意为：

基本意图形式 + WS + SCWD + CD → （意图交互下产生的）话语

作为具有反义语素的"反正"，其在语义类别中具有反映空间义场类，即方位义场的特征（张谊生，2004：320）。会话叙事属于单向交流形式，"反正"的语义进展方向亦是向具有总结及概括性质的主观叙事结果进展的叙述类型，受述者基于此所获得的逐渐递增的信息量和不断变化的意图形式，也恰恰是语义缺省的动态表现（Jaszczolt，2005：47）。因此，在叙事结果的表现形式上，"反正"一方面显示了叙述者相对于受述者，以及可选择条件相对于叙事结果的主体间指示性；另一方面也显示了以基本意图形式和会话叙事语境下凸显的叙事意图为最强意图形式所形成"反正"的语义表现，我们总结为反正 1 和反正 2：

反正 1 ((((信息意图) WS) SCWD) CD)：
（"反正"项）可选择性条件，（故事项）结果
反正 2 ((((叙事意图) WS) SCWD) CD)：
（故事项）可选择性条件，（"反正"项）结果
（故事项）可选择性条件，结果（"反正"项）

由信息意图和叙事意图驱动的"反正"具有不同的话语位置模式，如例 4–58 与例 4–59 所示，反正 1 类模式中，叙述者通常将主观观点前置于故事讲述之前或之中，目的在于阐述主观已知或认同的观点，随后叙述故事事件对前述观点概以括之，在指称和主观表达所指上存在观点认同方面的语义缺省情况。

例 4–58（Corpus 9 语境：大学课堂上由一幅画引发的课堂讨论）

54S：我就在，我的瞬间觉得长大了是我，就是 7，是我中考那年结束之后有病了，然后在医院里住了将近半年，然后再去上学那段阶段。

55T：就那种：：：那个时候你长大了？

56S：那个时候，你就想那个时候中考已经结束了，然后大家都去玩这玩那，该玩儿的玩过了，该休整的休整过了，你说你在医院躺半年，而且还耽误了学习，之后你再去奔你怎么去奔，所以说那个时

候肯定是有压力，但是我也没有太大压力，因为我知道我自己考得不错，这还是我一个很大的慰藉。然后，嗯：：只是说是，觉得，那个时候觉得就是，就感觉，嗯（0.2）失去了很多吧。然后再加上，但是我其实我还好，总是：：总是别人觉得你不上替你惋惜，你别说，其实我觉得没有必要，因为大家都是各活各的，就只不过是我可能就是我应该经历的一个阶段。所以说我只是当时当下，我只，其实我是一直是在想当下，当下只是我养好病就 %OK% 了。然后你的父母就是去（0.2）就是不工作，要过来照顾你，或者你这些家人围着你转，你现在要做的就是把你的身体养好，其他的不要说是再去想别的，再去给父母添一些无谓的一些别的烦恼什么的，你只是一天开心一点，然后把自己身体养好，大夫，告诉你去休养，怎么休养就 %OK% 了。

57T：　然后，然后那个时候你就长大了。

58S：　不过你别说₂，我长大是我父母对我的态度，其实在那个得病之前我是一个属于比较，喷（0.2）怎么说：：就是₈很不懂事的一个孩子。

（"就是₈"启动了前述话语的背景信息，将"'得病之前'的'我'属于什么样的孩子"的话题前景化。）

59T：　嗯

60S：　不是很懂事一个孩子 –

61T：　= 有点叛逆 –

62S：　= 反正₂就是₉比较任性，

（"反正₂"属于"反正 1"类，承接上一话轮，提供当下叙述者的信息意图，其信息运行沿着58S"不懂事"类型的孩子→59T回应→60S重复话题信息→61T为S的信息重复提供新的信息解读（interpretation）："叛逆"→62S修正61T的"叛逆"说，"反正₂"和"就是₉"之间缺省了58S中话题前景化提及的"我"，且"我"在"反正就是"的回指管界中所指不变，以此为下一话轮提供话题信息接续）

63T：大家都有，应该有叛逆的时候，但你别说真正毕业后你就会又好想上大学：：上大学以后就会觉得慢慢（0.2）慢慢有点说就是知道关心别人那种，那种长大了的感觉。唔，就像他说的他初中时候经历的这个事，好像就有长大了的感觉，好像我觉得离家（0.2）离开家以后，我现在是拖家带口，有了这种感觉，然后我就是觉得特（0.5）特不容易。然后，今年过年前我父亲又离世了，然后我就觉得我：：我那个瞬间是真正地经历了很深刻的长大的那种感觉，相比来说，她说她那个初中的时候就有了那种感觉，我觉得应该也是经历了病痛的那种折磨后才有的体会。

64S: 但是我觉得，因为那个病反正₃挺严重的，要不然不可能在病床上，医院里躺半年呢。嗯，然后那个完了之后，就是₁₀也不想提这事儿了，其实也没什么大事，现在也挺好的。然后就是觉得对我父母态度非常改观，然后因为那时候，你在床上肯定是会不方便（.）啥事都自理嘛，然后父母帮你，然后我爸有时候就是属于那种：：：属于铁血硬汉那种，你还真别说，那时候也看出来他比较柔情那一面，然后我也真是觉得，太不容易了。我感觉当时，以前那么叛逆，然后也挺（0.2）就是₁₁也挺混蛋的那个时候，然后就觉得在那时候晚上，就是₁₂我，我父母跟我说什么，基本上，因为我父母挺开明的那种家长，不是说很专制的那种家长，然后我也是，反正₄就是说₁只要是这个事如果发生了，我父母给我的意见，我是第一个去遵从的，因为我觉得我肯定是走的路太少了，而且他们会把我保护得太好了，就是说₂我是：：我完全听他们的现在↓但是他们也会咨询我的意见，所以现在跟（0.2）就是₁₃上一辈的人相处就是完全没有代沟，我不知道代沟是什么，就是₁₄实打实地相处，你懂的

（"反正₃"属于"反正1"类，叙述者提供话题信息，为叙事的进行提供可选择性话题）

（"反正₄"属于"反正2"类，受叙事意图驱动，S在话轮前部的故事讲述提供了会话叙事中故事项的条件，"反正"项则总结并概况了S所提供故事的进展结果：即"反正₄就是说₁"后的叙述结果，此时"反正"和"就是说"之间的管界所指既回指本话轮首的"我"，也下指"反正就是说"后"我是第一个去遵从的""我"）

反正2类模式中，叙述者和受述者往往先行交互故事讲述活动，而当下叙述者则会对故事的可述性（tellability），即故事的"新"的见闻性质，以及切合于叙/受述者以特定的叙事修辞框定（shaped）的故事事件进行评价和总结（Ochs & Capps，2001：34），以此提出主观观点和态度。

例 4-59（Corpus 7 语境：研究生同学 L、D 和 Y 在食堂聊天的故事会话）

36L: （……）

二胎都放开了，你（Y）准备啥时候
要（孩子）呢？

37Y: 至少一年以后吧：：

38L: 那谁（0.2）你爱人找工作了么？

39Y: 等她稍微稳定些了吧。她现在在丰台
一个小学当老师呢，还是班主任↓，
课太多太忙了。

40L: 那早晚都能闲下来。

41Y: 一说放开二胎，我家那位可高兴了（.）
可以要两个了。（1.0）

[你（转头问D）要不要二胎啊？

42L: [你家那位想要两个啊？

43D: 我才不想](笑)，因为我现在已经
%suffer a lot% 了。

44Y: 反正$_1$：：：[这个时候可能会受点罪，

（"反正$_1$"属于反正1类，
叙述者的信息意图提供了
信息的可选择性条件，即
"要两个孩子的话"，后续
D在45话轮处的话轮接
续为其在50话轮处的会
话故事的讲述提供了叙事
投射）

45D: [但是长远来看还是两个好，

46Y: 但是，不管是对孩子的成长，还是对
[大人

47D: [大人都是有好处的。

48Y: 我反正$_2$，一直是这个观点↓]（笑）

（"反正$_2$"同"反正$_1$"，
在强调叙述者观点的同时
也为50话轮处的会话故
事讲述提供了叙事投射）

49D：（笑）

Y：

50D： 我昨天有个高中同学发了条微信说，反正₃二胎放开了，要不就要两个吧。她说"等咱们老了不会动的时候躺在床上，老大还能跟老二商量'拔不拔]？'"

（"反正₃"同样是信息意图启动的对于'国家的政策规定'或'当下的条件或情况是'的认知状况默认，属于"反正1"类）

51L： [拔什么啊↑

52Y： [拔啥↑

53D： 拔氧气罐啊。老大问老二"这氧气罐拔不拔"，老二估计会说"拔"。这不是俩孩子有个商量的余地了（笑）你懂的

54Y： 哎哟我的天，俩娃是用在干这啊？（笑）

55L： 有个商量余地。

56Y： 是，多了还是有好处的↓。你说我妈要不是当时要我们几个，这次她身体不好，[来北京瞧病。

57L：啊：：]

D：

58Y： 这有病以后过来北京，然后我哥他们在老家照顾我爸她也不用操心，你不知道我爸身体也不好↓，我上大学时候他就住过院。我妈前几年又有些抑郁症，要就我一个的话真是操碎心了。然后这段时间她来我这儿看病有我她也不操啥心了。孩子多了还是好，反正₄。

（"反正₄"属于反正2类，Y 作为当下叙述者首先以故事项的可选择性条件讲述了其在56话轮处设定的叙事话题"多了还是有好处的"，其后以叙事意图为驱动，展开故事讲述，"反正₄"重申并强调了叙事话题"孩子多了还是好"）

59L： 嗯：：真的是。

因此,"反正"在意图交互性基础上,为叙/受述者达成会话中的故事讲述活动设置了故事边框。在此边框语境下,叙述者和受述者依据彼此所述表现出的主观话语连贯态度而灵活切换会话场景和叙事场景。然而,不同意图性的交互驱动以及"反正"所具有的较强的语气情态功能,也促使它具有表达会话叙事中叙述者和受述者调控、共享和分述经历故事的认知缺省心理特征。

2. "反正"的叙事共情缺省心理

在动态的会话叙事过程中,"反正"反映了叙述者通过故事叙述的可选择性条件项,期待受述者与其产生默认的叙事共情(empathy)的一种认知缺省心理。

认知缺省是交际者意图性的直接体现(Jaszczolt, 2005: 51)。那么对于会话叙事中的叙述者来说,其意图性表现在叙述者以故事讲述表达其对会话命题的观点或态度。而真正驱动此意图性最终以言语方式表达出来的,是叙/受述者在当下进行的会话叙事中期待共享针对故事的态度并与之回应相应故事经历的共情心理。共情(empathy)是指个体基于另一个体感知或想象其情感,并部分体验到另一个体感受的一种心理过程(Singer & Lamm, 2009)。因此,"反正"的叙事共情是动态会话叙事过程中认知缺省心理的直接体现。

回看例 4–59,Y 在 41 话轮处承接了 L 在 36 话轮的叙事投射,确定了会话话题"二胎放开",在 L 和 D 接续此话题的两个话轮后,Y 的"反正$_1$"占据了话轮转换的相关位置(transition-relevance place),Y 本身是男士,L 和 D 是女士,此时 Y 和两位女士探讨"(如果要二胎的话)这个时候可能会受点罪","反正$_1$"体现出当下叙述者 Y 共情于受述者 L 和 D 的感受,而 D 对于 Y 的共情立即给予了肯定的回应,从而在新确定的叙事话题(45 话轮处)"长远来看还是两个好"的四个话轮间隔处(50 话轮处)自选为新一话轮的发起人,在其间 Y(48 话轮处)的"反正$_2$"是对叙事话题的再次肯定和对话题情境相关信息的再次理解。"反正$_3$"的 50 话轮处 D 作为当下叙述者,与当下受述者 L 和 Y 分享经历故事,其后的 51~55 话轮是当下叙/受述者对故事的互动。L 在 55 话轮处也出现了叙事共情表达,"(要两个孩子的话)有个商量余地",Y 此后在 56 和 58 话轮处的叙事回应重新共情于叙事话题,并再次提起故事讲述。"反正$_4$"呈现了语用缓和,是当下叙述者 Y 对叙事话题的重申,与此同时其叙事意图实现,完成了针对叙事话题的故事讲述。

在会话叙事语境下，叙/受述者能够提取叙事话题并理解当前语境中所包含的话题信息，这是认知角度下情境可以影响共情的必需条件（Wyer & Radvansky, 1999: 94）。以 Wyer & Radvansky（1999）提出的情境模型（situation model）来看，他们认为交际个体在理解特定情境传递的信息过程中会构建相应的情境模型，在动态的交际过程中，个体通过共情可以逐步扩展理解新信息并对之进行判断，由此，他们提出了事件所指模型（event-indexing model）和片段模型（episode model）就是共情于动态情境的心理基础模型。事件所指模型主要包含时空信息与个体间信息，片段模型则包含了时间、因果关系、意图性和实体以及个体之间的关系。片段模型是多个事件所指模型的组合，正是会话叙事中各个散装故事构成的叙事模式。我们发现，"反正"牵制并在交际者默认的认知心理中构建了交际者事件片段模型的叙事发展，在主观交互的情态和意图性信息交互中，叙/受述者根据信息量大小产生针对故事事件的共情，以此交互会话与叙事信息，形成了叙事共情的认知缺省心理。

4.5.4　小结

本节我们主要讨论了作为叙事总括标记的"反正"在会话叙事语境中具有的三种叙事标记身份。

（1）"反正"的叙事逻辑事理关系体现在条件、因果、转折、并列和递进五种逻辑关系中。其中，条件、因果和转折关系更能体现出叙述者对于故事结果的坦白或举例例示，是注重叙事结果的"反正"的用法。而后两种表达逻辑关联的并列关系和递进关系，则更多体现出对叙事事件本身发展的承接、解释和扩展。

（2）叙事标记身份主要体现在"反正"和叙述者表"评价义"动词构式搭配显示的针对故事事件要素所表达出的强烈主观态度。分析发现，叙述者使用的"反正"是对所述事件要素提起的一种快速、果断、直指事件发展结果的标记形式。而当其和具有"评价义"的"我觉得""我看""你看"等共现时，表达出叙述者在交际意图、信息意图、叙事意图和所指意图上的意图交互所形成的叙事模式。

（3）叙事标记身份体现在"反正"和"就是"或"就是说"共现，叙述者从而对所述话题由不确定性向主观确信度的偏移。"反正（就是说）"的搭配模式在人际表达功能方面强调的是"反正"项的内容，由于叙述者在故事讲述中往往需对故事事件经历的某一特殊故事节点或片段进行回忆，所以必然含有对过往经历的不确定因素，包括个人对故事事件记忆的不确定因素，或是认知上对故事事理的不确定因素。"反正就是（说）"基于这些不确定因素，述清了叙述者所想和所要确定与明晰的故事事理，以此以更为确信的态度回应叙事话题，这是"反正"叙事标记化过程中具有正向回应叙事进展、反向佐证叙事话题的一种叙事身份体现。

基于此，我们总结了"反正"在会话叙事中所具有的叙事提醒、叙事例举、叙事总结、叙事证实、叙事坦白、叙事补述及叙述者语气调节七种语用功能。"反正"的语用调节功能建立在意图交互性基础上。以信息意图和叙事意图为主要意图交互形式的"反正"，为叙/受述者达成会话中的故事讲述活动设置了故事边框，在此边框环境下，叙述者和受述者依据彼此所述表现出的主观话语连贯态度而灵活切换会话场景和叙事场景。"反正"牵制并在交际者默认的认知心理中构建了交际者事件片段模型的叙事发展，在主观交互的情态和意图性信息交换中，叙/受述者根据信息量大小产生针对故事事件的共情，以此交互会话与叙事信息，形成了叙事共情的认知缺省心理。

4.6 本章小结

本章主要探讨了具有主观缺省意义的非概念型叙事标记"然后""其实""结果"和"反正"，及其叙事标记化过程和在此过程中形成的语义缺省状态。

首先，就叙事标记的主观缺省意义而言，其在叙事标记化过程中缺失了当下叙述者主观见解的直指表达，是一种非概念型叙事标记，其叙事语用功能涉及叙事标记化和标记步骤两个层面。

第一，叙事标记的主观缺省意义在叙事语用地图上呈现了动态标记过程。其语用功能特征主要表现在切换会话场景和叙事场景过程中对时空顺序、事理逻辑顺序、话语程序和主观指称次序的调度合作与互动。本书所考察的"然后""其实""结果"和"反正"在这一动态的语用过程中均呈现出语境化关系增强，语法化和词汇化关系减弱的趋势。在语境化关系的强化下，

叙事推进标记"然后"经历了：

① 串联叙事时间的发展顺序身份；
② 衔接叙事事件的联合顺序或逻辑事理顺序身份；

③ 标记话题指称的主观次序身份；

叙事证实标记"其实"经历了：

④ 佐证相关叙事话语情境要素的叙事标记身份；
⑤ 叙事推断标记身份；
⑥ 标记叙述者的主观指称次序身份；

叙事论果标记"结果"经历了：

⑦ 提供叙事因果以及其他事理关系的标记身份；
⑧ 重指（跨话轮回指）叙事实体的主观指称标记身份；
⑨ 表明叙述者道义立场的标记身份；

叙事总括标记"反正"经历了：

⑩ 反映叙事条件以及其他事理关系的标记身份；
⑪ 和叙述者表"评价义"的动词构式搭配显示叙述者针对故事事件要素所表达的强烈主观态度的标记身份；
⑫ 和"就是"或"就是说"共现体现叙述者对叙事事件从不确定性到确信态度的叙事标记身份。

本书发现，以上①、④、⑦、⑩特征是基于话语信息本身的词语意义与话语结构，在合并表征的信息来源中表征了 WS 的信息源；②、⑤、⑨、⑪ 特征为会话叙事信息的推进呈现了隐含的推理、逻辑引导功能与社会文化和叙事背景知识，在合并表征的信息来源中表征了 SCWD 与 CPI 的信息源；③、⑥、⑧、⑫特征体现出叙述者和受述者在故事事件上对主旨信息所指意图的认知配合，也以此促成了叙事标记引介回指或重指话题主旨的指称缺省现象，在合并表征的信息来源中表征了 CD 的信息源。这进一步证明了我们在开篇提出的假设，即作为标记会话叙事进程的引导联系语，非概念型会话叙事标记在体现叙述者意图和话语意义缺省互动的同时，也体现出叙事空间和时间，以及叙事逻辑语义关系中对相关过程的所指缺省。与此同时，我们修补和完善了 Jaszczolt（2010，2016）的合并表征信息源模式，提出了会话叙事标记在叙 / 受述者认知线性思维上关联到的叙事意图－所指意图－信息意图－交际意图共现而形成的语境推理和指称缺省运行特点。

第二，叙事标记的标记步骤是覆盖其语用化现象的具体步骤展现。以

Labov（1972a）的叙事六要素看来，主观缺省意义表征下的非概念型叙事标记步骤大致覆盖了从点题至尾声的每一节点，但不同的标记化步骤却不尽一致，可见表 4–6：

表 4–6　主观缺省意义表征的叙事标记步骤示例

六要素 叙事标记	点题 abstract	定位 orientation	进展 complication	评价 evaluation	结局 resolution	尾声 coda
"然后"	√	√	√	√		
"其实"		√	√	√		
"结果"			√	√	√	√
"反正"			√	√		√

可以看出，由于"然后"在会话叙事过程中所表现出的时序串联和事理关系倾向性，它更着重于在故事讲述的铺展过程中对事件要素进行时序或事理关系的引导。而"其实"的佐证和推断倾向性使得其本身在故事事件的证实启动方面具有定位意义，在事件铺展过程中也发挥了更多的作用，而非置于叙述的起始点。"结果"则不同，由于其本身指向事件发展的结局，和前两者对于事件铺展的作用相似外，"结果"则更多见于叙述者对事件结尾的总结或收尾陈述。"反正"则由于所具有的语气较强的主观评价特征，以及其在铺展叙述者不同意图信息时情境模式的不同，主要见于叙事进展和评价中，作为缓和语气的语用调节标记，也出现在叙事尾部表示强调。

其次，从语义缺省层面来看，具有主观缺省意义表征的非概念型叙事标记主要涉及了在叙事生成和识解中有关认知缺省、语篇措辞缺省和社会–文化缺省三个层面。

第一，认知缺省层面。叙事标记的首要意义信息和次要意义信息构建了叙/受述者知其所述、晓其所指的话语状态。在话轮内部的叙事近指是故事讲述者在话语加工模式上调用首要意义信息形成一般性会话含义的过程，也是对所指确认作为叙事特征类标记（如叙事推进型的"然后"、证实型的"其实"、论果型的"结果"和总括型的"反正"）最直接的意义体现。从而说明意义的整体识解中首要意义的生成所包含的缺省默认成分，是由语言使用的规约性所触发的非真值条件意义构成，这与 Jaszczolt（2010：200）对于语义加工模式中所强调的前半部分推论相一致。但是我们也关注到，在日常的自发性会话叙事中，话语情境除去包含了叙事参与者、时间、地点、上下文等因素，话题事件或事件的集合是叙述者必然列举也反复提及的。这修正了 Jaszczolt（2010）模式，即在特定话语情境中，如汉语会话情境，叙事标记对不同叙事事件的引介和所指是靠叙述者和受述者之间的协作推理共同完成。因此首要意义同时也是话语情境触发有意识的语用推理的一种体现。基于首要意义，跨越话轮间由不同意图信息交互的叙事标记是次要意义信息形成会话含义的过程，这主要是由于这些标记在故事讲述过程中蕴含了叙述者对故事事件的主观认知和道义情态。以"结果"为例就是在次要信息处理过程中，叙述者对所指缺省添加了更多有意识的责备和主观评判，因此次要意义的加工是基于对首要意义的默认之后，从社会文化背景知识（$SCWD_{sm}$）与有意识的语用推理（CPI_{sm}）中得到的关乎语境的事理逻辑或主观情态意义。

第二，语篇措辞缺省层面。叙事标记具有形成语篇空位，定位零形回指的管控功能。由于叙事实体和叙事标记在话题链上形成的语境制约关系，叙事标记常在话题主位推进的进程中引入零形回指，以此引介所述事件实体。此时，零形回指由话题距离因素和句间语义因素形成了叙事近指和叙事重指的现象。叙事近指是返回叙事标记管控的话轮内部，进而确认叙述实体的回指指称表现。叙事重指是在会话与叙事话轮切换的话轮间，从叙事标记的管控中确认回指和后指的指称表现。这两者都是言语者在指称缺省现象中对语篇空位的一种认知填充和补偿。

第三，社会 – 文化缺省层面。不同类型的叙事标记具有默认不同的社会文化叙事心理的表现。我们发现"然后"往往体现了叙事者的叙述身份、叙事话题可述性和讲述连续性期待；"其实"体现了叙述者寻求事实佐证，向受述者证实叙事确信的社会文化等层面信息；"结果"则通常表达了叙述者的消极语义接续，以及责备或抱怨的叙事心理；而"反正"更多地体现了当下叙述者和受述者较强的语气情态以及意图信息交互上的叙事共情心理。

第5章

会话叙事标记的交互主观意义
与语用运行机制

5.1 叙事标记的交互主观意义表达

本章主要探讨叙事标记的交互主观意义特征。不同于叙事标记的主观缺省意义所表达的非概念型叙事标记，即主要由语言使用的规约性触发非真值条件意义及其所引介和确认的指称缺省，叙事标记的交互主观意义表达通常是指能够传达叙述者对所述内容的主观见解、个人评价或肯定/否定态度，抑或是点明叙述者征询他人叙事见解的话语形式。以叙述者对叙事见解的主观表达为切入，这一类型的叙事标记具有表达叙述者交互主观意图性的功能，而主观意图性最直接的表述特征就是叙述者对叙事见解的表达，以及通过表达叙事见解形成的对叙事意图和交际意图的回应。

自发性会话叙事语料中最为常见的具有交互主观概念表达的叙事标记应属于"我觉得、我看、你看、你说"等"我 + V/你 + V"类概念型叙事标记，它们均属于以经济、直接的方式表述自身主观态度评价和征询叙事见解的标记形式。如我们在标记语料的筛选方法中所述，本章以"你别说"类、"你懂的"和"可以，这很 NP"三个表示叙述者对叙事见解的交互主观态度评价的标记形式为例，探讨叙事标记的交互主观意义与语用功能。其中后两者在会话叙事中的使用是在互联网与自媒体传播的融合中，由线上传播流行至线下使用，进而形成的语义概念固化、语用概念充实的标记类型。据此，叙事标记的交互主观意义特征主要有以下几种。

（1）从语用层面来讲，交互主观表达的叙事标记是叙述者在会话叙事的开场、故事讲述主体和退场过程中所使用的标记形式，承担了不同的局部承接、整体激活的作用，同时也辅助叙述者在扩展叙事话题的细述过程中对整个会话场景和叙事场景进行意义的衔接与把控。

（2）从语义层面来讲，基于其可表达交互主观概念的语义整体，叙事标记在言语形式上多包含了叙事见解的主体实施者，因此在语义处理过程中主要见于将涵盖见解实施主体的意义处理纳入语义所指层面。这种处理方式一方面可以反映话语识解的及时性，另一方面符合话语建构的经济性。意义的组合性原则因此不再局限于句子，而是上升到话语意义的语用情境和语用表征层面。

（3）从认知层面来讲，交互主观意义表达的叙事标记能够揭示话语字面所缺省的语用隐含意义信息，它们可以通过语义缺省重新激活叙述者所指事件，连通逻辑"短路"信息，维持自然会话叙事中会话与故事讲述的顺利切换与话语认知的衔接连贯。

基于叙事标记的交互主观意义表达特征及其在会话叙事语境下实际语用操作的特点和影响，本章主要探讨叙事见解引介表述的标记"你别说"、叙事见解默契解读的标记"你懂的"及叙事见解精简评价的标记"可以，这很 NP"。

5.2　叙事见解引介表述的"你别说"[1]

从本书语料中析出的"你别说"是以话语标记方式展现的一种语言形式。作为话语标记的"你别说"，既可以是以词汇的规约化形式表示的"你不要说"之义，也可以是包含了"别说"在内的多种结构变体，如语料中显示的"你还别说""你真别说""你还真别说""那你别说"等。本节将主要探讨会话叙事语境下话语标记"你别说"的交互主观标记化过程和其所展现的语用功能，并在此基础上探讨由"你别说"的语用表征所形成的交互语义缺省空间。

5.2.1 "你别说"的共时平面使用调查

单从字面的共时平面意义来看，"你别说"是一个主谓短语，既可单独使用表示"你不要说"或"你不用说"等含有禁止对方讲话的意思，也可后接小句类型的宾语，表示讲话人对所述话语不赞同或不认可的话语否定状态。唐善生和华丽亚（2011）对"你别说"这一语言形式从指称"你"到"别说"的演变进行了较为完整的语言功能方面的分析。他们主要从"你

1　本节部分内容，特别是"你别说"在行知言三域的语用表现，可参见朱冬怡（2021）。

别说"的演化脉络入手，指出"你别说"话语的基本功能和其在演变不同阶段所具有的修辞特点。唐文指出，"你别说"的基本功能是对会话方说的行为的否定，即行为阻止，并在此基础上考察了它的语义否定和否定的命题指向性问题。之后指出了话语标记的"你别说"是由"没有否定的否定形式"演化而来的。唐文的分析从"你别说"否定功能的演变逐渐析出其话语的标记功能，对我们的研究具有启发性。但其研究一再从否定功能推理而忽略了"你别说"所具有的言语者在言语否定中所默认的认知上的肯定义，似乎并未提取到这一语言形式的修辞奇妙之处，这也是本节的讨论重点。

唐文以外的文献更多是从"别说"这一引发其结构变体的基本结构形式出发，对"别说"的词汇化或语法化演变进行调查和分析，即话语标记"别说"的来源问题。如董秀芳（2007）从"别说"的形成过程和功能指出其组块化和一体化形式下话语隐含义的规约化表达，以及其语形的不稳定性。董文意在说明在不同语境下，"别说"的话语功能不尽相同，其词汇化和语法化对"别说"的话语标记用法具有词位同一性和语源同一性，因此不需在词汇内部再作进一步区分。持此观点的还有李宗江（2014）。

另有学者从自然口语角度对"别说"的话语功能进行考察，得出的结论也不尽相同。韩蕾和刘焱（2007）指出作为话语标记的"别说"在对话体和非对话体中出现的位置不同，具有认同和反对两种反应功能；在非对话体中"别说"具有引发和转换话题的功能。除此之外，他们指出"意外"义是话语标记"别说"的核心义。刘永华和高建平（2007：29）也对"别说"的话轮位置进行了探讨，并指出话语标记的"别说"具有引发功能和反应功能，在言语交际中具有强化和提示的语用功能。值得说明的是，韩蕾和刘焱（2007）文似乎得出了截然相反的结论，韩的"认同和反对"与刘的"引发与反应"是否会混淆"别说"在自然口语中的语用本质？尹海良（2009）的分析更为全面，指出"别说"具有肯定、否定、标异和引发四种话语功能，而其核心义是"确认"和"标异"。

综上可以看出，针对"你别说"的共时平面考察多以"别说"的语源演变及词汇化、语法化对其标记化的影响切入。前述文献中都提及了特定语境下的"你别说"应当具有"新异信息"的特征（李宗江，2014：223），但研究中对特定语境以及特殊语体下的"你别说"的分析案例尚付阙如。因此本节我们主要探讨在自发性会话叙事这一特定语境下"你别说"的区别性特征和其从规约化特征中衍推出的交互主观性的语用互动表征及其多界面特点。

5.2.2 "你别说"的交互主观叙事标记身份与语用功能探讨

　　会话叙事标记出现在会话的故事讲述中，它能够指引并协助当下叙述者传达由会话话语切换至叙事话语的话题所指，并且在话语层面体现交际者对叙事场景的开启或接续行为，是促使交际中叙述者和受述者使用具有语境逻辑和所指关联的一种话语认知选择。从语料上下文以及会话与叙事场景的切换和接续方式来看，会话叙事语境下的"你别说"往往出现在当下叙述者业已展开的故事事件中，或至少是在具有叙事投射的话语中，提示或强调受述者[1]对前述事件的再次关注。其话语模式和叙事标记身份的形成和特征，以及在会话叙事语境下所具有的语用功能，是我们本节所要探讨的内容。

　　通过对语料的逐一分析和整理，我们发现"你别说"交互主观性的叙事标记身份在形成过程中具有不断顺应叙 / 受述者彼此话语、交互认可例举的标记化特征，"你别说"的话语序列模式和其在交互会话中的叙事标记身份决定了它表达言者"见解"的核心语用功能。先看例 5–1，该段会话叙事发生在 M 和 D 在答应 X 去其语音实验室为 M 家婴儿录音，但由于 M 身体原因耽误了路程时间，因此迟到的一段会话语境。M 在语音室门口见到 X 后便开始解释迟到原因（06 话轮），D（07 话轮）紧接 M 话轮解释愧疚情绪。因此，X 在第 8 话轮处得知了 M 与 D 迟到的原因后安慰年纪大且为长辈的 M "年纪大了是要注意的啊"。M 在 09 话轮处对 X 的回应予以肯定回复，以"你还别说[1]"来肯定上一话轮处 X 的观点，行使了肯定他见的语用功能，随即在接续话轮中（第 11 话轮）切入故事讲述佐证对 X 见解的肯定，这一点我们从 X（12 话轮处）的回应可以看出来。这里的"你还别说"显示的并非当下叙述者"不让"受述者说的内容，相反，其表达的是言语交际中在场者"你"或"我"或"你们"，对前述话题的认可和赞同，进而引发出"你别说"之后的故事例举。"你"在此是叙述者自我指称的一种指称泛化，"你"之后出现的故事讲述多是叙述者对自我经历的回忆描述，是叙述者在认识（epistemic）确定性层面的叙述

1　此时受述者仅仅是作为叙述或发话对象的听话者，即听取当下会话故事的一方或多方。在听话者以故事回应发话者故事，即会话故事的话语序列中，受述者也可被看作是前一话轮的叙述者。如语料中的 Corpus 4，B 和 D 的叙述者和受述者身份在互动会话和故事讲述中交替切换。下文分析中将谈到这种现象。

肯定，"你"的指称位于叙述者认知确定和受述者受话确定之间。因此，"你还别说"此处具有当下叙述者肯定受述者观点，并以此扩展阐述故事事件的叙事标记身份。

例5-1（Corpus 3 语境：语音实验室门口关于迟到和原因解释的对话）

06M：其实快走到站口那儿时候我就是觉得一阵阵心慌，啊（0.2）然后你看还抱着个L，我也不想停下来歇，后来D让我去站台凳子上坐一会儿。

07D：结果你看还是给误了，真不好意思（1.0）不过宝宝这会儿倒是挺兴奋的，估计一会儿进了录音室能好好表现。

08X：好的好的，哎哟，胖乎乎的小朋友呀。阿姨年纪大了是要注意的啊。

09M：嗯，前年在家里呀，你还别说$_1$，有一次我就是这样子。

10X：嗯

11M：当时还是从床上起来的那股子劲，头刚离开枕头，不中了，头晕，然后躺下，然后就心里头不好受，然后D她爸爸身体也不好，我就叫他过来，拿手机给D的舅舅打电话，然后我那时候啊，连说话的力气也没有了（1.0）哎，其实当时我心里头很清楚，其实就是头晕，结果在床上躺着，还吐了，然后$_6$就是等着D的舅舅过来，然后去了医院，结果才知道，这是美尼尔综合征啊。然后现在就落了个这心头病，不敢着急，害怕着急-

12X：=是呀（.）年龄大了是要多注意呢阿姨。

在肯定他见以例举后述事件的话语模式之外，"你别说"还可以用于叙述者确定己见的语用模式之中。如例5-2中，老人B触景生情，向D讲述其儿时争抢吃饭的故事事件。B在02话轮处已经对后续故事讲述进行了叙事投射（narrative projection），投射在故事讲述的话轮协商中具有重要的作用（Auer，2005；Schegloff，1984），并使交际者逐渐交付出对故事事件的讲述。D在07话轮处的故事讲述是对B在06话轮投射的叙事话题"苦日子结束，不用再吃鱼冻，更要珍惜生活"的故事回应。D故事讲述中的"你别说"是以其变体形式"你真别说"出现的，在这一话轮内部，D本身已经和B形成了故事讲述中的话轮协商，D赞同B在上述话轮中形成的叙事话题，因此，对新的关联话题"要珍惜生活，不浪费并养成良好生活习惯"予以扩展陈述。"你真别说"出现在叙述者设定叙事话题之后，是叙述者确认己见的语用形式体现。"你别说"在体现叙述者确认己见的语用功能时，表现出叙述者为了强调个人观点并例举佐证叙述事实的叙事标记身份。

例 5-2（Corpus 4 语境：母亲 D 在喂孩子 L 吃饭时，老人 B 向 D 讲述他儿时吃鱼冻的故事）

01D：快来把这口稀饭喝完（冲 L 说道）

02B：哎，我吃着这鱼冻，就想起我们小时候抢饭吃了（2.5）那时候家里穷孩子多又没啥吃的。然后在我们南方那边都要打鱼。

03D：哦

04B：你不知道，打了鱼也不是顿顿都有的吃，经常是吃鱼冻。头天吃一小块鱼等第二天那些剩鱼就冻到一起了，结果然后大家就抢着吃。结果还没几口盘子就空了－

05D：孩子多粮食少－

06B：＝现在日子太好了，不过年的时候就想吃啥就能买到啥。我们小时候确实是没得啥吃（.）哎，那时候苦：:L 他们赶上好时代（.）不用吃鱼冻了。

07D：（冲 L 喊道）快来把饭吃完，不许浪费，粒粒皆辛苦。是呀，其实好习惯必须从小给孩子培养。你真别说₁呀爸，我妈说我小时候会背的第一首诗就是《悯农》，其实也就是两岁多的时候吧，每次吃饭时候都会背几句，然后那碗啊，从来吃完以后都是干干净净的，然后连一粒米我都得给它舔舔吃了（笑）

08B：L 过来吃饭，爷爷教你背"锄禾日当午"。

　　（……）

18B：＝玉米面馍馍，红薯面馍馍都是后来才有的，然后都是家里头有了点玉米面才敢蒸点馍吃，菜根，野菜那（.）都吃。白面馍没想过。六几年过年那时候才吃上白面馍。老家那邻居家里头兄弟四个，一看咱们家里头蒸馍，就趴门沿看（.）兄弟四个都看

19D：都想吃

20B：那你别说₂，男孩们能吃呀，结果就蒸出来以后了，拿给他们掰一点，都吃一点，他家再做啥馍馍了，俺们也去蹭点。其实都苦，谁家不苦（.）全国都苦：：

21D：吃鱼冻算是美了↑

该例中的"你别说₂"是叙述者 B 在故事讲述中对会话交互行为中 D 观点的肯定，和例 5-1 类似，"你别说"肯定他见的语用功能一般出现在会话交互行为中主要叙述者所提供的正在进行的故事讲述，受述者以此针对故事事件发表评价性的个人观点，叙述者此时的"你别说"是针对上一话轮处受述者个人评价的确信度表达。除确认己见和肯定他见之外，"你别说"同样具有标异见解或观点的功能。

董秀芳（2007：56）曾指出，"当说话人使用话语标记'别说'时，是在报道自己的一种认识或发现，说话人主观上认为'别说'后的陈述具有某种新异的特质，与说话者此前所存有的某种观念不吻合，说话者认为这一认识或发现对于听话者来说可能是意料之外但的确是真实的，因此有意让听话人做好准备，以便更好地接受这个意料之外的信息"。董文指出"别说"标记出的是下文与前述话语具有某些新异特质的观点话语，因此，"别说"的标异功能，是标记出话语中不一致观点的功能。而放之于"你别说"的会话叙事语境时，主要起到了叙述者用来标异己见的叙事语用功能。可见例 5-3。

例 5-3（Corpus 9 语境：大学课堂上由一幅画引发的课堂讨论）

56S：那个时候，你就想那个时候中考已经结束了，然后大家都去玩这玩那，该玩儿的玩过了，该休整的休整过了，你说你在医院躺半年，而且还耽误了学习，之后你再去奔你怎么去奔，所以说那个时候肯定是有压力，但是我也没有太大压力，因为我知道我自己考得不错，这还是我一个很大的慰藉。然后，嗯：：只是说是，觉得，那个时候觉得就是，就感觉，嗯（0.2）失去了很多吧。然后再加上，但是我其实我还好，总是：：总是别人觉得你不上替你惋惜，你别说₁，其实我觉得没有必要，因为大家都是各活各的，就只不过是我可能就是我应该经历的一个阶段。所以说我只是当时当下，我只，其实我是一直是在想当下，当下只是我养好病就 %OK% 了。然后你的父母就是去

（0.2）就是不工作，要过来照顾你，或者你这些家人围着你转，你现在要做的就是把你的身体养好，其他的不要说是再去想别的，再去给父母添一些无谓的一些别的烦恼什么的，你只是一天开心一点，然后把自己身体养好，大夫，告诉你去休养，怎么休养就 %OK% 了。

57T：　然后，然后那个时候你就长大了。

58S：　不过你别说 $_2$，我长大是我父母对我的态度，其实在那个得病之前我是一个属于比较，喷（0.2）怎么说：：就是很不懂事的一个孩子。

　　　　（……）

　　叙述者 S 在当前的会话叙事中主要讲述自己曾经生病的经历使得自己有了"瞬间觉得长大"的感觉，叙事话题围绕"高考之后住医院的压力"展开，"你别说 $_1$"标记了 S 和"替你惋惜的别人"的观点异同，也是提醒当下受述者故事在线，即在叙事话题链上，并进而不断推进叙述者的讲述内容，在同一话轮内部具有标异己见的叙事语用功能。T 在 57 话轮处对 S 的故事讲述做了评价回应，认为 S 的讲述标清了其对于"长大瞬间"的阐述，然而，S 在 58 话轮处的"你别说 $_2$"标示转折了 57T 的观点，此处 S 表达出对 T 的观点介于稍有认可但并非完全一致之间，也正是由于并非完全认可前述话语的观点，其后接续 56 话轮的话题才得以继续扩展故事讲述。"你别说 $_2$"是对受述者一方的观点标异，同时也具有提醒受述者在话语认识上做好接受叙述者修正信息的准备，是典型的"你别说"的话语标记的用法。可参见侯瑞芬（2009：136）一例：

　　　　冯瑞龙："反对刘川的，主要是说他架子大，不理人，不关心集体的事，平时好人好事做得不多。虽然没干什么扣分的事，但加分的事干得也不多。"

　　　　老钟沉吟了一下，说："唔，你别说，犯人们看问题还是挺准的。"

　　此处"你别说"与上一话轮的命题没有直接表达可信度的关联，但其后的话语同样具有提醒上一话轮发话者做好接受当下发话者修正信息的准备，显示了"你别说"标异他见，修正己见的话语功能。因此，以表 5-1 来总结"你别说"在主观交互表征中的语用功能：

表 5-1　"你别说"交互主观性的叙事标记身份及语用功能总结

叙事标记身份	话语序列模式 [1]	语用功能
叙述者强调个人观点并例举佐证观点的叙述事实的标记身份	N2 提出叙事话题投射故事讲述——N1 你别说，确认话题展开故事讲述	确认己见
叙述者肯定他人观点并扩展阐述故事事件的标记身份	N2 评价（上一话轮的叙事话语）——N1 你别说，回应前述话语	肯定他见
叙述者提醒受述者故事在线的标记身份	N2 会话提问——N1 叙事回答，你别说，提醒叙事话题关键	标异己见
叙述者中和会话叙事命题，修正叙事认识的标记身份	N2 确定会话认识——N1 重复前述话语，修正前述观点	标异他见

　　"你别说"具有的交互叙事标记身份及其所出现的话语序列模式，体现出其表达言者"见解"的核心语用功能，包括确认己见、肯定他见、标异己见和标异他见。

5.2.3　交互主观意义表达下"你别说"的语用运行机制

　　上节提到，会话叙事语境下"你别说"的核心语用功能是引介并传达当下叙述者"见解"的功能体现，那么，"你别说"究竟是"不要说"还是"要说"？"你别说"又是"别说"出什么内容，抑或是"说"出什么内容？"你别说"语义组块固定之后，又标记出了哪些以话语本身为主体的默认内容？而此时以交际者为主体的缺省心理又如何？通过对语料的逐一观察和分析，我们发现围绕叙述者"见解"表达的上下文中，通常可见"你别说"在特定语义组块对回述话语或后述话语的语义缺省，即会话叙事合并表征的信息来源中叙/受述者双方在叙事推理机制下完成的认知配合。此时，当下受述者的"你别说"是凸显会话叙事过程中言者观点和受述者期待阐释的话语意义的标记形式，是首要意义体现。而"你别说"对缺省命题的认知信息加工，是在次要意义与叙事意图驱动下叙述者期待以例举行为提供叙述事实的认知活动。因此，互动交际行为中的语义缺省也是 Jaszczolt（2016）重新将意图信息、话语结构的解码过程，以及缺省推理过程聚焦于话语分析或语篇分析中意义的生成和识解的关注主线。如

1　会话叙事中叙述者和受述者的身份是不断交互并随着叙述方的发话而逐渐改变叙/受述者的身份。因此，分析过程中，当下叙述者是会话中正在进行故事讲述活动的发话者，而当下受述者则是在此情境中的受话者。向前进行和发展的会话活动也使得"你别说"的发话者，既可定位于当下叙述者表达对当前话语的认知状态的叙述，又可定位于当下受述者表达对叙述者话语的情态状况的叙述。列表中的 N1 表示当下叙述者，N2 表示当下受述者。

例 5-4 中，M 作为当下叙述者意在回应当下受述者 X 所提出的叙事话题"年纪大了要注意身体"，"你还别说"作为"你别说"的语用变体，从事理行为上看，意在对上述叙事命题进行例举，但其间缺省了叙事话题。我们重新观察"你还别说"在事理行为以及认知状态与言语状态之间对叙述推进的影响：

例 5-4（Corpus 3 语境：语音实验室门口关于迟到和原因解释的对话）

08X：　　好的好的，哎哟，胖乎乎的小朋友呀。<u>阿姨年纪大了是要注意的啊 T</u>。

09M：　　嗯，前年在家里呀，你还别说₁（T），有一次我就是这样子。

09Ma：嗯，前年在家里呀，你还别说₁，<u>T'（年纪大了就是要注意）</u>，有一次我就是这样子。

09Mb：嗯，前年在家里呀，你还别说₁，<u>T'（你说的"年纪大了就是要注意"是真话，我有亲身经历为证确实是要注意的）</u>，有一次我就是这样子。

09Mc：嗯，前年在家里呀，你还别<u>（T'你不知道所以不需要说，我给你说）说₁</u>，有一次我就是这样子。

09M 中"你还别说"的字面意义与 09Ma 中"你还别说"缺省回述叙事话题的交际意义一致，是当下叙述者对叙事话题认识和确定的体现。09Mb 是"你还别说"缺省的叙述者在肯定他见的快速认知中所想表达的叙事意图意义，是叙述者的"你还别说"最想凸显的意义默认，属于首要意义表达。09Mc 则属于次要意义表达，是"你还别说"中突出"还"的情态强调的主观性和话语自返性的元话语性质用法。

会话叙事标记呈现的是叙述者对会话中故事讲述的一种语境编码意义，其产生和识解过程均被制约在话语叙/受述者的语用互动之中，这一过程涉及了具体的话语表达行为、叙/受述者的认识状态以及处在发话行为之中的当下叙述者的言说行为。通过对会话叙事中涉及这一过程的前后叙述话语之间语义关系的分析，我们发现，"你别说"的首要意义表达中牵涉了话语主体从行为到认识，再到言语行为方式三个方面的话语功能制约，将其在此过程中的语义缺省路径总结为：行域例举、知域肯定和言域自指的语义缺省空间。

行知言三域是沈家煊（2003）提出的标记汉语复句前后项不同语义范

畴的概念形式，其中行域（content）是最基本的范畴，是以人的行为或行动为主体表现的事理关系内容；知域（epistemic modality）是关于话语主体的知识或状态，表达发话人的认识；言域（speech acts）是言语本身以言行事的言语行为，这与 Searle（1969）言语行为概念中的以言行事观点一致，言域主要"用作说话人提示受话人'我说'"（方梅，2012：502）。围绕"你别说"在行知言三域中的隐含话语表现，我们将对"你别说"所行、所知和所言提出的问题及其在此种主观交互下形成的语用运行机制，即其所形成的语义缺省空间进行探索。

1. 语义缺省下"你别说"的行域例举

行域用法中，主句代表说话人和听话人共同预设的命题（沈家煊，2003：196）。但就"你别说"所出现的上下文语境，即叙 / 受述者交互的叙事话题命题来看，其间命题的共同预设往往会使当下叙述者从"你别说"变为"你别说（肯定命题 p），我来说（例举可证明命题 p 的故事事件）"，"你别说"对预设命题的呈上肯定和同具肯定情态的启下叙述形成了呈上缺省和启下例举的行域用法。回到例 5-1，M 和 X 当下的预设命题是"年纪大了就是要注意身体"，此预设命题由当下受述者 X 提出，当下叙述者 M 的"你还别说"是默认 X 的命题并引介出支撑该命题成立的事例。同样，例 5-2 中 7D 话轮处，当下叙述者的"你真别说"是为回应上一话轮中 B 提出的预设话题"现在日子好了，但是更要珍惜当下"，D 随即在肯定预设话题的基础上展开其对预设话题的事例列举，用以例证"珍惜当下的好日子，好习惯更是需要从小培养"的例举事理关系，此时同样是"你别说"语用变体的行域用法。"事理是行为的准则"（沈家煊，2003：196），由此，"你别说"的话语标记特性在特定的会话叙事语境下，特别是在确认己见和肯定他见的语用情形中，形成了呈上缺省和启下例举的行域语义缺省空间。

以上情况之外，"你别说"在标异他见或标异己见的语用情形下，特别是当下叙述者展示自己主观认识不同于他人所述命题抑或是不同于自己前述命题时，"你别说"对见解的标异会形成启下缺省和启下例举的行域语义缺省空间，此时，启下缺省的步骤作以省略，当下叙述者往往直接列举叙事事例。如例 5-3 中 56S 处，S 作为当下叙述者在故事讲述中提醒受述者故事在线，此处的"你别说"意在说明"别人是没有必要为你惋惜的"这一转折事理行为，其后的事理转折"其实"也一并呈现话题链的事理关系，因此，"你别说"的语义缺省下指后述的叙事话题"大家都做好自己的事情"。58S 的"你别说₂",是标异于上一话轮处受述者的观点,此处形成一种先转折"不过你别说我是那个时候长大的",后递进"我长大其实是从父母对我的态度开始的"这样一种事理关系进展。此处标异他见的语用情形中,同样是"你别说"的语义缺省下指于后述叙事话语。

由此可见,对于见解的肯定与否影响到"你别说"对于叙述者在行域例举中的语义缺省位置。在肯定及确认见解的语用情形下,"你别说"形成的是呈上缺省和启下例举的行域语义缺省空间;而在标异见解的语用情形下,"你别说"则是以启下缺省和启下例举的缺省模式出现。其中,基于会话叙事中话题的链条性特征,启下缺省的步骤有时会被省略,形成标异见解后"你别说"直接辅以叙事例举的语义缺省空间。

2. 语义缺省下"你别说"的知域肯定

知域用法中,主句是说话人的推断(沈家煊,2003:196)。而"你别说"在话语标记化的演化脉络上是逐步从测度性否定演化而来的。如例 5-5,a 中虚拟对话人的话语形式对"别说"的话语命题进行直接否定,而当直接否定的宾语被删略呈缺省状态时,就成了间接否定。可以说,在宾语位置缺省状态下的间接否定是"你别说"话语标记形成的直接原因。此时,"你别说"的否定失去了具体的对象,"只剩下一个'空'的否定的姿态"(唐善生、华丽亚,2011:30)。

例 5-5(转引自唐善生、华丽亚,2011)

a 说一只狗会说话,谁会相信呢?你还别说我在这故弄玄虚,今个儿这事真真切切,你不信都不行。

a' 说一只狗会说话,谁会相信呢?你还别说(　　　　　),今个儿这事真真切切,你不信都不行。

那么以此看来,"你别说"之后的"空"的否定姿态,在特定的会话叙事语境下,已从逐渐退化的否定态势过渡至叙述者以缺省推理为主要功能表达的肯定情态之中。

我们在前述章节提到过,缺省意义一是来源于听者在互动的交际过程中运用有意识的推理,是听话人推导出来的意义;二是言者传达出的有意图性的、快速生成的意义内容。那么"你别说"缺省意义的来源,从受述者角度来看是其运用回溯推理获取的意义形式;而从叙述者角度来看,则是其运用信息意图与叙事意图为主导意图所生成的肯定其话语情态和信度的标记语。如例 5-6：

例 5-6（Corpus 9 语境：大学课堂上由一幅画引发的课堂讨论）

343Z：就好像当时高中的时候，就学那个中国地理

344T：嗯

345Z：然后就觉得就是，嗯，就觉得，知识很死板，记得那时候非常的苦恼，但是到了大学的时候有很多的时间，然后空间，让你可以尝试着去，去步行，去走，然后去（.）自己去掌握这种，自己去看，这个世界，有很多东西，就高中的东西，你别说 6，就是它们突然就会在你的脑海中闪现出来 -

346T：= 就好像小时候，咱们父母让咱们背好多，唐诗三百首

347Z：是，对

348T：当时是只会背，然后不知道那诗歌的意思，

349Z：对，对

350T：就好像你背了很多首诗似的，就是关于南方的江南的，如果你没有真正地走到那里去，你没有真正地感受到那里的烟雨，那边的氤氲气息，你是没有办法真正去体会的。我很小的时候就背那首《春夜喜雨》，都到中考后的有一个晚上，那天傍晚时候本来还很热，结果夜里十点多就下大雨了，那个凉风呀，透过窗户吹得人真舒服，然后就在窗户边上，结果"随风潜入夜，润物细无声"，你别说 7，就一下子让人觉得，啊（.）反正就是这种细润的无声的感觉，结果就一下子（.）让人一下子就知道了这诗句的真意，或者说体会到了诗人那时候的感觉，然后一下子就对诗句的意义有了最深切的体会。

（……）

Z 作为当下叙述者围绕"学过的东西需要亲身体会之后才知其意义"的叙事话题展开会话。"你别说 6"是叙述者阐述出对这一叙事话题的例举证明之后，肯定了其对"它们突然就会在你的脑海中闪现出来"的意外感。其后 T 的回应说明作为当下受述者来说，已经形成了缺省意义中以回溯推理形式给予叙述者肯定的情态认可：

事理（大前提）：如果（叙述者）提醒并肯定了"你别说"的内容

　　事实（小前提）：那么（受述者）回应并认可了"你别说"的内容

　　结论：受述者认可"你别说"的肯定情态

　　因此，当"你别说"表示"（依我 / 他所见）的确如此"并进而例举叙事事实之时，其强烈的肯定语气便已完全形成。此时，"别说"之义类似英美青少年常用的话语标记 like（董秀芳，2007：56）。语料中"你别说，"是 Z 在会话互动中回应前述受述者在 346 话轮处交互的叙事话题"背古诗的理解与亲身感受"之后，进而扩展自己对"润物细无声"的认知肯定。知域义是言者依据个人的知识或认识形成的话语内容，表达的正是说话人的认识。

　　因此，"你别说"在知域的肯定是依循缺省推理状态下受述者对叙述者进行的有意识的回溯推理的观点接纳，在此基础上引出了叙述者需要受述者关注的信息量逐渐增大的叙述内容。这其中不仅体现叙 / 受述者信息意图和叙事意图交互的主观性，也呈现了"你别说""否定放空呈肯定"的语义缺省姿态。

3. 语义缺省下"你别说"的言域自指

　　言域用法中，主句是说话人的言语行为（沈家煊，2003：196）。当发话者以"你别说"示以受话者信息意图和叙事意图时，其本身呈现的是"在我看来 / 依我所见"的个人见解的表达。正如方梅（2012：502）指出的，言域主要用作说话人提示受话人"我说"。回到例 5-1，9M 处当下叙述者的"你还别说"之后，在即将开始故事讲述之前叙述者补充道"有一次我就是这样子"，此时，"你别说"在言域可理解为：

　　"（上一话轮处受述者）你说年纪大了要注意身体，（当下叙述者），所以我说还真是这样，比如有一次……"

　　"你说"的内容形成了后述叙事话题链的起点，"你别说"隐含着"我说（及）我举例"的内容。当下叙述者因为"你别说"在变体及其前后话语结构的影响下，"说"的内容从话题链的起始处延伸至"你别说"之后的故事事件例举，"说"的例举范围逐渐扩大，叙述者以"别说"而"说"出了自我经历或自身观点的话语，实施了叙述者用以阐述自我观点提供叙述事实的言语行为。

　　我们从语料中发现"你别说"的语用变体，"你还别说""你真别说"等，以及"你别说"与其后"真是""还是"等的连用，是"你别说"在言域内元语增量的一种体现（参见沈家煊，2001：487），当下叙述者为增补话题链上相关信息量的不足，进而以一种与受述者"反预期（counter-expectation）"信息相关的认知心理扩展叙述和自身经历相关的事件和评价（Heine et al.，1991），"还"或"真"出现在主观标记"你别说"中，"隐含了被断言的情形与特定语境里被预设、预期的情形或者被认为是常规情形之间的一种对比"（吴福祥，2004：224）。此时，反预期信息在信息量上比预期信息更大，"还别说"或"真别说"补充了上述命题信息量的不足，在叙述话语的外围添补并扩展了语言命题，具有主观上肯定和认可的语力（illocutionary force）。回到例 5-2 中 7D 话轮处的"你真别说"，D 在话语表达式中真正说出的是"我妈说我小时候会背的第一首诗就是《悯农》"，此时"你真别说"提供了"真正要说"的叙述信息，D 作为当下叙述者才有了进一步叙述故事事件的可能，而 D 引述"我妈说"的话语，也是"真别说"提供元话语增量信息的一种言语行为。

因此，"你别说"在言域的自指是其表达自我见解，并在这一过程隐含了当下叙述者"愿意说""肯定说"和"将要说"的主观说话行为和叙事默认心理，在话语说出来这一行为本身的过程里，叙述者对自身经历及主观见解和观点的自我指认及其意愿表达，是推动"你别说"之后的话语行为继续进行的言说标记。而"你别说"的语用变体，"你还别说""你真别说"等则显示了叙述者在受述者反预期心理状态下渴望提供更大信息量的元话语增量性质。

5.2.4 小结

本节我们主要探讨了"你别说"在自发性会话叙事中交互主观性的语用功能及其所隐含的语义缺省空间。通过对"你别说"交互主观化形成的叙事标记身份的探究和考察，我们发现会话叙事中"你别说"的叙事标记化过程主要经历了关乎当下叙述者观点的接纳或肯定的标记过程、关乎受述者叙事提醒的标记过程，以及叙述者和受述者在会话叙事中修正叙事认识的标记过程。而"你别说"的会话叙事标记身份决定了其在叙事过程中确认己见、肯定他见、标异己见和标异他见的以引介表述叙事话题见解为主的语用功能特征。

其后我们探讨了"你别说"在首要意义表达中牵涉的行域例举、知域肯定和言域自指所映射的语义缺省空间。如同 Jaszczolt 于 2013 年讲座中提及的合并表征中信息来源和修正模式（Jaszczolt，2010）之间的映射关系，会话互动中话语句法间的行知言三域和话语的经济性产出与快速识解之间同样具有语用－语义界面上的映射，如图 5-1 所示：

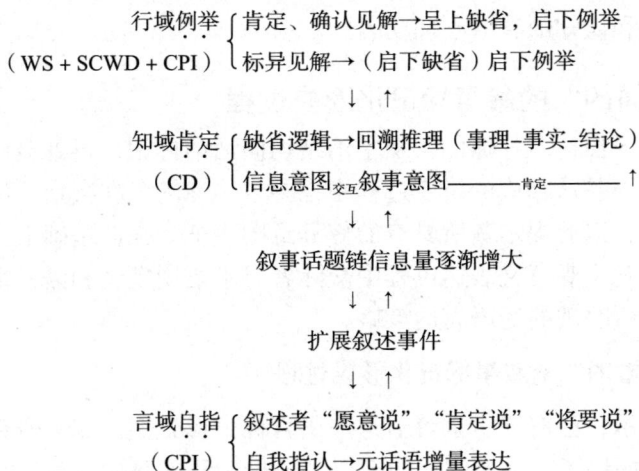

行域例举 ┌ 肯定、确认见解→呈上缺省，启下例举
（WS + SCWD + CPI）└ 标异见解→（启下缺省）启下例举

↓　↑

知域肯定 ┌ 缺省逻辑→回溯推理（事理–事实–结论）
（CD）　└ 信息意图 _{交互} 叙事意图————肯定————↑

↓　↑

叙事话题链信息量逐渐增大

↓　↑

扩展叙述事件

↓　↑

言域自指 ┌ 叙述者"愿意说""肯定说""将要说"
（CPI）　└ 自我指认→元话语增量表达

图 5-1　"你别说"行知言域映射的交互的语义缺省空间

　　会话叙事标记"你别说"以行知言三域的表现特征构建了其在话语规约性基础上形成的隐性识解机制，将"你别说"的"别说"规约义下叙述者"更多说""大量说"的叙事默认心理和受述者语用默契和认知配合的心理展示出来，是"你别说"引介见解表述过程中认知缺省心理的直接表现。探究这一语言现象和使用心理也为我们提供了一种新的分析思路和启示，即通过语用－语义－认知界面来分析具有多重语义和功能的话语标记形式，从而厘清其最终成为话语标记的语义脉络和语用演化特征。

5.3　叙事见解默契解读的"你懂的"

　　"你懂的"是在当下较为开放的网络环境促发下，由媒体或网络线上使用而流行于日常线下生活中具有情态表达功能的新型语言标记形式。从本书的自发性会话叙事语料来看，"你懂的"的使用群体分布在 20~42 岁的高校人群[1]。围绕"你懂的"的话语标记形成过程在这一年龄段以及标示

1　本研究所收集的会话叙事语料中出现了八次"你懂的"。从其所出现的话语情境来看，八次"你懂的"均出现在高校校园环境，且使用人群围绕在 20~42 岁的本科生和研究生群体。限于语料样本和语料库大小，我们在此部分研究中也使用了一些报刊媒体及 BCC 语料库中的词例作为对比分析。未来研究可望在增大语料库的基础上做出具有统计学意义的"你懂的"的典型特征。

着特定语用身份的使用群体特征，通过对语料进行直观的近距离观察，我们主要探讨"你懂的"叙事标记化形成过程，以及在此过程中所体现的使用者交互主观特征的语用身份修辞策略，在此基础上探究"你懂的"的语义缺省空间和认知缺省的心理动因。

5.3.1 "你懂的"的叙事标记化形成过程

本节主要探讨"你懂的"从主谓结构向话语标记，再到会话叙事标记的演化机制，并从相应的演变过程中探寻"你懂的"在实指、泛指和虚指层面的变化，以此揭示其所具有的修辞意图表征。在此基础上，探寻"你懂的"在交互主观意义表达过程中交际者寻求语用默契和语义精简的双向过程，以及所映现的话语表达策略。

1. "你懂的"的叙事标记化形成过程

文献显示，已有不少学者对这一语言标记形式做过相关研究，如王丹荣（2011）探讨了"你懂的"如何以话语标记语的身份成为流行语，并对其话语功能的转化和语义泛化的分化进行了探讨；朱冬怡（2015）也曾对这一流行语的语义缺省进行了讨论；魏冯（2015）基于"你懂的"从 2008 年至 2015 年的语义演变过程，以模因论视角对其语义传播和发展规律进行了探讨。此外，杨国萍（2016）与周明强和成晶（2017）都对"你懂的"的语用功能进行了探讨。

那么，"你懂的"从一般的主谓结构形式发展至话语标记形式的流行语，从外在条件来讲主要经历了日渐盛行的网络和媒体介质的传播，内在条件方面则经历了这一语言形式在语用－语义－认知层面上所具有的指示性－互动性－意图性交互影响的演变历程。在演变过程中，"你懂的"并不是一个单纯的语言单位，从它的核心词汇"懂"的语义逐渐泛化开始，这一语言形式方才分化出渐次具有标记特征的用法。"你懂的"从"懂"的核心命题阐述到"明了、认可"的句际标记，再到脱离了实际命题所指的情态的确定，最终形成了仅表达和标注前后命题关联性的语境联系语，构成了目前"你懂的"最为常用的话语标记形式。厘清"你懂的"在不同层面的演变历程和脉络关系，并述清其在各个阶段用法的独特性，我们才能够对其现行的标记用法具有更为直观的理解。

"你懂的$_1$"：从命题的粘着到命题的肯定

"你懂的"从句法结构来看，是由主语"你"，谓语"懂"和结构助词

"的"构成的主谓结构构式。其最初的用法着眼于发话者针对一定的命题形式对受话者命题的确定。参见例5-7[1]：

例5-7（BCC语料库：朱邦复《智慧之旅》）

等我把《金刚经》讲完了，谢振孟对我说："朱先生，我觉得好像懂了一些，可是不知道懂的是什么。""好极了，如果你知道你懂的是什么，那你就什么都没有懂了。""为什么呢？""《金刚经》是大乘佛法的总纲目，是最高乘的渡筏。老实说，连我都在学，学无止境。任何人只要没有到达彼岸，就还没有全懂。"

例5-7处的"你懂的"作为宾语从句小句，围绕的语义中心是关于"懂"的含义和内容，是对"懂的东西是什么"这个实际命题的粘着和解释。《现代汉语词典》（2012：311）指出"懂"字含有"知道、了解、熟悉"等义，此时"懂"和结构助词"的"的搭配，所指的必定是已知的实际信息，如例5-7处"你懂的"是"懂的是什么"这个话题概念，而例5-8处"你懂的"是"写下来"为"写小说"提供素材的事物。"懂的"东西或事物是结合上下文的实际所指确定下来的，是上文出现过或由语境提供或不需指明听话人也清楚的（刘月华等，2001：355）。而"你"此时具有例举型的外延性质，实质指向受话人，"具有听众或读者指向性"（李战子，2000：52）。因此，"你懂的"最初的主谓结构形式是命题粘着形式下针对受话人的命题强调和确认，这一点从发话人在上下文中多次提及的针对"懂"的不同辖域和概念可以看得出，如例5-7中"懂了一些、没有懂、完全懂"等，均是对"懂的"事情辖域的确认，此时"你懂的"从命题的粘着自然过渡至对命题的确认及肯定，又如例5-8：

例5-8（BCC语料库：《文汇报》李连杰访谈，2005）

问：他曾经告诉法国记者，李连杰不会再到好莱坞拍电影了，这是真的吗？

答：我非常感谢好莱坞，它为我赢得了"中国功夫皇帝"的美誉，也让我在事业和家庭上获得了成功，但是在拍摄《狼犬丹尼》时，我作出了不再拍好莱坞动作片的决定。如果你懂的只有武术，却

1　此处为了对不同文体及语体形式的"你懂的"语料进行分析和例举，除了本书作者自建的会话叙事语料外，也利用了"北京语言大学语料库中心"，即 BLCU Corpus Center（简称 BCC 语料库），以及摘选自报纸媒体或互联网媒体的语料为行文作语料例证。文中除本研究的会话叙事语料的标注外，使用他处的语料均在语例后加以标示说明。

又拿武术来伤人，那么就算你是世界无敌，你和禽兽也没有两样。人和禽兽有区别就在于我们人有能力控制自己的身体及心智。你可以用武术来帮助自己，也帮助他人。看了这部电影之后，你会更加明白我对武术的看法。

例 5-8 处的"你懂的"作主语，是对"我作出不再拍好莱坞动作片的决定"这个命题的肯定性解释，解释其"所擅长的武术是用来帮助人"的命题态度。"你懂的"对命题的肯定以及转指已经指向了这一主谓结构对交际者主观情态的隐含表达，这促进了"你懂的"人际意义的发展。

"你懂的$_2$"：从事理的明了到情态的确定

如果说"你懂的$_1$"的主谓结构形式主要针对的是对话题命题的粘着及肯定的实际所指，那么在逐渐脱离了围绕"懂"的辖域概念的话语过程中，"你懂的"含有交际者对事理知晓或明了的疑问语气，也逐渐显示其暗含的情态确定的表达功能，如例 5-9 所示：

例 5-9（Corpus 6 语境：Y 向朋友讲述小孩撒谎的故事会话）

82L：那天（.）嗯，我不是要给他（0.5）那个买一些书嘛，他（.）他儿子比我儿子小，虽然关系好，但是小一级，结果我儿子的书都给他，结果我就带着我儿子下来，他就给我打电话，带着我儿子下来了，然后要跟他说说话，他把他儿子，派到那个，比如车就停到这儿，他就派到那，我肯定得过来得跟他（.）说个话，结果他儿子飞快地跑到车这儿，妈，小 D 来了，说我儿子，我一听，我就知道，我儿子是属于那种粗线条的，其实根本就没看到车里有个小孩啊，其实：：何况我们都知道，<u>你懂的吧</u>

例 5-10（BCC 语料库：路翎《饥饿的郭素娥》）

父亲的嘴唇战栗，眼睛变细，里面藏着病态的狂喜。

"我们也是无家无地的人，你懂不？<u>你懂的！</u>你要争气，你要替人家敲石头，替人家挖地，替人家……折断筋骨！"

例 5-9 处的"你懂的"是叙述者对事理的明确性阐述，"你懂的"和句末助词"吧"形成一种疑问的语气，带有揣测的意味。叙述者 L 期待受述者能够领会"我们其实早就知道他的车里坐着小孩"的事实情况，便于在后述过程中对这种情况加以评论。"你懂的"是叙述者期待得到受述者对所述事件事理关系和内容的一种确认和明了。而例 5-10 处"你懂的"展现的是当下言者的一种明确的、肯定性的情感和态度，是直接情态的确定形式。发话者询问受话者"你懂不"并期待"你懂的"是"我们也是无家无地"的情况，"的"所确立的是行为认知域中一个有明确起讫点的单位，是一个有始有终的完整行为（石毓智，2010：424）。因此"你懂的"情态的确定是基于发话者和受话者对双方共知背景信息的一种指令式的情态认可和认知确定。这是"你懂的"在形成话语标记之前所经历的主谓结构形式上由命题粘着至命题分离的语义概念结构变化。

"你懂的$_3$"：从隐晦认可到默契解读

经历了对话语命题相互作用的实指阶段，"你懂的"逐步在交际者的交互过程中形成泛指的使用现象，也就是说，交际者通过使用"你懂的"，形成了一种将"你懂的"泛指于整个相关联背景信息的指谓网络，"你懂的"的主谓结构表达功能逐渐封锁，对命题的真值影响已然取消，取而代之的是以"你懂的"作为完整构式的语言形式，体现的是发话者对所述话语的主观认知情态。在此过程中，"你懂的"的内在话语条件逐步转型，其话语标记化正式形成，而其外在条件直接来自日渐盛行的网络和媒体介质的传播。

"你懂的"作为流行语肇始于 2008 年，迎合的是网络媒体逐渐开放的环境下言语群体对各类论坛及新闻事件的不同诉求。如例 5-11 所示，"你懂的"作为语用暗示指向的是"罢餐"这一行为，其中包含的是这一话语撰写者刻意暗示并寻求读者隐晦认可的语用预设行为，"你懂的"虽未对命题产生任何真值影响，但其对语境命题的主观态度却牵涉整个话语内容。又如在例 5-12 中，"你懂的"是发话者向受话者寻求见解认可的标记形式。虽然进球的巴洛特利赢得了全场的欢呼，但巴的目的远远不是进球，而是向自己深爱的养母致以温情，并与其一同分享收获感与成就感。"你懂的"此时已经完全撇开了其与命题的附着，在形式上，仅仅标注了新闻作者期待同读者共同捕捉到的话题联系，是作者拉近与读者心理距离，寻求默认见解的引导标记。

例 5-11（BCC 语料库：微博）

请注意—罢餐，<u>你懂</u>的！只要我们够团结，我们就可以改善我们的伙食！

时间：下周一正式开始啦

例 5-12（摘选自华西都市报，"大爱巴洛特利" 2012-6-30）

进球远远不会是巴神的全部，<u>你懂的</u>。梅开二度，巴洛特利一把脱下上衣在球场上稳稳站定，身上清晰的肌肉线条和脸上凝固的凶悍表情似乎神圣不可侵犯，随之而来的黄牌对他而言不过是浮云罢了。渴望上演帽子戏法的巴洛特利下半场拼到抽筋，第 70 分钟他被老将迪纳塔莱换下。走出球场的那一刻，看台上传来的不再是嘘声和嘲笑，而是阵阵掌声和尖叫。

"你懂的"随即于高频率和广范围的传播延伸至教育、金融、音乐以及广告等各个领域，至 2014 年"两会"期间，其使用率达到最高峰，成为国内政治话语的新式表达（魏冯，2015：130）。如例 5-13 和 5-14 所示：

例 5-13（摘选自凤凰网，"你懂的时候，我懂了" 2014-3-2）

中国早晚会走上公平、公开、公正之路，这是无法阻挡的，而阳光是最好的防腐剂早就是社会共识。这点，<u>你懂的</u>。

例 5-14（摘选自腾讯新闻网，"政协发言人回应传闻，你懂的" 2014-3-3）

记者：　我们注意到现在外面有很多关于 XXX 的一些消息和报道，我不知道发言人对这个事情有没有什么可以透露的？

发言人：　实际上，我和你一样，从个别媒体上得到了一些信息，那么我大致上这样说一说……我们所说的不论是什么人不论其职位有多高，只要是触犯了党纪国法，都要受到严肃的追查和严厉的惩处，绝不是一句空话。我只能回答成这样了，<u>你懂的</u>。

例 5-13 和例 5-14 中，"你懂的"在寻求默认见解的同时，更多了一份隐晦的认可与读者的默契解读。例 5-13 是新闻撰写者评价"两会"期间政协发言人针对某贪腐官员的传闻回应"你懂的"而促发其对非公文用语奇妙之处的感慨。"你懂的"看似指向前述的"这点"，但真正表达的是撰写者对未来反腐趋势不必多说的默契解读，因为他深信"人们达成的社会共识是阳光，也是最好的防腐剂"这一观点。而例 5-14 中，这段对话的初始语境是"两会"期间政协发言人答记者问的新闻发布会，发言人和记者对这一共同语境的背景信息拥有话语信息的正常量。而在其间一问一答的话轮转换模式下，发言人的回答以"你懂的"结束，指向了"我只能回答成这样"的回复。"你懂的"看似戛然而止，但透露的更多的是发言

人在此情况下隐晦认可的确认有"关于 XXX 的消息",但又包含了其不便
多说和不愿多说的话语心理,此时"你懂的"的暗含之义,只能留给现场
受话者与发言人共同默契解读其话语语义,也就是"不论什么样的人,只
要触犯了党纪国法,都要受到严惩"的观点。可以看出,"你懂的"的话
语标记过程是其撇开与命题的附着,在交际者的行为认知域上产生表征命
题态度的指示路标,是发话者针对受话者在共知语境和背景信息的情况下
寻求隐晦认可、以期达成默认见解并在文化语境的隐含条件下进行默契解
读的引导标记。

"你懂的₄":从解读默契到语用身份默契

至此,从书面语篇转换到口头会话交际语篇,"你懂的₁"和"你懂的₂"
已从主谓结构向话语标记"你懂的₃"逐步演化。那么当"你懂的₃"出现
在特定语境中,也就是本书的自发性会话叙事语境中时,我们发现,"你
懂的"是当下交际者针对语境命题形成的一种话题默认和默认虚指,"你
懂的"表面上指向的前述话题实则虚化为交际者在动态变化的话语身份中
不断调整的语境预设总结和语用身份转换,我们将其标记为"你懂的₄"。

Fauconnier & Turner(2002)提出的概念整合理论指出人们对话语意
义的理解是一个概念合成的过程,大脑在识解话语过程中会自动把来自不
同心理空间的概念配置在类属空间进行匹配与比较,从而将匹配结果选择
性地投射在信息合成空间,形成意义的整合与创新。沈家煊(2006:3)以
概念整合理论细述了语言演变过程中概念隐退(conceptual recession)的
特点,回观"你懂的",其主谓结构在与其他动宾结构整合的过程中发生
了概念隐退的现象,最终在"你懂的"的"知晓、明了"的概念整合环境
下虚化为"你知道我想说什么"以及"我只言传你来意会"的话语意义。
如例 5–15 所示:

例5–15(Corpus 7语境:研究生同学 L、D 和 Y 在食堂聊天的故事会话)

50D:　你还真别说,我昨天有个高中同学发了条微信说,反正二胎放
　　　开了,要不就要两个吧。她说"等咱们老了不会动的时候躺在
　　　床上,老大还能跟老二商量'拔不拔]?'"

51L:　[拔什么啊↑

52Y:　[拔啥↑

53D:　拔氧气罐啊。老大问老二"这氧气罐拔不拔",老二估计会说

"拔"。这不是俩孩子有个商量的余地了（笑）<u>你懂的</u>。

54Y：<u>哎哟我的天</u>，俩娃是用在干这啊？（笑）

D 在会话中讲述了其个人对待开放二胎的聊天经历，并讲述了"两个孩子"与"拔氧气罐"的笑话故事。L 和 Y 作为受述者对 D 所言的"拔不拔"并未意会，D 随后在 53 话轮处作以解释，"你懂的"的概念虚化为"要两个孩子的意义所在"，其后 Y 的受述回应再次凸显了"你懂的"的概念理解，并且话轮末尾处的笑声也显示了在此虚化过程中交际者对"你懂的"的解读默契，并增强了交际的幽默效果。而会话叙事中叙述者和受述者彼此变化的发话者身份，一方面是由其社会身份，即研究生同学的身份决定，另一方面是由其在交际话语中临时构建的故事讲述者与受述者的身份，形成了嵌入至故事间的语用身份默契，而"你懂的"的概念虚化恰巧保证了其间交际者的语用身份默契，为彼此共同心领神会的内容提供了语义保障。例 5–16 可进一步说明：

例 5–16（Corpus 8 语境：同学 Z 和 D 下课后一起步行并讲述他人经历的故事会话）

19Z：（……）他能力强，你不知道吗，他爸妈都是威斯康星麦迪逊的教授（0.3）他算是继承了他爹娘的衣钵（0.2）以前还听他讲过，他爸妈做 %professor% 之前都是在公司做的：：好像是什么：：运营分析师，然后后来就直接给人家部门做了个分析软件，结果就开始在好几个公司用起来]

20D：[这可以，这很教授

21Z：对呀，所以后来据说是喜欢校园生活，就带着那些软件回学校又开始教书了。%James% 就是继承他爸妈的各种强悍优点，关键是还那么深邃呀，<u>你懂的</u>（笑）

22D：看你说得心花怒放的（笑）

Z 对同学 James 的崇拜之情溢于其在课下和 D 所讲述的 James 的家庭故事之中。Z 和 D 的社会身份是一般的访学同学身份，Z 比 D 先到美国半年，因此对同一课堂内的 James 更为了解，但 Z 和 D 的社会联系也仅限于参加同一门课程的同学关系。在会话叙事交际过程中，Z 成了临时叙述者，D 成了临时受述者，Z 的语用身份从同学身份转变为叙述者身份再到朋友身份，此间话语措辞策略产生了不尽一致的变化。从第 19 话轮开始，Z 开始对 James 进行褒义夸奖，此时 Z 和 D 仍维持同学身份，进而在 21 话轮处 Z 转变为叙述者身份，进一步夸奖 James，并且在叙述过程中加入了个人主观的观点和看法，认为"James 就是继承了他爸妈的优点"，并提到"关键是还那么深邃"的看法，此时，Z 对 James 的崇拜甚至是喜爱之情已经溢于言表。"你懂的"便拉近了身份关系本来一般的交际者的心理距离，在 Z 的言传之外表达的是其对 James 越发生出好感的不便说的主观心理表述。"你懂的"在拉近两人心理距离的同时，也将两人的语用身份进一步转化为朋友身份。D 则从 20 话轮对 James 的主观评价转换成 22 话轮处对 Z 话语的领会和玩笑式回应。由于"语用身份的选择多数时候是一种默认的行为"（陈新仁，2013：29），可以说"你懂的"促发了叙述者期待和受述者保有解读默契的身份选择方式。

根据以上分析，"你懂的"叙事标记化的演化脉络如图 5-2 所示：

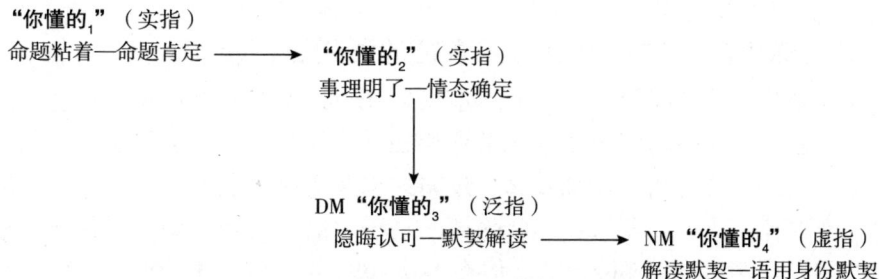

"你懂的₁"（实指）
命题粘着—命题肯定 ⟶ "你懂的₂"（实指）
事理明了—情态确定
↓
DM"你懂的₃"（泛指）
隐晦认可—默契解读 ⟶ NM"你懂的₄"（虚指）
解读默契—语用身份默契

图 5-2 "你懂的"叙事标记化演化脉络

通过"你懂的"演变过程的分析，我们观察到其功能转变的关键是主观情态的表达和交互解读的产生。在表达主观情态之后产生交互的解读默契和语用身份转换默契，使得这一语言形式从主谓结构向话语标记形式转变，并逐步具备叙事标记的性质。而在"你懂的₃"向"你懂的₄"的演变阶段，我们能够观察到的还有使用者以此语言构式期待达成的一种修辞策略，这也是话语背后交际者期待在认知轨迹中达成叙事意图向交际意图运行的一种修辞策略。

2. 作为叙事标记的"你懂的₄"：协调使用者语用身份的修辞策略

语用身份的默认选择是交际者在话语形成阶段对交际效果的一种默认期待。王希杰（2011：27）做过这样一种假设，认为说者或写者在话语被说出或被写出之前便已形成了话语，此时话语等待着被运用，"被当作交际大市场上的一个商品来实现它的使用价值"。因此话语运用的过程是：

（话语 + 交际环境）+ 修辞结构→交际效果

在自发的会话交际中，当交际者的叙述方决定以故事讲述来呈现或支撑自己的观点时，便会使用不同的话语修辞策略。而最终决定以何种身份进行言语交际的权利还是归属于交际中的参与者。那么之于"你懂的$_4$"，是会话故事事件讲述和会话叙事语境的结合，配合"你懂的"所折射出"一方言传一方意会"的不愿说、不必说和不便说的话语所指内容来达到交际者所期待的拉近彼此心理距离的交际效果。

至此，会话叙事语境中标记交际者解读默契和语用身份默契的"你懂的$_4$"，展现的是叙述者为达到预期的交互效果而运用适合于语用身份和叙事语境的整体策略。"你懂的"在协调使用者语用身份所表达的修辞策略中，更突出了这一语言形式本身从主谓结构向话语标记演化，再到特定语境下充当会话叙事标记时不同的形成动因和话语功能。

5.3.2 "你懂的"主观交互合并表征的语用运行机制

在缺省语义学框架形成的早期阶段，Jaszczolt（2005）曾强调过话语识解过程中，交际者将语用信息的作用独立于语法之上，也就是说，句法处理的结果不规定需要增加什么，逻辑式以及命题中也不需留下什么"空缺"来填补，这一阶段 Jaszczolt 强调的是语用信息的输入相对于其他信息源的重要性甚至是"超越性"。但在 Jaszczolt（2010）随后的学术著作中，我们看到，她提到了社会文化定势在合并表征（merger representation）首要意义（pm）和次要意义（sm）的意义构建过程中都发挥着重要作用，话语的信息类型，包括句法信息、语用信息和语义信息，与合并表征中首要意义和次要意义的加工模式和类型，都是话语意图和语义逐步匹配的过程（Jaszczolt，2010：199）。对于逐渐展开的会话来说，交际者重塑的言语意义才能真正体现"语言即运用"的含义，因而对自然发展的交际互动会话来说，知晓交际者的意图才能最终在识解过程中知晓充实了语用的话语意义，而语义的缺省成为充实了的语用意义的含义前提（Jaszczolt，2016：40）。

以例 5-14 为例，在这段会话交际中，"你懂的"的话语标记化涉及了记者和发言人共享的背景信息，"你懂的"的缺失与否对会话命题的真值条件并不产生影响。但"你懂的"却是具备会话含义的语言形式，在首要意义和次要意义的加工过程中，以社会、文化和世界知识缺省（$SCWD_{sm}$）与有意识的语用推理过程（CPI_{sm}）的次要意义是联系看透却不便于说透的"你懂的"的语义构建纽带。发言人和记者对整体命题的特殊会话含义主要包含在以次要意义为识解基础的首要意义之中。这更强调了要阐释首要意义离不开交际者对次要意义运行模式的分析。因此，以首要意义和次要意义的合并来阐释发言人"你懂的"的语义缺省空间，我们得到图 5-3：

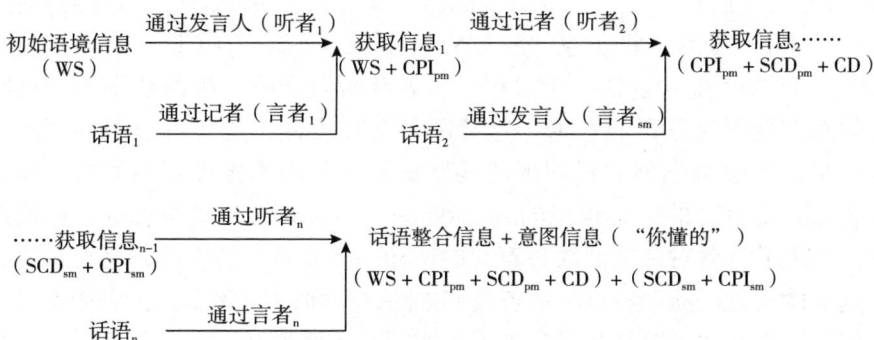

初始语境信息　——通过发言人（听者₁）——→　获取信息₁　——通过记者（听者₂）——→　获取信息₂……
（WS）　　　　　　　　　　　　　　　　　　（WS + CPI_pm）　　　　　　　　　　　　　　　　（CPI_pm + SCD_pm + CD）
　　　　　　——通过记者（言者₁）——→　　　　　　　——通过发言人（言者_sm）——→
　　话语₁　　　　　　　　　　　　　　　话语₂

……获取信息_{n-1}　——通过听者_n——→　话语整合信息 + 意图信息（"你懂的"）
（SCD_sm + CPI_sm）　　　　　　　　　　　（WS + CPI_pm + SCD_pm + CD）+（SCD_sm + CPI_sm）
　　　　　　——通过言者_n——→
　　话语_n

图 5-3　发言人与记者主观交互下"你懂的"语义缺省空间示例

图 5-3 中的初始语境信息来自记者（当下言者）和发言人（当下听者）在同一语境下对背景信息的知悉状况，其中既包含双方对新闻发布会这一话语情境的知悉，又包括双方对在此情境下以记者提问和发言人回答的话轮推进模式。初始语境涵盖了话语中语意与句子意义的合并。随着话轮依次向前推进，发言人和记者也依次转换其言者和听者的身份，此时双方首次调动有意识的语用推理，推进了其对话语信息中语意和句子意义的识解。Halliday（1994：109）在功能语法中对概念功能的及物性可加以说明此时的语用推理过程。如记者发话时使用了表征心理过程的词"注意到""不知道"和表物质过程的词"透露"对下一话轮的言者提出问题。随后当发言人的身份由听者转换为言者时，语用推理过程同样被激活（如物质过程、行为过程和言语过程的多方协调）。社会－文化缺省由具有典型性的社会、文化背景形成，如 Jaszczolt 在书中给出的一个例子："Pablo's painting is of a crying woman."，言者在话语交际中利用文化缺省并未提及"Pablo's painting"其实就是著名画家"Pablo Picasso"，而是将这一推理前置于社会语言交际的默认理解过程中，对文化原型以及话语交际模式的知悉和理解催化了人们在话语过程中以更轻松和更省力的方式产出和识解话语，并按由缺省的内容对社会和文化间的规约性予以默契解读。

例 5-14 中发言人对待记者的提问先是阐明了双方的共知信息"我和你一样，从个别媒体上得到了一些信息"，之后以言者身份构建话语并置话语在双方共同的语用推理中，言者在合并所言信息时提供了多方社会－文化缺省，"不论什么人"在双方的共知信息下被前置入双方获取信息的首次默认（CPI_{pm} + SCD_{pm} + CD）和二次默认（SCD_{sm} + CPI_{sm}）中，也就是说言者和听者对"不论什么人"所指代的人物身份有所共知。发言人以"我只能回答成这样了，你懂的"来结束回答，在完成整个话轮的同时也整合了话语信息和意图信息，是（WS + CPI_{pm} + SCD_{pm} + CD）和（SCD_{sm} + CPI_{sm}）首次完整并合的一个过程。言者和听者交叠产生的认知与心理状态的意图性紧密联系在一起，且意图具有程度性，是言者语用推理的间接结果，其中最强烈的意图形成认知缺省。和语用推理不同的是，认知缺省因此是自发的，无意识的。"你懂的"在言者话语结尾处标记性地出现，呈现了言者对多方面缺省意义的调动，其所具有的空缺语义意义具有非真值性的话语标记特点。倘若我们剔除"你懂的"，发言人的结束语"我只能回答成这样了"缺少了言者所不想说、不愿说和不能说的语义，在社会－文化缺省和认知缺省的结点处，言者留给听者的虽然是较少的语用推理过程，但缺乏了"你懂的"所传达出的未言似有言的意图含义。"你懂的"的标记性特征像语言文化的一个深色按钮，言语者不用费劲去寻找、推敲它，但深明其中所隐藏的不言而喻的信息，对于听者来说，在"心照不宣"中收到的信息便是"你懂的"语义缺省空间的会话含义所在。

　　自然的会话叙事语境同样，以例 5–16 为例，以话语语意和句子意义合并为初始语境信息，我们可以推知"你懂的"对叙述者和受述者交互进行的叙事事件命题的语义牵制，如图 5–4 所示：

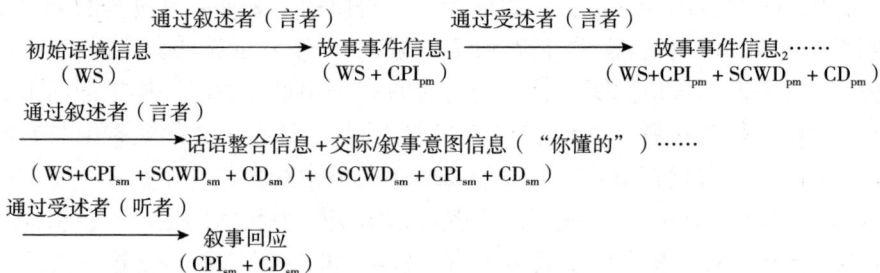

```
        通过叙述者（言者）            通过受述者（言者）
初始语境信息 ─────────────→ 故事事件信息₁ ──────────────→ 故事事件信息₂……
  （WS）                    （WS + CPIₚₘ）              （WS+CPIₚₘ + SCWDₚₘ + CDₚₘ）

通过叙述者（言者）
─────────────────→ 话语整合信息 + 交际/叙事意图信息（"你懂的"）……
  （WS+CPIₛₘ + SCWDₛₘ + CDₛₘ）+（SCWDₛₘ + CPIₛₘ + CDₛₘ）

通过受述者（听者）
─────────────────→ 叙事回应
                    （CPIₛₘ + CDₛₘ）
```

图 5–4　叙述者"你懂的"的语义缺省空间示例

　　Z 在 19 话轮处讲述的关于 James 的父母信息为下一话轮处作为受述者的 D 提供了首轮有意识的语用推理的故事事件要素，而 Z 所接续的 21 话轮是在前一故事事件信息的基础上添加了社会－文化缺省信息，是对于

叙述者所认为的 "James 的确是继承其父母各方面好的优点"，因此在当下叙述者 Z 看来才更具 "深邃" 的社会文化定势（SCWD），此时的 "你懂的" 调动的是受述者 D 对叙述者 Z 所言的 "深邃" 的二次文化定势的有意识的语用推理（$SCWD_{sm}$）和认知默认（CD_{sm}），即 D 通过 Z 的 "你懂的" 知晓了其对 James 的崇拜和喜爱的个人情感，由此在叙事回应中也牵涉了再次产生的语用推理知悉和认知知悉。

至此，我们讨论了 "你懂的" 的语义缺省空间，发现在言者话语结尾处标记性出现的 "你懂的"，呈现的是叙述者对语意与句子意义（WS）合并基础上牵涉了受述者首要和次要过程中的有意识的语用推理（CPI_{pm}/CPI_{sm}），体现社会文化定势的二次默认（$SCWD_{sm}$）以及二次认知缺省（CD_{sm}）这三方面缺省意义的调动，从语义缺省空间回观 "你懂的" 所产生的令交际者意犹未尽的会话含义产生过程，对于我们理解叙述者的期待性叙事产出和受述者的默契性解读和识解，以及叙述者借此变换的语用身份和由此拉近的心理距离都有了新的、进一步的理解。

5.3.3 "你懂的" 认知缺省的心理动因

纵观社会文化和话语交际中掀起的 "你懂的" 的语义涟漪，我们发现，交际过程中叙述者和受述者彼此渴望同对方形成的认知默契，以及同化心理的群体身份认同感对这一标记形式的产生具有很大的促进作用。从语义缺省空间中每个信息来源及其在合并表征中的运行方式来看，合并表征中每个信息源因素都牵制着叙述者和受述者基于完整叙事命题的多次心理距离调试。交际者熟谙 "你懂的" 在会话话轮中对于不同话语效果和语用身份的调试作用，这一方面是交际者在共享背景信息的语境域中受推理系统驱动而形成的认知缺省的心理路径所致，另一方面则是 "你懂的" 话语产生和识解过程中交际者形成的认知缺省的心理动因所致。

首先，"你懂的" 认知缺省的心理路径是由叙事推理映射意图性而生成的识解路径。Jaszczolt 指出信息来源和修正模式之间具有映射性质（mapping between sources and processes），也就是说缺省意义利用加工模式的概念和合并表征成分之间具有认知心理上的映射性质，而和认知缺省具有直接映射关系的是人类推理系统。推理的进行是人类心理活动的认知展现，合并表征因此体现的也是一种心理表征的形式。在此基础上，交际者的心理表征展露出不同的意图性信息，如受会话语境影响而产生的叙事意图，故事事件整体性回指的所指意图，各项故事信息铺设的信息意图，以及以会话叙事促进人际互动的交际意图。可以说，认知缺省下"你懂的"的意图性信息是细化叙述者和受述者心理活动的识解路径。

其次，"你懂的"认知缺省的心理动因是交际者寻求语用默契和语义精简的双向过程映现，并在此基础上投射出交际者隐晦性解读的识解心理。会话叙事的言语交际过程通常需要受述者从背景信息中推断出新的信息，而叙述者在碍于场合、身份或面子等不便明说的语境中，竭尽所能使得"你懂的"出现在受述者所能接受到其信息最大值的理解距离。在语义缺省空间中，它涉及了叙述者对语意与句子意义（WS）的合并，受述者首要和次要过程中有意识的语用推理（CPI_{pm}/CPI_{sm}），体现社会文化定势的二次默认（$SCWD_{sm}$）以及二次认知缺省（CD_{sm}）这四个方面的缺省信息源调动。因此"你懂的"在叙述过程中的默契心理是由叙事命题的信息源在叙述双方话语的产生与识解中共同搭建，这也是"你懂的"通常是基于叙述命题被完整讲述之后方才出现的原因。"你懂的"的话轮末端倾向为语用默契的理解提供了识解时间上的最大距离。在"你懂的"折射出的语义圈子中传达的是彼此对背景信息甚至是百科知识的共同理解。这份共同理解不仅是交际者思维意图上的一种社会文化眼色，更是其心理状态上的认知默契体现所在。

再次，是形成"你懂的"使用者的语义精简的认知缺省心理。Jaszczolt（2005：14）的精简原则（Principle of Parsimony of Levels）主要说明了除非必要，意义平面上的语义省略以及语用的默契是言语交际中较为常见的现象，而此种语义及语用上的省略和超越，如语用默契的缺省心理一样，均可体现在合并表征的任何一个结点。人们在话语的产出和识解过程中都追求简约省力的表达，"你懂的"也正是基于叙述者利用语义精简原则促使受述者获取关联背景信息的手段所达到的语义效果。这和 Zipf（1949：21）最初提到的省力原则（principle of least effort）异曲同工，语言中简短省力的表达很明显比较长的语言结构更易受到人们的青睐。因此，"你懂的"在话语标记化以及叙事标记化形成后，其所暗含的简要但不简单之意是叙述者语言精简的结果体现。

最后，是关乎受述者隐晦性解读的识解心理。隐晦性解读（opaque interpretation）和透明性解读（transparent interpretation）是认知缺省中报道命题态度的主要特点。隐晦性解读暗含的是不具替换特征的同指表达，叙述者不需多讲便在会话过程中要求受述者领会的"你懂的"，是会话交际中叙述者处理所指信息的委婉表述。"你懂的"话语标记化过程本身是对交际顺应所产生的结果之一，它虽对命题不产生额外的影响，但却决定了交际者的命题态度。而叙述者使用"你懂的"包含的隐晦性解读背后，隐藏的是交际者在特定社会和文化定势下对群体身份的认同感和语用身份的归属感。无论是同学、朋友之间的会话故事讲述或闲聊，还是商家的广告语，甚至是国家重要会议的新闻发言人，在不同情境下使用的"你懂的"，都或隐晦地为听者的群体身份认同和语用身份归属感做铺垫，从而在认知程度上做出更大的心理接纳和理解。

5.3.4　小结

本节我们主要探讨了"你懂的"的演化脉络及其构建的语义缺省空间和形成认知缺省的心理动因。由上述分析我们看出，"你懂的"在特定的会话叙事语境中对叙事见解的默契解读遵循了叙事标记在指示性 - 互动性 - 意图性上的话语衔接指向表征。

指示性表征中，从"你懂的$_3$"向"你懂的$_4$"的演变阶段，是"你懂的"主观情态表达向交互主观性的隐义解读的演变阶段，而从"你懂的$_1$"向"你懂的$_4$"的完整演变过程则显示出"你懂的"在话语实指、泛指和虚指方面的指示性转变。最终，叙事标记化的"你懂的$_4$"表面上指向的前述话题，实则虚化为交际者在动态变化的话语身份中不断调整的语境预设总结和语用身份转换。

互动性表征中，凸显了"你懂的"的合并表征信息源交互作用形成的互动的语义缺省空间。叙述者对语意与句子意义合并基础上牵涉的受述者首要和次要过程中有意识的语用推理，体现社会文化定势的二次默认，以及二次认知缺省这三方面缺省意义的协调，均对"你懂的"的语义缺省具有交互调动作用。从语义缺省空间回观"你懂的"所产生的令交际者意犹未尽的会话含义产生过程，对于我们理解叙述者的期待性叙事产出和受述者的默契性解读和识解，以及叙述者借此变换的语用身份和借由拉近的心理距离都非常有帮助。

意图性表征中，"你懂的"借由叙述者的行为认知域产生了表征命题态度的指示路标，是叙述者针对受述者在共知语境和背景信息的情况下寻求隐晦认可以期达成默认见解并在文化语境的隐含条件下进行默契解读的引导标记。受会话语境影响而产生的叙事意图，故事事件整体性回指的所指意图，各项故事信息铺设的信息意图，以及以会话叙事促进人际互动的交际意图交互影响着这一语言形式的语义发展。

最后，我们对形成"你懂的"识解过程中的主导心理，即认知缺省的心理动因进行了讨论，指出"你懂的"认知缺省的心理路径，是由叙事推理映射意图性而生成的识解路径；而交际者寻求语用默契、追求语义精简，以及在此动因下投射的交际者隐晦性解读的识解心理，是"你懂的"之所以为言语交际者传递心照不宣之义的心理动因。

5.4 叙事见解精简评价的"可以，这很 NP"

2016 年夏季的里约奥运会为"可以，这很 NP"充斥于各大网络媒体、新闻报刊和日常会话提供了直接的社会文化背景信息。奥运会闭幕不久，《北京晚报》专辟一栏"可以，这很流行语！"介绍了因里约奥运会而兴起的话语结构"可以，这很……"。文中坦言道，"面对这一届打上了深深的巴西风土人情烙印的奥运会，人们给予其最多的评价是'这很巴西'"。奥运会期间，"可以，这很 NP"的话语结构被用于评价各类新闻和赛事，这一构式中"NP"结合奥运会举办场地和体育赛事的方方面面，给言语使用者抛出了一系列趣义横生的时事事件点评的话语形式。本节我们将探讨这一话语结构的语义构式缺省及其所具有的语用价值。

5.4.1 从"很 NP"说起

"很 NP"从结构形式上来看属于"副词 + 名词 / 名词性短语"的副名结构形式，这种特殊的结构形式早前曾被学者认为是"临时活用"的用法（胡明扬，1992：35），也被幽默地解构为具有语用合理性的"胡说八道"的语言策略行为（桂诗春，1995：24）。因此，对于这样一种特殊的词法搭配形式，它如何从特殊变为一般，又是如何从临时活用变为普遍接受？以下我们从"很 NP"的内部结构和言语现实入手探讨。

《现代汉语词典》（2012）中"很"是表示程度相当高的副词。吕叔湘（1999：267）较为全面地总结了副词"很"的可修饰范围，概括起来是：

（1）用在形容词前，表程度高；但是

　　a. 某些形容词不受"很"修饰（例如：很 x 真正；很 x 亲爱）

　　b. 形容词的生动形式不受"很"修饰（例如：很 x 酸不溜秋的）

　　c. "很 + 形容词"修饰名词时一般带"的"（例如：很深的井）

（2）用在助动词或动词短语前，表示程度高；

（3）用在"不……"前；但是"不很"表示程度减弱，与"很不"不同。例如：很不好（= 很坏），而不很好（= 有点儿坏，但还可以）

（4）用在四字语前，但仅限于一部分描写性的和表示态度、情绪、评价的成语。例如：很耐人寻味；很孤陋寡闻；

（5）用在"得"后，表示程度高，常见于"形/动+得很"的形式。例如：好得很；受欢迎得很。

上述总结大致概括了"很"的一般性用法，但并未提及"很"的副名形式用法，"很NP"从语法合理性来讲的确属于非正常的语法构式。回溯至胡明扬（1992:35）的观点，认为类似"很激情""很青春"的说法，和鲁迅在文章中说的"国将不国"的名词临时用作动词的情况是一样的，"很NP"仅仅是混杂在名词和形容词兼类现象中的一种说法。但正如胡文所言，彼时的二十世纪五十年代他听说的"太官僚"和七十年代初听说的"特技术"，都从很"别扭"的状态发展为大家可以普遍接受并使用的言语形式，原因在于名词和形容词形成了兼类现象，大家很容易由名词的词义推出其兼类为形容词后的词汇意义。

此后，学者们从副名搭配所体现的功能意义入手对"很NP"进行了积极探讨。例如储泽祥和刘街生（1997）以"细节显现"证明了这一形式存在的理据，指出一个名词的本质意义，包括词的本义、基本义以及主要义项，是人类认识某一客观对象的结果。张伯江和方梅（1997）则认为此种现象是由于名词功能游移，特别是名词内部的典型性差异所形成；张谊生（1997）认为名词特定的语义基础或功能性状化是副名语言形式形成的深层原因；施春宏（2001）则从名词的语义特征入手，区分了关涉性语义特征和描述性语义特征，并指出副名组合正是描述性语义特征的客观提取和作用显现。

以上这些研究均帮助我们了解"很NP"这样一种副名语言结构形式存在的理据及其在功能性上的发展。我们从"很NP"的存在理据与语用合理性出发，把目光转移到当下再次由大众媒体传播在线上流行，并影响到线下交流的"可以，这很NP"的语言构式中来，借以探讨当下宏观的社会文化语境和微观的特定语境中此种语言构式的语义结构范畴和语用价值。

5.4.2 "可以，这很NP"的语义结构范畴和语用价值

从"很NP"的"临时活用"再到后来大众的普遍接受和使用，其间起到很大推进作用的是"很NP"所具有的强调名词的属性和突出名词专有特征的语义范畴用法。而"很NP"的再次传播和流行和"可以，这很

NP"的语言构式的兴起具有直接关联。根据"NP"的指称对象,我们首先探讨这一构式的语义结构范畴,大致总结"NP"位置的五类不同语义构成成分。

1."可以,这很 + 地域 NP"

除了上述提到的"这很巴西"以外,闭幕式上的"东京八分钟"呈现了许多体现日本文化符号的经典形象,被媒体评论为"可以,这很日本"。不同地域名词结合当时当地的语境,以特定地域所具有的特定属性,结合语言大众的默契推理,形成了各种式样的"很 + 地域名词"的说法。当然,此种构式在书面语篇或动态交际过程中"NP"的内涵意义,需要结合"这很 NP"中"这"回指或下指的内容,才能确定其蕴含的褒贬。例如不同话题背景信息下的"可以,这很里约","里约"的内涵意义就不尽相同。参见例 5–17:

例 5–17:(语料来源:报刊及网络媒体)

a. 连马桶都是滑盖的。可以,这很里约!(《中国企业报》,2016–07–29)

b. 可以,这很里约!沙排场馆开幕前四天建好现今已被拆(搜狐网,2016–08–21)

c. 里约奥运会激情开幕。可以,这很里约,很巴西,很艺术(凤凰网,2016–08–07)

同样的"可以,这很里约"蕴含的褒贬之义却能够被人们一眼看出。a 和 b 句中的"NP"——"里约"明显蕴含了贬义的语义内涵,a 句中的"这"回指的是巴西奥组委为削减开支,马桶盖未装置完毕就投入使用的状况,"很里约"映射的是奥运村条件恶劣的环境情况;b 句中的"这"则是下指沙排场馆在比赛刚刚结束后便被拆掉,更具讽刺意味的是此场馆是在开幕前四天才建好的,"很里约"映射的是奥运会官方对这一赛事本身的态度;而 c 句中的"这"回指的是里约奥运开幕式所呈现出的热情洋溢的巴西风情,"很里约"映射的是人们对开幕式、对巴西热情文化及艺术的褒扬和赞叹。因此,同样的"这很 NP"结合了"这"在回指或下指上下文语境中不同的陈述性概念后,"地名 NP"呈现的是完全不一样的语义内涵。

2."可以,这很 + 人名 / 特定类属 NP"

此类结构中的"NP"部分是直接由人名或某一特定人物类别构成。但这里的人名或特定类属名词本身凝结的是该人物或其类型身上某种被公众所知晓的特质或属性（储泽祥、刘街生，1997：17）。里约奥运会期间这一构式中的"人物 NP"也基本上是媒体大众对奥运相关联人物身上的某种特质的主观认可和评价。而其之所以传播，和媒体大众对这一 NP 位置上特定人物的新闻热度以及大众对该特定人物的心理预期有很大的关联性。参见例 5-18：

例 5-18：（语料来源：报刊及网络媒体）

a. 奥运开幕式火了段子手！可以，这很白岩松。（凤凰网，2016-08-06）

b. 林丹里约现神技能，网友称：可以，这很林丹。（中国青年网，2016-08-15）

c. 中国女排从死亡之组杀出重围！可以，这很女排。（《北京晚报》，2016-08-26）

a 句中突出的"白岩松"主要和其在奥运会开幕式的解说中抛出了令广大观众难以忘却和为之赞同的解说词有关系。"这"回指的是"奥运开幕式火了（能被称之为）段子手"的"白岩松"这一事件本身，因此，"白岩松"在此构式中本身具有新闻热度，加上其作为著名主持人的特定身份特征，使得这一人名本身在 NP 位置上就具有一定的放大人物特点的特性。和 a 句情况相同，b 句中"这"回指的是里约奥运会羽毛球男单比赛中，林丹在对打过程中跑到场边更换球拍后继续回来比赛，并丝毫未影响接下来的状态的事件。"这很林丹"表示的是林丹比赛中所持有的高超技术。而 c 句中"这"回指的是女排在赛场上突出压力和时间的重围，最终获得奥运冠军的实时事件，"NP"位置"女排"的名词性特征暗含的是其沉稳应战和勇于克服困难的体育精神。因此，在这一类"可以，这很 NP"的构式中，人名及其特定类属的人物特征是表征名词向形容词性状游移，并且基于奥运会这一社会文化背景信息下，如例 5-20 中的语料所示，更多暗含的是主观认可的评价性质。

以奥运会为传播平台流行起来的话语构式，在其后的传播和使用中逐渐浓缩了名词代形容词化的结构功能，是语义阐释性提取的结果（施春宏，2001：217）。

3. "可以，这很 + 商品名称 NP"

语义阐释性提取的过程取决于"NP"位置本身的名词，当名词为商品或物品时，以某一特定的商品名称而形成的"可以，这很 NP"的构式多以提升此商品的知名度和宣传力成型。参见例5-19：

例5-19：（语料来源：报刊及网络媒体）

a. Sony Xperia XZ 详细评测：可以，这很索尼。（网易新闻，2016-10-12）

b. 传承家族特色，但绝不偷懒！可以，这很奇瑞（汽车之家论坛，2016-09-06）

a句中"这很索尼"回指的是索尼公司虽然销售业绩惨淡，并且不断被外界看衰，但依然坚守着属于自己的审美标准和价值取向创造自己的品牌产品。很明显，"这很索尼"透露的是商家对自身产品所保有的自信，从而也借机对产品的评测结果宣传了一把。而b句中同样是商家借前置宣传话语，辅以"可以，这很NP"的结构对其品牌"传承家族特色"的品质进行褒扬的案例。由此我们可以看出，当"NP"位置替换为商品名称时，这一话语构式通常传达的是商家为其商品提升宣传力度的话语信号。

4."可以，这很 + 抽象话语NP"

"抽象话语NP"归属于既具有关涉性又具有描述性的语义成分特征。施春宏（2001:212）指出关涉性语义成分主要是指对名词的内涵起到说明、限制等介绍作用的客观性内容，它显示的是名词的关涉性语义特征；而描述性语义成分主要是指对名词内涵起到描写、修饰等形容作用的评价性内容，它显示的是名词的描述性语义特征。以此来观察此类现象中"抽象话语NP"的语义结构范畴，我们发现其中的抽象话语序列既有表关涉性的抽象名词，也有描述性的抽象名词。如例5-20所示：

例5-20：（语料来源：报刊及网络媒体，以及本书会话叙事语料库语料）

a. 可以，这很流行语（《北京晚报》，2016-08-26）

b. 可以，这很性价比（三星手机广告，2016-12-05）

c.（Corpus 8语境：同学Z和D下课后一起步行并讲述他人经历的故事会话）

19Z：是，他能力强，你不知道吗，他爸妈都是威斯康星麦迪逊的教授（0.3）他算是继承了他爹娘的本事（0.2）以前还听他讲过，他爸妈做%professor%之前都是在公司做的::好像是什么::运营分析师，然后后来就直接给人家部门做了个分析软件，结

果就开始在好几个公司用起来]

20D：[可以，这很教授

　　a 例中的"这很流行语"是一栏专门介绍因里约奥运会的各类新闻热点而兴起的"可以，这很 NP"话语构式的专栏题目，"流行语"此处作为抽象名词，具有描述性语义特征，主要描述的是在奥运会热点新闻中跟此类话语构式相关的话语特定类型表现，这和人们在日常认知、理解和交际中对业已熟悉的关于"流行语"一词的性质直接相关联。从 b 例中的语料来源是手机广告语可以推知，"这很性价比"中的"性价比"所要表达的是"此品牌的手机是具有高性价比的商品"的概念。"性价比"一词本身表达的是关于性能和价格之间相比对的一种关系，在语言事实中被概称为"性价比"这样一个专有名词。此时的"性价比"是专指这一名词所涉及的规约性的词汇意义，其语义内涵表征的是说明具有"性价比"要素本身的事物是值得拥有的这样一种语用概念。因此，"这很性价比"属于表征关涉性语义成分特征的抽象名词。c 例中的"这很教授"，结合上下文语境，是期待回指描述上一话轮中叙述者 Z 对他人情况特定表现的评价性话语，"教授"的语义细节透露的是和"专业、学术和权威"的词汇语义相关的概念。结合人们在日常认知以及上文故事事件叙述中对"教授"一词的理解，"这很教授"描述出的语义内涵是"这是具有专业和肯钻研的一个人或一个家庭"的意思。结合以上三个语例可以看出，"抽象话语 NP"中，抽象话语显示出的是言者所想表达的对这一抽象名词的关涉概念或概念的可描述性语义的话语表述。正如张伯江和方梅（1997：206）所指出的，抽象名词本身不属于典型名词，它带有明显的性质意义，更具备活用的意义性质，并且从表达的角度来看，说话人常常不是着眼于一个抽象名词的全部涵义，而是只取用某种性质义。抽象名词语义细节的可提取性和局部含义的可抽离性是它之所以可以在这一话语构式中出现的原因。

　　5."可以，这很 + 英语 NP"

　　伴随着全球化和信息化的发展，英语词汇在汉语话语中的代入现象和汉语词汇向英语规范话语进军的情况都屡见不鲜。不同语言之间相互的借鉴、流行和使用，加速了语言作为文化载体对整个社会的影响，这种影响不仅仅是用以标榜一种盛行文化的表现，也是语言、文化和社会彼此需求的共同产物。在"可以，这很 NP"这一话语构式中同样可以窥见这种融合和渗透的现象。参见例 5–21：

例 **5-21**：（语料来源：报刊及网络媒体，以及本书会话叙事语料库语料）

a. 可以，这很 BBC（新浪新闻，2016-07-24）

b. 竟然还有这么多好处！可以，这很 loft（房产网，2017-06-03）

c.（Corpus 8 语境：同学 Z 和 D 下课后一起步行并讲述他人经历的故事会话）

......

21Z：对呀，所以后来据说是喜欢校园生活，就带着那些软件回学校又开始教书了。%James% 就是继承他爸妈的各种强悍优点，关键是还那么深邃呀，你懂的（笑）

22D：看你说得心花怒放的（笑）

23Z：没有啦，你看咱办公室的女生不都是拿他当 %idol% 嘛（笑）我知道的这些都是以前他 %colloquium% 时候自己讲的

24D：啊（笑）是吗↑我看可以，这很 $_2$%colloquium%（笑）加油加油，你有机会呢（笑）

以上三个例句中的"NP"位置均是以英语单词或英文简写形式出现的。a 例中"这很 BBC"说的是 2016 年里约奥运会开幕前英国广播公司 BBC 制作了一个奥运会宣传短片，运动员化身丛林猛兽在其间表演，此处"很 BBC"作为抽象的专有名词形式，暗含的是"具有 BBC 制作风格的宣传方式"；b 例中"这很 loft"回指的是"竟然还有这么多好处"带来的益处，结合语料出处，即使对"loft"词义仍觉含糊的受话者来说，也能够大致推测出"loft"指代的是和某种装修风格相关的词义概念；c 例出自本书的会话叙事语料，Z 和 D 所讨论的对象是与其一起修选修课的同学 James，D 惊讶于 Z 对 James 个人情况了如指掌，两人交谈之间 Z 告知 D 她对 James 的了解都来自她在 colloquium 上获知的信息。"colloquium"一词本身是指学术讨论会，既然是学术讨论会，Z 却得到了许多和学术讨论无关但与 James 个人情况相关的信息。D 结合前后语境所推论出的大背景信息是，Z 对于 James 有崇拜和爱慕的个人情感；小背景信息是，D 对于 Z 所说的 colloquium 上是否通篇都是关于学术研讨的情况予以了幽默式的质疑，"这很 colloquium"的特殊含义在于"可以在学术研讨会上获得同学的个人隐私情况，这也是非常不具有学术讨论会风格"的一种质疑情况。

因此，从以上三例我们可以推知，在"可以，这很 + 英语 NP"的话语构式中，"英语 NP"往往体现的是与这一英语名词相关的名词特性的概念语义，受话者在重构英语名词的概念时，是以先提取，后阐释的认知默认形式对英语名词进行概念重构。

至此，"可以，这很 NP"话语构式的语义结构范畴大致包含了以上五类结构模式。从"NP"体现出的语义范畴来看，我们可以将其划分为专有名词和抽象名词两类，参见表 5-2。从以上五类结构模式我们得出，在"可以，这很 NP"这一话语构式中，"很 NP"着重凸显了"NP"位置上名词细节的可提取性和概念的可抽离性，换句话说，凸显的名词的实质含义和语境含义在这一构式的识解过程具有双向的可识别性。因此，能够进入该话语构式的专有名词和抽象名词在凸显性上都属于具有高度浓缩的语义凸显性质的名词形式，而在指称性方面，专有名词和抽象名词对名词的凸显性质具有的直接指示和阐释提取过程，给这两类名词在 NP 位置的出现提供了准入的可能性。

表 5-2　"可以，这很 NP"的语义结构示意表

可以，	这	很	NP	
主观态度表征	回指功能 下指功能	程度副词，在此结构中修饰 NP	专有名词	地域名词
				人名/特定类属名词
				商品名称名词
			抽象名词	抽象话语名词
				英语名词

对"可以，这很 NP"语义结构范畴的总结也促使我们思考这一话语构式所具有的语用价值。综合上述语料，我们认为其语用特征主要表现在背景化评价、前景化强调和拟对话式认可这三个方面。

第一，背景化评价。背景化评价功能是当"可以，这很 NP"围绕事件主干进行评价的语用功能体现，此时其通常位于整个话语信息的末端。由上述语料可以看出，"可以，这很 NP"最为常用的就是将其置于句末对前述事件进行评价。"可以，这很 NP"主要是对事件主干信息进行铺排、衬托以及评价（方梅，2008：291）。背景化是在整个话语信息产出之后形成的，而"可以，这很 NP"激活了其本身对前述信息的背景化评价功能。上述语例诸如例 5-17（a/c）、例 5-18（a/b/c）、例 5-19（a/b）、例 5-20（c）、例 5-21（b/c）中的"可以，这很 NP"均执行了背景化评价功能。此时，构式中的"这"回指前述事件，是后置在评价话语中对整个话语信息的所

指体现。值得说明的是，这一构式在会话叙事语体中基本上实施了基于叙事事件背景化而进行主观评价的功能，其中，显示其评价的核心就是以"NP"的特性凸显的言者的主观态度。

第二，前景化强调。前景化强调功能是由"可以，这很NP"开启对其后续陈述事件的态度加以强调的语用功能体现，此时其通常位于整个话语信息的开端。如方梅（2008：291）所言，叙事语篇中构成事件主线，用以直接描述事件进展的信息可以理解为前景化信息。上述语例中例5-19（b）便属此类。我们也可参见例5-22：

例5-22：（语料来源：网络媒体）

可以，这很深圳！今起港澳签注24小时自助办理，立等可取！（搜狐网，2016-07-13）

以"可以，这很NP"的构式开启话语信息，受话者首先聚焦的是发话者对"深圳"的前置强调，而"深圳"浓缩的焦点信息是"港澳签注24小时自助办理，立等可取"的高效服务工作效率。此时"NP"构式的强调，是对"这"下指的叙述事件蕴含的关联性质的强调与突出。

第三，假拟对话式认可。假拟对话式认可功能是"可以，这很NP"这一构式本身所具有的假拟变换话语角色，对所述内容进行认可和肯定的语用功能体现。李宇明（1997：228）指出："假拟对话，就是把一个非对话语段改造成一个带有对话意味的语段。"回观这一构式中的态度表征话语"可以"，它是一个典型的情态动词，其话语功能是包括了说话人和听话人两方针对某种建议或提示做出的情态表征（朱冠明，2016：135）。那么这一构式中的"可以"，是说话人对前述或后述话语的一种态度上的认可，对于听话人来说，在识解"可以"的过程中会自动将自己代入至前句陈述、后句肯定，或前句提问、后句作答，或前句肯定、后句陈述这三类话语句式中，而此三种句式恰恰包含了背景化评价和前景化强调的话语语用功能。由"可以"代入的具有对话意味的说话人和听话人的话语结构模式，使得这一话语构式在说话角度和语用身份转换角度具有拉近说话人和听话人心理距离的话语功能。

5.4.3 "可以，这很NP"从假拟对话性到叙事标记化过程

通过对"可以，这很NP"语义结构和语用价值的探讨，我们大致对这一构式的语义组成和使用意义有了进一步了解。那么，从假拟对话到置

于自然真实的会话叙事场景，从背景化评价到标记叙述者主观意图态度的叙事标记化过程，主要经历了什么样的话语功能变化，先看例 5-23 的语料：

例 5-23：（Corpus 8 语境：同学 Z 和 D 下课后一起步行并讲述他人经历的故事会话）

13Z：（……）嗯，那你最近都忙什么呢？

14D：大论文呗，主要就是这个事儿

15Z：是，这个时间档（.）大家都放暑假了，只有论文党和科研狗，实验实验，码字码字，整天乐不思蜀（笑）

16D：是呀，那天我见 %James%，就是在系里上课那天，他太强大了。听他讲他自己要开公司，还在做什么商业论文项目，然后还去 %field research%，然后关键是每次上课都很充分]

17Z：[对，他做的功课可多，很足

18D：真是厉害

19Z：是，他能力强，你不知道吗，他爸妈都是威斯康星麦迪逊的教授（0.3）他算是继承了他爹娘的本事（0.2）以前还听他讲过，他爸妈做 %professor% 之前都是在公司做的：：好像是什么：：运营分析师，然后后来就直接给人家部门做了个分析软件，结果就开始在好几个公司用起来]

20D：[可以，这很$_1$教授

21Z：对呀，所以后来据说是喜欢校园生活，就带着那些软件回学校又开始教书了。%James% 就是继承他爸妈的各种强悍优点，关键是还那么深邃呀，你懂的（笑）

22D：看你说得心花怒放的（笑）

23Z：没有啦，你看咱办公室的女生不都是拿他当 %idol% 嘛（笑）我知道的这些都是以前他 %colloquium% 时候自己讲的

24D：啊（笑）是吗↑我看可以，这很$_2$%colloquium%（笑）加油加油，你有机会呢（笑）

25Z：唔（……）

这段语料中的 Z 和 D 是在美访学期间同修一门课的同学。会话叙事

的语境发生在她们下课后一起步行至公交站台的路程中。语料中出现的James是修同课程的同学，Z和D的会话内容主要涉及和此同学相关的背景信息。语料中第一个"可以，这很NP"的话语构式出现在20话轮处，可以看出此处回指的是前一话轮Z的叙述内容，而"NP"位置的"教授"回应的是19话轮处James父母从"professor"到公司的"运营分析师"所具有的专业、学术和优秀工作效率的优势。因此，此处的"可以，这很NP"，表征情态的"可以"是受述者D对Z的叙述认可性回应，而"这"则回指了针对19话轮的整个叙事命题。我们可以这样理解，受述者针对上一话轮的叙事命题采取了后置的背景化评价策略，在理解了前述命题的语义核心之后，此时受述者期待表述的信息意图在于其对命题凸显性质的识解。基于话语的省力原则，"这很NP"便成功地组合了语义核心。与此同时，也表现了这一话语结构的凝固性。和20话轮处的情况相仿，24话轮的"可以，这很₂colloquium"表达的是当下受述者同叙述者拉近人际距离，在隐含质疑叙述者"colloquium"作为"学术讨论会"本身属性的同时，以较为幽默的方式回应叙述者，在"colloquium"上听悉他人的个人信息，是D观察Z对James有好感的人际态度判断。此处的"可以"和判断类情态动词短语"我看"一起，共同显示了"可以，这很NP"在情态表征中的人际偏向性，而"NP"位置的再次替换，也体现了这一构式在话语结构上的凝固性偏好。当然，会话叙事语体中，该构式中的"可以"也可见于被省略的情况，表现在叙/受述者直接以"这很NP"形成的叙事见解，参见例5-24：

例5-24:（Corpus 14 语境：Y向朋友们回忆述说其写作生涯的故事会话）

98Q: 我这个名字（.）其实有一个故事，因为我的英文名字叫彼特，然后它就是可以追溯到拉丁语的一个词就是石头。然后就是如果你把这块石头扔进泉水去，水上会产生涟漪。

99S: 都追溯到拉丁文了，古罗马时代。好，其实吧，**这很中国**。

100Q: 然后我这个名字也是对自己的一个期待，就是可以在这个文学界里面产生涟漪。

Q是在中国读书的美国留学生，在和S交流自己文学梦想的过程中谈起了自己的中文名字。Q根据他的英文名讲述了自己对于中文名的期待。S以"这很中国"回应了Q的期待及其对于Q中文名字的主观看法。而"中国"这一名词在识解过程中，由地域名词映射的是"具有中国特色或特征"的文化或社会概念名词。"这很 NP"在名词的意义重置组合过程中再次形成了语义结构凝固的特征，并且，单就"这很 NP"来看，其中仍然隐含着言者的主观认可态度。而位于话轮末尾处的话语位置，起到了将所述信息背景化，并对背景信息进行评价的语用制约作用。

至此，我们以会话叙事语料中的语例探讨了"可以，这很 NP"在会话叙事语体中的表现。分析发现，此构式的叙事标记化过程主要体现在以下几个方面。首先，这一构式通常具有话轮末端倾向性，从而使得该构式本身能够利用前述的背景信息为后续语境明示铺设，"这"的回指为话语前后的关联性和交际语境的认知效果提供了指称保证。其次，"NP"位置的语义凸显提供了话语命题之外与当下叙述者主观因素有关的命题关联态度信息，而这些信息正是指导和制约当下受述者话语识解的路标，是这一构式叙事标记化的必经之路。最后，从关联性和经济性来讲，受述者针对上一话轮的叙事命题采取的后置背景化信息的评价策略提供了话语关联的相关度，在识别前述命题的语义核心之后，受述者所期待表述的信息意图在于凸显名词特性的默认识解，在此过程中获取的前后会话叙事的关联语境，不仅是叙述者和受述者双方对交际信息的共识需求，也是交际者在语言使用过程中追求的精简化和经济性的交际心理体现。

5.4.4　识解的达成：合并表征的交互主观指向

明确"可以，这很 NP"在语义缺省空间中的交互主观指向，首先要说明的是对包含有个人主观见解标记的缺省意义的来源问题。

关于话语意义的来源问题，Jaszczolt（2005）提出了所有信息来源共同构建话语，合并表征便是话语语义体现的观点，并认为合并表征模式中意义的识解和推理联系密切相关。这意味着，合并表征模式下，话语意义是由无意识的、非推理性的缺省意义和有意识的、推理性的意义共同形成的。那么缺省意义和推理之间究竟是 Jaszczolt（2005）所持的"缺省意义和下意识的推理无关"，还是她（2010）随后又强调的"推理机制仅作用于认知缺省的生成"，即认知缺省和推理是密切相关的？显然，在缺省意义和推理之间的关系方面，Jaszczolt 的观点前后是相互矛盾的。以下我们首先厘清缺省意义和推理的关系。

1. 缺省意义：叙述者构建、受述者推断的交互意义集合

按照 Jaszczolt 的观点，缺省意义是无意识形成的意义形式，那么一旦

意识加入了意义的识别过程，交际者便无法对意义进行省时省力的识解，这与缺省意义的精简原则特征不符。然而会话的本质是基于合作性、意图性和目的性的交际活动，会话中的推理原则是"听者从言者所给出的明确的话语信息中获取新的不明确的话语信息"（Cummings，2005：75），从而逐步调试、顺利识解的过程。换句话说，当言者形成话语，听者便要合作地推知言者的话语意图意义。因此，明确话语信息中无意识的推理，以及新的不明确话语信息中存在的下意识的推理，且二者是同时存在的，这个观点和 Levinson（2000）对缺省意义和推理的观点一致。

结合例 5-23 中 20 话轮处 D 所言的"可以，这很教授"来加以说明。"可以"本身在假拟对话效果的基础上，是当下受述者由自身至当下叙述者的话语身份转换。当下受述者，即听话者，以"可以，这很教授"回应上一话轮中叙述者，即言者的所述话语。此时，一方面体现的是言者对会话中 James 父母及家庭境况的概括式总结叙述，另一方面是听者从言者所述信息中提取的关于 James 父母及其家庭境况的语义强调。前者是言者为佐证自己观点，即"他能力强"，而提供的各种明确的新信息，随后的细节叙述都是围绕前述已知信息展开的，保证发话者进行故事讲述的是叙事意图、对人物所指意图以及叙事新信息意图的互动形成，这些均是言者对"他能力强"所展开的信息铺设从而形成认知缺省的细节要素。而以新信息呈现的这些细节要素是社会文化缺省在话语中的社会文化定势体现。例如，叙述者 Z 的新信息体现在其言语过程中包括"你不知道吗"以及"以前还听他讲过"这种标记会话场景向叙事场景过渡的标记语，该类标记语是传达叙述者社会－文化定势思维的先引语："他爸妈都是威斯康星麦迪逊的教授"到"他爸妈做 professor 之前都是在公司做的，然后后来就直接给人家部门做了个分析软件，结果就开始在好几个公司用起来……"，故事事件传达了"他能力强"直接和其"两位教授父母"关联的社会文化缺省意义。由此，我们推断出社会－文化缺省意义的获取不需要语境的参与，抑或是和语境不直接相关，但却和社会文化定势下的推论相关。在此基础上，当下受述者的"可以，这很教授"，是其从叙述者认知缺省和社会－文化缺省中习得并接纳的默认意义。这一接纳过程中，受述者以上一话轮中故事事件要素为认知条件，推断出"James 能力强"和其"特别具有教授行为特点和做事品格"的社会文化定势相关，"这很教授"因此回指的是近距离的"James 的父母"，而"可以，这很教授"则是当下受述者对叙述者故事事件完整命题的定势认可和主观评价。

因此本书对缺省意义的大致想法是，缺省意义是由语言使用中言语本身的规约性、认知缺省中依赖于语境的意图，以及社会－文化缺省中更具体的物理语境和心理语境所触发的非真值条件意义。简言之，缺省意义是发话者从认知缺省中顺应语境、在社会－文化缺省中顺应社会文化定势的推论而构建的，是听话者推断出的意义。

2. 合并表征下首要意义和次要意义的互动

缺省意义与社会文化规约以及交际者的认知心理具有紧密关联。厘清了缺省意义的构建基础和意义来源，便于我们从语义缺省空间的合并表征中探索"可以，这很 NP"的识解达成过程。在 Jaszczolt（2016）看来，合并表征是关于首要意义和次要意义互动的总和。首要意义是交际中言者意在凸显的意图意义，是听者在认知加工的合并表征框架基础上期待获取的意义阐释内容。回观我们在上文对"可以，这很 NP"的语义结构范畴和语用价值的分析，可以得出这一构式的使用是基于受述者针对上一话轮叙事命题采取的后置的背景化评价策略，在识别了前述命题的语义核心之后，此时受述者期待表述的信息意图在于表达出其对命题凸显性质的识解，而显示该评价的核心就是以"NP"的特性凸显的言者的主观见解。Jaszczolt（2016：108）指出，意义和话语解读的构建关键是基于交际者对语词所共有的语用经历以及共享语境背景下凸显的语词意义。那么在这一构式中，有理由将凸显的"NP"理解为这一构式本身所要凸显的语义含义，一方面在于"NP"在此构式中的语义核心位置，另一方面在于此构式在回指或下指的过程中，均涵盖了具有高凸显性的评价回应。因此，具有首要的、核心的、凸显的"NP"意义便成为受述者在识解过程中识别的主要信息。

我们以上文出现的"NP"为例加以说明。如例 5-17 中的"可以，这很里约"中的"里约"，从合并表征中的首要意义入手，可以分别理解为[1]：

a. 连马桶都是滑盖的。可以，这很里约！

　　→I/PM 里约：巴西奥组委为削减开支，马桶盖未装置完毕就投入使用

---

[1] 参见 Jaszczolt（2016），此处的"→I/PM"代表"首要意义的隐含表达（implicate/primary meaning）"，"→E/PM"代表"首要意义的凸显阐释（explicate/primary meaning）"，"→SM"代表"次要意义"。

→ _{E/PM} 里约：里约奥运会很糟糕

b. 可以，这很里约！沙排场馆开幕前四天建好现今已被拆。

→ _{I/PM} 里约：沙排场馆在比赛刚刚结束后便被拆掉，并且是开幕前四天刚予建好

→ _{E/PM} 里约：里约奥组委的态度让人生疑

c. 里约奥运会激情开幕。可以，这很里约，很巴西，很艺术。

→ _{I/PM} 里约：里约奥运开幕式所呈现出的热情洋溢的巴西风情

→ _{E/PM} 里约：里约浓厚的巴西风情使人赞叹

从以上例子可以看出，在不同的背景信息及语境铺设下，同一构式中相同的"NP"具有完全不同的首要意义。首要意义是交际者所要传达的主要意图意义，所凸显的是在社会文化定势和有意识的语用推理中形成的认知缺省。而交际中受话者在认知缺省中往往将识解停留在首要意义达成的步骤层面，这一点从人们对"NP"的默认解读中可见一斑。因此，首要意义是话语识解中涉及交际意图和所指意图的语用隐含意义，换句话说，它是交际者在话语识解中直接达成的意义识解内容。

首要意义是合并表征框架和信息来源模式的互动映现过程，因而对于合并表征和信息来源在相互映现过程中的次要意义来说，是交际中信息意图和交际意图映衬的大背景下的话语规约性理解。首要意义的达成需要次要意义的语义作基础，并为其最终的识解作语用铺垫。由此，"NP"才具有凸显的可能，意义也才能顺利被扩充。仍以"里约"为例，次要意义能够被理解为：

a. → _{SM} 里约：里约奥运会新闻热点频频

b. → _{SM} 里约：可同 a;（或里约奥运会新闻痛点多）

c. → _{SM} 里约：里约奥运会呈现了热情积极的风格

可以看出，次要意义的意义内容完全可以省略。这一点和 Jaszczolt（2010，2016）对于次要意义可取消性观点不谋而合。但次要意义的存在与否对于首要意义中凸显信息的显著性具有最根本的关联。如例 5-23 中 D 在 20 话轮处对 Z 的回应："可以，这很教授"，我们从这一话语构式中得到的凸显信息是评价性的"（这是）具有教授风格（的事件 / 状态）"。而此时 Z 作为当下受述者（受话者），对此话语的识解经历了：

→ _{PM} 教授：从名校的专职教授到大公司的产品研发分析师，此类人

物的能力的确是强悍的，过硬的。

→ $_{sm}$ 教授：有其父（母）必有其子。（或能力强的教授父母做引导，James 怎会不优秀）

交际者在次要意义的所指意图和信息意图上有自我识解和潜在推理（potential inference）的倾向性（Horn，2004；Jaszczolt，2016），以此所表达出的一般会话含义（GCI）足以保证话语的主要意图意义，即首要意义的生成。但他们无需，也没有必要对此潜在推理进行新一轮的话语产出。这是由于首要意义已经将这一话语潜在推理的凸显意义内容生成并置于交际者的识解之中，并且合并表征是首要意义的意义输入形式体现，而合成性（compositionality）又是合并表征的结构组成原则，本质上依赖合成性原则将语词的意义结构（WS）、社会文化和世界知识缺省（SCWD$_{pm}$）、认知缺省（CD）和有意识的语用推理（CPI$_{pm}$）合并在一起。而次要意义来源于社会、文化和世界知识缺省（SCWD$_{sm}$），以及有意识的语用推理（CPI$_{sm}$）的二次推断过程，此过程是在特定语境的大环境下，例如会话叙事的大语境背景下，由交际者的社会文化定势和默认推理形成的基础性的缺省意义。可以这么理解，次要意义为交际话语的缺省意义提供认知导向，次要意义的解读依据个人认知见解的不同也可以产生不同的缺省解读方式。而首要意义在此认知导向的基础上形成了缺省意义，即主要默认和识解凸显特征的意义。

通过以上分析，并结合合并表征框架（参见第 2.3.1 节图 2-9）和具体的语例分析，我们得出结论：叙事中的话语情境激发有意识的语用推理，社会文化常规定势激发社会 – 文化缺省，而叙事推理机制以及社会文化常规定势的特征共同激发了认知缺省。首要意义和次要意义在具体语境下的互动是牵制缺省意义在交际识解中的必经之路。

5.4.5　小结

本节我们从"很 NP"的存在理据与语用合理性出发，把目光转移到当下由大众媒体传播在线上流行，并影响到线下交流的"可以，这很 NP"的语言构式。

通过具体语料分析，首先明确了这一构式的语义结构范畴，发现此构式中"很 NP"着重凸显了"NP"位置上名词细节的可提取性和概念的可抽离性，凸显的名词的实质含义和语境含义在这一构式的识解过程中具有双向交互的可识别性。因此，能够进入该话语构式的专有名词和抽象名词在凸显性上都属于具有高度浓缩语义凸显性质的名词形式。而在指称方面，专有名词和抽象名词对名词的凸显性质具有的直接指示和阐释提取过程，给这两类名词在 NP 位置的出现提供了准入的可能性。

其次，我们讨论了"可以，这很 NP"的语用价值，并将其总结为背景化评价、前景化强调和假拟对话式认可这三个方面。在具体语用过程中，受述者针对上一话轮的叙事命题采取了后置的背景化评价策略，在识别了前述命题的语义核心之后，此时受述者期待表述的信息意图在于其对命题凸显性质的识解。基于话语的省力原则，"这很 NP"便成功地组合了语义核心，同时也凸显这一话语构式结构的凝固性特征。

我们进而探讨了这一构式的叙事标记化过程。首先指出这一构式通常具有话轮末端的倾向性，这使得该构式本身能够利用前述的背景信息为后续的语境明示铺设，"这"的回指为话语前后的关联性和交际语境的认知效果提供了指称保证。其次，"NP"位置的语义凸显提供了话语命题之外与当下叙述者主观因素有关的命题关联态度信息，而这些信息正是指导和制约当下受述者话语识解的路标，是这一构式叙事标记化的必经之路。而从关联性和经济性来讲，受述者针对上一话轮的叙事命题进而采取的后置背景化信息的评价策略，提供了话语关联的相关度。而受述者所期待表述的信息意图在于其对名词的凸显性质的默认识解，该过程中获取的前后会话叙事的关联语境效果，不仅是叙述者和受述者双方对交际信息的共识需求，也是人们在语言使用过程中追求的精简化和经济性的心理体现。

最后综合来看，针对"可以，这很 NP"的识解达成步骤，我们形成了以下观点：具有首要的、核心的、凸显的"NP"意义是受述者在识解过程中识解这一构式的主要信息。首要意义是话语识解中涉及交际意图和所指意图的语用隐含意义，是交际者在话语识解中直接达成的意义识解内容。但次要意义的存在与否对于首要意义中凸显信息的显著性具有根本联系。次要意义为交际话语的缺省意义提供认知导向，首要意义在此认知导向的基础上形成了缺省意义，对凸显特征的意义形成了默认和识解。因此，首要意义和次要意义在具体语境下的交互主观互动和制约是牵制"可以，这很 NP"的缺省意义识解所在。

5.5 本章小结

本章主要探讨叙事标记的交互主观意义特征。不同于叙事标记的主观缺省意义所表达的非概念型叙事标记引介和确认指称缺省，叙事标记的交互主观意义表达是标记叙述者对所述内容的主观态度或个人评价，同时也点明叙述者默认见解的话语形式。以叙述者对叙事见解的主观表达为切入，此类可表达交互主观概念的叙事标记从语用价值层面来讲，主要具有语言表达经济性和语义表征凸显性两种语用价值功能。

首先，语言表达经济性体现在交互主观表达形成的概念型叙事标记所具有的背景共识、逻辑缩减和结构简约的标记特征。此类叙事标记可以直接表述叙事见解，用较少的言语传递更多的意图信息。以本章的探讨为例，叙事标记的语用预设前提是叙述者为了提高语言效用，把自己预设的叙事话题信息视为受述者已然具有理解和共识的信息。此过程造成了叙述者在话题相关信息的切入过程中对连接会话和叙事场景的关联标记也进行了逻辑缩减，不再对完整的叙述命题加以复述，而是直指见解态度，省去了叙事重述的表达任务。这不仅依循了语言表达的省力原则，也是言语使用者对精简话语形式偏好的语言配置习惯的体现。除了本书所分析的三个语例外，语料中仍有诸如"我觉得、我看、你看、你说"等"我 + V/ 你 + V"类交互主观概念型叙事标记，特别是第 6 章我们将要提及的机构语境语例，均属于以经济、直接的方式表述自身见解的标记形式。

其次，语义表征凸显性体现在交互主观概念型叙事标记对叙述者叙事见解的情态强调和语义凸显。从"你别说""你懂的"到"可以，这很NP"，以及下文即将展开的"我 + V/ 你 + V"类等叙事标记，均涵盖了由会话场景至叙事场景切入主观强调情态的语用步骤，以此在主观情态信息的背景化下凸显话语的语义含义特点。我们发现，交互主观概念型叙事标记对叙事命题具有内涵式牵引的连贯关系影响，情态强调特征主要涉及以叙事标记的方式连接既含有前景化，又存在背景化的叙事命题内容，暗示或隐性地表述前文或下文所没有表达的内容，以此把叙事命题和叙 / 受述者从话语事实中洞察到的语境命题联系起来，进入更大和更完整的会话命题之中。因此，语义表征的凸显性主要强调并凸显的是叙述者对未言说或未明说，但心有所指的意图指向的语用功能意义。

从语义缺省状态层面来看，本章的探讨和分析指出交互主观概念型叙事标记在解码叙事见解的指示性，首要信息和次要信息的互动性，以及凸显叙事默认心理的意图性三个语义衔接指向上体现出所言扩充的语义缺省状态。交互主观概念型叙事标记的语义缺省空间是由首要意义引导、受认知缺省和社会－文化缺省共同制约的语境联系标记，其中在指示性语义衔接指向上，叙 / 受述者对于叙事见解的解码牵制了合并表征信息来源上从世界知识（WK）至词 / 句意义合并（WS），至话语情境（SD）、人类推理系统的属性（IS）到社会文化定势和假设（SC）的多方面制约影响。然而，合并表征需要结合语用特征才能够体现出上述多种信息来源互动时生成的意义（Jaszczolt，2010，2016）。基于交互主观概念型叙事标记的形式多包含了叙事见解的主体实施者，并且多见于"我"或"你"这类人称代词，或一般指示性代词如"这"或"那"，因此在语义处理过程中常见于将涵盖见解实施主体的意义处理纳入了语义所指的层面。这种处理方式一方面可以反映话语识解的及时性，另一方面符合话语建构的经济性。意义的组合性原则因此不再局限于句子，而是上升到话语意义的语用情境和语用表征层面。交互主观概念型叙事标记在会话叙事中具有意义指示体现功能，是整体激活的一类典型标记形式。叙述者针对叙事话题开启的各种细节化的叙述活动借助叙事标记对整个会话场景和叙事场景进行衔接把控，在会话叙事的开场、故事讲述主体和退场过程中，交互主观概念型叙事标记承担了不同的局部承接、整体激活的作用。

在互动性语义衔接指向上，交互主观概念型叙事标记的首要意义和次要意义交互进入识解主体的话语意义推导中，为话语表达命题和特定语境话题命题提供语义强调和保障，如图 5–5 所示：

$$\Sigma 首要意义（PM）：WS + SCWDpm + CPIpm + CD$$

达成首要意义需有次要信息概念做认知基础↓↑次要意义保障首要意义突显出命题所指和叙事意图

$$\Sigma 次要意义（SM）：SCWDsm + CPIsm$$

图 5–5　首要意义和次要意义互动指向图示

首要意义是话语识解中涉及交际意图和所指意图的语用隐含意义，是交际者在话语识解中直接达成的意义识解内容，如"你别说"在行域例举和言域自指中的首要信息呈现；"你懂的"则是叙述者对语意与句子意义（WS）合并基础上牵涉的受述者首要和次要意义识解过程中的有意识的语用推理（CPI_{pm}/CPI_{sm}），体现社会文化定势的二次默认（$SCWD_{sm}$）以及二次认知缺省（CD_{sm}）这三方面缺省意义的互动协调。但次要意义的存在与否对于首要意义中凸显信息的显著性具有根本联系。如"可以，这很 NP"的标记化过程中，具有首要的、核心的、凸显的"NP"意义是受述者在识解过程中能够掌握的主要叙事见解信息；而涵盖了对叙事所指评价的次要意义是交际话语的缺省意义，为回指或下指事件的叙事评价提供了认知导向。首要意义在此认知导向的基础上形成了缺省意义，对凸显特征的意义形成了默认和识解。

在意图性语义衔接指向上，交互主观概念型叙事标记受会话叙事语境影响而产生的叙事意图、故事事件要素的整体性回指或下指的所指意图、各项故事信息要素铺设的信息意图以及以会话叙事活动促进人际互动的交际意图交互影响。概念型叙事标记借由叙述者在行为认知域上表征的命题态度为指示路标，叙 / 受述者在共知语境和背景信息中寻求隐晦认可，以期达成受述方的缺省意义见解，同时在社会文化定势的默认下对叙事标记的意图指向进行默契解读。由此，叙述所指的明晰性、视角合作的互动性和意图的合作性是促成语义缺省能够被顺利识解的合作性准则。

本章对三个交互主观概念型叙事标记的探讨也说明了这样一个问题，受述者（或听话者）以最小力获得叙述者（或发话者）的所指意图是认知缺省的具体体现，Jaszczolt 将这种与最强所指意图相对应的语义默认看作认知缺省，但实际操作过程中，与最强所指意图相关的还有社会文化定势默认。也就是说，认知缺省和社会－文化缺省在字词意义形式表面和逻辑式上形成了语义的充实：

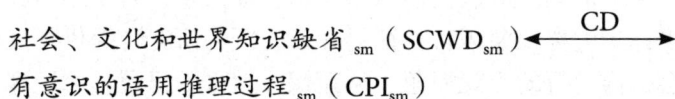

社会、文化和世界知识缺省$_{sm}$（SCWD$_{sm}$）$\longleftrightarrow$ CD

有意识的语用推理过程$_{sm}$（CPI$_{sm}$）

图 5-6　语义充实形成图示

因此，和意图性语义指向相关联的话语识解心理动因是叙述者叙事默认心理，与受述者语用默契和认知配合心理共同展示出来的心理变化因素。

第6章

机构语境下会话叙事标记的语用运行机制与应用实践

　　相较于关注上下文在话轮层面对话语运行机制的微观话语分析，机构语境是指在诸如课堂、医院、法庭、新闻采访等不同于日常自发性会话语境中，由特定机构话语交互构建的话语环境。和本书第3章所讨论的语境对于话语意义的影响相关，机构话语意义是在机构语境中包含了特定机构的物理语境和机构交际者之心理语境的动态话语意义展现，是对日常会话的一种偏离（Drew & Heritage，1992：27），而偏离的主要原因在于机构语境下话语具有特定的目标，有不同的机构文化及理解限制，并且具有特定且相应的推理框架。从机构话语偏离的特征入手，对于会话叙事标记这样一种话语标记大类现象语言特征的探索，既为研究者提供了从语言学角度看待社会机构运行的宏观视角，从而探寻叙事话语及其标记现象如何受制于机构者地位、身份构建等因素的制约，继而反过来影响社会话语结构，引发特定机构下的言语协调或冲突，又为言语使用者提供了从语言表述分析调整至有效话语实践的微观视角，从而阐释叙事话语及叙事标记在机构话语中的语用、语义及认知向度，服务于不同的机构话语实操和机构交际人员的言语实践。本章将首先对机构语境下会话叙事标记现象的研究作以概述，进而从医患互动语境、刑事庭审叙事话语语境，以及高校课堂言语互动语境入手，探析会话叙事标记的机构语用运行特征及应用实践特性。

6.1　机构语境下会话叙事标记现象研究现状

　　正如本书在对会话叙事标记进行分类时提到的那样，会话叙事标记属于话语标记大类现象，是一种特定语境中的话语结构形式。探析机构语境下会话叙事标记的研究状况，需要从其大类现象，即话语标记的机构表征入手，并以此为基础挖掘机构语境下叙事的产生及会话叙事标记的使用状况。

国内研究方面，机构话语中话语标记研究可见于英语口语考试（王立非、祝卫华，2005；严静，2015）、公共演讲（Han，2011）、医患会话（Lai & Lin，2012；李萌，2018）、高校课间话语（杨秋婉等，2017）、法庭口译（孙炳文，2017）等机构情境。以上研究者的讨论显示，不同机构中话语标记的线索指向及话语的逻辑指引功能呈现了各不一致的状态，且不同机构下言语交际者对话语标记的使用具有位置分散性及话语策略的多样性。而涉及话语标记的会话叙事语用阐释，可见于 Lai & Lin（2012）针对阿尔兹海默症病人与正常老人在病症问询中的叙事话语标记产出与语用对比分析，严静（2015）的高校英语专业学生自述话语中对于时间型、增补型叙事话语标记对叙事有效性的影响及孙炳文（2017）探讨法庭话语语境针对话语标记在直接询问中被用作控制信息流和标示故事进展手段的分析说明。由此可以看出，关于会话叙事标记在不同机构语境交际活动中的基本表现，目前国内已有研究尚未达成清晰和较为全面的认识，且缺乏针对机构会话中故事讲述活动的深入细致分析，因此辨析会话叙事标记在机构会话中的语用影响，对于指导机构工作人员及机构语境交际者的叙事策略及会话叙事话语操作具有实践指导意义。

国外研究方面，基于吉晖（2019）所采用的知识图谱理论对机构话语中话语标记的分析结果显示，其研究主要集中在公共演讲（Han，2011）、医患语言（Cepeda，2006；Neumann-Werth，2010）、法庭语言（Innes，2010）和媒体语言（Ilie，2001）等领域。事实上，通过梳理国外相关文献，机构语境下对叙事情境及会话叙事标记采取详细探讨的研究实则探及了更为宽泛的主题，其中包括 Fung & Carter（2007）对外语教学课堂语境下英语本族者和非本族语者在叙事话语产出过程中的话语标记对比分析；Romano & Cuenca（2013）分析了情绪性因素在访谈语境中对受访者的叙事及叙事标记产生的话语结构影响；Martino et al.（2019）在医学诊疗语境下对五十岁以下的女性乳腺癌患者叙事话语作了详细分析，并从其群体使用的高频会话叙事标记入手探讨了叙事意义生成与病症确认之间的微妙关联。以同样主题探讨癌症病患使用的叙事标记与疾痛经历话语关联的还有 Martino & Freda（2016）；Jakupcevic（2019）以及 Coyle et al.（2020）则在语言课堂环境中探寻青少年英语学习者及二语学习者对于叙事言谈标记、叙事时序标记的掌握情况，并指出了话语及文本连贯性的关联影响。

由此，就国外文献针对会话叙事标记展开的探讨时序和话题领域而言，其对叙事标记的关注稍早于国内相关研究。话题语境除了围绕医学、二语及外语课堂教学外，还探及了访谈语境这样一种半机构性话语（Ilie，2001：209）。这些研究均给后续的研究者提供了启发性思考，也就是说，我们能够从更多可及的机构语境中去揭示会话叙事的话语功能，以及叙事标记在此类语境下的独特话语表现，并在各个语境范畴内尝试勾勒叙事标记的实际语用格局，由此可望为多样化机构及多类别机构从业人员提供叙事话语策略指导。

基于本书作者的田野调查和一线语料搜集等工作，以下将主要从医患诊疗、刑事庭审话语及高校课堂互动三类机构语境入手，分析会话叙事标记的不同语境表现和语用表征，从而为机构话语交际者的应用实践提供启发性思考和实践指导。

6.2　医患互动中会话叙事标记的语用缓和呈现 [1]

作为机构话语具体类型之一，医患互动话语研究具有多学科交叉的特征，涉及了医学、人类学、社会学及语言学等多个学科领域的沟通与融合。语言学视阈下的医患互动话语研究通过描写和分析医患话语的呈现方式及相互之间的话语功能，在当下我国医患关系亟待建立良性沟通与互动的社会情境下，逐渐成为研究热点（Gu，1996；Yao & Ma，2017；李芳，2014；刘兴兵，2008，2009；涂炯、亢歌，2018；印荷杨、赵俊，2019；于国栋，2009a；赵光红，2001）。

就研究视角和研究方法而言，医患互动话语主要呈现以下特征。首先，研究视角宽泛且选题各异，其中主要涉及社会语言学及语用学面向的医患话语研究与综合性的话语分析或会话分析研究，前者包含了诸如医生身份建构及医患会话的权势不对等（陈海庆、李慧祯，2011；旷战，2017；刘兴兵，2009；王晋军，2002）、医患礼貌用语及策略（刘丽华，2015）、医患互动中的合作原则（刘兴兵等，2007；张蕾等，2012）等话题；后者则呈现出针对医患互动会话中更为微观的会话机制运行考察，如医患互动话语的序列结构（杨辰枝子、傅榕赓，2017；于国栋，2009a）、会话修正（马

1　本节部分内容，特别是医护者叙事的话语策略分析，可见于朱冬怡（2023）。需要说明的是，和前文按照会话双方的话轮转换对语料进行话轮编码稍有不同，本节所列语例的话轮编号是在原始语料编号的基础上，以意群为单位，呈现了医患互动过程中口语信息的巨大碎片化（Chafe，1982）。

文、高迎，2018；杨石乔，2010）、处方建议（王楠、张惟，2020）、回述 / 回声问（于国栋，2009b；张帅，2018）、打断机制（申丽红、张冰，2013；武宜金、李林子，2011）、在线问诊（Mao & Zhao，2020）等。其次，从研究方法来看，会话分析（conversation analysis）是目前学界研究医患互动话语普遍使用且富有成效的研究方法之一，具有代表性的如 Gu（1996）、于国栋（2009a）；此外，少数医患话语研究使用的互动过程分析系统（Interaction Analysis System）（Roter & Larson，2014），也仍是在会话分析基础上对语言进行行为分类的研究方法（如印荷杨、赵俊，2019）。

　　本节研究数据采集于中国西部某城市一家三甲医院，其中的语音数据分别来自神经内科查房语料（面对的病患主要以急慢性脑血管及血管性认知障碍、神经系统及精神心理障碍为主的病人，有效语料 40 例），新生儿重症监护室查房语料及儿科门诊语料（其中新生儿重症监护室属无陪护病房，所有沟通均由医护者和患者家属完成，有效语料 22 例）。参与者包括 6 位医护者与 67 位患者及家属。笔者通过所在高校的医学社会史研究中心学术道德伦理审查并与该医院沟通协商，于 2019 年 10 月至 2021 年 1 月间断性收集共计有效可用的医患诊疗音频数据 62 例，共计 324 分 04 秒的医患互动语料（详情见附录 B 中第二部分机构语境会话叙事详例 DTI 序列语料）。基于医患互动语料，本书发现医患间会话叙事具有语境依附特性，且作为开启故事讲述、标记讲述过程、引介故事退场的会话叙事标记对医患言语互动的有效驱使和促进，进而作为确保彼此言语行为确信度的有效性问题，将是下文阐释和讨论的重点。

6.2.1　医患互动中的会话叙事

　　当前国内学界在语言学视阈下针对医患互动话语的研究选题逐渐增多，但通过我们的临床调研与文献返查发现，有关医患互动过程中的故事讲述行为却鲜有人关注。这种发生在日常医患互动中的具有面对面互动交际、话轮转换不依赖固定次序和长度限制的故事讲述活动，正是会话叙事的特征呈现（Norrick，2000）。会话叙事存在于医疗领域的各个方面，医患关系中的沟通、理解、关怀等都可诉诸叙事（唐伟胜，2012）。而现实语境下叙事与医学的结合也并非新鲜事物。Hydén（1997）曾提出叙事与医学结合的三种基本类型：作为叙事的疾病（illness as narrative）、关于疾病的叙事（narrative about illness）和作为疾病的叙事（narrative as illness）。第一种类型是狭义的疾病叙事，患者通过将疾病过程和事件进行叙事化、将疾病事件和症状进行生活世界的语境化来表达痛苦和体验，是个人经历叙事对疾病的讲述（Labov，1972a）；第二种类型是指医护人员通过叙事来表述医学知识、交流临床诊疗信息，如医患互动中的病例探讨、患者的非常见案例等；第三种类型是指患者在神经损伤的情形下失去联系过去或当下经验的叙事能力（张新军，2011：9）。在 Hydén 分类的第一种和第三种叙事类型中，其讲述主体均指向患者，是医患过程中以患者讲述为主，且供医护人员吸收接纳并为之提供前情知晓的患者叙事行为。而第二种叙事类型的讲述主体为医护人员，其叙事事实上构成了诊疗过程中以医护人员为主体的、存在于医患互动中的疾病讲述和实践态度（Hunter，1986）。

本书 1.1.3 节探讨会话叙事时曾提及，在日常生活及各类社会交往中，交际者对彼此间未预先设计、不经任何修饰的生活事件的叙述活动才是会话叙事的研究主体。以此反观医患互动话语，医患会话叙事的话语意义随着医患交际双方的社会立场、道德观念、经验、态度等实际语境的互动合作而变化。并且医患间的故事讲述活动和故事内容的消化处理方面的事实，不能被预先限制在偶然和不可预见的范围之内，而应置于会话叙事交际参与者的实际活动之中。我们应思考会话叙事中互动的叙事话语策略是如何展开的（Herman，2002）。因此，本节旨在探寻会话叙事中不经任何修饰的诊疗经验的故事讲述活动，具体来讲，是对会话叙事动态层面的话语策略体现及静态层面的故事讲述所表征的话语行为的探析。

1. 医患会话互动中的医护者叙事与患者叙事特征

医患互动中的会话叙事是医患接触过程中患方的疾痛症状叙事与医护方的专业知识阐释叙事交互进行的叙事话语行为，这一过程涵盖了话语交际中动态的会话交际策略与静态的故事话语结构的双向呈现。就医护者话语而言，其叙述中常出现以生物医学知识体系为主要概念框架的"疾病叙事"模式（赵璇，2017），这和患方的疾痛症状叙事产生了明显对比。彭欣和张惟（2019）曾指出日常交谈中的故事讲述具有可辩性、开放性与内容的可选择性特征，其涉及的是日常交际语境下叙述者如何在动态的会话交际过程中利用故事讲述来呈现人际互动的"故事"规则。医患互动受机构话语语境的影响，具有不同于日常交际中故事讲述的某些差异性特点。

第一，医患互动中医护者的故事讲述具有封闭性。由于交际双方在此类语境下知识及专长的不平衡（任育新，2020），讲述活动偏向以交际双方默认高权势拥有者为主的叙述，即医护人员为主导的与生物医学相关的故事准备与开启行为，而受述者在此语境下属于低权势者，其以个人疾痛经历为主的地方性知识的叙事模式（赵璇，2017），在生物医学语境下通常让道于叙述者，从而使医护者在诊疗过程中拥有优先构建多话轮单位的权力。

例 6-1 吸入性肺炎 _DPI_T01

（D 为医护方；P 为患方；下同）

15D：你知道新生儿误服碘伏会有什么危险吗？

16P：不知道（0.2）非得住院吗？

17D：→是这样，首先新生儿的食道黏膜是很脆弱的，碘伏是一种含酒精的（.）

18　　刺激性消毒液，具有一定的腐蚀性，消毒皮肤表面可以，不能用于黏膜

19　　→用于黏膜医院有专用的粘膜消毒液，误服以后会有两种情况，前几个月

20　　→我们在门诊接过（.）三岁多的（.）那个小孩误服了，就是碘伏流入

21　　食道造成食道黏膜的灼伤，需要禁食一段时间使损伤黏膜修复。这时候

22　　孩子的营养需要通过输液来维持。再有就是孩子服用碘伏以后呛入呼吸道，

23　　对呼吸道造成损伤引起炎症反应造成肺炎。不管哪种情况都是需要

24　　住院观察的，我们还要查一下有没有肝损伤的情况，好吧？↑

25P：那好吧，暂时先住着吧。

该例中医生 D 在询问了儿童的基本症状之后，通过新生儿患者家属的描述，得知由于家长半夜喂奶误将碘伏倒入奶瓶从而使新生儿误服碘伏，在告知患方误服碘伏危险性的过程中，从 D 在话轮初（17 行）为了回答患方的问题，以"是这样"开始医学特征阐述，到向患者（方）阐明碘伏的危险性的过程中，"误服以后会有两种情况"（19 行）作为一种归纳性医学言语，此处兼具了故事引语（story preface）的功能，以"前几个月"门诊的接待病例为叙事经历为患方提供了故事事件的时间、人物、事件等叙事要素，是医护者叙事中一种封闭型的叙事定位（orientation）模式，这一点和 Labov（1972a）在叙事六要素中提及的关于故事时间、地点、情况和参与人物的概括的定位要素相一致。医护者因此以一种高权势话语定位占据了封闭式的故事讲述话轮，而患者（方）此刻由于对医学专业知识的非专业化，较少出现插话或打断的情况。

第二，医患互动中医护者的故事讲述具有投射性，具体表现为以时间

或生物医学特征为主的投射性讲述。投射（projection）决定了话轮的起始部分以及话轮构建单位何时以何种方式对随后的话轮进行预示（Schegloff，1984）。医护者叙事的投射之处在于其所展示的和疾病诊疗相关事件在后续话轮中的话题预见性。例如：

例 6-2 足月小产儿 _DPI_T11

34P：对，是顺产]

35D：[好，呼吸暂时可以，但是为啥给你转过来了↑就是体重太小

36P：哦（.）

37D：→就是有些人家大早产的体重都没有这么小（0.2）也是这两天过来的，

38　　→旁边的 X 号，不足月，但是体重三千克还多（0.3）啊（.）但是你已经

39　　足月了体重这么小，嗯（.）这是第一个诊断啊，足月小产儿，就是足月

40　　（.）啥叫足月，就是 37 周以上就是足月了，37 周（0.2）体重小于五斤的

41　　我们叫作足月小产儿。

42P：这样子（.）嗯

例 6-2 中医生通过再次向患方确认婴儿是通过顺产而来，但过轻的体重是患方必须转至重症监护室的原因之一。和上例中第 19 行出现的"前几个月"类似，此例中 D 叙述"也是这两天过来的"（37 行），均为医护者在当下诊疗语境中使用时间索引疾病案例，投射于即将产生的故事讲述。医护者以时间索引诊疗经历的小故事叙述从本质上讲又是对疾病的生物医学特征的一层新的话轮投射，医生对"旁边的 X 号"（38 行）的案例讲述在其后对于"足月小产儿"的诊断结果形成了一种投射性话语策略，也正是由于此种投射，医护者在时间索引下不断于会话展开过程中进行生物医学词汇的判断与阐释，此间的话语过程，也使得患方对于医护者所提及的生物医学知识做到了"心里有数"的认知理解。

第三，医护者的故事讲述内容具有归纳性。医护者的诊疗话语中包含众多专业术语，为便于患方理解，医护者较常使用故事讲述对诊疗实践进行归纳，使用故事性语言告之假设某种不规范行为会对患者治疗造成影

响。如例 6-1 中医护者对"误服碘伏"病况讲解过程中提到"三岁多小孩"的（20 行）诊疗经历事件，以及例 6-2 中医护者为使患方理解"足月小产儿"（38 行）概念而产生的"X 号"的叙事索引，均表现出医护者对于医患互动中使用恰切、合理的故事讲述话语策略，在一定程度上是对医生现存的诊疗经历及疾病经验进行的归纳，从而使患方知晓确切的诊疗方法，并理解配合医护工作。

医患互动中医护者故事讲述的封闭性、投射性与故事内容的归纳性使我们看到机构语境下故事讲述所展现的叙事话语与语境间存在的策略性张力。而就患者叙事特征而言，则主要表现为叙事话题的开放性、叙事内容的零散性与疾痛叙事逻辑的经验性。

首先，患者（方）的叙事话题具有开放性。不同于医护者故事讲述的封闭性特征，患者的叙事话题围绕其个体的地方性知识，具有话题的多元表述与开放性叙事特点，如例 6-3：

例 6-3 老人心房先颤 _DPI_T23

11D：　嗯，回来以后我让那大夫，他心脏这方面特别在行，回头再（.）再一方面房颤的话，

12　　除下心脏这块儿，它也很容易引起心房壁里面那个（.）血栓，它会脱，害怕引起大脑

13　　这块（.）就得用抗凝治疗，当然这是下一步治疗了，反正心脏这方面的话她得调整

14P：→哎呀，俺妈不行，她不行，她爱着急，你看]

15D：[你听我讲，暂时的话先用地高辛

16P：→这不俺姐说，你来我家住，我照顾你舒舒服服的，给你做好饭吃。俺妈她在我这儿

17　　住的时候在家不停做饭，吃不了也一直做，跟我和俺爸吵架，我也气得不能行

18　　这不俺姐说我把咱妈接走吧，去我那儿稍好一点

19D：嗯（0.2）可能你姐招呼她，远一点能好一些。吵架就少了

20P：嗯好多了，我让她住院，吃药，前天晚上给我说不用吃↑

21　　自己慢慢会好]

22D：[好吧，现在先把药拿回去吃

该例中，P为患者女儿，其在医生的医学知识陈述话轮中拟插入话题讲述（14行），在下一话轮处（15行）被医生打断叙述，其后在第16行开始就其母亲较为易怒的脾气进行主题话题讲述。患方的话题讲述反映了其多元的背景信息，疾痛叙事与患者（方）所掌握的地方性知识建立起一种天然联系（赵璇，2017：22），此时患者大众生活化的话语对应了医护者制度化话语。患者（方）依据个体背景身份切换了新的叙事话题（20行），从而将叙事话题从母亲易怒脾气切换至规劝母亲吃药的叙事话题讲述。如本书4.3.2.3节提到的话题连续性表征，语篇的微观构筑常见于Theme>Action>Topics/Participants（Givón，1983：8），话题基础的连续性关涉了话题和参与者的相关活动。由此，患者（方）对个体疾痛经历的多元化背景归纳与被观察到的病患相关疾痛体验形成了叙事话题开放性的讲述特点。

其次，患者（方）的叙事内容具有零散性。叙事内容是叙事话题的语篇铺设和细节展现。仍以上例为例，患者（方）女儿作为病患代表与医生进行沟通，在医生所述病因及服药内容（11~13行）之后，并未给予医生直接回复，而是在叙述其母亲较为易怒的脾气这一话题过程中间断提及了"俺妈、俺姐、俺爸"等一系列叙述人物，此处可理解为一种叙事定位（orientation）（Labov，1972a），即叙述者当下着力于展开关于故事时间、地点、情况和参与人物等的概况介绍；所述的故事内容涉及了其母"不停做饭"并与"俺爸吵架"，是使事情复杂的行动进展（complication）；叙述者在与受述者（医生）交流的过程中始终期待将叙事基本内容讲述完整（14行、16~18行、20~21行），但其中仅于第20~21行给出了患方给予病患（其母）的叙事评价（evaluation），表达了叙述者此时对于向医生交付自身对母亲可能不是一位合作的就诊者的叙述态度。就Labov（1972a）的叙事六要素而言，此段叙事内容具有极为典型的零散性特征，在医生的回应中由于其并未截取到过多机构诊断的实质内容，因此常可见到话语中的打断行为。也正是由于医患互动是在极为有限的医患机构语境下形成的言语交际，双方在搜索话语有效内容的过程中，是从机构序列与日常自发性话语序列出发进行的交际互动，患者（方）并未有效调整对应话语序列，由此产生了患者（方）叙事内容的零散性特点。

最后，患者（方）的疾痛叙事逻辑具有经验性。叙事逻辑关注故事要素是否完整陈述，即从叙事摘要至故事尾声是否逐一被论及，而真实的医患互动中患者的叙事逻辑常常依靠经验性信息，例如：

例 6-4 冠心病 _DPI_T26

05D：这个不涉及你的滑膜炎，不相关

06P：我感觉贴完这一次的药也没有啥感觉，头两次心脏也不舒服，我那天刚刚贴完晚上

07　　躺到床上，咋这心脏这里就不得劲了，我感觉是不是这药还有啥副作用↑

08　　前几次我这心脏不舒服就又膝盖疼，这一次又是这样，也不知道是你开的药副作用

09D：你听我讲…

　　该例中患者在陈述疾痛经历的过程中两次使用叙事标记"我感觉"，类似的主观性话语标记是依循说话人的态度、情感对自身经历作出的主观预判（苏小妹，2014：92）。从病患对自身疾痛感触的言语特征来看，其对疾痛感受的阐述多具有主观经验性的叙述特点。

2. 医患叙事策略及其话语行为

　　简单来讲，机构语境下医护者的叙事策略主要是指医护者使用生物医学话语并利用话轮控制对叙事意义进行语境重构（re-contextulization）的一种话语行为策略（De Fina & Georgakopoulou，2012）。语境重构是叙事内容的深层结构在社会文化规约下所体现出的语境局部偶然性与交互双方即刻行为之间的动态平衡，是机构语境用以磋商叙事意义的一种有效的叙事策略。从医患互动语境入手，对于会话中拥有较高专业权势及话轮控制权的医护者来说，其叙事的意义及目的何在？借由叙事中的故事讲述，医护者又实施了怎样的话语行为？通过对语料的观察与分析，我们总结了医患互动中常见的三种医护者叙事策略：案例归纳型叙事策略、情感回应型叙事策略和疾病意义的元叙事阐释。

1）案例归纳型叙事策略

　　上文提及故事讲述内容的归纳性是医护者叙事的主要话语特征之一。而以讲述相似案例的诊疗结果为主的案例归纳型叙事，也是医护者叙事极为常见的一种策略类型。再看例 6-1 和例 6-2，不难发现，医护者述及相关小故事事件中的相关人物与故事事件细节，是以归纳相似案例对当下诊疗情境为叙述目的的一种叙事策略，以此使患方理解病症发展的过程性。例 6-1 中，医护叙事事实上是在问－答序列之后（15~16 行）出现的对于

患方所提出的新问题（16行）"非得住院吗"的应答话语叙事。医护者首先对新生儿误服碘伏的危害性作以解答，提出了误服之后会出现的两种情况，此时，"几个月前"（19行）作为此话轮中的故事入场索引，是医护者对其个人诊疗经历与经验归纳的一种再叙述（re-telling）与语境重构，其后提及的"门诊的三岁多的小孩"（20行）的故事事件以医护者的诊疗经验为语境置入话语，在故事层面是医护者阐述"何人碰见何事"的叙事置入，而在话语层面，是医护者将故事事件讲述并达到其话语目的的一种告知性话语行为。

医护者在医患互动过程中对相似案例的故事事件进行归纳，从而索引出当下的诊疗话题。例6-2中，医护者在回应话轮之初（37行）索引出的故事话题"就是有些人家大早产的体重都没有这么小"，进而从时间"也是这两天过来的"和故事事件所指"旁边的X号，不足月"交付出当下故事讲述的叙事意义，即通过此种案例的解释和对比告知并使患方明确诊断缘由。从话语行为角度来讲，医生通过案例归纳的故事讲述话语，实施了告知和解释并重的话语行为。

案例归纳型叙事是医患互动中极为常见的医护者叙事类型。机构语境对医患间交流的最大影响莫过于医护者在交互过程中对话轮权利的优先掌控，同样，在此基础上案例归纳的小故事叙述为医护者铺设了其力求高效且追求话语"省力原则"的认知努力。用我们在进行田野调查中一位医护者的观点来说，"很多情况使用一些相同病例的故事讲述只是为了使家属理解配合医护工作的重要性，也为了让家属理解为什么（患者）会生病"。

2）情感回应型叙事策略

医护者叙事是医患互动中医生深度参与并适时与患者（方）产生情感共鸣的社会实践。从会话分析的视角出发，此时叙事的产生是医患共同协商的产物（talk-in-interaction）（Schegloff，1997），因而对于拥有较高话轮控制权势的医护者来说，其在故事的引入、铺展与结束部分拥有优先话轮权利。然而如若只关注会话的局部语境而忽视故事主体内容的深层结构，便会使我们错失叙事结构分析中尤其值得关注的社会文化规约与话语局部偶然性所带来的叙事奇妙所在（De Fina & Georgakopoulou，2012）。如以下两个语例所示，例6-5中，医护者针对患方所持疑虑进行的会话叙事（32行），以及例6-6中医护者为顺应患者心理而从叙事维度与其建立了情感回应叙事（7行），均是由叙事内容深层结构中体现出的社会文化规约的语境局部偶然性，以及交互双方即刻互动行为之间的动态平衡。

从医护者视角切入，情感回应型叙事常见于医护者的生物医学话语回述与人际情感话语回应。其中，生物医学话语回应是以医护者所掌握的生物医学知识为体系的话语支撑，意在使用其所掌握的生物医学知识为病患打消疑问和顾虑；医护叙事是为劝解病患进行相应诊疗及药品使用等的话语权主导，在话语序列方面表现为依循回述反馈而展开的会话叙事行为。如例 6-5：

例 6-5 新生儿疑似宫内感染 _DPI_T07

30D：脏器功能发育和脑发育都需要查（.）啊（0.2）都要查

31P：→刚生下来这些都得查↑]

32D：→[啊（.）都要查（.）不用有这个顾虑。这个正是

33　　因为你的这是没足月的新生儿，实际上我们以前有一个（.）啊，这种小孩

34　　是容易被忽视掉的，我记得那个小孩，现在营养状况都非常好的情况下体重

35　　不应该在足月之后还是这么低，嗯（.）他当时查脏器结果，只有个别，

36　　但是一查脑发育（.）啊，脑发育一塌糊涂（0.2）所以你这个体重和指征都]

37P：[必须得查啊]

38D：[必须得查

患方 P 在得知新生儿刚出生不久即面临一系列器械检查表达了顾虑（31 行），医生在下一话轮处则首先重述患方疑问"都要查"（32 行），事实上，这一重述是发生在同一序列内的一种回述现象：回述对象的存在（30 行）=> 回述的执行（31 行）=> 对回述的反馈（32 行）（于国栋，2009b）。叙事从医生对回述的反馈开始，其后医生以回返案例的方式叙述了具有相同病况的患者病例，目的在于强调他所提供的治疗方案，尤其是当病人在理解治疗方案方面有困难或疑虑的情况下（于国栋，2009b），此时会话中的叙事是医者与患者（方）产生共情接应的话语行为。对于患者（方）而言，医生为打消患方顾虑而进行的叙事充分解释并确保了患方对诊疗方案的接受程度，患方在新的话轮处（37 行）所产生的回述已然明确了医生由经验叙事而阐述的生物医学话语含义，是医患互动中医护者

"动之以情""晓之以理"的语境话语选择。

情感回应型叙事的另一策略类型是人际情感话语回应，和医护者生物话语回述不同的是，人际情感话语回应是医护者以与医患诊疗无关的"拉家常"式的相处实践为话语支撑，意在拉近医患互动距离，缓解病患压力，其叙事是为引导病患配合相应诊疗及药品使用的话语润滑剂，在话语序列方面表现为在交错的语境假设中展开会话叙事行为。如例 6-6：

例 6-6 交换棒棒糖 _DPI_T14（此语例中除 D- 医生、P- 患者家属，C-2 岁 7 个月幼儿）

01D： 来坐吧（.）哪里不舒服

02P： 这娃娃从凌晨 4 点多开始吐了五六次了]

03C： [不让你吃我的棒棒糖

04D：→好我不吃（0.2）有没有拉

05P： 这会儿还没有]

06C： [我有两个，这个袋袋里有一个

07D：→哦哦，小朋友，阿姨家的小哥哥也很喜欢吃棒棒糖，他昨天还给我尝了

08 一个牛奶草莓味的，好好吃呀，你 [想不想吃

09C： [我也想，也想吃

10D：→小宝宝想吃可以的，我一会儿告诉你妈妈是在哪里买得到好不好

11 但是你得让阿姨看看你的小肚子里面让不让棒棒糖进去，好不好↑

12P： 到现在还没拉

13D： （对家属）来（.）掀开衣服我按一下肚子

这一语例中 1~2 行与 4~5 行呈现了正常话语中问 - 答序列，语料中 C 的话语穿插（3 行）制约了正常话语序列的进行，而第 4 行作为一个语境交叉序列，医生首先对第 3 行的幼儿话语进行回应，其次开启了新的问答序列。序列是交谈活动赖以完成的手段（Schegloff，2007），语料观察显示：在类似儿科以及有家属陪伴的门诊中，医患会话语境常在交错序列中

铺设，例如针对幼儿或病患本人的插话，医生往往并未置其不顾，反而采用叙事话语，即以一种散装性小故事出现的话语模式（朱冬怡，2019），用言简意赅的示例话语来安抚幼儿情绪及安慰病患。因此，现实的话语实践中是否也应期待医患关系中患者（方）更多理解医护者的叙事性话语，明白其用心良苦，并知晓医护者叙事实质是医学治愈和心理安抚的一剂良药。

3）疾病意义的元叙事阐释

医患互动中不乏以医护者对患者（方）的生活现实及社会文化理解而形成的非病理学叙述。此类叙述是医护者帮助患者领悟疾病的意义，将疾病叙事重塑成一个积极、伦理的情节走向（张新军，2011）。基于对真实语料的观察，我们发现医护者对疾病的发生缘由及诊疗意义常以故事性言语发声，主要表现为医护者在诊疗过程中使用具有隐喻功效的故事性言语，进而叙述疾病缘由或诊疗意义。如例6-7：

例6-7 发病潜伏期 _DPI_T16

17P：今天早上开始发烧了]

18D：[烧了多少度？

19P：早上那会儿量的（0.3）快39度吧

20D：嗯，是烧起来了

21P：昨天还好着了，为啥今天突然就咳嗽得厉害了，也烧这么高

22D：发烧了，就是人的身体遇到感染以后调动防御机能的（0.2）应答表现

23P：那不是说，关键是这前几天都是好着了，前几天还跟我上我朋友家去

24　这一下子咋就烧的呀，哇哇哭↑啥也不吃

25D：→是这样呀，这个就像发面一样（0.1）你看，我每次在家做馒头都要面酵头

26　这个面酵头就相当于你的这个病毒或者是细菌，我发个面也是提前

27　准备有个过程。你前几天好着了，就是因为这个面还没发到一定程度

28　发面需要时间，等到这面发了哦，你才发现，这面酵头我早就
　　放上了

29　等了这么老久，其实这个病毒细菌早就兜转了

30P：也是这几天跑得远，小娃太累受凉了？]

31D：[免疫力下降是诱因，也是相当于

32　面酵头已经在你身体里头存在了，那（0.2）导致发病也是需要
　　时间的

33　是不

34P：啊，我得前好几天就看他不太吃（.）太多东西

35D：是个表征

该语例中患者（方）P针对小孩"突然发烧"的状况询问医生（21行），而在下一话轮处医生也就此作了回答（22行），此时这一会话相邻对为下一话轮铺就了主题索引，医生在下一话轮处以话语标记"是这样呀、你看"（25行）置入叙事语境（entextualization），以此铺设后续话轮中的故事内容、叙事方式以及患方对故事性语言的解读心理（De Fina & Georga-kopoulou，2012）。第25~29行是医护者使用"面酵头"的故事内容以叙事类比的方式，将病毒或细菌的潜伏类比为"面酵头"的发酵过程，医护者对语境进行重构，在医患互动语境下则体现出不同于患者对"面酵头"的社会知识性理解。

从医护者角度来看，医生在医患互动中使用日常故事性语言对主流医学话语进行重构，从而叙述了大众对健康或疾患的社会文化理解，是"元叙事"方式的充分展现（Kalitzkus & Mattthiessen，2009）。此种以故事性语言构建疾病叙事阐释的"元叙事"策略体现出医护者化繁为简的叙事能力，疾病叙事的阐释也因其易于理解的叙事语言模式，为患者提供了更直白、更具常识性的认知依从与意义理解。

从患者（方）角度来看，医护者使用隐喻性语言克服了医学用语的理解壁垒，缓解了患者（方）的心理压力。第30行是患者（方）依循其对前一话轮中医护者的解释所做的叙事回应，针对医生所言的"病毒兜转"存在一定的时间潜伏而提出的假设性问题。而下一话轮处（32行）医生在维持故事性言语语境化的基础上，重述"面酵头"的元叙事，患者（方）对医生的叙述已然做到了完全理解，这一点从第34行患方的反馈可以得

知。医护者的元叙事策略给予患者（方）以平实的生活化语境，促使患者（方）理解疾病的真实意义，以此提高患者（方）的依从性，在增加医患互信的同时真正关注到了患者（方）的诉求。

医护者的"元叙事"策略实则是从医生和患者双方的角度出发，将疾病形式再语境化，即置入社会知识性语境中进行传情达意。此时医护者秉持着故事性言语具有交流意义，并借此对话语中众多元素进行序列设计，例如如何进行话轮转换、故事性隐喻话语的选择、调适语调等，都是为机构语境下医护者进行说明、解释、安慰等社会行为的形成和执行服务的。

6.2.2　会话叙事标记在医患互动中的语用缓和呈现方式[1]

从医患互动这样一种机构语境出发，探寻会话叙事标记作为一种实现医患间人际和谐取向（rapport orientation）的语言策略手段（冉永平，2012b：4），在维护和保障医患人际交流的过程中如何呈现语用缓和，以此促进医患会话叙事的顺利讲述与诊疗目的的完整达成，是本节讨论的重点所在。

以 Czerwionka（2012）针对话语互动中以"驱使性"和"确信度"为影响驱动的缓和语呈现视角为理论切入，我们致力于探析医患语境下会话叙事标记的话语功能与语用缓和呈现方式。语料显示，医患互动中故事的开启亦或结束是由某些固定的会话叙事标记所引介，叙事标记作为一种传递缓和用意的语言范式（linguistic pattern），从语用均衡的维度影响医护方或患方的话语驱使性表达与言语确信度表现，从而达成了故事用以指事、行事以及成事的话语功效（Caffi，2007）。本书在第 3 章 3.3 节从语用指向分析框架的基础上横向构建了会话叙事标记的语用缓和呈现框架，用以阐明医患间会话叙事的达成会受到叙述者及受述者对于当下语境叙事意图的驱使；同时，叙述者为保障自身话语的确信程度，从而成功构建其作为医护方或患方的话语身份，铺设了叙事标记在故事入场、故事讲述及故事退场中的引介功能。其中，机构语境及医患言语的互动目的影响了人际驱使型叙事标记的使用，而其互动过程中医患的动态身份建构目的则促进了确信度保障型叙事标记的形成。

---

[1] 本节部分内容，特别是会话叙事标记的具体语用缓和呈现特点及分析，可见于朱冬怡（2024）。

1. 人际驱使型叙事标记的分类及其语用缓和呈现

西塞罗早在古希腊时代便提及了人类社交互动中话语的驱使性特点，意在"为避免话语无礼不当而对所言进行的缓和"（Caffi, 2007：40）。可以看出，作为语用缓和理据之一，话语的驱使性受交际者在互动过程中基于历史及社会文化语境而形成的社会交际需求、所言期待、礼貌言语策略等因素影响（Caffi, 1999, 2007；Mao & Zhao, 2020；Watts, 2003）。医患会话作为一种机构语境话语，在话语驱使性层面体现为受医患不对等的话语权势而形成的权势距离驱使、话语意图驱使以及礼貌性驱使等表征，而医患间出于不同互动目的的会话叙事则在话语驱使性特征下增强了彼此对于疾病及其治疗抉择的阐释和理解，叙事标记在此过程中起到了切换医患诊疗话语和叙事话语的功能作用。

会话叙事标记的出现位置以语境为单位，常见于事件或话题的讲述之间（Zhu, 2020：39）。受医护方或患方对于诊疗经验或疾病经历的讲述目的驱使，本书将人际驱使型叙事标记划分为以下三类（见图6–1）：

1）礼貌驱使标记

礼貌言语策略是话语驱使性的表征理据之一（Watts, 2003）。言语交际中礼貌性言语行为常涉及交际者使用表示对受话者面子尊重或保全的一种话语手段（Yule, 2000）。医患沟通过程中医生对疾病的诊疗以及患者（方）对病痛的解释能够见于双方受身份建构目的而形成的礼貌驱使标记，如在各自展开的小故事话轮之前，或故事话轮之后的礼貌回应标记。如例6–8：

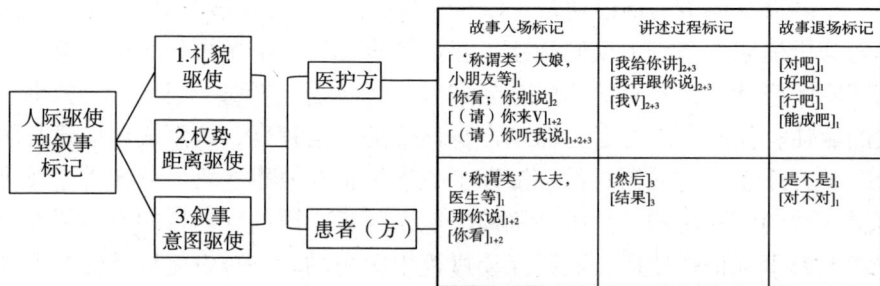

		故事入场标记	讲述过程标记	故事退场标记
人际驱使型叙事标记	1. 礼貌驱使 / 2. 权势距离驱使 / 3. 叙事意图驱使 — 医护方	['称谓类' 大娘、小朋友等][1] [你看；你别说][1] [（请）你来V][1+2] [（请）你听我说][1+2+3]	[我给你讲][2+3] [我再跟你说][2+3] [我V][2+3]	[对吧][1] [好吧][1] [行吧][1] [能成吧][1]
	患者（方）	['称谓类' 大夫、医生等][1] [那你说][1+2] [你看][1+2]	[然后][1] [结果][1]	[是不是][1] [对不对][1]

图6–1　人际驱使型叙事标记的分类[1]

1　图中具体叙事标记的下标数字分别对应 1. 礼貌驱使；2. 权势距离驱使；3. 叙事意图驱使。

例 6-8 心房先颤老人 _DPI_T23

05D：你这个的确属于心房先颤的表现 -

06P：是不是呀？那上次那医生开的那个：：↑

07D：你是说那个酒石酸美托洛尔，对，老大娘，我给你讲啊，你看
　　　卫校西街

08　　有一个老大爷，他（故事开启）……

首先是称呼类礼貌驱使标记。该例患者是一位年过八旬的老人，医生在为患者解释心房先颤的表现并嘱咐其继续服药的过程中，使用"老大娘"这样的称呼语，此类称呼语出现在请求类驱使性言语行为之中，在增加医患交际亲和力的同时，很大程度上降低并缓和了请求性言语行为的驱使性。又如例 6-6 中医生在例行检查时对待患者使用的"小朋友"的称呼及将自己的医生身份改为"阿姨"（07 行），是医护者受情感距离驱使使用的礼貌称呼语，从而降低其言语行为的驱使性，提高了言语效果的可接受性。探究医护者适时由医患交际距离（如命令性话语行为的实施）切换至情感距离（如医生切入患者的共情性话语行为）的言语策略时，称呼类礼貌驱使标记是不容忽视的一个方面。

除去礼貌表达型称呼语开启故事讲述的案例外，"请"类礼貌驱使标记的使用在医患开启故事的过程中扮演了更多话语耐受力的角色，意在赢取受述者的合作及聆听等。如例 6-9 和 6-10：

例 6-9 偏头痛的处理 _DPI_T46

18D：没事先不着急，你先请坐啊大叔，你这种情况我见得比较多了
　　　（故事开启）……

例 6-10 鸡内金并非对症药物 _DPI_T19

40D：一般来说胃部 B 超不需要你做这个准备的，请你来看看这儿，
　　　我建议你暂时

41　　先吃些消化药，为啥呢↑你看（故事开启）……

44P：那我知道了，你请说啊你继续说吧……

以上两例中"请"从字面含义来讲是医生和患者的礼貌用语，但从语用功能而言，它出现在实施请求的言语行为话轮中，"请"从一定程度上减弱了医生的话语指使力度（例 6-9 第 18 行；例 6-10 第 40 行），帮助医

生实现以言行事之目的；语料显示，就患者使用的"请"而言（例 6-10 第 44 行），多是患者赞同性打断医者的讲述，进而使用的回应标记。

句末语气词从语用功能而言也属于礼貌驱使标记的一种。以"吧"为例，如例 6-6 第 1 行医生招呼患者坐下进行病情描述，"吧"的使用避免了医生祈使语气的绝对化，对于患者来说起到了增加话语内容的缓和度和接受性的作用。而例 6-10 中 44 话轮处患者在打断医生话语之后请求医生继续说明，此时的"吧"和前述的"请"缓和了患者打断话语之后呈命令式的语气状态，从患者角度而言是其表现出对医护者专业知识的所言期待，同时也是回应医生的协商语气体现。又如例 6-11：

例 6-11 糖尿病和心绞痛并发症 _DPI_T31

12P：上一次住院，那都可能两年前了吧，我那个（天）起床在柜子里找个东西

13　　然后₁不行了::头晕得厉害我就躺床上了，呵↑咋觉得不对劲，然后₂咋

14　　睡觉起来眼都花了，以前就有点花，这次眼真是花的，看不清墙上，啊↑

15　　结果说，不行了，得去医院，然后₃就是那一次

16D：嗯，两年前了，你烧了四五天的话，光是小便解不出来的话应该是（0.5）

17　　那你再看看尿常规，

18P：尿糖应该没有事吧↑唉，其实是我那酒喝得太多了

19D：尿糖指数不能直接看结果，好吧（0.2）你说你酒喝太多了，查完了看血糖

20　　那几个结果再说，好吧↑

该例中患者以叙事方式讲述了疾病经历（12 行），医生回应中以协商语气和病患探讨疾病之间的关联关系，其中对"尿糖"的判断使用了"应该没有事吧"，用以证明尿糖指数和其后的诊断无直接联系，而"吧"和"应该"构成了所在话语的可商榷性（冉永平，2004b：345），为病患的陈述和医生的下一步判断留出余地。从语用功能的角度来讲，它具有不可取消性，而从话语的命题内容来讲则是可以取消的（冉永平，2012a：134）。由语料析出的以"吧""吗"等为结尾的"好吧 / 吗、行吧 / 吗、能成吧 / 吗"

等，均凸显了语气词作为商榷及协商类标记的礼貌驱使功能。有趣的是，19行处医生对患者的患病经历作以了解后，第一个"好吧"实质上是医生对上一话轮处患者仅从尿糖指数来判断糖尿病的一种否定，是展示其对上述回应与自身期待不一致的标记形式（吴亚欣、杨永芳，2020：23）；而置于句末的"好吧"，是医生委婉建议的协商语气体现（Wu & Yang，2022：502），意在消除患者此时的顾虑。因此，语气词在叙事进行及叙事退场过程中承担了为受述者开辟商讨通道，缓和所言可接纳程度的语用功能角色。

2）权势距离驱使标记

医患关系中，医生因专业知识和技能而享有针对病患所采取的诊治、检查、处方等职责权力，患者相较于医生的身份权威则处于相对弱势的言语协商地位。医生在话语中的强势地位是在患者的"配合"下建立和维持的（刘兴兵，2009：75）。我们发现"你V"类是最为常见的权势距离引介标记，为引起患者的关注，使患者对医生所言命题内容的立场和态度予以接受，此类标记常被医护方作为叙事入场标记使用。如例6-8中医生在引入故事时"你看卫校西街有一个老大爷"（7行），"你看"一方面显示了医护者有效调取诊疗经验所形成的权威性言语，从而使得受述者信服其所言；一方面又减缓了后续话语对受述者的可接受性冲击，因此具有极强的医患交互主观性。又如例6-12：

例6-12 心房先颤老人 _DPI_T23

29P：有时候把这（0.2）这几种药都吃完，太烧心]

30D：[那还是跟每个人的胃部消化

31P：我咋一想这老了真是不中用了，吃完药就想吐呀]

32D：→[那不是啊大娘，你听我讲

33　　胃部明显反应，是服药副作用的一种，你可别说，不需要有太大心理负担，

34　　我一个病人三十岁刚出头，年轻轻一个小伙子，然后打着球打完了躺下了

35　　结果服药后比你这严重，吐了几次（0.2）然后一调整，慢慢没

36　　那么大反应了，心脏方面也一样啊……调整一下药就可以了啊：：就这样吧

该例中"你听我讲"和"你可别说"均含带了医生作为专长知识拥有者使用明确的语言形式表达对默认低权势者,即对患者(方)自我的关注。其中,"你听我讲"是知识权势引介标记,意在表明医生在医患会话中的权威话语权位置,也是对言语必然接受性的一种驱使标榜;"你可别说"则表明了言者此时期待以更多信息量引介故事信息的一种叙事默认心理(朱冬怡,2021:93),是增强故事的阐释力以及话语可接受性的引介表达。值得说明的是,表明权势距离的如"你 V"类驱使标记在医患互动过程中,更多是以缓和医患之间针对话语可接受性进行解释说明、寻求认可以及征询意见的缓和语用标记形式出现。

3)叙事意图驱使标记

叙事意图是以叙述行为主体"我"的视角(顾曰国,2017:320),对故事事件进行的讲述行为。医患在会话过程中受叙事意图驱使常将自身的诊疗经验或疾痛经历通过小故事的方式传达给对方。叙事意图意在为叙述中的故事事件提供叙事信息要素,从而保障会话中故事讲述的顺利进行,其间故事的话题结构则充当了会话叙事语篇中叙事意图的表现形式(Zhu,2020:48)。如例 6-8(7 行)"我给你讲"类以"我 V"为典型标记形式促成的小故事事件讲述,主要体现了讲述者从自身诊疗经验出发而形成的主观性言语内容,是在专业知识权力和叙事意图共同驱使下形成的讲述标记形式。

除此之外,无论是医生还是患者,受叙事意图驱使在故事讲述中常出现叙事推进标记,如"然后",叙事论果标记,如"结果"等。如例 6-11 中(12~15 行),患者叙述第一次住院的起因中,"然后$_1$"与"然后$_2$"在引介病人自身的指称缺省"我"的同时,协调了叙述者在故事讲述过程中故事信息和叙事意图的铺展模式(Zhu,2020:52),"然后$_3$"则对叙事意图进行了简要总结,缺省了"我上次住院"这个叙事主题的陈述。"结果"同样是受叙事意图驱使,是当下叙述者对故事讲述话题的主观性评判,这一点从例 6-12(35 行)医生的一段诊疗经验讲述中,"结果"指向的是医生叙事意图驱使下"年轻人"的服药经历,意在通过此小故事进而对患者实施劝说的言语行为,使其信服药剂的调整可减缓其所产生的不适,从而有效传递叙事意图,达到以言行事的目的。

综上来看,在医患互动由会话场景切换至叙事场景的过程中,礼貌驱使的指事言语、权势距离以及叙事意图驱使下的以言行事话语行为是医患之间传达经验信息，从而交互缓和性言语的有效行为，而此类人际驱使型叙事标记是交际者对所言缓和的一种和谐话语展现（Czerwinonka，2012），也体现了医患互动彼此在言语选择上的语用和谐取向。

2. 确信度保障型叙事标记的分类及其语用缓和呈现

医患间为确保彼此所言信息能够被对方接纳并服务于诊疗过程，在医患会话叙事开启、进行或结束之时常见表达叙述者或受述者认识立场的叙事标记，本节将此类标记称为确信度保障型叙事标记。作为叙述过程中叙述者为了所言行事目的而进行的主观言语调整，是叙述者认识立场的外显展现，及其对所言确信度的一种认知保障（Heritage，2012）。顾名思义，确信度是指信息互动过程中言者的确信程度，是言者对于所言命题的真假、预设信息的可揭示度以及所言百科知识的确信与否的主观言语产出（Czerwinonka，2012：1164–1166）。语料观察发现，保障确信度的成功实施类叙事标记多在话题衔接方面具有叙事观点指后性的特点，本书将具有此类特征的标记划分为专业知识确信标记、反思类确信标记和叙事观点确信标记，下文将逐一探讨（如图 6-2 所示）。

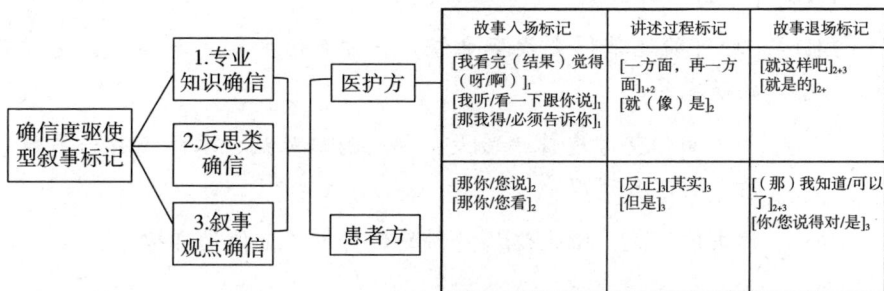

		故事入场标记	讲述过程标记	故事退场标记
确信度驱使型叙事标记	1.专业知识确信 / 2.反思类确信 / 3.叙事观点确信 / 医护方	[我看完（结果）觉得/呀/啊][1] [我听/看一下跟你说] [那我得/必须告诉你]	[一方面，再一方面][1,2] [就（像）是][1]	[就这样吧][2,3] [就是的][2]
	患者方	[那你/您说][2] [那你/您看]	[反正][1][其实] [但是][1]	[（那）我知道/可以了][2,3] [你/您说得对/是][1]

图 6-2　确信度保障型叙事标记的分类 [1]

1）专业知识确信标记

医患由于专业知识的不对称性，使得医生在话语序列、话题进展、诊断性信息及治疗建议的协商等方面具有高确信度的话轮掌控权（Zhao，1999）。医生从专业知识角度使用叙事型小故事对诊断建议作以叙事阐述，其间的故事入场标记及讲述过程标记常与医护方专业知识的诊断确信度相关联。如例 6–13：

1　图中具体叙事标记的下标数字分别对应：1.专业知识确信；2.反思类确信；3.叙事观点确信。

例 6-13 肝胆碎石处理及转院 _DPI_T57

05D： 这就不是在这看了这个（0.2）这个属于阻塞性黄疸嘛，我看看这结果了

06　 我跟你说一下，就是胆管，胆道有结石。啊，胆管它有结石，结石的话，它一堵

07　 胆汁就没办法顺着它往下流了，就像是堵车了，啊，那然后肝功能也损伤了

08　 其他会越来越重，这个情况要做手术，情况就比较复杂了

09　 你们需要转院了]

10P： [那你说做手术也都不能在你这里做了

11D： 对，得转院，我刚才说的一系列的问题都要考虑，我说了那个李主任他（0.1）

12　 他前几年见过类似这种情况（故事开启）他总结的还是到位]

13P： [那医生你说我

14D： [你可能还是得去找李主任，一方面他主要就是搞肝胆这方面的研究的，

15　 一方面你得考虑你年龄大，你还有糖尿病，术后还有一系列事情，所以我建议

16　 你去他那边，咱们这边外科的优势，不如他们那边

17P： 那我知道了，好

　　该例中属于专业知识确信类叙事标记的"我看看结果了跟你说一下"（05~06 行），是典型的体现言者话语主观性的标记形式。医护者使用其所掌握的生物医学知识对病患身体或检验结果等作出言语判断，其后所引介的诊断性确信话语是断言类言语行为中的提醒、通知或评价类叙述细节。细读语料后我们发现，医护者主观性的"我"形成的专业确信叙事标记形式（图 6-2），如"我听一下 / 看一下告诉你 / 跟你说"等，是医护者形成其主观表述及据实话语的机构话语表达方式。医护者在实施诊断的话轮过程中（如"看一下检验结果或听一下病患体音"等）所形成的即刻判断和表达，是其确信认识立场的体现，用以强调医护者对于叙述命题内容是当下诊断时刻的认识（Heritage，2012：6）。在展现其话语确信度的叙述铺设

过程中，类似"一方面，（另）一方面"（14~15 行）的叙事过程推进标记，是医护者对专业知识进行归纳，进而形成的总结性经验叙事断言。然而，医患互动中专业确信度类叙事标记的存在和医护者的诊疗经验以及患者的疾痛经历不可分割，这便形成了此类标记与其之后常见的反思类确信标记的共现及话语调适。

2）反思类确信标记

不同于直接断言或评判，言语交际中的反思是指交际者在某话轮转接或结束后对所言进行的间接性认识和思考。上述例 6-13 医生在叙事讲述过程中使用的"一方面，（另）一方面"（14~15 行），在表达医生从专业角度进行的医学知识确信归纳之外，也传达了其在规劝患者转院进行治疗这一劝说的言语行为中，对当下实际的反思表述。

此外，语例中医患"那"的使用，从不同层面反映出医患双方对于叙述事件的间接问询、建议或劝告等言语行为。医生言语层面，话轮开始处或话轮中间的"那"更多表明了医者所言命题与前文话题承接及命题推理关系：如例 6-11 医生话轮"那你再看看尿常规"（17 行）；例 6-12 医生话轮"那还是跟每个人的胃部消化（有关）"（30 行）。前者是医生在诊疗过程中通过患者"发烧"及"小便状况"进而逐步推断并指向"尿常规"的指数结果，"那"是医生修正所指进行断言的言语行为；后者则兼具了话题承接及命题推理的双重语用功能，医生在否定患者自述断言时使用"那"来承接病人对于吃完药"太烧心"的叙述话题，"那"修饰了医生对于"个体胃部消化"各不一样的诊疗经验和推理阐述，此时缓和了患者对于服药体验的质疑，是一种维持话题所使用的补偿策略（Li & Ran，2020：434）。而第 32 行的"那"和否定词"不是"及称谓语的连用，既前指了患者在上一话轮处的命题内容，同时又在话轮转接处对患者的前述内容进行否定，但这层否定关系被"那"及称谓语"大娘"进行了面子维护与话语缓和。由此，"那"的使用缓和并避免了患者因医生的否定而产生的不解情绪，其后的医生叙事作为反思及补充说明进一步阐明了医生的观点，且有助于维护医患双方协商互洽的机构话语身份。

患者言语层面，"那"较多出现在话轮转换处，也见于同一话轮内部，既可承接话题，又是转换到一个新的话题的信号（许家金，2008：53）。如例 6-8 中患者（6 行）并未直接回复上一话轮处医生的断言，在质疑后将话题引入了"上次邢医生开的药"上，从下文医生对该药的解释可以理解患者此时是突然转向新的话题，"那"相对前述话题而言引入了新话题。

例 6-13 中患者（10 行）的"那"则作为对于医生所言的反思标记，承接医生对于患者疾病的叙述及转院告知，"那"推进了患者对话语关联的寻找，即由于需要转院因此手术无法在当下进行。由此可见，反思类确信标记是承接或转换叙事话题的典型标记形式，而在话题承接与命题推理的过程中逐步引入叙事话题则是反思类叙事标记的主要语用功能体现。

3）叙事观点确信标记

会话叙事标记以语境为单位，位置现于事件或话题的讲述之间，主要强调自身在具体会话叙事场景中的语义认知调度功能，兼具了调控叙事结构和展现言者所指的作用（Zhu，2020：39），从而为叙事观点的动态性与言者确信度的交互性提供语境指引。如例 6-13 第 7 行医生为患者解释"阻塞性黄疸"的病理表现时，使用"就像是"类似隐喻性的叙事标记，是医生结合生活化语境进行反思，将疾病的生物表征形成动态性的观点确信所引介的标记形式。如 6.2.1 节提及的医生层面将疾病的发生形式进行再语境化（De Fina & Georgakopoulou，2012：134），从而形成可被患者理解的元叙事语言，即以故事性语言的隐喻方式阐释疾病的表征与形态，是常见的叙事观点表述特征。例 6-7 中，医生以"面酵头"（25 行）的语境化隐喻叙事呈现的叙事观点确信同属此类。因此，医生层面的叙事观点确信标记涵盖了此种语境化的隐喻叙事标记，同时也包括以"就是的 / 就这样吧"为例的叙事退场确信标记，如例 6-12 第 36 行，医生以此结束叙事场景话语，以及叙事立场的中止，同时也是对其所述叙事观点的肯定性重述。

患者层面，类似于叙事意图驱使标记，叙事观点的确信是患者或患方陪同以非主观概念型叙事衔接标记（如"其实""反正"等）与交互主观概念型叙事标记（如"你说得对""那我知道了"等）各为语义补充形成的标记形式。患者主诉其疾痛经历的过程中，类似的叙事确信观点标记的转承启合在患者的故事经历确信和所指确信下完成故事话题讲述，以此对医患会话中被切换的患者疾痛经历故事进行整体标记化。

综上，针对医患互动过程中人际驱使型叙事标记和确信度保障型叙事标记进行的详细分析表明，两类叙事标记对于医患会话中故事场景与会话场景的切换及其在达成医患言语互动目的与彼此动态身份的建构提供了叙事话题的语用缓和与语境化功能的缓和呈现。

6.2.3 会话叙事标记的语用缓和功能理据

由上节的详细语例分析可以看出，叙事标记作为一种多功能语言符号，在医患互动语境下呈现了其揭示叙述者叙事话语态度、调整叙述话语力度以及延伸叙事言语行为广度的语用缓和功能理据。

结合 Czerwionka（2012）将交际互动行为的驱使性和交际者对所言信息的不确定性作为影响缓和语使用的重要理据的观点，我们将上文讨论的人际驱使型叙事标记和确信度保障型叙事标记作以划分和统计，从语用缓和范畴和具体实例入手（毛延生，2011），将揭示叙述者叙事话语态度的叙事标记归纳为指事型缓和标记（locutionary mitigator），通过使用该类标记，叙述者以主观性态度承担了其对于叙事命题的意图责任，从而降低故事话题中附带的面子威胁因素，具体包括附加疑问语、主观表述语、叙事推进语、主观确信语、认知情态语和附加确信语。将调整叙述话语力度的叙事标记归纳为行事型缓和标记（illocutionary mitigator），该类叙事标记的使用传达了叙述者通过施为叙事用意来调整话语协商力度的言语目标，具体包括称谓称呼语、提请指示语、提请叙述语、确信声称语、反思声称语和叙事衔接语。将延伸叙事言语行为广度的叙事标记归纳为成事型缓和标记（perlocutionary mitigator），叙述者通过使用该类标记传递出其在实施故事讲述行为之后的成事效果，从而在叙事退场过程中达成双方对疾病或疾痛经历的认知缓和，具体包括直接陈述语、直言叙述语、安抚前瞻语、关心呈现语、认知肯定语和赞成致谢语，如表 6-1 所示。

表 6-1　语用缓和呈现的类型、类别及频次分布表

缓和呈现类型	语用缓和范畴	标记语型	叙事标记实例		频次	汇总
			医护方	患者（方）		
礼貌驱使型	指事型	附加疑问语	对吧；好吧；行吧；能成吧	是不是；对不对	12	113
	行事型	称谓称呼语	大叔；大娘；小朋友等	医生；大夫；主任等	57	
	成事型	直接陈述语	（请）你来 V.	（那）你 / 您说；你 / 您看	44	
权势距离驱使型	指事型	主观表述语	我给你讲；我（再）跟你说；我 V	我感觉；我觉得	41	91
	行事型	提请指示语	（请）你来 V	你 / 您（请）V	19	
	成事型	直言叙述语	你看；你别说	那你 / 您说；你 / 您看	31	

（续表）

缓和呈现类型	语用缓和范畴	标记语型	叙事标记实例		频次	汇总
			医护方	患者（方）		
叙事意图驱使型	指事型	叙事推进语	我跟你讲；我（再）跟你说；我 V	然后；结果	59	105
	行事型	提请叙述语	请你听我说	我就跟你 / 您说	17	
	成事型	安抚前瞻语	说了这个你就不用 / 不要担心 / 操心了	－	29	
专业知识确信型	指事型	主观确信语	我看完结果觉得呀 / 啊；我听 / 看一下跟你说；那我必须 / 得告诉你	－	40	93
	行事型	确信声称语	一方面，再 / 另一方面	－	14	
	成事型	关心呈现语	不用担心（这个 / 那个）	我害怕 / 担心这个 V	39	
反思类确信型	指事型	认知情态语	就像是	好像；可能	22	68
	行事型	反思声称语	一方面，再 / 另一方面	那你 / 您说；那你 / 您看	29	
	成事型	认知肯定语	就是这样的	那我知道 / 可以	17	
叙事观点确信型	指事型	附加确信语	就这样吧；就是的	是吧；对吧	21	147
	行事型	叙事衔接语	后来 / 后面 / 然后	反正；其实；但是	49	
	成事型	赞成致谢语	就是这样（的）；没错	你 / 您说得对 / 是；谢谢	57	

值得说明的是，在医患互动的实际言语过程中，某些叙事标记的缓和呈现类型与其在该类型呈现的缓和范畴或呈重合状态，如作为成事型礼貌驱使型叙事标记的直接陈述语"那你说、你看"，也可呈现为成事型权势距离驱使格局下的直言叙述语形式，这更说明了叙事标记在延伸医患互动故事讲述的意图性作用下，医患双方在小故事的铺设讲述中得以从当下的会话叙事场景入场或退场，是以故事缓和了叙事意图的成事型语用格局体现，表 6-2 以更直观的数据呈现成事型缓和叙事标记在医患话语互动中的

独特表现。

表 6-2　缓和标记呈现类型与语用缓和范畴数据表

语用缓和范畴	缓和标记呈现类型		
	人际驱使型 叙事标记	确信度保障型 叙事标记	（语用缓和范畴标记） 合计
指事型	112	83	195
行事型	93	92	185
成事型	104	113	217
（缓和标记呈现类型） 合计	309	288	597

横向来看，不同于指事型与行事型标记直接作用于施为力度的弱化而间接导致负面效果的减缓（李海辉，2008），使用数量最多的成事型叙事标记是医患叙述者于会话过程开启故事或结束故事讲述，并直接作用于可能产生负面认知或理解的叙事标记语，从而间接表达施为力度的弱化，在交际层面强化言语行为的言外之力（Thaler，2012），体现出言者对于成事效果的话轮控制，有效地展现了医患双方合作性与协商性的隐性话语特点。

纵向来看，人际驱使型叙事标记的使用频次略大于确信度保障型叙事标记，这从言语使用的微观层面说明了话语的驱使性受到言者确信度的认知影响（Czerwionka，2012：1166）。人际驱使型叙事标记在调控话轮、引导故事讲述，特别是医护方对于优化故事话题的动态过程更多呈现出叙述者在当时当下期待利用某个小故事话题"引人入胜"的话语期待，使得当下受述者与小故事话题中的人或物共情于其诊疗经验或病痛经历。标记的驱使性理据因此受交际者在互动过程基于历史及社会文化语境而形成的社会交际需求、所言期待、礼貌言语策略等因素的影响（Caffi，2007）。

而社会规约下医护方承担了更多传递专业生物知识的责任，例如确信度保障标记的缓和呈现，由此便要求叙述者在面临受述者有不解、迟疑或负面情感表达时以特定的故事话题来弱化自己的医护身份或患者身份。无论是医生还是患者，引入这些小故事，是为了使对方能够以己度人，是对于和谐医患关系中某种社会规约即将被违背时的预防措施，并期许叙述者与受述者能够在医患语境中产生共情，从而在人际维度和话语确信维度达到语用均衡，最终形成良性互动的医患沟通局面。

6.2.4 小结

正如 Caffi（1999）所言，缓和话语涉及交际者元语用意识的策略性，缓和话语要从其形式手段和语用－语义等特征共同考量。叙事标记正是如此。本节所讨论的医患互动的会话叙事标记作为一种多功能的言语符号，从人际驱使和确信度保障两个层面实现了医患叙事的有效话语引介，并体现出其揭示叙述者叙事话语态度、调整叙述话语力度以及延伸叙事言语行为广度的语用缓和呈现理据。从医患间各不相同的小故事讲述窥探叙事标记在交际者言语过程中的切换与缓和表现，有助于我们从特定语境文化和交际层面指导医患话术的应用实践。诚然，对会话叙事标记的语用缓和呈现作以全面的认识还需要从更大语料样本中探究其句法、语用及社会认知的综合影响，本节未能深入探及。但不同于指事型或行事型叙事标记，成事型叙事标记在医患间互动的施为力度影响及其在实现互动有效性和调控医患情感距离的可操作性而言，将是后续研究的重点关注所在。

6.3　刑事庭审叙事话语中会话叙事标记的确信度解读

庭审话语事件是围绕原告人、被告人、被诉行为、损失、危害程度以及如何赔偿或惩罚等一系列法律关系而展开的会话活动（Conley & O'Barr，1990：48）。从活动的动态性而言，它是公诉人（或辩护律师，或法官）按法律程序得到的一次问话机会里与被告（或证人等）的整个互动（询问）过程（廖美珍，2003：135）。叙事贯穿庭审始终（曹慧姝、袁传有，2023：29）。刑事庭审叙事话语属于司法实践语言，是控辩审三方对涉案法律事实的讲述、辨明和判定，同时也是控辩双方建构己方叙事、表明己方态度的关键话语（袁传有等，2023：320）。而案件事实往往通过故事形式被讲述出来，因此，"叙事性"是刑事庭审最明显的特征（向波阳、李桂芳，2017：106）。

本节将从刑事庭审叙事话语中控辩审三方的问答话语序列入手，探寻庭审叙事的边界标记作为会话叙事标记的结构表现与语用功能，从而对叙事标记在庭审叙事中的语用缓和呈现，特别是叙事标记作为佐证控辩方确信度表现的语用形式功能进行阐释与分析。本节语料来自中国某城市中级人民法院的庭审直播，涉及四起刑事案件，共计 195 分 34 秒的庭审审理语料（详情见附录 B 中第二部分机构语境会话叙事详例 LAW 序列语料）。

6.3.1 庭审叙事话语的结构特征

本节从控辩审三方在庭审语境诉讼参与各方的口头语料入手，区分起诉叙事话语、辩护叙事话语和判决叙事话语的话语表现形式和结构特征，从而为探讨不同叙事层面的会话发展和叙事边界作铺垫。

庭审语境下不同的叙述主体采用各不相同的叙事话语形式。向波阳和李桂芳（2017：107）指出，"起诉叙事话语的叙述主体是代表国家对刑事案件依法行使检察权并向法院提起公诉的公诉人；辩护叙事话语的叙述主体是依法代表被告人并维护被告人合法权益的辩护人；判决叙事话语的叙述主体是代表国家依法行使审判权的合议庭（一般由 3~5 名审判员和人民陪审员组成）"。因此，三类叙事话语对同一刑事案件所构成的叙事各有不同，如例 6–14 为公诉人举证的叙事话语：

例 6-14 武 XX 因涉嫌非法吸收公众存款罪接受法庭刑事审判 _ LAW_01（下列语例中，审判长，简称"审"；公诉人，简称"公"；辩护人，简称"辩"；证人，简称"证"；被告人，简称"被"，下同）

公：2020 年 11 月前后，被告人武 XX 在承包矿商崔 XX 位于太原市万柏林区 XX 小区八号楼一单元西户的办公室内以投资、开发土矿工程项目能获得高额返利为由，对外进行宣传，向社会不特定人群吸收公众存款，截止募资人报案，给投资人造成直接经济损失共计人民币 219.9 万（……）后被抓获。被告人武 XX 对指控的犯罪事实以及指证证据没有异议（……）

庭审现场公诉人以举证的方式介绍了被告人被指控的时间、地点、情况以及参与人物的概括，是 Labov（1972a）叙事六要素中点题与叙事定位的具体体现。然而，庭审现场的控辩审，特别是控辩两方的话语互动，才是将叙事六要素中对叙事进展、评价、结局的主要拓展。由此来看，判决叙事是庭议尾声的陈述，使得全体人员将故事事件的视角返回庭审现场。以下是本案现场控辩两方的叙事话语内容：

例 6-15 武 XX 因涉嫌非法吸收公众存款罪接受法庭刑事审判 _ LAW_01

01 公：被告人，你分期的这些事情都是委托崔 XX 办的？有没有给投资人宣传过？

02 被：我没有和投资人宣传过，我（.）就是和崔 XX 说过

03 公：就是给崔 XX 说过，那你当时咋说的呢？

04 被：当时，那什么，就是（.）当时他问我，就是说投资的这个事，我说利息最多给你三分（0.2）我说你要多了的话（.）我用不起，我是这样说的

05 公：那你知道他给你这个钱的来源，是哪里来的吗

06 被：当时我（0.1）其实我给他说过，我说你这是不是非法集资，我说这要是非法集资的话，这我也不敢用，所以我说这要是那（0.1）什么的话，我只针对你一个人，你要是说在社会上弄这些我说（.）我这不敢用。结果他说，这非法集资，他要达到多少人，他才能算是非法集资，所以我也就，就是不说了

07 公：实际上你的意思是，你对非法集资这个事情你是清楚的，只不过你对的是他一个人是不是↑

08 被：是，啊对

09 公：嗯，那你也是知道他给你的这些钱都是从社会上这些人集资过来的（.）是不是

10 被：啊对

11 公：那他给你这样做有啥好处呢

12 被：三分，利息是三分

13 公：嗯，你给他三分的利，那你给了他利息没有

14 被：没有，他给了不到 220 万，啊，就是第一笔钱他直接打给吴XX 了

15 公：那有一笔钱是打到你卡里了对吧

16 被：对对，对的

17 公：那下来你给他的什么好处？

18 被：他跟我说你最后挣多少多少钱，再（0.3）反正，我没吱声，反正我是说我给你三分的利息，反正我是这样说的和他，反正后来年底的时候，我给他打过一次，具体多少了（0.5）啊我想不起来了

19 公：转过去多少钱了

20 被：就说是，他说过年了让我给他，我转过去了几万，具体多少钱，啊，时间长了我也忘了

21 公：那你给投资人转过利息没有

22 被：没有，因为啥，就是我弄的那个矿就，没有啥，对方把我骗了

23 公：那你都没有给过利息，那你把钱都给了谁了？

24 被：我把钱都给吴 XX 了

25 公：那吴 XX 知道你这个钱是从哪里来的？

26 被：嗯他知道，他（.）唉，这个矿他是骗我的，等于是一个姑娘许了几家，这个矿他和我签了合同，而且我做标间都建了，结果不能开工了他是，就是把我给骗了

27 公：那你咋不和他要钱？

28 被：我要了，一直都要了，他今天推明天，明天推后天，结果等我进来的时候，我都还在他那里要钱

（……）

　　庭审现场控辩两方的互动话语，本质上呈现了机构语境下较为明显的互换式对答的"问-答"话语序列特征（Schegloff，2007），相邻对前件和后件推进了不同言说者对叙事事件进展（如 04/06/07/11/12）及评价（09/15）的话语运行。从现场庭审互动来看例 6-14 与例 6-15 两例，我们不难发现，刑事庭审话语中的结局与尾声是从辩护叙事延续至判决叙事的顺延呈现，其原因在于叙事话语的叙述主体之间存在着叙述任务不同、叙事视角各异的情形，因此会形成同一个刑事案件的不同故事版本。然而，由于判决叙事话语是综合公诉叙事话语和辩护叙事话语，特别是依据控辩双方叙事话语形成的法律事实，其在刑事庭审的大背景下呈现了叙事话语的尾声，从而使得叙事中的故事视角回到庭审判决的当下，因而，上例语料的最终判决叙事如下：

例 6-16 武 XX 因涉嫌非法吸收公众存款罪接受法庭刑事审判_LAW_01

公：通过法庭调查、询证指正，被告人武 XX 非法吸收公众存款罪成立，应当依法追究其刑事责任。鉴于被告人认罪认罚，建议判处被告人有期徒刑三年并处罚金。

可以看出，判决叙事是基于起诉叙事和辩护叙事话语所形成的法律事实。而完整的庭审叙事话语是基于此三类话语形式，在逐渐展现叙事要素的过程中形成的，如图 6-3 所示：

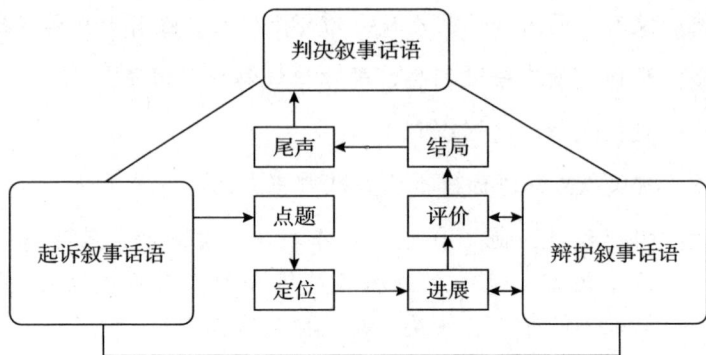

图 6-3　庭审叙事话语结构进展特征

庭审叙事中起诉叙事话语、辩护叙事话语与判决叙事话语作为一个宏观叙事整体，由起诉叙事作为叙事点题，介绍刑事叙事的概要，进而对刑事案件发生的时间、地点、情况和参与人物进行概括（如例 6-14）；叙事进展与评价是辩护叙事话语所经历的主要叙事阶段，公诉人与辩护人（被告／辩护律师）针对使刑事案件复杂化的行动进展进行进一步询问与辩解，之后在叙事评价过程中，两方继续就叙事事件的合法性进行评判（如例 6-15）；而叙事结局与尾声话语嵌入在判决叙事（合议庭的评判）之中（Snedaker，1986），为判决叙事作出了充分的互动性铺垫（如例 6-16）。由此可以得出，庭审叙事话语是公诉人、被害人、被告人、辩护人、证人（原告及被告）以及法官的各方叙事话语（向波阳、李桂芳，2017），在庭审当下的多方话语互动形成的证据性话语构建结构，叙事达成的话语意义进而推进了庭审判决对于认定事实、查明事实真相的结论达成。而对于庭审语料的横向剖析，能够使我们探析庭审叙事话语的微观层面，对当事人的叙事管控与叙事心理具有进一步的了解，详见下节分析。

6.3.2　庭审叙事话语中的边界标记与叙事标记

回顾本书 2.3.2 节对于话语联系标记边界管控的话语现象阐释，本节将锁定庭审叙事话语中的辩护叙事，目的在于从被法庭询问的当事人、证人等的法庭互动中探究其话语序列特征与有效庭审目的的达成，并从其边界标记如时序标记（"那时候""那天""当时"等）、（法庭）称呼标记（"被告人""法官""你""您"等）等边界标记现象介入叙事标记，从中梳理边界标记和叙事标记的交叉异同。

例 6-17 冯 XX 因涉嫌故意伤害罪接受法庭刑事审判 _LAW_02

45 审：被告人，你现在对起诉书的内容清楚不清楚？还有什么要说的没有？

46 被：我，其实不是伤害他了，你知道不知道（0.2）

47 审：你说吧

48 被：我是跟冯 X，俺俩（.）我拿刀，俺俩斗嘴了，结果₁又斗架了。因为俺俩是在电话里就开始骂了，你知道不（.）

49 审：你说慢一点，让书记员记录上去

50 被：啊，你知道了吧法官领导，我和冯 X 在电话里头骂架，我拿着刀去找冯 X，他拿了个斧子，有一米半长，你知道不，然后就往我身上抢，你说我一看这样子了，我就用我的刀也开始抢他，然后往后头退了一下，我没抢着他，结果₂我就把刀放到（0.2）放到地下了，结果₃然后这李 XX 他来了，他拿了个钢管就过来了，那钢管有两尺长，你说说，他拿着钢管就往我头上夯，又往我肩膀头上夯，我这衣服（.）结果₄就被夯烂了

51 审：嗯，你继续说

52 被：结果₅这冯 X 反手就揪着我衣服领子，搂着我脖子，这李 XX 拿着钢管就往我这肩膀头这儿，你看，就这里就又抢了我好几下

53 审：然后呢？说完了是吧

54 被：没说完，然后我孩过来了，结果₆这时候俺仨人已经打完了，俺孩打了 120，哦，我那时候头懵了我不知道谁打的，啊（0.2），110 警察也来了就是这

55 审：好，还有什么要说的？

56 被：没有啥了，嗯

57 审：好，那现在鉴于被告人对指控的事实有意见，本案转为普通程序审理。现按照普通程序审理应该组成合议庭，现在宣布休庭。

（……）

　　根据我们对刑事庭审现场的话语观察，多数语例均存在庭审叙事的边界标记和叙事标记同现的情况。首先，就边界标记而言，庭审叙事中的话语边界多和案件起诉主题相关，审判方与控辩方多以一个片段性的叙述进而以主题顺序进行故事事件的连接（Michaels，1981）。如例 6-15 是公诉人与被告人（01~04 行）就"分期事宜"主题进行的问答话语序列，其后是关于"钱的来源（05~10 行）"这一主题，以及"所获好处（11~18 行）"所进行的分主题式询问。这主要体现了庭审叙事中边界标记的主题性特征；其次，称谓性特征。庭审现场互动中控辩审三方的不同称谓是划分互动言语责任人的典型标记形式。如例 6-17 中审判员称呼的"被告人"（45 行），被告使用的"法官领导"（50 行）或"法官大人"（例 6-18 第 61 行），此种称谓互动是在场发言者从询问所指的层面对受话人提起的话语关注，而现场互动中，控辩审三方亦是通过称谓方式的转换来切换审问－回答的话语叙述边界；最后，时序边界标记是现场互动中言者从案发时间过程，即事件发生的顺序入手，在现场询问与叙述过程中逐步厘清案发进展的陈述关系。如 6-15 中被告人"当时"（04、06 行）与公诉人"那下来"（17 行）是当下发言人述清案发时间的事件发展与案发后续发展的时序边界标记。又如例 6-17 中（57 行）"那现在"是审判员鉴于指控事实的不一致，进而重新开启新程序的边界话语体现。

　　如果说边界标记主要用来标记控辩审三方对于现场话语的介入和话语的分层，那么叙事标记在各方对于案发进程的讲述，特别是故事的形成和语篇的连续则起到至关重要的作用。辩护人使用评价性语言获取证人的主观态度评价（崔玉珍，2023：38），而当辩方进入叙事本身时，作为机构语境下的故事讲述和日常会话中自发性的故事讲述具有相关重合性，主要体现在此时的叙事标记仍是故事话语程序的"启动器"，如语例中常见的"结果"标记，是辩方对于案发事态的叙事意图所指，进而使得受述方跟随其故事视角向下探寻故事的发展；与此同时，叙事标记还具有元话语层面的互动性，如语例中带有主观指称语的"你 V"类表达，其在故事讲述过程中形成了叙事推进的功能，且随着故事情节向前推进，此类叙事标记也持续呈现出语用信息的增量表达，是元话语功能的典型体现。此类特征在本书 1.2.2 节也有提及。

6.3.3　辩护叙事中会话叙事标记的类型划分

　　本节我们着重探讨辩护叙事中会话叙事标记的类型表现。通过对本书庭审语料的观察和总结，我们将辩护叙事中的会话叙事标记分为三类：叙事推进标记、叙事证实标记和叙事因果标记。下文主要介绍三类叙事标记在辩护叙事中的特征。

首先是叙事推进标记。叙事推进标记是推动和维系叙事继续进行的标记形式。对于庭审叙事语境下控–辩或审–辩两方而言[1]，辩方叙事着重就刑事案件中故事事件的发展之所以被认为"刑事"进行故事讲述和申辩，且着重于在法律框架下构建具有证据支撑的事实讲述（余素青，2011）。因此，如例6–18所示，被告申辩过程中使用了一系列故事推进标记形式：

例6–18 候XX因涉嫌盗窃罪接受法庭刑事审判 _LAW_03

60 审： 好，证人↑说吧

61 证： 法官大人，候XX那一间房子在我的小房子（.）那旁边，是这样的，我去年七月份在我屋子旁边租下的小房我养猫用，候XX是今年一月份搬过来的，实际上就住在我猫房的旁边，然后从她偷了那几只猫以后就再也没有回来住过

62 审： 那你后来监控上看来的？

63 证： 是啊，后来警察来我们从监控上看来的，结果她抱着猫走了（……）

107 被： 法官大人我跟你说，我那天晚上半夜两点多起来上厕所，看到这猫在外面蹲着叫，我看它，反正也是没了屋子去，我就抱着走了，结果我就给我一个同乡了，然后我知道他是养那些猫猫狗狗的，啊，他只给了我120块钱，然后我想着我给猫找个有人管的地方

108 审： 后来的猫呢，你后来也是送到你这个同乡那里了

109 被： 后来也是就那一只了，然后我也想过去我同乡那里把猫要过来，结果他跟我说我送去的猫都跑掉了，我就不敢再回去了，哪个知道是那么贵的猫

110 审： 那你实际认为是好贵好贵的猫你卖了120块钱，怎么了

111 被： 我一个没看他买卖，你说他买卖是他得了钱，反正我一个没得那么多钱，就120块钱

---

1 本书的庭审语例均来自完整的刑事庭审现场直播，该部分叙事片段中控–辩叙事有来自于被告人本人，也有来自辩护律师的话语叙述，此处重点关注辩方叙事及其叙事标记的使用特征。

112 审：　不是说你卖 120 就按 120，要以鉴定的结果来看那个价格

113 被：　当时他说当天晚上猫给跑了，他把我给骗了，我遭这个罪不知道的卖了

114 审：　你 120 块钱卖给这个人，现在是说公诉机关出示的证据，证明了你这整个过程，还有鉴定的价格这些证据，证明你构成犯罪，是否有意见？

115 被：　就是我卖猫给他这个人，我到最后也没找着他，他给我 120 走了赚大钱，我是受他骗你知道吧

116 审：　你想表达一个什么意思？你说你要找到你卖猫的这个男子想说明什么问题？

117 被：　我是想找到他，然后我找了他到处找找不着，我把 120 块钱还给他，他是说了谎话你知道吧？反正那猫没有跑掉他卖大价钱了

118 审：　你有没有书面证据提交，还有辩护人，你有没有要补充的？

（……）

被告人在 107 话轮处向法庭讲述自己遇到"猫"的过程，并在其后的延续话轮处（109/111/113）逐步对已发生事件进行个人观点陈述，叙述间出现的一系列推进标记如"然后、反正"等，是叙述者承接叙事话题，并将话题所指不断推进的话语路径体现。如 Solan（1995）所言，法庭常要面临并给予处理的问题之一，是如何从法律相关概念匹配已发生的具体事件并予以合理处置。以此来看，叙事推进标记是叙述者作为辩护人、证人、被告人等，推进故事的行进过程并赋予其庭审可接受的法律相关故事事件，以此形成的语用意义标记形式。

其次是叙事证实标记。故事讲述中讲述者对于故事情节及过程的陈述确认、证明及其对故事真实性的断定，是叙事证实标记的语境环境所在。庭审叙事过程中，被告人、被诉行为及其损失或危害程度（Conley & O'Barr，1990），是控辩审三方，尤其是辩方的叙述主旨。因此，在具体语例中，如例 6-15 第 4、22、26 行，被告人"就是"的使用是对所述叙事事实的再次确认与事实加述，目的是让在场控、审方人员由其所述的细节认可话语事实，同时也反映了叙述者对话语单位与语境之间的一种"主观认同"（张惟、高华，2012：97），是说话者由不确定性向确定性转变的一种叙事

确信度体现，语料中类似使用"就是"的被告人叙事案例相当常见。类似的叙事证实标记还有"其实"，如例 6-15（6 行）被告人所言的"其实我给他说过"，例 6-17（46 行）被告人所言的"我其实不是伤害他了"以及"实际上"的使用，例 6-18（63 行）证人所言"实际上就住我猫房旁边"等，均体现出叙事证实标记对于叙述者在确信叙述事实，特别是言语事件中期待受述者信其所言，并征得其认同的一种标记形式。我们将在下一小节对此种确信度进行详细分析。

最后是叙事因果标记。控辩审着重就其因果联系进行澄清（多为原告方）或混淆（多为被告方），由此边界标记的叙事因果性极为明显（Young, 1987），如"结果、因为"类标记，这主要体现了庭审叙事中边界标记的因果性特征。如例 6-15（26、28 行）"结果"的使用，是被告人对故事讲述中"开工与否"以及直至其被传唤至法院，作为被告自身以同为受害者心理的因果原因叙述体现。有趣的是，庭审叙事中被告方作为法庭叙事主体，常见以叙事因果类标记解释说明或混淆法律认定。例 6-17 中，被告人在获取了审判人员的许可后，于第 48、50、52、54 行对其与冯某的不合与打斗进行问答间的连续叙述，"结果"类叙事标记是被告人对于其在打斗事件中也是受害一方所形成的消极语义展现，如"结果$_1$"之后说明的"又斗架"这一事件，结果$_{4-6}$处是被告人对于"被夯、被冯某抓衣领、仁人斗架结束"等故事尾声的讲述，这一过程或许是被告人期待能够获得庭审同情或对法律判决形成新的语言事实的一种语用呈现，针对这一点，审判长在 57 行宣布的组成合议庭并暂时休庭便可体现法律对于叙事话语的重新判度与审定。因此，叙事因果标记在庭审叙事中是叙述者用以引导受述者对于故事事件因果关联的重要标记形式。

由此，从庭审语例切入的辩护叙事过程，特别是控辩方叙事讲述和会话常规来看，叙事标记无论是在推进故事事件讲述、证实叙事所述亦或关联叙事因果的过程中，均直接或间接引导了受述者对于叙述者所受到的起诉行为的庭审判断，而叙事标记作为话语标记大类，在庭审叙事的局部语境中又展现了其独特的语用缓和所指，我们将在下节详细讨论。

6.3.4　庭审叙事标记语用缓和呈现的确信度

依据 Czerwionka（2012）将确信度作为语用缓和的重要理据表现，我们对庭审叙事话语中辩护叙事的控辩问答进行语料详析，本节着重探讨庭审叙事标记在语用缓和呈现中对于言者确信度的认知把控和所指识解。

从上节分析我们可以得出，辩护方使用叙事的目的通常为确保所言信息或所言命题的真假及详细程度，在叙事讲述范围内针对案件细节、案件信息的可揭示度以及庭审现场控、审方对于其所言确信与否形成了一系列语用缓和呈现，且多表现为叙事证实类及因果类标记在确信度方面产生的话语影响。通过语料，我们将庭审过程中辩护叙事呈现的具有语用缓和功用的叙事标记划分为证实类确信标记与因果类确信标记（如图6-4所示）。

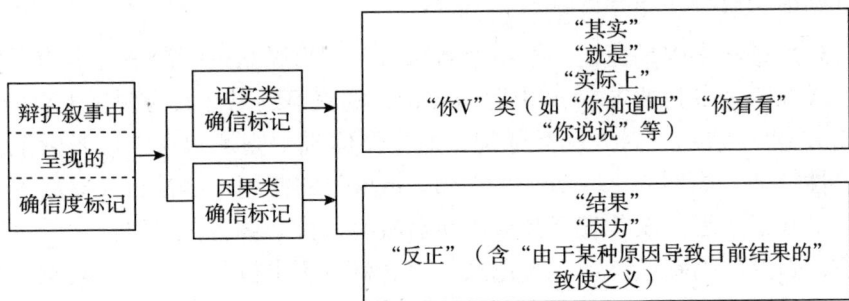

图 6-4　辩护叙事中的叙事标记示例

首先，证实类确信标记是辩护人在故事讲述中对于案发情节及过程的陈述确认、证明及其对所述故事真实性的路径断定标记，辩护人期待使用证实类确信标记征得受述方的主观认同。以 6-18 为例，证人及被告人作为辩方在不同话轮处对案发细节进行描述，辩方证人在讲述候某的房间和自己养猫房的临屋状况时（61 行），一再确认两间房彼此在其"旁边"的状态，而"实际上"再次确认了讲述者此时为获取受述者对"旁边"状态的认可而进行的确认解释；而从被告人角度出发，确信标记如"就是"（115 行），其叙事所指在语篇中指向的是"买猫"之人，"就是"阐明的是叙述者此时对于叙事事件话题的确信态度，被告人期待获取庭审的主观认同包含：也正是由于"买猫"之人的正反接手和转卖，致使其成为故事核心事件中的受害者；与此同时，为确保此种主观认同被庭审现场接受并形成讨论或合议庭，"你 V"类标记在此种情况下会形成一种由叙述者向受述者游移的语用身份邀请，是庭审语境下常见的一种语用缓和标记，且常常出现在辩方叙事的故事进展与评价之中，可参见图6-3并结合语例窥探其标记身份。回到此例115 行末尾处，"你知道吧"此时形成的是言者对所言命题的一种强势肯定态度，"吧"的可商榷性及其语用确信得到了进一步反馈（见116行审判人员的反问），而117行重新出现的"你知道吧"，显然体现出被告人在据理力争自己受骗的同时，从话语的人际功能上讲是期待审判人员"情感移入"（冉永平，2012a：174），相信被告人"并未偷猫转手卖大价钱"并开启进一步调查的语境顺应体现。我们发现，辩护方各类庭审措辞所暗含的期待庭审人员对其情感移入的语例不胜例举，特别是"你V"类证实确信标记，包括"你知道吧"（主要引导语用的可商榷性缓和）、"你看（看）"（主要语用功能体现为获取受述者认识趋同）、"你说（说）"（主要语用功能体现为获取受述者反馈或评价）等，究其原因，是被审判者为寻求罪行开脱或从轻量刑而给出证据事实的一种当事人心理表现，而证据事实以及经由庭审人员综合、分析、审查与判断进而得出的结论事实是构成法律适用的基础（陈杭平，2011：324），从这一点来看，不难明白辩方叙事中出现的确信类标记对于引介受述者主观认同的语用缓和目的所在。

其次，因果类确信标记主要由辩方针对案发事件因果联系的时间序列性、（可能造成危害的）行为与结果以及引介故事事件的条件性共同组成。值得说明的是，辩方叙事中的因果类确信标记通常在此三种关联范畴内共同推进故事事件。如例6-19：

例6-19 王XX因开设赌场罪接受法庭刑事审判 _LAW_04

206 审：马X，你刚才说是有异议，现在可以把你有异议的地方给法庭陈述一下

207 被：是，其实对公诉人起诉书上的罪名我是勉强接受，你知道吧，因为我认罪认罚已经签了，唯独一点

208 审：嗯，你说

209 被：就是对这个（0.2）这个非法获利，反正我对这个是有质疑的，这个自从我到这个办案单位，再到这个公诉机关我一直都说得很清楚，是吧，因为就像公诉人起诉书上说的那个，我其实就是被介绍到王XX那里的一个赌客，然后我每次过去参赌这个事实我承认，就是（.）包括我又带我朋友过去赌，我们其实就是，都是赌客的身份你知道吧（.）获利一万四这也是事实，但是你听我讲啊，当时我给办案人讲得也很清楚你们可以去查，就是这一万四千块钱是我跟我朋友一起（.）共同输进去的，我们当时出了三万五千块钱，他们最后给我们返了一万四千块钱，在一定程度上我也是受害者，你知道吧，我总共去了四次，最后算总账我是输了三千块钱，算总

账啊。在这个事件中除了我和张 X 是朋友外，张 X 让我给他带人过去玩你知道吧，我和其他的犯罪人是事前完全不认识的，也决不涉及合谋开设这个赌场之类的，你相信我啊法官大人，就是这样子……

210 审：就是说你对非法获利这个数字有异议是吧

211 被：这个不是说有异议这很明显就是个事实，你看，他给我转账就是一万四千块钱这个都能查到的你看，但是就是说他给我转这个钱是我本人输了钱以后他给我转回来的，我先输钱在先，他等于把我也当成客户来看，我主观上不是为了给他介绍人，我就是一个赌客，我介绍人也是事实

（……）

230 公：你往赌场去了四次最后一次是咋回事

231 被：我第四次去的时候带了个朋友，然后也是想的张 X 不是说让我给他带朋友么

232 公：这一次张 X 给了你多少钱

233 被：我记得他给了我有三千多块钱吧，反正咋说吧，他虽然说咱俩关系好你别玩太多，但是我每次去他都是知道的，结果也就是第四次，前三次基本上没输啥的，结果这第四次就是我给你说的，我们输了有一万四吧我记得……

　　该例从 207 行开始，被告人逐步陈述了自己认为存在异议的观点，此处"因为"是引出其后陈述的条件性标记，直至 209 行，开始一步步推进故事讲述，如被告人讲述中所言的"反正"对于"非法获利"的措辞，是其对于自己认罪但又存在质疑的庭审语用缓和，被告人一再说明此种因果关联，其行为"赌客的身份参与赌博"与结果"非法获利"关系不成立，然而却忽略了自身几次作为赌客参与赌博的非法行为，不难看出，被告方及辩护人的叙事讲述为落实案发情况与案情分析的定夺提供了关联性极强的语篇材料。又如例 6–18 中，被告人于 111 行和 117 行的讲述，"反正"亦是引介对于其行为"偷猫"和结果"卖猫得钱"之间因果关联的非合法性叙述。语料分析说明，因果确信标记引介的案情故事讲述，透露出被告人对于自身行为合法与否的不自知与法律常识的忽略；而由这些叙事推及法律工作者的日常法律普及，也具有重要的案例警醒作用。

因此，无论是证实类还是因果类叙事确信标记，都不难发现，叙事标记本身在庭审语境下具有语用缓和功能。在辩护性缺失的法律语境形成的因果关联叙事讲述，对于庭审人员而言，值得关注引发案件一步步进展的行为与结果之间的因果关联；对于辩方人员而言，其因果确信标记所引介的故事事件讲述多是为自己主观上的非过失或非故意行为进行辩解。那么，庭审人员进行分析和辨识故事讲述因果关联中的危害行为与危害结果，从而作出相对应的法律判决，便是从叙事语篇视角之外带来的实践意义所在。

6.3.5 小结

"叙事性"是庭审叙事极为明显的特征，叙事贯穿庭审始终（曹慧姝、袁传有，2023）。本节在挖掘庭审叙事话语结构特征的基础上，发现庭审叙事中起诉叙事话语、辩护叙事话语与判决叙事话语作为一个宏观叙事整体，其间叙事达成的话语意义推进了庭审判决对于认定事实、查明事实真相的结论达成。对于庭审语料的横向剖析发现，叙事话语中有关主题、称谓以及时序的边界标记在控辩审三方对现场话语的介入和话语分层，特别是对于案发进程的故事讲述和语篇连续具有至关重要的作用。这体现出叙事标记无论是在推进故事事件讲述、证实叙事所述亦或关联叙事因果的过程中，均直接或间接引导了叙述者所受到的起诉行为的庭审判断，也充分展现叙事标记的机构话语"路标"引介功能。

就确信度作为庭审叙事标记的语用缓和理据而言（Czerwionka，2012），我们发现，辩护方使用叙事通常为确保所言信息或所言命题的真假或详细程度，在叙事讲述范围内针对案件细节、案件信息的可揭示度以及庭审现场控、审方对于所言确信与否形成了一系列的语用缓和呈现，且多表现为叙事证实类及因果类标记在确信度方面产生的话语影响。从机构实践层面而言，庭审人员进行分析和辨识故事讲述因果关联中的危害行为与危害结果，从而作出相对应的认知判断与法律反馈，是叙事标记在法律庭审这样一种机构话语语境中的语用功能体现。

6.4 高校课堂互动中会话叙事标记的应用探微

高校课堂是大学教育教学活动发生的主要场所，会话叙事话语广泛呈现在教师课堂话语和师生及生生互动之中。课堂会话叙事因叙事发出者、叙事产生的话题语境、叙事阐释的个人信念以及叙事对师生以及生生之间身份认同的呈现等因素，形成了多面向、多功能的课堂互动叙事表现，以此回应课堂叙事的多功能作用。在关注叙事微观互动特征进行"小故事"分析的过程中（Georgakopoulou，2006；Juzwik & Ives，2010；Simpson，2011），学者们提及了构成叙事微观互动的细微话语环节，而叙事讲述中的话语标记现象便是其中一个重要话题（Georgakopoulou，2007；Norrick，2001；Xiao，2010）。

本节之所以将研究语境锁定在高校课堂叙事话语，且主要语料收集于中国西部某高校外国语学院课堂与国际汉学院课堂，原因在于：其一，大学生群体相较于中小学生群体，其思维向度与课堂表达环境相对宽松，且高校课堂语境更加倚重师生及生生之间的课堂互动与思辨交流；其二，外国语学院全英课堂话语输出与国际汉学院汉语课堂话语输出从言语本体角度而言，均属于习得性话语输出，更有助于研究者探究不同语言学习者在课堂话语中的叙事话语选择与叙事结构偏好，从而为教学提供叙事策略方面的借鉴。与此同时，也对英汉学习者在叙事表达，特别是叙事标记的择选和应用所体现的语用习惯与思维特质进行充分的探讨，从而反哺教学实践。本节语料来自作者所在高校的外国语学院及国际汉学院，通过近一学年的录制，选取了八课时共计近 400 分钟的课堂会话语料（详情见附录 B 中第二部分机构语境会话叙事详例 CLA 序列语料）。

6.4.1 高校课堂叙事话语的结构特征 [1]

本节从高校课堂语料入手，以 Labov（1972a）提及的完整叙事六要素（点题–定位–进展–评价–结局–尾声）为理论切入，结合 Bamberg（2004）以及 Georgakopoulou（2007）对碎片式话轮构成的小故事分析，尝试总结高校课堂叙事话语的结构特征。

高校课堂出现的叙事多以师生之间的"小故事"互动呈现。与 Labov（1972a）的经典叙事六要素模式不大相同，课堂上的会话叙事互动更多基于教师或学生作为叙述者使用典型的介绍和评价要素，并以这些结构为基础从过往经验中形成故事讲述。如例 6–20，学生在教师提出和课文主题"thinking as a hobby"相关的"thinking at a specific momnet"问题之后，学生以疫情期间的一段经历为例，讲述了自己的经验感受，并对应"precious moments"和"epidemic experiences"细说了自身对于主话题的感受。详析语料，我们发现此类课堂叙事的特点主要表现为：此种经历或经验讲

1　本节部分内容，特别是对高校课堂语境下的会话叙事特点的讨论，可参见朱冬怡（2020a）。

述是课堂上师生或生生之间面对面交际构成的课堂叙事语境体现，叙事话题通常由教材主题引介，话轮转接的次序和长度限制则由叙述者和受述者共同决定，其中，叙述者多是课堂主体中的学生，受述者多是作为话题引导者的老师以及作为受述者的其他学生。

例 6-20 外国语学院"综合英语"课堂 _CLA_01（S 代表学生，T 代表老师；下同）

10T: So, whether you have such kind of thinking, or say, feeling or not? OK (point to S)

11S: **Well, I want to say** we all have precious moments in our lives — hard work at school, fun time with friends, leisure time with family, and also moments of sadness, tension and anger. **And** these memories, good or bad, are very important to us, **and** it is these countless moments that make us who we are. But what about those boring hours, **you know**, in the nearly eight months I'd been home before, to be honest, I'd been doing nothing for most of the time. Because of the epidemic, **you know**, I can no longer go out with my friends or get my driver's license as planned. I have to stay at home every day and it's so boring. You wouldn't believe it, I even thought that doing housework is really a fun. Although I still had so much free time, I didn't do anything meaningful, and I did nothing but the normal course content. I was even a little afraid of those days, **I mean**, scared.

12T: Thus, you mean（0.3）

13S: **Well, I mean**, when I went back to school and thought back of those days, I really missed it. Not because I want to go back and do the same thing as before, yet I want to use my time wisely. If there was dull moment in my life in any of the near future, I would spend it doing something good: exercising, cooking, or learning a song. **I mean** that every boring moment in life is unique. **You know**, it's not about how important boring times are to us, it's about the infinite possibilities we have in these days and a choice that makes a little bit of difference in our future for the better.

该段课堂叙事的主要叙述者是学生，朱冬怡（2020a：232）针对英语专业师生在大学课堂上的叙事互动提出了课堂语境的"叙事互言"过程：从教师层面来讲，通过课堂主题的引入与简介，教师得到了充分观察和体悟学生语言能力与语文转换能力的机会，进而调整教学目的达成的适切性；从学生层面来讲，其产出的经历经验性故事以及在此期间是否做到了切题的叙述阐释，是提高学生话题思辨过程思维能力的途径；而从师生互动层面而言，课堂叙事中师生以及生生之间对语言的文化性、语用的知识性和针对具体话题的思想性均是"言以致用"的话语实践体现。

例 6-21 外国语学院"综合英语"课堂 _CLA_02

04T: OK, please, you've got something to say eh ↑

05S: Yep, thank you. If life is divided by two, the former is "no hesitation" and the latter is "no regret" to me. **I mean** when making choices, I am not a resolute and determined person, **so**, I would like to use this sentence as a warning to my future life.

06T: Very precise expression and why?

07S: **You know**, I was booking the house for summer travelling with my friends two weeks ago. We wrote down our requirements, typed them into our phone and searched. **Then** we had a lot of options, but we faced a dilemma as well - if we wanted to be closer to our destination, the prices were pretty higher. We did not want to spend so much money on that, nor live far away, **so you know**, we just delayed this plan. But you know, it's just 5 days later, when searching for houses on my phone again, I found that most houses we had seen before were already booked out. **I mean**, there was also a rise on the prices of some houses left. Finally, all of us felt regretted and upset, thinking that if only we had booked the house at the first time and searched it as soon as possible, the situation would be better.

08T: **So,** I've got why you said no hesitation and no regret.

09S: Yes, I do have learned something from it, **I mean**, when making choices, don't delay it to the next minute because whenever it is, we have to make the final decision, but if we do that by now, it will definitely save us more money, time and energy. That is why I say "no hesitation, no regret" should be applied to our future life. **I mean** when facing crossroads in our life, we need careful thinking, but we never need hesitation. As long as we have a clear destination, **you know**, just be braver and more courageous, and remember that hesitation will only make us more timid.

与例 6-20 相似，例 6-21 是师生间在接续 "What kinds of college experiences still impress you" 的课堂会话，紧随其后是教师对于 "Your college years" 的精读文章的解析与讨论。该叙事话题仍然是由教材主题所引介，话轮转接的次序和长度在叙述者和受述者的故事性话语推进过程中不断被调整。因此，叙事话题，特别是在具体教学过程中以学生为参与主体的主观叙事经验，以及叙事故事的选择和讲述，是高校语言类课堂叙事话语结构的重要外显体现。又如例 6-22：

例 6-22 外国语学院"英语词汇学"课堂 _CLA_03

01S1:　Hello everyone, today I want to share with you a sentence: Every person need a friend to make them laugh when they think they will never smile again. I got this sentence from one book I had read when I was a freshman, unfortunately I just wrote this sentence down on my notebook but forgot its origin. **I think** I am really a (0.2) such a lucky dog maybe, in every stage of my life. Eh… there are such person with me. Eh, maybe (0.1) they are not very perfect maybe, but they are very important person in my life. In high school, I have a good friend (0.1) named Guo X. Yeah, it's Guo X. Eh, and… both of us love to, eh, laugh very much. And even, **actually** I have laughed to vomit with her↑#笑到吐#(0.2) Eh, at that time, eh, in our high school, the classroom, and, the distance from the classroom to our dormitory (0.2) it's about 10 minutes' walk. And we laughed all the way. Maybe others think we are very ridiculous, but we actually do that. **And then**, in the summer, our dormitory is in the… on the six floor. And we took off our shoes. **And then** (0.1) we went on…went up our floors, just bare foot. And (0.1) we just laugh, laugh, laugh. But we don't know we really laugh about what. But we, **actually**, only laugh. **And then**, when I got my dormitory, I just vomit (略)

02S2: (raise hand to interrupt S1's narrative)

Actually I do have the same experience, ah…as you and your friend, as what you've said, laugh to vomit, but this closed ones is not a same-age peer, but is my mom (0.2) I still remember that is… ah（略）was for my dad, he got his trousers teared but he even not knew that,（略）**you know**, we can see his pants inside::: My mom and I saw him with that tore cloths, haha…**you know**, we cannot sit down inside the sofa anymore, we laugh at him, really, eh, as you say, to vomit. We really had a very high time for that night, and of course, it already be one of my warmest memory (0.1) eh, in my mind.

03S1: Thank you so much for your sharing of your stories upon my sentence. And also, your story reminds me to get the synonymous but more formal saying of #笑到吐#, I don't know whether we can say "have a high time" or what any other expression? **I think** I want to get things about synonyms and the related lexicons.

该例是"英语词汇学"课堂上有关"词汇的语义理据"课程主题语料，以类似的开放型会话语篇展开，句子分享环节学生的自由讨论也呈开放型，班级整体的参与度随着学生叙述者对话语以及叙事事件的深加工而逐步增加。此处"叙事互言"本身是对学生语言能力的隐性考验，而学生之间的互动则逐步调动了其对语言内容和语境的敏感度。如该例中 S1 对主题分享句的解读引入了自己的叙事阐述，这种叙述形式也是 Toolan（1988）以及 Cohan & Shires（1988）对会话叙事最简形式的解读，即叙述者从主观经验层面入手对于非随机相连的一系列可被叙述和感知事件的叙述排列和组织。S2 对 S1 的叙事回应产生叙事共情（Siroma，2012：525），其对共享句子的情感和态度促进了会话叙事的发展，并在下一话轮转接过程中，促使 S1 对"笑到吐"以及其所言的 laugh to vomit 语言形式的恰当与否进行了思考，进而使 S1 切入至当节课堂中词汇"语义理据"以及"语义分类"的课程主题。

因此，从以上几例可以看出，高校课堂中教师在学生开放型会话叙事过程通常以受述者和引导者两种身份出现。例 6-22 中 S1 在话轮结尾处切入了其对自身叙事过程产生的语言内容与语用内容匹配与否的思考，这是学生通过自主的会话叙事参与之后主动将课堂的整体知识点引导和思辨交互于教师的一种主动行为，而对于教师而言，接过学生话轮，新的会话叙事的阐述，尤其是对该堂课词的理据性、词与词之间的同义关系的表达以及英语俚语的简要介绍[1]等专业内容的分析、引导和探讨，则形成了新的课程主体内容。

由此可见，高校课堂叙事话语的结构整体以"叙事互言"为外显特征，其话轮转接的次序和长度由叙述者和受述者共同决定，叙事切入的主题通常围绕课堂主题展开，以讲述叙事、趣事叙事以及例示共享叙事（朱冬怡，2020a）为主要表现形式，师生及生生之间的经验文化框架是此类叙事活动在教学实践中具体语境输入的显著模式。

6.4.2 课堂叙事话语中的会话叙事标记：话语功能和分类

在明晰课堂叙事话语结构特征的基础上，本节从课堂语境下师生及生生之间的碎片式话轮构成的小故事中，挖掘会话叙事标记的语用状态，以此探讨话语功能和语境分类，并对比英汉两种课堂语言的叙事标记使用特点。

不同于其他机构语境，课堂叙事话语呈现的会话叙事标记更多体现为叙述者的交互主观意义所指，且多受礼貌或叙事意图驱使，如上文课堂语料中的"I mean""I think""you know"等，以及下文语料出现的"我觉得""我记得"等"我 + V/ 你 + V"类标记，表现为师生或生生之间针对个人经验所形成的主观情态意义的指示及讲述。联系前文针对叙事标记的主观缺省意义的解读来看，课堂语境下叙事标记更凸显了叙述者的主观情态，其功能多为受述者提供故事语境逻辑，从而使得课堂上的小故事能够被认知和识解，进而促进课堂主题的探讨。

就课堂叙事话语中的会话叙事标记而言，在语用缓和呈现层面（Fraser，1996），属于人际驱使型叙事标记，且在语义表征维度大致可分为两类：一类是以直接方式表述自身主观态度评价或征询叙事见解的标记形式，属概念型叙事标记；另一类是呈现了主观缺省意义的表述事理逻辑顺序或话语程序的标记形式，属非概念型叙事标记。值得说明的是，在英汉两种课堂语境下，这两类标记形式具有各不相同的叙事标记体现。

首先是表述自身主观态度评价或征询叙事见解的"我 + V/ 你 + V"类概念型叙事标记。在本书第 5 章讨论中我们曾指出，非机构语境下"我 +

---

1 教师之所以会引入俚语的引导与介绍，在于语料中学生所表达的"笑到吐"或称 laugh to vomit 一说，与英语俚语 laugh one's ass off 的语义对等性问题相关，借此将成为师生对英语俚语的语义统一性和结构固定性特征问题的俱佳引导切入。

V/ 你 + V"类交互主观概念型叙事标记，涵盖了由会话场景切入主观强调情态的语用步骤，以此在主观情态信息背景化的基础上凸显话语的语义含义。同时，此类叙事标记在会话叙事的开场、故事讲述主体和退场过程中承担了不同的局部承接、整体激活的作用。与之相比，课堂语境下的概念型叙事标记，则主要体现了叙事话题的组织功能和叙事定位功能。参见例 6-23：

例 6-23 国际汉学院"中级汉语综合"课 _CLA_07

70S： 老师，我想知道哪家北京烤鸭好吃？

71T： 你是说在学校这边还是去北京？

72S： 就是在我们这边，哪家北京烤鸭好吃呢？

73T： 我觉得这边的话就得去南郊的 XX 烤鸭店了，他们家也有很久的时间了，回头客很多的。

74S： 好的老师，谢谢您，我去找这家烤鸭店，也是回头客了。

75T： 不不，"回头客"是说你很喜欢这个饭店或某个东西，你来了以后又来，享用了某个产品后又去买，这是"回头客"的意思。

76S： 好的老师，我明白了。也就是我买了又买，吃了又吃的东西，我就是回头客了。我觉得₁我是枣蛋糕的回头客。

77T： 噢，是吗？是枣糕店？

78S： 是的老师，我刚来 S 大就在枣蛋糕店买早点，稍后还和我的朋友们一起去买枣糕，我还问了老板枣糕的做法，然后我在家里也自己做，还拿给我的邻居吃。我觉得₂我和朋友们都很喜欢吃枣糕。那我觉得₃，我也是这个枣蛋糕店的回头客了，这是对的吧老师？

79T： Absolutely，正是这个意思，你是这个枣糕店的忠实回头客。

例 6-23 会话的受众目标是国际汉学院的留学生群体，教师在课堂上与学生就"回头客"一词的内容和使用进行了探讨。学生在 74 行对于该词的误解使得教师对该词进行了更进一步的阐释（75 行）。随后，学生联系个人经历，在 76 行及 78 行处开启了叙事话题，就自己对"回头客"的理解（76 行）进行叙事事件讲述（78 行）。值得关注的是，"我觉得₁"在该话轮内投射出故事讲述即将开始，引介了叙事事件的序言，为有效地进行叙事组织，即叙事定位铺设了叙事事件所指；叙事事件的行动进展展开后，"我觉得$_2$"引介了叙述者对该叙事事件的意义评判，也暗含了评价，即因为"都很喜欢吃枣糕"，所以才有了成为回头客的可能，叙事标记此时联系了因果事理意义；而"我觉得$_3$"同时引介了言者对于故事最终发生意义的总结以及使故事视角回到当前话题的功能。例6-24 41S$_2$话轮中"我觉得"则推进了言者对会话中小故事事件的或然性叙述，其不仅承接了话轮内部的故事事件讲述（如"我觉得$_1$"），也从概念上整体激活了言者对"新－旧"词汇的认知理解（如"我觉得$_2$"）。因此，概念型叙事标记"我觉得"出现在 Labov（1972a）叙事六要素的各个节点上，凸显了会话叙事标记在启动、承接或中止序列意义上的程序性；同时，课堂叙事话语语境使得此类概念型标记具有更为明显的整体激活叙事语篇的功能作用。

例6-24 国际汉学院"汉语听说"课 _CLA_06

34T：那么，我这个手机是新的吗？

35S$_1$：不是的老师，我觉得这是一个旧手机。

36T：很好，那你有新手机吗？

37S$_2$：我没有新的手机。

38T：好的，那你有什么新的东西？

39S$_2$：我有新的手表和新的衣服。

40T：哦是吗，你什么时候买的新手表和新衣服呢？

41S$_2$：我记得上个月买的新手表和新衣服。我的朋友从我的国家来中国玩，我带着他逛街，我觉得$_1$我们可以去买东西，我们就在XX商场，逛得很开心，我觉得$_2$就是那个时候买了新手表和新衣服。

而就课堂语境与非机构语境的标记异同而言，课堂叙事话语中的概念型叙事标记在指示性语义衔接上更多见以"我"或"你"这类人称代词引导主观情态意义，和非机构语境下或可空缺言语实施主体"我"或"你"的标记形式看来，课堂叙事话语中言者的会话叙事标记具有极其明显的语义所指，言者和听者的关注不再局限于句子以及语用情境或语用表征层面，而是聚焦于当时当刻的课堂叙事主题，并以此联通叙事事理逻辑。

与此同时，对比英汉概念型叙事标记的语用功能表现，英语层面以人称代词联系主观情态动词的话语标记现象，如 I mean、you know、I think 等，主要从叙事语篇组织和言语行为表现两个层面对叙事话语产生影响。以例 6-22 为例，02S$_2$ 话轮处，you know 作为打断前述话语并开启新的叙事事件的叙事标记，兼具了联系会话场景和叙事场景（如 You know I do have the same experience 中，you know 的场景切换功能），以及内嵌在叙事场景引介事件开端、发展或结束（如 you know, we can see his pants inside 是引介叙事进展的联系标记；而 you know, we cannot sit down inside the sofa anymore 则是言者对于该经历之所以让其难以忘怀的叙事意义总结讲述）的双重语用表征（Norrick，2001：850-855）。因此，叙事语篇组织层面，和汉语标记相似，英语叙事标记在叙事话题设立、会话-叙事场景切换、叙事事理顺序承接等方面均有语篇功能体现；而在言语行为表现层面，英语叙事标记则略微异于汉语标记，如前述分析例 6-22 中的 you know、I think，以及例 6-21 中的 you know、I mean 等，是一类已固化为特定话语结构表达，但和汉语的情态意义相比，更趋向于程式化语用表述的标记形式（Cuenca & Crible，2019：173），其在话轮延续、话轮切换等方面维持了话语标记大类的功能表现。

其次是表述事理逻辑顺序或话语程序的主观缺省意义标记，即非概念型叙事标记，如"然后""所以"等。本书第 4 章探讨了具有主观缺省意义的叙事标记在叙事标记化和标记步骤两个层面的特点。叙事标记的主观缺省意义在动态语用过程中呈现出语境化关系增强，语法化和词汇化关系减弱的趋势。但不同叙事标记的标记步骤不尽相同（可参见 4.6 节），这也使得此类标记形式在叙事生成和理解中涉及认知、语篇措辞及社会-文化缺省等不同层面的语义缺省表现。与之相比，课堂语境下的非概念型叙事标记在动态语用过程中也表现出会话场景与叙事场景切换、互动的语用功能，然而在语义缺省层面则存在有所不同的表现，主要体现在认知缺省层面叙事标记首要意义的明确所指（即标记本身所具有的推进或证实类型的明确性，如"所以"的结果说明表征，"然后"的叙事推进表征），以及语篇措辞缺省层面的非语篇空位表征等。参见例 6-25：

例 6-25 国际汉学院"汉语听说"课 _CLA_05

01S：学汉语前，我觉得汉语很难。学汉语后，嗯，I just can not make this sentence.

02T：学汉语前，我觉得汉语很难。学汉语后，我觉得汉语没有那么难。你可以直接说出你的 feeling。

03S：哦，好的老师，是说出 feeling。我记得我不太知道干这个事情前，和后面的具体区别，所以 ₁ 上一次我说"吃饭前，我很饿；吃饭以后，我没有很饿"，所以 ₂ 我记起来了这是说出我的 feeling 就可以。

04T：对的，是说出你的感受就可以。

05S：老师，那我觉得我知道了。我记得我在 XX 买过一个陶埙，那个声音很好听。学陶埙前，我觉得它很难很难。然后我就在那位老师的带领下，每周过去上两次课，我练习得非常用功，所以 ₃ 我的陶埙老师说，我吹得很好，所以 ₄ 我觉得，学陶埙后，我觉得用陶埙吹出音乐没有那么难。

06T：非常好，也就是说，学陶埙前，你觉得陶埙很难。学陶埙后，你觉得陶埙没有那么难。

该例是学生在教师的鼓励下练习使用"很 + adj"和"没有那么 adj"结构的语例，教师在 02T 行给出句子示范后，学生随后在下一话轮以叙事事件讲述自己对某件事情发生之前和之后的不同感受（03S 行），作为结果说明的"所以"，引介的是因果关系的事理顺序。而在语篇措辞缺省层面，作为叙事标记的"所以"并未形成语篇空位，即叙述者对于话题链上的语境所指极为明确，"所以 ₁"和"所以 ₂"均指向"我"对自身主观感受的叙述。同此用法，S 在 05 话轮处以另一叙事事件为例，讲述了他对此句法结构的理解，"所以"仍未形成语篇空位，"所以 ₃"引介的是"我的吹埙老师"对于事件的情态评价；而"所以 ₄"则是"我"对于学了陶埙后的主观感受叙述。留学生课堂的叙事话语中有关此类标记非语篇空位的语篇措辞缺省用法并不少见。又如例 6–26：

例 6–26 国际汉学院"中级汉语综合"课 _CLA_08

21S：老师，我想说，我的朋友来到我的城市找我了，既然下雨，我也要出门见我的朋友去。

22T：我明白了，你是说就算天气不好，下雨天，你也会去见你的朋友，对吗？

23S：对的，老师，我是这个意思。

24T： 那么，"既然"这个词可能就不太合适了，你想使用的也许是"即使"这个词。

25S： 是的是的，老师，我想到了，是"即使"，二声"即"使。

26T： 对，这两个词语的确比较容易混淆，它们的写法相似，而且读音也有些像，但是大家可以看一下，我们说早期的汉字呐（0.1）是一种象形文字，在字形中可能就包含了它的意思。我们可以通过这两个字的古文字形来看一看它们的不同（……）

40S： 老师您听，我这样说我的计划了

41T： 好的

42S： 我的朋友从厦门来找我，即使下雨，我也会去迎接我的朋友。那天，我见到她以后，我就带她去了城墙，我们在城墙上，虽然打伞，但是聊得特别开心，然后₁我还得知了她来 X 市的原因，她通过了"汉语桥"的选拔赛，然后₂她还得到了来这边访问的机会，我觉得我真是很为她自豪。然后₃我们聊得很开心，我觉得那是我很难忘的一天。

S 在 42 行处以一段叙事讲述阐释了其对"即使"一词的用法理解。"然后₁"至"然后₃"分别明确了所指对象"我""她"以及"我们"。有趣的是，根据留学生课堂叙事标记的使用统计显示，留学生对于叙事标记在语篇措辞缺省层面的表现和汉语母语者的语用表现截然不同。如表 6-3 所示，通过对本书课堂叙事话语语料（CLA）的整理，我们发现，"然后""所以""结果""就是""还有"这五个使用频次较高的叙事标记，通过与教师的会话互动，留学生均可逐步掌握这些叙事标记在认知缺省层面的叙事事理表述；但在语篇措辞缺省层面，叙事标记未形成语篇空位的语用表现，除"还有"之外，均高于其所形成语篇空位的叙事语用表现。

表 6-3 留学生课堂叙事话语非概念型标记使用统计

叙事标记出现的总次数（单位：次）	认知缺省层面表现	语篇措辞缺省层面	
		形成语篇空位（单位：次）	未形成语篇空位（单位：次）
然后（79）	叙事推进类	23	56
所以（44）	叙事论果类	13	31
结果（42）	叙事证实类	15	27
就是（20）	叙事说明类	8	12
还有（22）	叙事补充类	12	10

究其原因，作为中级汉语学习者，留学生在汉语学习中对于具有语篇组织功能的话语标记使用会受到母语的影响（Sankoff et al.，1997），且汉语学习者使用此类标记的频率低于母语者（吉晖，2016）。而教师在课堂上对于此类标记的输出，也会对留学生的标记使用产生影响（Buysse，2017）。留学生在课堂互动中会更关注所言句子的语法规范性以及句间用词的准确性，以及是否表情达意（如例 6–25 及例 6–26 所示）等，其对连接词功能的话语标记类词进行了一定的标记功能多样化的语用处理（Aijmer，2004；Müller，2005），进而更加倾向于在叙事话语结构和情态表述中默认履行标记连接词的话语结构串联功能与言语情态表述功能（Cuenca & Crible，2019），形成了叙事标记与语用语篇所指明确的使用特点。然而，透过语料，我们发现仍然有叙事标记引介形成语篇空位的语用表现，特别是"还有"，其所形成语篇空位的语例略高于未形成语篇空位的语例。

留学生课堂叙事标记在语篇措辞缺省层面的表现，恰恰反映了该群体作为汉语学习者对于话语标记大类，特别是连词的词汇化功能仍处于吸收、接受阶段，留学生群体在习得此类标记的逻辑语义关系以及时间顺序关系之后，才能够逐步掌握其作为辅助话语连接的标记词特征（方梅，2000）。在此基础上，叙事标记在连接语篇，进而完成课堂话语语篇的讲述和阐释说明的功能越显突出。

在教学实践应用层面，和英语作为外语学习者对话语标记的使用类似（Buysse，2017；Müller，2005），汉语作为第二语言的语用能力可以通过课堂教学获得（刘润清、刘思，2005），辅以社会文化语境的影响（吉晖，2016）。这一点从中国学生在英语课堂的表现，对诸如 you know、well、I mean 等的使用也多来源于学生在所习得语言的文化语境或影视作品中习得相似（如前述分析的例 6–20、例 6–21、例 6–22）。英语教材中的话语标记并不会作为专项语言学习要点出现（Hellermann & Vergun，2007），而汉语教材出现的话语标记"也仅被用于保障课文语篇的自然与连贯"（吉晖，2016：118）。由此，对于叙事标记而言，无论目标语言是英语还是汉语，二语学习者在叙事讲述过程中对于标记词的使用和其对二语的熟练掌握程度成正比。二语越熟练，叙事标记的使用频率越高，且学习者习得话语标记类词"往往会经历一个从有意识的语码转换到无意识的语码转换"的学习过程（吉晖，2016：120）。因此，作为复杂的语用现象，关注叙事标记在课堂互动中对于言者所经历事件的逻辑事理讲述，以及其在社会文化互动中对于故事事件讲述的引介功能，是课堂互动中教师所应关注的重点内容之一。

6.4.3 会话叙事标记呈现的言者身份构建

不同于医患互动及庭审控辩方的话语互动，本节将探讨师生及生生群体在主题叙事产出过程中基于身份认同的确信度表达，特别是具有确信度叙事标记特征的展现，以及课堂互动话语中叙事标记构建言者身份的语用表征特点。

会话叙事标记的语用身份着重于其交际建构属性与目的修辞属性的构建（Zhu，2020：39）。如前述语例所示，从交际建构属性来看，课堂互动话语中的叙事标记在启动故事讲述、话轮转换承接处对叙事事件的承接，以及对于调控叙事结构和展现言者所指的建构上均具有制约或承上启下类的言语体现；而就其目的修辞属性而言，会话叙事标记是在会话叙事中起到连接会话和故事讲述的语言表达式，其性质接近于特定语用环境下话语标记所表征的概念特征。但和话语标记不同的是，叙事标记的词汇意义独立于叙事语境，但却在会话和叙事的切换中起到描写叙事事件心理顺序的作用，以此标记其语境合成的修辞目的（Zhu，2020：41）。

就言者身份而言，是言者与听者交流之时，"为了塑造和展示自己是谁所使用的一套言语实践"（Hadden & Lester，1978：331）。Juzwik & Ives（2010）指出教师的身份可以通过与学生接续话轮讲故事进而得以构建。而课堂互动话语中的会话叙事标记，特别是师生或生生之间接续话轮所使用的叙事标记，是其教师身份或学生身份得以构建的引介标记。与此同时，学生的叙事标记使用，特别是他们从师生会话叙事中构建的叙事话题相关性和叙述过程的影响性，是学生身份得到构建，并得以获取课堂上听者认同的关键所在。

以本书作者所在的英语专业课堂为例，语例中出现频次较多的 you know、I mean 以及 I think 类概念型叙事标记，在课堂语境下更凸显了叙述者的主观情态。如例 6-20 学生对于 precious moments 的叙事示例讲述（11 话轮处），I want to say 引介的是故事的序言（Sacks，1992：10），体现了叙述者对受述者交互主观的讲述期待，以此反观并对比汉语中类似于"我跟你说"的标记构式，其在彰显知识权威与道义权威的同时，是说话人期待引起听话人共情行为的标记形式（张文贤、李先银，2021），此处铺垫了学生对于 precious moments in our lives 的故事共享讲述。第一个

you know 是学生对于 those boring hours 的概念型关系顺承，也是引介课堂上其他师生对于叙述者 in the nearly eight months 时间序列中事件的主观认知导引；第二个 you know 则引介了叙述者对于 the epidemic 前后所经历事件的主观导引，这和该话轮处的 I mean 话语功能类似（如 I mean 在末尾处对于主观感受 scared 的引介），其功能多为受述者提供故事语境逻辑，从而使得课堂上的小故事能够被认知和理解，进而推动并维系课堂主题的探讨。从受述者的回应话轮来看，如 12 行处教师在前两个提问 – 回答的基本相邻对的话轮基础上，抛出了类似 "Thus, you mean" 类的鼓励型话轮接续，从而和学生叙述者促成新的会话相邻，交际意义也得以发展。13 行处的 I mean 所引介的经历讲述，则是此种叙事事件的意义得以形成的叙事标记体现。在例 6–21 及例 6–22 中，也可见和此种标记用法类似的语例。

而以留学生为主体的汉语类课堂来看，使用频次最多的是以"我觉得"为主的"我 / 你 + V"类概念型叙事标记，和英语专业课堂的学生言者身份构建情况类似，两类课堂的受述主体均为第二外语学习者，其在课堂互动中的会话叙事讲述均以课堂主题为中心展开，且突出的重点是主观叙述对课堂主题或当下知识点的叙事延伸和理解。以例 6–23 为例，学生在叙述自己对"回头客"一词的理解时，在 76 行首先阐明了自己对该词的定义"也就是我买了又买，吃了又吃的东西，我就是回头客了"，其后"我觉得"引介了学生叙述者对自己是"枣糕店"回头客的理解。78 行两个"我觉得"分别阐明了叙述者对于"回头客"的深层理解："我和朋友们"作为经验主体，因为"都很喜欢吃枣糕"，所以"我觉得"，"我也是这个枣蛋糕店的回头客了"。例 6–25 也与"我觉得"的此类用法相似，"我觉得"在引介故事逻辑语境的同时，也体现了学生叙述者使用概念型叙事标记用以确信所言及所指，进而明确课堂参与者身份，获取包括教师以及同学受述者对其所述课堂主题的成功话轮接续与叙事内容认可。

因此，从会话叙事标记所呈现的言者身份构建过程来看，教师在课堂会话中通过话轮转换以及有效引导学生讲述的会话策略，可以使教师专制型或权威型的身份特征得以释放（兰良平、韩刚，2013），是人际驱使型标记的直接表征，从而更好地促进学生获得教师认同或同伴认同，勇于且敢于发言，并且能够有效地将自身经历或经验联系课堂主题进行叙述、阐释或讲解，这给对外汉语教学，特别是话语标记大类的教学内容带来了启示，即该类标记的语体功能和人际主观性具有直接关联（潘先军，2021）。

但在语用缓和呈现层面（Fraser，1996），和英语具有明显区别的是，汉语的人际驱使型叙事标记特征更为明显，如语例中以汉语会话表述为主的课堂，更多包括受礼貌或权势距离驱使的人际驱使型称谓（如"某老师"或"老师"）；英语课堂中，此类人际驱使型叙事标记或可见于学生使用 teacher 或 professor 等称谓开启讲述，但更常见于学生借助眼神或手势，以 well、you know、I mean 等标记词类，开启话题并形成故事事件（参见例 6-20、例 6-21 等语例）；称谓的缺失更多是以多模态范式所形成的动态性和协同性话语开启叙述输出。鉴于该部分语料暂未涉及多模态录制，这也将是本研究后续的关注重点。总体来看，会话叙事标记，包括语例中呈现的英语及汉语课堂上用以表述主观情态意义的概念型叙事标记的应用，促进了学生对于言者身份和课堂参与者身份的积极构建，也为课堂会话叙事的开展提供了微观的话语策略引导。

6.4.4 小结

本节对高校课堂互动中的叙事话语，特别是会话叙事标记的话语功能及分类状况进行了分析和探讨，并从课堂实践层面分析了叙事标记在言者身份构建过程的语用功效。课堂语境下叙事标记更凸显了叙述者的主观情态与人际驱使性特征，其功能多为受述者提供故事语境逻辑，从而使得课堂上的小故事能够被认知和理解，促进了课堂主题的探讨。课堂语境与非机构语境的标记异同于课堂叙事话语中的概念型叙事标记在指示性语义衔接上更多见以"我"或"你"这类人称代词引导主观情态意义，和非机构语境下或可空缺言语实施主体"我"或"你"的标记形式相比，课堂叙事话语中叙述者的会话叙事标记具有极其明显的语义所指，叙述者和受述者的关注不再局限于句子或语用表征层面，而是聚焦于当时当刻的课堂叙事主题，并以此联通叙事事理逻辑。

叙事语篇组织层面，和汉语标记相似，英语叙事标记在叙事话题设立、会话-叙事场景切换、叙事事理顺序承接等方面均有语篇功能体现；而在言语行为表现层面，英语叙事标记则略微异于汉语标记，如语例中的 you know、I think、I mean 等，是一类已固化为特定话语结构表达的构式；但和汉语的情态意义相比，更趋向于程式化语用表述，且在话轮延续、话轮切换等方面维持了叙事话语标记的功能。课堂实践层面，教师在课堂会话中通过话轮转换以及有效引导学生讲述的会话策略，可以更好地促进学生获得教师认同或同伴认同，并且能够有效地将自身经历或经验联系课堂主题进行叙述、阐释或讲解。研究语例中表述主观情态意义的英语及汉语概念型叙事标记的应用，促进了学生积极的言者身份和课堂参与者身份的构建，为课堂会话叙事的开展提供了微观的话语策略引导，也为如何使学生更多参与课堂的话语实践提供了借鉴性的思考。

6.5　本章小结

会话叙事标记在不同机构语境下呈现了各不相同的以言行事的语用缓和路径。

医患诊疗互动话语中，会话叙事标记从人际驱使和确信度保障两个层面实现了医患叙事的有效话语引介，而叙事标记作为揭示叙述者叙事话语态度、调整叙述话语力度以及延伸叙事言语行为广度的语用缓和呈现符号，完全可以用来指导医患话术的应用实践。

庭审叙事话语中，叙事标记无论是在推进故事事件讲述、证实叙事所述亦或关联叙事因果的过程中，均直接或间接引导了叙述者所受到的起诉行为的庭审判断，也充分展现叙事标记的机构话语"路标"引介功能。就确信度作为庭审叙事标记的语用缓和理据而言，辩护方使用叙事通常为确保所言信息或所言命题的真假及详细程度，在叙事讲述范围内针对案件细节、案件信息的可揭示度以及庭审现场控、审方对于其所言确信与否形成了一系列的语用缓和呈现，多表现为叙事证实类及因果类标记在确信度方面产生的话语影响。机构实践层面，庭审人员进行分析和辨识故事讲述因果关联中的危害行为与危害结果，从而作出对应的认知判断与法律反馈，是叙事标记在法律庭审这样一种机构语境中的语用功能体现。

高校课堂互动话语中，教师通过话轮转换以及有效引导学生讲述的会话策略，可以更好地促进学生获得教师认同或同伴认同，并且能够有效地将自身经历或经验联系课堂主题进行叙述、阐释或讲解。以人际驱使性特征为主，表述主观情态意义的英语或汉语概念型叙事标记的应用，促进了学生积极的言者身份和课堂参与者身份的构建，为课堂会话叙事的开展提供了微观的话语策略引导。

从上述三类机构话语探微会话叙事标记在机构话语中的语用表现，本书发现，会话叙事标记在机构话语中对特定机构语境的依附性更强，且主要受人际驱使性特征影响；其次为确信度保障影响，由此使得叙事标记的主观情态意义在机构语境中更显突出。尽管在自发性会话叙事中，叙事标记的主观缺省意义和交互主观意义相继连通句法逻辑"短路"信息，维持了自然会话叙事中会话与故事讲述的顺利切换与话语认知的衔接连贯。但在机构话语中，叙事标记的人际驱使性和确信度保障性使得其在不同机构环境下具有不同的语用路径体现。而最为突出的是机构环境下表述主观情态意义的概念型叙事标记，因循叙述者在不同语境下的叙事讲述与机构语境的话题所指，其连通句法逻辑"短路"信息的角色减弱，更多承担了揭示叙述者叙事话语态度、调整所述话语力度以及延伸叙事言语行为广度的语用功能。在此基础上，机构语境下的会话叙事标记在实践应用中可为不同机构工作人员提供话语层面的言语策略辨识、话语力度调整，以及在多机构维度上的叙事转向导引，进而为会话叙事的社会实践提供微观指导与话语借鉴路径。

第7章

结　语

7.1　主要结论和创新

　　在语用学的意义研究传统中，经典的格莱斯理论和后格莱斯意义理论等都未重视特定语境下话语标记现象的话语整体意义和语用内容丰富的后命题识解意义，因此，未能充分解释话语信息解码之外意义的语用运行机制。本书以会话叙事语境下的话语标记大类现象，即会话叙事标记为研究对象，在微观层面考查了会话叙事标记的成形结构特点、叙事标记化机制、类型和话语特征等，在宏观层面归纳并阐释了交际者及语境因素对会话叙事标记的应用影响。

　　本书采取了语用－语义－认知相结合的跨界面研究思路，融合了语用内容丰富的缺省语义学、体现交际者元语用意识的语用缓和分析模式，以及词汇语用学及会话分析等相关理论，提出了会话叙事标记在叙/受述者认知线性思维上关联到的多种意图共现而形成的语境推理和语义缺省空间的运行和识解特点，进而构建了会话叙事标记的指示性－互动性－意图性语用指向分析模式，并从互动性指向分析模式中横向构建了机构语境下叙事标记的语用缓和呈现框架，以此详细分析并阐释会话叙事标记在自发性与机构性两种会话语境中的语用运行与应用实践。本书所形成的主要观点如下：

　　（1）从语言使用和演化脉络来看，会话叙事标记属于特定语境下的话语标记大类现象，但具有不同于话语标记的语用指向表现。会话叙事标记是出现在会话叙事语境下的句法可独立选择、叙事程序可启动、所指概念可表达、会话与叙事话轮内外皆可互动的标记形式。

　　（2）会话叙事标记的指示性－互动性－意图性语用指向分析框架对于叙事标记的识解过程和语篇连贯的构建过程具有可操作性和解释力。而由互动性指向分析模式横向构建的机构语境下叙事标记的语用缓和呈现框架，为叙事标记在多类化语境的话语运行机制提供了更为全面的阐释和说明。

（3）从语用功能层面来看，会话叙事标记主导话语序列和语境推理的交互互动性，显示了语言表达经济性和语义表征凸显性的语用格局。它可以预测叙述者在认知态度、道义立场以及确信度等可促进言外之力和意图变化的语用缓和因素；又在叙述者切分、点评、补全并修正叙事所指、叙事共识和叙述假设的过程中起到了推动作用。

（4）从语用－语义界面来看，自发性会话叙事标记本身能够揭示话语字面所缺省的指称或语用隐含意义信息，它们可以通过指称缺省或语义缺省两种指示功能重新激活叙述所指人／物／事件／行为，连通句法逻辑"短路"信息，维持自然会话叙事中会话与故事讲述的顺利切换及话语认知的衔接连贯。机构语境下更为凸显的是表述主观情态意义的概念型叙事标记，其连通句法逻辑"短路"信息的角色功能减弱，更多承担了言语策略辨识、话语力度调整，以及在多机构维度上的叙事转向导引的语用功能。

（5）从语用－认知界面来看，会话叙事标记展现意图性的认知默认协作配合，显示了交际者在会话讲述过程中"讲求精简、散装叙事"的叙述者所指心理和"语用默契、默认隐晦解读"的受述者识解心理。

（6）从应用实践层面来看，会话叙事标记在不同机构语境下呈现了不同的以言行事的语用缓和路径，从人际驱使和确信度保障两个语用维度实现话语的有效引介。这说明会话叙事标记作为揭示叙述者叙事话语态度、调整叙述话语力度、延伸叙事言语行为广度的语用缓和呈现符号，完全可以用来指导机构话语实践。

综合来看，本书的创新之处主要体现在以下层面：

首先，学术思想创新层面，传统的话语标记大类研究集中于对其语法化、语义化或语用功能的单方面语料阐释，鲜有拓展研究维度。本书的研究出发点是在语用－语义－认知的多界面融合下探究自发性语境和机构语境的会话叙事标记现象。会话叙事标记是在自发性会话的故事讲述语境下细述故事事件的指路标记。本书重点阐释的会话叙事标记在语用互动过程中的语义缺省及语用缓和过程，是一个在句法基础上集语用、语义和认知三者为一体的特殊语言现象。本书通过文献梳理返查与语料互释，以及对会话叙事标记的语用多界面的阐释和分析，指出话语标记大类现象在语义指路的实际语用操作中具有解释力方面的新转向，拓展了研究的内涵与外延。

其次，学术观点创新层面，本书将具有主观缺省意义和交互主观意义表达的语义缺省研究提升至话语识解和语篇衔接与连贯性分析的理论高度，对自然语言处理领域中的篇章分析具有启示作用。研究中具体分析了不同类型的会话叙事标记在生成和识解过程，由指称缺省和语义缺省所形成的针对语篇连贯性的语义影响。本书发展了 Jaszczolt（2010）的合并表征框架模式，并在此基础上对会话叙事标记的信息来源作出假设，指出 Jaszczolt 语用信息来源中首要意义的处理缺陷，以此明晰会话叙事标记的语用实际与语义空间。会话叙事标记的语义缺省空间对于整个语义网络的激活与连贯是其有别于话语标记大类现象的区别性特征，也是特定语境下言语标记现象的区别性特征体现。这些分析结果对于汉语篇章话题结构的计算模型建设，以及推动汉语自然语言处理向自然语言理解的发展提供了语例准备和语义识解理据。

最后，研究方法创新层面，本书反向而行，通过不同语境语料的互证、返查文献、框架构建之后语料的互释、分析展开研究。研究方法总体上遵循形式与意义相结合，描写与解释相结合，定性与定量相结合。通过反复观察自发性与机构性语料中叙事标记与叙述者、语境等实际因素的意义牵制，以互动的语义缺省和交互的语用缓和反向阐释了叙事标记的语用运行实质，从而构建了语用指向框架和在此框架下叙事标记互动性表征的语用缓和分析模式，以此描写并分析了会话叙事标记在引介指称缺省以及语义缺省的情况下，如何顺利衔接和连贯话语意义的生成与识解这一问题，并归纳、阐释了叙事标记在自发性与机构性语境中的语用状况与应用异同。

7.2 余论

本书在深入考查会话叙事标记语用多界面运行的同时也引发了更多值得深入思考的问题，有待于在今后研究中进一步完善。

首先，本书批判了 Jaszczolt 语用信息来源中首要意义的处理缺陷，也在具体语例分析中关注动态的、松散的意义变化对叙事标记生成和识解的语用影响。但对于词汇标记的次要意义的生成，在交际者意图转变，以及多变语境下，或许会有新的意义生成；此时，不仅首要意义有待修正，次要意义甚至叙事意图意义也会随之发生语境参照变化，呈现出意义表征的新循环。某一词汇编码的概念和在特定语境中所表达的编码概念之间，以及词汇语义和交际意义之间，无论如何解析，是不可能完全等同的（冉永平，2012a：54）。因此，后续研究应在交际中对会话叙事标记、话语结构及意义生成之间的语境进行可行的实证分析，以期为这一语用加工过程提供心理及认知层面的解析支撑。

其次，叙事标记语例以及语料和场景采集仍需进一步扩大。本书自发性语料的采集范围多来自家庭成员或同学朋友间的会话，对于同一叙述者对不同叙事标记的使用是否受特定语境的限制，不同叙事标记使用者的性别、年龄和社会群体性质的使用特征，以及针对包括个人经历或引述他人经历等不同性质的故事讲述，叙事标记的语用加工体现等疑问，并未在本书开辟探讨。未来研究仍需在扩大语料库和受试人群的基础上，将显著性分析运用到语料库的叙事标记提取工作中，扩大语料取样范围，增加语境的多样性，从而更加全面地考查会话叙事标记的作用机制，期待达成更具典型性的语用功能分析。此外，机构性会话语料和场景也需进一步扩大，以期对更具多样化的机构话语提供实践借鉴和思考。

最后，尽管本书在机构性语境，即高校课堂互动中以英语系为主的全英课堂和以留学生为主的汉语课堂进行了会话叙事标记的英汉语用对比分析，但关于会话叙事标记与相对应的英语叙事标记或其他语言标记现象的功能对比、语用价值异同、翻译过程中的语用角度转换以及会话叙事的多模态维度等话题，还有待于作者以及其他研究者在未来研究中继续予以关注和探索。

以上这些未尽之处为下一步研究指出了方向，同时也表明，会话叙事标记及其在语用多界面的探索仍待继续。

参考文献

曹慧姝，袁传有.2023.庭审控辩律师叙事对抗的概念意义研究.外语与外语教学，（4）:29–39, 60, 146–147.

曹秀玲.2010.从主谓结构到话语标记:"我／你 V"的语法化及相关问题.汉语学习，（5）:38–50.

陈海庆，李慧祯.2011.言语行为视阈下医患会话权势不对等关系探析.中国海洋大学学报（社会科学版），（4）:89–94.

陈杭平.2011.论"事实问题"与"法律问题"的区分.中外法学，（2）:322–336.

陈平.1987.汉语零形回指的话语分析.中国语文，（5）:363–378.

陈平.1991.现代语言学研究.重庆:重庆出版社，

陈晓桦.2007.语气副词"反正"语义语用分析.语文学刊（高教版），（5）:111–114.

陈新仁.2002.从话语标记看首词重复的含义解读.解放军外国语学院学报，（3）:12–15.

陈新仁.2013.语用身份:动态选择与话语构建.外语研究，（4）:27–32.

陈新仁.2015.语义学与语用学的分界:一种新方案.外语教学与研究，（6）:838–849.

储泽祥，刘街生.1997."细节显现"与"副＋名".语文建设，（6）:15–19.

崔蕊.2008."其实"的主观化和主观性.语言科学，（5）:502–512.

崔玉珍.2023.评价理论与司法实践:法庭互动话语中的评价分析.外语教学，（2）:37–43.

戴维·赫尔曼.2002.新叙事学.马海良，译.北京:北京大学出版.

丹·斯珀波，迪埃珏·威尔逊.2008.关联:交际与认知.蒋严，译.北京:中国社会科学出版社.

董敏.2002.语篇连接词的认知语义及其语义限制.四川外语学院学报，（6）:97–101.

董秀芳.2007.词汇化与话语标记的形成.世界汉语教学，（1）:50–61.

董秀芳.2010.来源于完整小句的话语标记"我告诉你".语言科学，（3）:279–286.

董正存.2008.情态副词"反正"的用法及相关问题研究.语文研究，（2）:12–22.

范文芳.2006.情态在不同语境中的意义.外语与外语教学，（10）:14–24.

方梅.2000.自然口语中弱化连词的话语标记功能.中国语文,（5）:459–470.

方梅.2002.指示词"这"和"那"在北京话中的语法化.中国语文,（4）:343–356.

方梅.2005.认证义谓宾动词的虚化——从谓宾动词到语用标记.中国语文,（6）:495–507.

方梅.2008.由背景化触发的两种句法结构——主语零形反指和描写性关系从句.中国语文,（4）:291–303.

方梅.2012.会话结构与连词的浮现义.中国语文,（6）:500–508.

方梅.2018.浮现语法:基于汉语口语和书面语的研究.北京:商务印书馆,

封宗信.2004.叙事小说中的元语言功能及意义.清华大学学报（哲学社会科学版）,（S1）:31–35.

冯光武.2004.汉语语用标记的语义、语用分析.现代外语,（1）:24–31.

冯光武.2005.语用标记和语义/语用界面.外语学刊,（3）:1–10.

冯光武.2007.格赖斯的意义理论——老话题 新解读.外语学刊,（6）:19–26.

冯季庆.2003.特殊话语标记和语义无差异性.外国文学研究,（3）:120–126.

冯胜利.2010.论语体的机制及其语法属性.中国语文,（5）:400–412.

高增霞.2004.自然口语中的话语标记"回头".中国社会科学院研究生院学报,（1）:106–111.

龚学胜.2007.当代汉语词典.北京:商务印书馆.

顾曰国.2017.意向性、意识、意图、目的（标）与言语行为:从心智哲学到语言哲学.当代语言学,（3）:317–347.

桂诗春.1995.从"这个地方很郊区"谈起.语言文字应用,（3）:24–28.

韩蕾,刘焱.2007.话语标记"别说".宁夏大学学报（人文社会科学版）,（4）:11–15.

何安平,徐曼菲.2003.中国大学生英语口语 Small Words 的研究.外语教学与研究,（6）:446–452.

何洪峰,孙岚.2010."然后"的语法化及其认知机制.云南师范大学学报（对外汉语教学与研究）,（5）:15–21.

何自然.2006.认知语用学:言语交际的认知研究.上海:上海外语教育出版社.

何自然,冉永平.1999.话语联系语的语用制约性.外语教学与研究,（3）:1–8.

何自然,冉永平.2009.新编语用学概论.北京:北京大学出版社,

侯瑞芬.2009."别说"与"别提".中国语文,（2）:131–140.

胡明扬.1992."很激情""很青春"等.语文建设,（4）:35.

胡壮麟.1994.语篇的衔接与连贯.上海:上海外语教育出版社.

胡壮麟,朱永生,张德禄,李战子.2005.系统功能语言学概论.北京:北京大学出版社.

黄锦章 . 1996. 论两种不同性质的主题及汉语的类型学特点 . 汉语学习，（6）：9–15.

吉晖 . 2016. 汉语二语习得语篇话语标记使用考查 . 海南师范大学学报（社会科学版），（8）：114–120.

吉晖 . 2019. 基于知识图谱的国外话语标记研究热点领域分析 . 外语学刊，（4）：12–19.

旷战 . 2017. 个体意库、身份建构与情感绑定：基于精神科医患会话的个案研究 . 武汉：华中师范大学博士学位论文，

姜涛，张绍杰 . 2011. 后格赖斯默认语义学模式下汉语将来时助动词意义研究 . 外语研究，（2）：8–13.

蒋严 . 2007. 隐含、显义与显谓 . 邵敬敏，张先亮，主编 . 汉语语法研究的新拓展 . 长春：东北师范大学出版社，74–90.

杰拉德·普林斯 . 2014. 故事的语法 . 徐强，译 . 北京：中国人民大学出版社 .

兰良平，韩刚 . 2013. 教师身份构建：课堂提问遭遇沉默的会话分析 . 外语界，（2）：59–68.

李芳 . 2014. 医患互动的微观考察：医患会话话轮机制 . 当代中国话语研究，（6）：80–96.

李海辉 . 2008. 电视访谈中话语缓和的语用研究 . 广州：广东外语外贸大学博士学位论文 .

李宏 . 1999. 副词"反正"的语义语用分析 . 语言教学与研究，（4）：118–127.

李萌 . 2018. 基于交际意图的门诊医患会话研究 . 长春：吉林大学博士学位论文 .

李思旭 . 2012. 从词汇化、语法化看话语标记的形成 . 世界汉语教学，（3）：322–337.

李思旭 . 2023. 话语标记的形成机制与前沿课题 . 外国语（上海外国语大学学报），（3）：70–81.

李文浩 . 2009. "爱 V 不 V"的构式分析 . 现代外语，（3）：231–238.

李潇辰，向明友，杨国萍 . 2015. "话语标记"正名 . 中国外语，（5）：17–23.

李秀明 . 2007. 元话语标记与语体特征分析 . 修辞学习，（2）：20–24.

李勇忠 . 2003a. 语用标记与话语连贯 . 外语与外语教学，（1）：60–63.

李勇忠 . 2003b. 信息短路下的话语标记 . 外语学刊，（3）：21–25.

李宇明 . 1997. 拟对话语境中的"是的". 《第五届国际汉语教学讨论会论文选》编辑委员会编 . 第五届国际汉语教学讨论会论文选 . 北京：北京大学出版社，1–9.

李悦娥，范宏雅 . 2002. 话语分析 . 上海：上海外语教育出版社 .

李战子 . 2000. 第二人称在自传中的人际功能 . 外国语（上海外国语大学学报），（6）：51–56.

李宗江. 2014. 也说话语标记"别说"的来源：再谈话语标记来源的研究. 世界汉语教学，（2）：222–229.

厉杰. 2013. 口头禅：类别、机制与功能. 上海：上海外国语大学博士学位论文.

廖美珍. 2003. 法庭问答及其互动研究. 北京：法律出版社.

廖秋忠. 1986. 现代汉语篇章中的连接成分. 中国语文，（6）：413–427.

廖秋忠. 1987. 篇章中的管界问题. 中国语文，（4）：250–261.

刘风光，薛兵. 2014. 互动语义学视角下汉语第一人称指示研究. 现代外语，（6）：763–772.

刘丽华. 2015. 医患会话中不礼貌用语语用分析. 湖南第一师范学院学报，（5）：95–99.

刘丽艳. 2005. 作为话语标记的"不是". 语言教学与研究，（6）：23–32.

刘丽艳. 2006. 话语标记"你知道". 中国语文，（5）：423–432.

刘丽艳. 2009. 作为话语标记的"这个"和"那个". 语言教学与研究，（1）：89–96.

刘润清，刘思. 2005. 语用习得的认知特性和影响因素述评. 外语教学与研究，（3）：218–225.

刘兴兵. 2008. 中国医患门诊会话的语用研究. 武汉：华中师范大学博士学位论文.

刘兴兵. 2009. 医患门诊互动中目的与权势. 外语学刊，（4）：73–76.

刘兴兵，刘琴，邵艳，廖美珍. 2007. 构建医患会话的合作原则. 医学与哲学，（3）：41–42.

刘永华，高建平. 2007. 汉语口语中的话语标记"别说". 语言与翻译，（2）：29–32.

刘月华，潘文娱，故韡. 2001. 实用现代汉语语法. 北京：商务印书馆，

刘泽权，田璐. 2009.《红楼梦》叙事标记语及其英译——基于语料库的对比分析. 外语学刊，（1）：106–110.

吕叔湘. 1979. 汉语语法分析问题. 北京：商务印书馆.

吕叔湘. 1982a. 释"结果". 中国语文，（6）：422–423.

吕叔湘. 1982b. 中国文法要略. 北京：商务印书馆.

吕叔湘. 1999. 现代汉语八百词. 北京：商务印书馆.

马博森. 2001. 关联理论与叙事语篇. 现代外语，（4）：390–398.

马国彦. 2014. 现代汉语篇章组块问题研究. 北京：世界图书出版公司.

马建忠. 1983. 马氏文通. 北京：商务印书馆.

马文，高迎. 2018. 汉语医患会话中同话轮内自我修正研究. 外国语（上海外国语大学学报），（3）：42–54.

毛继光，陈晓烨. 2010. 话语交际中的语义缺省. 中国外语，（3）：108–111.

毛延生.2011.汉语中语用缓和策略的实证研究.南京理工大学学报（社会科学版），
（5）：74–81.

潘先军.2021.话语标记的语体特征与对外汉语话语标记教学.对外汉语研究，
（1）：10–24.

彭欣，张惟.2019.日常交谈中故事讲述的会话分析.山西大学学报（哲学社
会科学版），（4）：137–144.

邱述德，孙麒.2011.语用化与语用标记.中国外语，（3）：30–37.

屈承熹.2006.汉语篇章语法.潘文国等，译.北京：北京语言大学出版社.

冉永平.2000.话语标记的语用学研究综述.外语研究，（4）：8–14.

冉永平.2002.话语标记 you know 的语用增量辨析.解放军外国语学院学报，
（4）：10–15.

冉永平.2004a.言语交际的顺应：关联性分析.外语学刊，（2）：28–33.

冉永平.2004b.言语交际中"吧"的语用功能及其语境顺应性特征.现代外语，
（4）：340–349.

冉永平.2008.论词汇信息的松散性及其语用充实.外语研究，（1）：1–9.

冉永平.2012a.词汇语用探新.北京：外语教学与研究出版社.

冉永平.2012b.缓和语的和谐取向及其人际语用功能.当代外语研究，（11）：
4–10.

热拉尔·热奈特.1990.叙事话语、新叙事话语.王文融，译.北京：中国社会
科学出版社.

任育新.2020.话语中权势研究的特征、趋势和建议.现代外语，（2）：272–281.

单谊.2022.自然话语中的话语标记研究：以"你知道"为例.上海：上海外语
教育出版社.

邵敬敏.2000.汉语语法的立体研究.北京：商务印书馆.

沈家煊.1994."语法化"研究综观.外语教学与研究，（4）：17–24.

沈家煊.2001.跟副词"还"有关的两个句式.中国语文，（6）：483–493.

沈家煊.2003.复句三域"行、知、言".中国语文，（3）：195–204.

沈家煊.2004.语用原则、语用推理和语义演变.外语教学与研究，（4）：243–251.

沈家煊.2006.概念整合与浮现意义：在复旦大学"望道论坛"报告述要.修辞
学习，（5）：1–4.

沈家煊.2016.从英汉答问方式的差异说起.方梅主编.互动语言学与汉语研究
（第一辑）.北京：世界图书出版公司，1–18.

申丽红，张冰.2013.医患交际中打断现象的社会语言学分析.医学与哲学，
（2A）：30–33.

施春宏.2001.名词的描述性语义特征与副名组合的可能性.中国语文，（3）：
212–224.

施铁如.2010.叙事心理学与叙事心理辅导.广州:广东高等教育出版社.

石毓智.2010.汉语语法.北京:商务印书馆,

束定芳.2008.认知语义学.上海:上海外语教育出版社.

苏小妹.2014.面子威胁缓和语"不怕你+V".语言教学与研究,(6):91-100.

孙炳文.2017.机构话语翻译中的目的等效研究:以法庭口译中的话语标记语为例.武汉:华中师范大学博士学位论文.

唐斌.2007.话语标记语"其实"及其英译的语用功能探析.外语与外语教学,(3):16-18.

唐韧.2012.概念转换:认知语义学和真值条件语义学之交汇点.西安外国语大学学报,(1):64-67.

唐韧.2013.凸显意义和缺省阐释.现代语文,(11):15-18.

唐善生.2013.汉语话语指研究.芜湖:安徽师范大学出版社.

唐善生,华丽亚.2011."你别说"的演化脉络及修辞分析.当代修辞学,(4):24-34.

唐卫平.2017.语义激活观下语义缺省的认知阐释.外语电化教学,(175):63-67.

唐伟胜.2012.视阈融合下的叙事学与人文医学.中国社会科学报,(362):9-28.

陶红印,高华.2022."反正":汉语自然会话中的多能"瞬时困境调节装置".语言教学与研究,4:1-12.

涂炯,亢歌.2018.医患沟通中的话语反差:基于某医院医患互动的门诊观察.思想战线,(3):28-36.

王丹荣.2011."你懂的":作为话语标记语的流行语.当代修辞学,(6):40-49.

王德春.2002.多角度研究语言.北京:清华大学出版社.

王还.2015.汉语近义词典.北京:北京语言大学出版社.

王佳毅.2005.由"结果"连接的复句研究.长沙:湖南师范大学硕士学位论文.

王江.2005.篇章关联副词"其实"的语义和语用特征.汉语学习,(1):33-38.

王晋军.2002.医生和病人会话中的问句与权势关系.解放军外国语学院学报,(5):10-14.

王立非,祝卫华.2005.中国学生英语口语中话语标记语的使用.外语研究,(3):40-48.

王楠,张惟.2020.处方建议行为的会话分析研究.现代外语,(1):44-55.

王倩.2014.汉语零形回指的认知机制研究.杭州:浙江大学博士学位论文.

王希杰.2011.修辞学导论.长沙:湖南师范大学出版社.

魏冯.2015.模因论视阈下网络流行语的语义传播探析:以解读"你懂的"为例.媒介与文化研究,(8):129-131.

翁依琴 . 2006. 汉语零形回指的认知研究 . 上海：复旦大学博士学位论文 .

吴福祥 . 2004. 试说 "X 不比 Y·Z" 的语用功能 . 中国语文，（3）: 222–231.

吴福祥 . 2005. 汉语语法化研究的当前课题 . 语言科学，（2）: 20–32.

吴为善，夏芳芳 . 2011. "A 不到哪里去" 的构式解析、话语功能及其成因 . 中国语文，（4）: 326–333.

吴亚欣，杨永芳 . 2020. 汉语日常会话中序列结束语 "好吧" 的会话分析 . 语言学研究，（1）: 19–31.

吴亚欣，于国栋 . 2003. 话语标记的元语用分析 . 外语教学，（4）: 16–19.

武宜金，李林子 . 2011. 医患会话打断现象研究 . 医学与哲学，（2）: 37–38.

奚雪峰，孙庆英，周国栋 . 2017. 面向意图性的篇章话题结构分析研究与展望 . 计算机学报，（40）: 1–26.

向波阳，李桂芳 . 2017. 中国刑事庭审叙事话语特征研究 . 湖北师范大学学报（哲学社会科学版），（1）: 106–110.

向明友，黄立鹤 . 2008. 汉语语法化研究 . 汉语学习，（5）: 78–87.

向明友，卢正阳，杨国萍 . 2016. 语用化与语法化纷争之管见 . 现代外语，（2）: 158–168.

解葳 . 2013. 论宏大叙事如何重构 . 当代文坛，（2）: 58–61.

熊沐清 . 2009. 故事与认知——简论认知诗学的文学功用观 . 外国语文，（1）: 6–15.

熊学亮 . 1999. 英汉前指现象对比 . 上海：复旦大学出版社 .

熊学亮 . 2004. 语用推理纵横谈 . 天津外国语学院学报，（1）: 1–6.

许家金 . 2008. 汉语自然会话中话语标记 "那（个）" 的功能分析 . 语言科学，（1）: 49–57.

许家金 . 2009a. 汉语自然会话中 "然后" 的话语功能分析 . 外语研究，（2）: 9–15.

许家金 . 2009b. 青少年汉语口语中话语标记的话语功能研究 . 北京：外语教学与研究出版社 .

徐赳赳 . 2003. 现代汉语篇章回指研究 . 北京：中国社会科学出版社 .

许娟 . 2002. "其实" 的语义和功能考察 . 暨南大学华文学院学报，（3）: 56–61.

许余龙 . 2004. 篇章回指的功能语用探索 . 上海：上海外语教育出版社 .

严静 . 2015. 自述话语叙事与非叙事话语标记语特征 . 当代教育理论与实践，（6）: 119–122.

杨辰枝子，傅榕赓 . 2017. 中医门诊医患会话的序列结构研究 . 医学与哲学，（5B）: 89–93.

杨国萍 . 2016. 话语标记语 "你懂的" 的演变及功能研究 . 华文教学与研究，（2）: 88–95.

杨秋婉，周雷，汪柯．2017.机构性/非机构性环境对大学生英语口语输出的影响：以话语标记语 so 用法为例．湖北经济学院学报（人文社会科学版），（11）：122–124.

杨石乔．2011.基于语料库的汉语医患会话修正研究．广州：中山大学出版社．

姚双云．2010.连词"结果"的语法化及其语义类型．古汉语研究，（2）：61–66.

殷国光，刘文霞．2009.《左传》篇章零形回指研究——以《隐公》为例．语文研究，（3）：6–12.

殷国光，刘文霞，华建光，郑路．2013.《左传》篇章零形回指研究再探讨．语文研究，（1）：31–37.

尹海良．2009.自然口语中的话语标记"别说".宁夏大学学报（人文社会科学版），（6）：56–61.

印荷杨，赵俊．2019.门诊医患互动话语主题结构与差异分析．医学与哲学，（12）：44–47.

殷树林．2009.话语标记"这个""那个"的语法化和使用的影响因素．外语学刊，（4）：92–96.

于国栋．2009a.产前检查中建议序列的会话分析研究．外国语，（1）：58–62.

于国栋．2009b.医患交际中回述的会话分析研究．外语教学，（3）：13–19.

余素青．2011.庭审叙事特征分析．外国语文，（2）：61–66.

袁传有，曹慧姝，郑洁．2023.律师结辩话语多模态态度资源与叙事建构．现代外语，（3）：319–331.

乐耀．2016.从交际互动的角度看汉语会话的最佳话轮投射单位．方梅主编．互动语言学与汉语研究（第一辑）.北京：世界图书出版公司，49–74.

曾立英．2005."我看"与"你看"的主观化．汉语学习，（2）：15–22.

张爱玲．2016.从"所谓"与"所指"的层级看"其实"的多功能性．江苏师范大学学报，（1）：91–97.

张伯江，方梅．1997.汉语功能语法研究．南昌：江西教育出版社．

张斌．2001.现代汉语虚词词典．北京：商务印书馆．

张德禄，刘汝山．2003.语篇连贯与衔接理论的发展及应用．上海：上海外语教育出版社．

张辉，蔡辉．2005.认知语言学与关联理论的互补性．外国语（上海外国语大学学报），（3）：14–21.

张蕾，姚雪丽，张强．2012.医患会话合作原则研究．赤峰学院学报（自然科学版），（12）：130–131.

张利蕊，姚双云．2022."语义镜像法"与词汇的多义性研究：以"其实"的语义为例．当代修辞学，（1）：48–61.

张权，李娟．2006.默认语义学对语义学、语用学界面的研究及其评价．外国语（上海外国语大学学报），（1）：69–73.

张韧弦 . 2008. 基于缺省逻辑的一般会话含义例证的形式处理 . 当代语言学，
（2）：158–167.

张绍杰 . 2008. 一般会化含义的两面性与含义推导模式问题 . 外语教学与研究，
（3）：196–203.

张绍杰 . 2010. 后格赖斯语用学的理论走向——语义学和语用学界面研究的兴起 .
外国问题研究，（1）：3–11.

张绍杰，张延飞 . 2012. 默认理论与关联理论：解释"一般会话含义"的两种
对立方法 . 当代外语研究，（7）：19–28.

张帅 . 2018. 医患门诊会话中回声问的特征分析 . 上海理工大学学报（社会
科学版），（3）：207–212，252.

张旺熹，姚京晶 . 2009. 汉语人称代词类话语标记系统的主观性差异 . 汉语
学习，（3）：3–11.

张惟，高华 . 2012. 自然会话中"就是"的话语功能与语法化研究 . 语言教学与
研究，（1）：91–98.

张文贤，李先银 . 2021. 互动交际中的认识权威表达：以"我跟你说"为例 .
当代修辞学，（6）：73–85.

张新军 . 2011. 叙事医学：医学人文新视角 . 医学与哲学，（9）：8–10.

张延飞 . 2016. 基于语义学 – 语用学并合模式的默认意义研究 . 现代外语，（3）：
337–345.

张延飞，梁妮娜 . 2023. 默认意义的历时演变：语用 – 认知融合视角 . 外语与
外语教学，（3）：22–32，145–146.

张延飞，张绍杰 . 2009. 后格赖斯语用学：含义默认解释模式综观 . 外语与外语
教学，（8）：1–5.

张耀庭 . 2013. 缺省语义学模式下的话语交际意义研究 . 信阳：信阳师范学院
硕士学位论文 .

张谊生 . 1997. 名词的语义基础及功能转化与副词修饰名词（续）. 语言教学与
研究，（1）：135–142.

张谊生 . 2004. 现代汉语副词探索 . 上海：学林出版社 .

赵耿林 . 2016. 语义缺省的认知拓扑研究 . 重庆：西南大学博士学位论文 .

赵光红 . 2001. 医患互动中的典型类型及特征 . 医学与社会，（3）：45–47.

赵璇 . 2017. 医患间两种叙事模式互动与调适机制研究 . 北方民族大学学报（哲学
社会科学版），（2）：21–24.

赵玉荣 . 2012. 自然会话叙事的基本特性及社会认知叙事分析模式的建构 . 河北
科技师范学院学报（社会科学版），（4）：28–33.

赵玉荣 . 2013. 自然会话叙事中话语意义的建构与认知过程 . 外语教学，（4）：
41–45.

赵玉荣 . 2014. 自然会话叙事中主体间性的意义资源与认知识解模式 . 外语学刊，

（4）：93–97.

中国社会科学院语言研究所词典编辑室编．2012.现代汉语词典（第6版）.北京：
　　商务印书馆．

钟兆华．2015.近代汉语虚词词典．北京：商务印书馆．

周毕吉．2008."结果"的语法化历程及语用特点．汉语学习，（6）：65–72.

周明强．2022.现代汉语话语标记系统与认知研究．北京：中国社会科学出版社．

周明强，成晶．2017.强调性话语标记语"你懂的"的语用功能．浙江外国语学院
　　学报，（6）：42–50.

周玉，暴丽颖．2014.汉语标记语"反正"语用新说．鸡西大学学报，（11）：
　　135–138.

朱冬怡．2015.话语标记语"你懂的"的缺省语义观．外语教学，（2）：26–30.

朱冬怡．2017.自然会话叙事标记语"然后"构建的语义缺省．外语学刊，（5）：
　　50–57.

朱冬怡．2019.自然会话叙事中投射映现的散装故事分析．重庆第二师范学院学
　　报，（2）：56–62.

朱冬怡．2020a.叙事的多维转向与应用：从会话叙事的高校课堂实践谈起．
　　跨语言文化研究，（15）：229–244.

朱冬怡．2020b.走向新描写主义的话语标记研究：兼以"其实"的微观描写
　　为例．北京化工大学学报（社会科学版），（4）：82–90.

朱冬怡．2020c.会话叙事标记"反正"的语用功能与语义缺省．湖南工业大学
　　学报（社会科学版），（5）：115–123.

朱冬怡．2021.自然会话叙事标记"你别说"的语义缺省空间：行域例举、知
　　域肯定、言域自指．解放军外国语学院学报，（1）：87–94.

朱冬怡．2023.医患互动中的会话叙事：医护者叙事的话语策略研究．外语教学，
　　（3）：44–50.

朱冬怡．2024.会话叙事标记在医患互动中的语用缓和呈现．外语研究，（1）：
　　55–61.

朱冠明．2002.副词"其实"的形成．语言研究，（1）：32–37.

朱冠明．2016.情态动词"可以"的话语功能．方梅，主编．互动语言学与汉语
　　研究（第一辑）．北京：世界图书出版公司，132–151.

宗守云，高晓霞．1999."反正"的语篇功能．张家口师专学报，（1）：15–20.

Aijmer, K. 1996. I Think: An English modal particle. In T. Swan & O. J. Westwik
　　(Eds.), *Modality in Germanic Languages: Historical and Comparative Perspectives*.
　　Berlin & New York: Mouton de Gruyter, 1–47.

Aijmer, K. 2004. Pragmatic markers in spoken interlanguage. *Nordic Journal of
　　English Studies, 3*(1): 173–190.

Anderson, G. 2001. *Pragmatic Markers and Sociolinguistic Variation*. Amsterdam &

Philadelphia: John Benjamins.

Ariel, M. 1988. Referring and Accessibility. *Journal of Linguistics*, *24*: 65–87.

Ariel, M. 1990. *Accessing Noun-phrase Antecedents*. London: Routledge.

Auer, P. 2005. Projection in interaction and projection in grammar. *Text*, *25*(1): 7–36.

Bach, K. 1984. Default reasoning: Jumping to conclusion and knowing when to think twice. *Pacific Philosophical Quarterly*, *65*: 37–58.

Bach, K. 1994. Conversational impliciture. *Mind and Language*, *9*: 124–162.

Bach, K. 2007. Regressions in pragmatics (and semantics). In B. Roberts (Ed.), *Pragmatics*. Basingstoke: Palgrave Macmillan, 24–44.

Baker, P. 2006. *Using Corpora in Discourse Analysis*. London: Continuum.

Bamberg, M. & Marchman, V. 1991. Binding and unfolding: Towards the linguistic construction of narrative discourse. *Discourse Processes*, *14*(3): 277–305.

Bamberg, M. 2004. Talk, small stories, and adolescent identities. *Human Development*, *47*: 331–353.

Barthes, R. & Duisit, L. 1975. An introduction to the structural analysis of narrative. *New Literary History*, *6*(2), 237–272.

Battistella, E. L. 1996. *The Logic of Markedness*. Oxford: Oxford University Press.

Baumgarten, N. & House, J. 2010. *I think* and *I don't know* in English as lingua franca and native English discourse. *Journal of Pragmatics*, *42*: 1184–1200.

Blakemore, D. 1987. *Semantic Constraints on Relevance*. Oxford: Blackwell.

Blakemore, D. 1992. *Understanding Utterances*. Oxford: Blackwell.

Blakemore, D. 2000. Procedures and indicators: *nevertheless* and *but*. *Journal of Linguistics*, *36*: 463–486.

Blakemore, D. 2002. *Relevance and Linguistic Meaning: The Semantics and Pragmatics of Discourse Markers*. Cambridge: Cambridge University Press.

Blakemore, D. & Carston, R. 2005. The pragmatics of sentential coordination with *and*. *Lingua*, *115*: 569–589.

Bloomfield, L. 1962. *The Menomini Language*. New Haven: Yale University Press.

Bolinger, D. 1975. *Aspects of Language*. New York: Harcourt Brace Jovanovich.

Brinton, L. J. 1996. *Pragmatic Markers in English: Grammaticalization and Discourse Functions*. Berlin: Mouton de Gruyter.

Brinton, L. J. & Traugott, E. C. 2005. *Lexicalization and Language Change*. Cambridge: Cambridge University Press.

Brown, G. & Yule, G. 1983. *Discourse Analysis*. Cambridge: Cambridge University Press.

Brown, P. & Levinson, S. 1987. *Politeness: Some Universals in Language Usage*.

Cambridge: Cambridge University Press.

Buysse, L. 2017. The pragmatic marker *you know* in learner Englishes. *Journal of Pragmatics, 121*: 40–57.

Caffi, C. 1999. On Mitigation. *Journal of Pragmatics. 31*: 881–909.

Caffi, C. 2007. *Mitigation, Studies in Pragmatic*s. Amsterdam: Elsevier.

Caffi, C. & Janney, R. 1994. Involvement in language. *Special Issue of the Journal of Pragmatics. 22*(3/4): 325–373.

Carston, R. 1998. Postscript (1995) to Carston 1988. In A. Kasher (Ed.), *Pragmatics: Vol. 4. Critical Concepts*. London: Routledge, 464–479.

Carston, R. 2002. *Thoughts and Utterances: The Pragmatics of Explicit Communication*. Oxford: Blackwell.

Carston, R. 2004. Relevance theory and the saying/implicating dfistinction. In L. Horn & G. Ward (Eds.), *The Handbook of Pragmatics*. Oxford: Blackwell, 633–656.

Cepeda, G. & Poblete, M. T. 2006. Politeness and modality: Discourse markers. *Revista Signos, 2*: 357–377.

Chafe, W. 1976. Giveness, contrastiveness, definiteness, subject, topic and point of view. In C. Li (Ed.), *Subject and Topic*. New York: Academic Press, 27–55.

Chafe, W. 1982. Integration and involvement in speaking, writing, and oral literature. In D. Tannen (Ed.), *Spoken and Written Language: Advances in Discourse Process* (Vol. 9). Norwood: Ablex, 35–54.

Claridge, C. 2013. The evolution of three pragmatic markers: *As it were, so to speak/ say* and *if you like. Journal of Historical Pragmatics, 14*(2): 161–184.

Cohan, S. & Shires, L. M. 1988. *Telling Stories: A Theoretical Analysis of Narrative Fiction*. New York: Routledge.

Conley, J. M. & O'Barr, W. 1990. *Rules Versus Relationships*. Chicago & London: University of Chicago Press.

Coyle, Y., Mora, P. A. & Becerra, J. S. 2020. Improving reference cohesion in young EFL learners' collaboratively written narratives: Is there a role for reformulation? *System, 94*: 1–12.

Crystal, D. *A Dictionary of Linguistics and Phonetics* (6th Ed.). Oxford: Blackwell, 2008.

Cuenca, M. J. & Marín, M. J. 2009. Co-occurrence of discourse markers in Catalan and Spanish oral narrative. *Journal of Pragmatics, 41*: 899–914.

Cuenca, M. J. & Crible, L. 2019. Co-occurrence of discourse markers in English: From juxtaposition to composition. *Journal of Pragmatics, 140*: 171–184.

Cummings, L. 2005. *Pragmatics: A Multidisciplinary Perspective*. Edinburgh: Edinburgh University Press.

Czerwionka, L. 2012. Mitigation: The combined effects of imposition and certitude. *Journal of Pragmatics, 44*: 1163–1182.

Damasio, A. R. 1999. How the brain creates the mind. *Scientific American, 12*: 112–117.

De Fina, A. & Georgakopoulou, A. 2012. *Analyzing Narrative: Discourse and Sociolinguistic Perspective*. Cambridge: Cambridge University Press.

Drew, P. & Heritage, J. 1992. *Talk at Work: Interaction in Institutional Setting*. Cambridge: Cambridge University Press.

Duranti, A. 1985. Sociocutural dimentions of discourse. In T. A. Dijk (Ed.), *Handbook of Discourse Analysis: Vol. 1. Disciplines of Discourse*. London: Academic Press, 193–230.

Fauconnier, G. & Turner, M. 2002. *The Way We Think*. New York: Basic Books.

Feng, G. W. 2008. Pragmatic markers in Chinese. *Journal of Pragmatics, 40*: 1687–1718.

Feng, G. W. 2011. A neo-Gricean pragmatic analysis of Chinese pragmatic markers. *Language Sciences, 33*: 417–434.

Flavell, J. H. 1976. Metacognitive aspects of problem solving. In L. B. Resnick (Ed.), *The Nature of Intelligence*. Hillsdale: Erlbaum, 231–235.

Flavell, J. H. 1979. Metacognition and cognitive monitoring: A new area of cognitive-developmental inquiry. *American Psychologist, 34*: 906–911.

Fludernik, M. 1996. *Towards a "Natural" Narratology*. London: Routledge.

Fox, C. 1993. *At the Very Edge of the Forest: The Influence of Literature on Storytelling by Children*. London: Cassell.

Fraser, B. 1980. Conversational mitigation. *Journal of Pragmatics, 4*: 341–350.

Fraser, B. 1987. Pragmatic formatives. In J. Verschueren & M. Bertuccelli-Papi (Eds.), *The Pragmatic Perspective*. Amsterdam: Benjamins, 179–194.

Fraser, B. 1988. Types of English discourse markers. *Acta Linguistica Hungarica, 38*(1): 19–33.

Fraser, B. 1990. An approach to discourse markers. *Journal of Pragmatics, 14*: 383–395.

Fraser, B. 1996. Pragmatic markers. *Pragmatics, 6*: 167–190.

Fraser, B. 1999. What are discourse markers? *Journal of Pragmatics, 31*: 931–952.

Fraser, B. 2006. Towards a theory of discourse markers. In K. Fischer (Ed.), *Approaches to Discourse Particles*. Oxford: Elsevier Science, 189–204.

Fraser, B. 2015. The combining of discourse markers: A beginning. *Journal of Pragmatics, 86*: 48–53.

Fung, L. & Carter, R. 2007. Discourse markers and spoken English: Native and learner use in pesagogic settings. *Applied Linguistics, 28*(3): 410–439.

Gao, H. &. Tao, H. Y. 2021. *Fanzheng* "anyway" as a discourse pragmatic particle in Mandarin conversation: Prosody, locus, and interactional function. *Journal of*

Pragmatics, 173: 148–166.

Georgakopoulou, A. 2006. Thinking big with small stories in narrative and identity analysis. *Narrative Inquiry, 16*(1): 122–130.

Georgakopoulou, A. 2007. *Small Stories, Interaction and Identities*. Amsterdam & Philadelphia: John Benjamins.

Givón, T. 1983. Topic continuity in discourse: An introduction. In T. Givón (Ed.), *Topic Continuity in Discourse: A Quantitative Cross-language Study*. Amsterdam: John Benjamins, 1–41.

González, M. 2005. Pragmatic markers and discourse coherence relations in English and catalan oral narratives. *Discourse Studies, 7*: 53–86.

Goodwin, C. 1984. Notes on story structure and the organization of participation. In M. Atkinson & J. Heritage (Eds.), *Structures of Social Action*. Cambridge: Cambridge University Press, 225–246.

Grice, H. P. 1957. Meaning. *The Philosophical Review, 66*(3): 377–388.

Grice, H. P. 1969. Utterer's meaning and intentions. *The Philosophical Review, 78*(2): 147–177.

Grice, H. P. 1978. Further notes on logic and conversation. In J. Adler & L. Rips (Eds.), *Reasoning: Studies of Human Inference and Its Foundations*. Cambridge: Cambridge University Press, 765–773.

Grice, H. P. 1989. *Studies in the Way of Words*. Cambridge: Harvard University Press.

Gu, Y. 1996, Doctor-patient interaction as goal-directed discourse. *Journal of Asian Pacific Communication, 7*(3&4): 156–176.

Gumperz, J. J. 1982. *Discourse Strategies*. Cambridge: Cambridge University Press.

Hadden, S. C. & Lester, M. 1978. Talking identity: The production of "self" in interation. *Human Studies, 1*: 331–356.

Halliday, M. A. K. 1967. Notes on transitivity and theme in English. *Journal of Linguistics, 1*: 37–81.

Halliday, M. A. K. 1985. *Spoken and Written Language*. London: Oxford University Press.

Halliday, M. A. K. 1994. *An Introduction to Functional Grammar*. London: Edward Arnold.

Halliday, M. A. K. & Hasan, R. 1976. *Cohesion in English*. London: Longman.

Han, D. H. 2011. Utterance production and interpretation: A discourse-pragmatic study on pragmatic makers in English public speeches. *Journal of Pragmatics, 11*: 2776–2794.

Haugh, M. & Jaszczolt, K. M. 2012. Speaker intentions and intentionality. In K. Allan. & K. M. Jaszczolt (Eds.), *The Cambridge Handbook of Pragmatics*.

Cambridge: Cambridge University Press, 87–112.

Hawthorn, J. 2000. *A Glossary of Contemporary Literary Theory*. New York: Oxford University Press.

Heine, B., Ulrike, C. & Friederike, H. 1991. *Grammaticalization: A Conceptual Framework*. Chicago: University of Chicago Press.

Hellermann, J. & Vergun, A. 2007. Language which is not taught: The discourse marker use of beginning adult learners of English. *Journal of Pragmatics, 39*: 157–179.

Heritage, J. 2012. Epistemics in action: Action formation and territories of knowledge. *Research on Language & Social Interaction, 45*(1): 1–29.

Herman, D. 2002. *Story Logic: Problems and Possibilities of Narrative*. Lincoln: University of Nebraska Press.

Holmes, J. 1984. Modifying illocutionary force. *Journal of Pragmatics, 8*: 345–365.

Holmes, J. 1990. Hedges and boosters in women's and men's speech. *Language & Communication, 10*(3): 185–205.

Hopper, P. J. 1991. On some principles of grammaticalization. In E. C. Traugott & B. Heine (Eds.), *Approaches to Grammaticalization*. Amsterdam: John Benjamins, 17–35.

Hopper, P. J. & Thompson, S. A. 1980. Transitivity in grammar and discourse. *Language, 56*(2): 251–299.

Hopper, P. J. & Traugott, E. C. 1993. *Grammaticalization*. Cambridge: Cambridge University Press.

Horn, L. R. 1972. *On the semantic properties of logical operators in English*. Doctoral dissertation. University of California, Los Angeles.

Horn, L. R. 2004. Implicate. In L. R. Horn & G. Ward (Eds.), *The Handbook of Pragmatics*. Oxford: Blackwell, 3–28.

Hsu, K. 1996. *A semantic, syntactic, and pragmatic analysis of the temporal markers zheng, zhengzai, and zai in written and spoken Mandarin discourse*. Doctoral dissertation, University of California, Los Angeles.

Huang, Y. 1994. *The Syntax and Pragmatics of Anaphora: A Study with Special Reference to Chinese*. Cambridge: Cambridge University Press.

Huang, Y. 2007. *Pragmatics*. Oxford: Oxford University Press.

Hudson, J. 1998. *Perspectives on Fixedness: Applied and Theoretical*. Lund: Lund University Press.

Hunter, M. K. 1986. "There was this one guy…": The use of anecdotes in medicine. *Perspectives in Biology and Medicine, 29*: 619–630.

Hydén, L. C. 1997. Illness and narrative. *Sociology of Health and Illness, 1*: 48–69.

Ilie, C. 2001. Semi-institutional discourse: The case of talk shows. *Journal of Pragmatics, 2*: 209–254.

Innes, B. 2010. "Well, that's why I asked the question Sir": "Well" as a discourse marker in court. *Language in Society, 1*: 95–117.

Jakupcevic, E. 2019. Young language learners' use of discourse markers in L2 narratives. *English Teaching & Learning, 43*: 411–428.

Jaszczolt, K. M. 1999. Default semantics, pragmatics and intentions. In K. Turner (Ed.), *The Semantics/Pragmatics Interface from Different Points of View*. Oxford: Elsevier, 199–232.

Jaszczolt, K. M. 2004. *Semantics and Pragmatics: Meaning in Language and Discourse*. Beijing: Peking University Press.

Jaszczolt, K. M. 2005. *Default Semantics: Foundations of a Compositional Theory of Acts of Communication*. Oxford: Oxford University Press.

Jaszczolt, K. M. 2007. The syntax-pragmatics merger: Belief reports in the theory of default semantics. *Pragmatics & Cognition, 15*(1): 41–64.

Jaszczolt, K. M. 2009. *Representing Time: An Essay on Temporality as Modality*. Oxford: Oxford University Press.

Jaszczolt, K. M. 2010. Default semantics. In B. Heine & H. Narrog (Eds.), *The Oxford Handbook of Linguistic Analysis*. Oxford: Oxford University Press, 193–221.

Jaszczolt, K. M. 2011. Salient meanings, default meanings, and automatic processing. In K. Jaszczolt & K. Allan (Eds.), *Salience and Defaults in Utterance Processing*. Berlin: Mouton de Gruyter, 11–33.

Jaszczolt, K. M. 2016. *Meaning in Linguistic Interaction: Semantics, Metasemantics, Philosophy of Language*. Oxford: Oxford University Press.

Jefferson, G. 1978. Sequential aspects of storytelling in conversation. In J. Schenkein (Ed.), *Studies in the Organization of Conversational Interaction*. New York: Acaemic Press, 219–248.

Jucker, A. & Ziv, Y. 1998. Discourse Markers: Introduction. In A. Jucker & Y. Ziv (Eds.), *Discourse Markers: Descriptions and Theory*. Amsterdam & Philadelphia: John Benjamins, 1–12.

Juzwik, M. & Ives, D. 2010. Small stories as resources for performing teacher identity: Identity-in-interaction in an urban language arts classroom. *Narrative Inquiry, 1*: 37–61.

Kalitzkus, V. & Mattiessen, F. 2009. Narrative-based medicine: Potential, pitfalls and practice. *The Permanent Journal, 13*(1): 80–85.

Kamp, H. & Reyle, U. 1993. *From Discourse to Logic*. Dordrecht & Boston: Kluwer Academic.

Knott, A. & Dale, R. 1994. Using linguistic phenomena to motivate a set of coherence relations. *Discourse Processes, 18*(1): 35–62.

Labov, W. 1972a. *Language in the Inner City: Studies in the Black English Vernacular.* Philadelphia: University of Pennsylvania Press.

Labov, W. 1972b. Some principles of linguistic methodology. *Language in Society, 1*: 97–120.

Labov, W. 1997. Some further steps in narrative analysis. *Journal of Narrative and Life History, 7*(1–4): 395–415.

Labov, W. & Fanshel, D. 1977. *Therapeutic Discourse: Psychotherapy as Conversation.* New York: Academic Press.

Labov, W. & Waletzky, J. 1967. Narrative analysis: Oral versions of personal experience. In J. Helm (Ed.), *Essays on the Verbal and Visual Arts.* Seattle: University of Washington Press, 105–120.

Lai, Y. H. & Lin, Y. T. 2012. Discourse markers produced by Chinese-speaking seniors with and without Alzheimer's disease. *Journal of Pragmatics, 4*: 1982–2003.

Levinson, S. 1983. *Pragmatics.* Cambridge: Cambridge University Press.

Levinson, S. 1991. Pragmatic reduction of the binding conditions. *Journal of Linguistics, 27*: 107–161.

Levinson, S. 1995: Three levels of meaning. In F. Palmer (Ed.), *Grammar and Meaning.* Cambridge: Cambridge University Press, 90–115.

Levinson, S. 2000. *Presumptive Meaning: The Theory of Generalized Conversational Implicature.* Cambridge: MIT Press.

Li, C. & Thompson, S. 1979. Third-person pronouns and zero-anaphora in Chinese discourse. In T. Givón (Ed.), *Discourse and Syntax* (No.12). New York: Academic Press, 311–335.

Li, C. & Thompson, S. 1981. *Mandarin Chinese: A Functional Reference Grammar.* Berkeley: The University of California Press.

Li, X. & Ran, Y. 2020. Discourse marker Na as an interpersonal-level compensatory strategy in clinical interviews. *Chinese Journal of Applied Linguistics, 43*(4): 417–438.

Liddicoat, A. J. 2007. *An Introduction to Conversation Analysis.* London: Continuum.

Lyons, J. 1977. *Semantics.* Cambridge: Cambridge University Press.

Lyotard, J. 1984. *The Postmodern Condition.* Manchester: Manchester University Press.

Lysaker, P. H., Carcione, A., Dimaggio, G., Johannesen, J. K., Nicolo, G., Procacci, M. & Semerari, A. 2005. Metacognition amidst narratives of self and illness in schizophrenia: Associations with neurocognition, symptoms, insight and quality of life. *Acta Psychiatr Scand, 112*: 64–71.

Mandelbaum, J. 1987. Couples sharing stories. *Communication Quarterly, 35*(2): 44–170.

Mandelbaum, J. 1989. Interpersonal activities in conversational storytelling. *Western Journal of Speech Communication, 53*(2): 114–126.

Mao, Y. S. & Zhao, X. 2020. By the mitigation one knows the doctor: Mitigation strategies by Chinese doctors in online medical consultation. *Health Communication, 35*(6): 667–674.

Martino, M. L. & Freda, M. F. 2016. Post-traumatic growth in cancer survivors: Narrative markers and functions of the experience's transformation. *The Qualitative Report, 21*: 765–780.

Martino, M. L., Lemmo, D., Gargiulo, A. Barberio, D., Abate, V., Avino F. & Tortoriello, R. 2019. Underfifty women and breast cancer: Narrative markers of meaning-making in tramatic experience. *Front Psychol, 10*: 1–12.

Matthews, P. H. 1997. *Concise Dictionary of Linguistics.* Oxford: Oxford University Press.

Michaels, S. 1981. Sharing time: Children's narrative styles and differential access to literacy. *Language and Society, 10*: 423–442.

Miracle, C. 1991. *Discourse Markers in Mandarin Chinese.* Doctoral dissertation, Ohio State University.

Müller, S. 2005. *Discourse Markers in Native and Non-native English Discourse.* Amsterdam: John Benjamins.

Neumann-Werth, Y. 2010. Code-switching and discourse markers in bilingual aphasia: Indication of impairment or fluency? *Procedia-Social and Behavioral Sciences, 6*: 204–205.

Norrick, N. R. 2000. *Conversational Narrative.* Amsterdam: John Benjamins.

Norrick, N. R. 2001. Discourse markers in oral narrative. *Journal of Pragmatics, 33*: 849–878.

Norrick, N. R. 2008. Negotiating the reception of stories in conversation: Teller strategies for modulating response. *Narrative Inquiry, 18*(1): 131–151.

Norrick, N. R. 2015. Narrative illocutionary acts direct and indirect. *Journal of Pragmatics, 86*: 94–99.

Ochs, E. & Capps, L. 2001. *Living Narrative: Creating Lives in Everyday Storytelling.* Cambridge: Harvard University Press.

Östman, J. 1981. *You know: A Discourse Functional Approach.* Amsterdam: John Benjamins.

Östman, J. 1982. Pragmatic particles in an applied perspective. *Neuphilologische*

Mitteilungen, 83: 135–153.

Östman, J. 1995. Pragmatic particles twenty years after. In B. Warvik et al. (Eds.), *Organization in Discourse: Proceedings from the Turku Conference 14*. Turku: University of Turku, Finland, 95–108.

Page, R. 2015. The narrative dimensions of social media storytelling: Options for linearity and tellership. In A. De Fina & A. Georgakopoulou (Eds.), *The Handbook of Narrative Analysis*. Oxford: Blackwell, 329–448.

Page, R. 2017. Narration. In C. Hoffmann & W. Bublitz (Eds.), *Handbook of Pragmatics 11: Pragmatics of Social Media*. Berlin: Mouton de Gruyter, 523–544.

Pichler, H. 2013. *The Structure of Discourse-Pragmatic Variation*. Amsterdam: John Benjamins.

Polanyi, L. 1985. *Telling the American Story: A Structural and Cultural Analysis of Conversational Storytelling*. New York: Ablex.

Polanyi, L. & Scha, R. 1983. The syntax of discourse. *Text, 3*: 261–270.

Pu, M. 1997. Zero anaphora and grammatical relations in mandarin. In T. Givón (Ed.), *Grammatical Relations: Typological Studies of Languages (No. 35)*. Amsterdam: John Benjamins, 281–321.

Prince, G. 1973. *A Grammar of Stories: An Introduction*. The Hague: Mouton de Gruyter.

Prince, G. 1982. Narrative analysis and narratology. *New Literary History, 13*(2): 179–188.

Quasthoff, U. M. & Nikolaus, K. 1982. What makes a good story? Towards the production of conversational narratives. In A. Flammer & W. Kintsch (Eds.), *Discourse Processing*. Amsterdam: North-Holland, 16–28.

Quirk, R., Greenbaum, S., Leech, G. & Svartvik, J. 1985. *A Grammar of Contemporary English*. London: Longman.

Ran, Y. P. 2000. *Pragmatics of discourse markers*. Doctoral dissertation, Guangdong University of Foreign Studies.

Recanati, F. 2003. Embedded implicatures. *Philosophical Perspectives, 17*: 299–332.

Recanati, F. 2004. *Literal Meaning*. Cambridge: Cambridge University Press

Redeker, G. 1990. Ideational and pragmatic markers of discourse structure. *Journal of Pragmatics, 14*: 367–381.

Redeker, G. 1991. Linguistic markers of discourse structure. *Linguistics, 29*(6): 1139–1172.

Reiter, R. 1980. A logic for default reasoning. *Artificial Intelligence, 13*: 81–132.

Riessman, C. K. 1993. *Narrative Analysis*. Newbury Park: Sage.

Romano, M. & Cuenca, M. J. 2013. Discourse markers, structure, and emotionality in oral narratives. *Narrative Inquiry*, 23(2): 344–370.

Roter, D. L. & Larson, S. 2014, Content coding of pharmacist-patient interactions in medication counseling in mental health. *Patient Education Counseling*, 97(1): 140–143.

Sacks, H. 1972. On the analyzability of stories by children. In J. Gumperz & D. Hymes (Eds.), *Directions in Sociolinguistics: The Ethnography of Communication*. New York: Holt, Rinehart & Winston, 325–345.

Sacks, H. 1974. An analysis of the course of a joke's telling in conversation. In R. Bauman & J. F. Sherzer (Eds.), *Explorations in the Ethnography of Speaking*. Cambridge: Cambridge University Press, 337–353.

Sacks, H. 1992. *Lectures on Conversation*. Oxford: Blackwell.

Sankoff, G., Thibault, P., Nagy, N., Blondeau, H., Fonollosa, M. O. & Gagnon, L. 1997. Variation in the use of discourse markers in a language contact situation. *Language Variation and Change*, 9(2), 191–217.

Saussure, F. de. 1959. *Course in General Linguistics*. New York: Fontana/Collins.

Schank, R. C. 1990. *Tell Me a Story: Narrative and Intelligence*. Evanston: Northwestern University Press.

Schegloff, E. A. 1984. On some gestures' relation to talk. In J. M. Atkinson & J. Heritage (Eds.), *Structures of Social Action*. Cambridge: Cambridge University Press, 266–296.

Schegloff, E. A. 1992. In another context. In A. Duranti & C. Goodwin (Eds.), *Rethinking Context: Language as An Interactive Phenomenon*. Cambridge: Cambridge University Press, 191–228.

Schegloff, E. A. 1997. "Narrative analysis" thirty years later. Oral versions of personal experience: Three decades of narrative analysis. In M. Bamberg (Ed.), Special Issue of *Journal of Narrative and Life History*, 7: 97–106.

Schegloff, E. A. 2007. *Sequence Organization in Interaction: A Primer in Conversation Analysis*. Leiden: Cambridge University Press.

Schiffrin, D. 1982. *Discourse markers: Semantic resource for the construction of conversation*. Doctoral dissertation, University of Pennsylvania.

Schiffrin, D. 1987. *Discourse Markers*. New York: Cambridge University Press.

Schourup, L. 1985. *Common Discourse Particles in English Conversation*. New York: Garland.

Schourup, L. 1999. Discourse markers. *Lingua*, 107: 227–265.

Scollon, R. 1977. Two discourse markers in Chipewyan narratives. *International Journal of American Linguistics*, 43: 60–64.

Searle, J. 1969. *Speech Acts*. Cambridge: Cambridge University Press.

Searle, J. 1983. *Intentionality: An Essay in the Philosophy of Mind*. Cambridge: Cambridge University Press.

Simpson, J. 2011. Telling tales: Discursive space and narratives in ESOL classrooms. *Linguistics and Education, 1*: 10–22.

Singer, T. & Lamm, C. 2009. The social neuroscience of empathy. *Annals of the New York Academy of Sciences, 1156*(1): 81–96.

Siroma, M. 2012. Resonance in conversational second stories: A dialogic resource for stance taking. *Text & Talk, 32*: 525–545.

Snedaker, K. H. 1986. Storytelling in opening statements: Framing the argumentation of the trial. In D. R. Papke (Ed.), *Narrative and the Legal Discourse: A Reader in Storytelling and the Law*. Liverpool: Deborah Charles Publication, 15–45.

Solan, L. M. 1995. Judicial decisions and linguistic analysis: Is there a linguist in the court? *Washionton University Law Journal, 73*(3): 1069–1083.

Sperber, D. & Wilson, D. 1986. *Relevance: Communication and Cognition*. Oxford: Blackwell.

Stubbs, M. 1996. *Text and Corpus Analysis*. Oxford: Blackwell.

Szatrowski, P. E. 2010. *Storytelling Across Japanese Conversational Genre*. Amsterdam. John Benjamins.

Tang, C. 2010. Self-monitoring discourse markers in classroom monologue narratives. *Concentric: Studies in Linguistics, 36*(1): 105–131.

Tao, H. Y. 1996. *Units in Mandarin Conversation: Prosody, Discourse, and Grammar*. Amsterdam & Philadelphia: John Benjamins.

Thaler, V. 2012. Mitigation as modification of illocutionary force. *Journal of Pragmatics, 44*: 907–919.

Toolan, M. 1988. *Narrative: A Critical Linguistic Introduction*. London: Routledge.

Travis, C. 2006. The natural semantic metalanguage approach to discourse markers. In K. Fischer (Ed.), *Studies in Pragmatics 1: Approaches to Discourse Particles*. Amsterdam: Elsevier, 219–242.

Traugott, E. C. 1995. *The Role of the Development of Discourse Markers in a Theory of Grammaticalization*. ICHL-12, Manchester, UK.

Traugott, E. C. 2003. Constructions in grammaticalization. In B. D. Joseph & R. D. Janda (Eds.), *A Handbook of Historical Linguistics*. Oxford: Blackwell, 624–647.

Traugott, E. C. 2010. (Inter)subjectivity and (inter)subjectification: A reassessment. In K. Davidse, L. Vandelanotte & H. Cuyckens (Eds.), *Subjectification, Intersubjectification and Grammaticalization*. Berlin: Mouton de Gruyter, 29–71.

Traugott, E. C. & Dasher, R. 2002. *Regularity in Semantic Change*. Cambridge: Cambridge University Press.

Traugott, E. C. & König, E. 1991. The semantics-pragmatics of grammaticalization revisited. In E. C. Traugott & B. Heine (Eds.), *Approaches to Grammaticalization Vol.1. Theoretical and Methodological Issues.* Amsterdam & Philadelphia: John Benjamins, 189–218.

Tsitsipis, L. D. 1983. Narrative performance in a dying language: Evidence from Albanian in Greece. *Word, 34*(1): 25–36.

van, Dijk. 1979. Pragmatic Connectives. *Journal of Pragmatics, 3*: 447–456.

van, Dijk. 1984. *Prejudice in Discourse.* Amsterdam: John Benjamins.

Watts, R. 2003. *Politeness.* Cambridge: Cambridge University Press.

Werth, P. 1999. *Text Worlds: Representing Conceptual Space in Discourse.* London: Longman.

Wierzbicka, A. 1996. *Semantics: Primes and Universals.* Oxford: Oxford University Press.

Wilson, D. & Sperber, D. 2004. Relevance theory. In L. Horn & G. Ward (Eds.), *The Handbook of Pragmatics.* Oxford: Blackwell, 607–632.

Wu,Y. & Yang, S. 2022. Power plays in action formation: The TCU-final particle ba in Mandarin Chinese conversation. *Discourse Studies, 24*(4): 491–513.

Wyer, R. S. Jr. & Radvansky, G. A. 1999. The comprehension and validation of social information. *Psychological Review, 106*(1): 89–118.

Xiao, Y. 2010. *Discourse markers in Chinese conversational narrative.* Doctoral dissertation, University of Hawaii at Manoa.

Yang, Z. 2019. Turn allocation within the medical-service-seeking party in Chinese accompanied medical consultations. *Journal of Pragmatics, 143*: 135–155.

Yao, X. & Ma, W. 2017. Question resistance and its managements in Chinese psychotherapy. *Discourse Stidies, 19*(2): 216–233.

Young, K. 1987. *Taleworlds and Storyrealms: The Phenomenology of Narrative.* Boston: Martinus Nijhoff.

Yule, G. 2000. *Pragmatics.* Shanghai: Shanghai Foreign Language Education Press.

Zhao, B. 1999. Asymmetry and mitigation in Chinese medical interviews. *Health Communication, 11*(3): 209–214.

Zhu, D. 2020. Conversational narrative marker: Identification and modification. In W. Wang (Ed.), *Analyzing Chinese Language and Discourse Across Layers and Genres.* Amsterdam & Philadelphia: John Benjamins, 37–57.

Zipf, G. K. 1949. *Human Behavior and the Principle of Least Effort.* Cambridge: Addison Wesley.

附录 A 参与者同意书

本人通过研究者的说明，了解此研究的目的与意义，愿意参与该研究，并同意以下事项：

（1）我愿意在此研究中提供我与研究者或我与他人在交际讲话中所讲述的会话语料；

（2）我知晓研究者会对我的身份等信息保密，并在语料处理过程中删除或隐去具有辨识度的关于我的个人背景信息；

（3）我同意研究者将所录材料逐字转写，并在隐去所有关于我个人背景信息的基础上，对我所讲述的经历或故事进行语言分析；

（4）我同意研究者将转写材料进行逐字摘取，以保证研究成果的真实性；

（5）我要求研究者妥善保管录音材料及转写文字，本语料除为本书所用以外，可以为研究者在之后的学术期刊或会议论文中继续使用，除此之外，不做任何他用。

研究参与者：＿＿＿＿＿＿＿＿＿

研究者：＿＿＿＿＿＿＿＿＿

日期：＿＿＿＿＿＿＿＿＿

附参与者个人信息

年龄：

性别：

职业：

文化程度：

现居地：

同意书签署地点：

附录 B　录音语料及叙事标记序例

				参与者		叙事标记语	语料长度
序号	地点 - 话语分类	话语内容	性别	年龄	关系	提取词例	

<table>
<tr><td colspan="8" align="center">一、自发性会话叙事语料详例</td></tr>
<tr><td rowspan="2">序号</td><td rowspan="2">地点 -
话语分类</td><td rowspan="2">话语内容</td><td colspan="3">参与者</td><td rowspan="2">叙事标记语
提取词例</td><td rowspan="2">语料长度</td></tr>
<tr><td>性别</td><td>年龄</td><td>关系</td></tr>
<tr><td>1</td><td>家中 - 闲谈</td><td>关于孩子长记性</td><td colspan="2">M 女 -62
J 男 -33
D 女 -33</td><td>夫妻</td><td>"然后"</td><td>4'56"</td></tr>
<tr><td>2</td><td>家中 - 闲谈</td><td>关于孩子的小心思</td><td colspan="2">J 男 -33
D 女 -33</td><td>夫妻</td><td>"然后"
"结果"</td><td>4'02"</td></tr>
<tr><td>3</td><td>语音实验室 - 对话</td><td>关于迟到的解释</td><td colspan="2">X 女 -44
M 女 -62
D 女 -33</td><td>实验室老师与一对母女</td><td>"结果"
"然后"
"其实"
"你别说"</td><td>4'31"</td></tr>
<tr><td>4</td><td>家中 - 闲谈</td><td>关于老人对儿时争抢吃饭的回忆</td><td colspan="2">B 男 -61
D 女 -33</td><td>家属</td><td>"结果"
"其实"
"然后"
"你别说"</td><td>7'53"</td></tr>
<tr><td>5</td><td>医院 - 家属讨论</td><td>关于拐卖孩子的讨论</td><td colspan="2">S 女 -52
M 女 -62
D 女 -33</td><td>病房家属与一对母女</td><td>"结果"
"然后"
"你别说"</td><td>9'22"</td></tr>
<tr><td>6</td><td>餐厅 - 同学聊天</td><td>关于工作和孩子的闲谈</td><td colspan="2">L 女 -45
X 女 -43
D 女 -33</td><td>研究生同学</td><td>"然后"
"其实"
"结果"
"你懂的"</td><td>20'09"</td></tr>
<tr><td>7</td><td>食堂 - 同学聊天</td><td>关于要孩子的对话</td><td colspan="2">Y 男 -30
L 女 -29
D 女 -33</td><td>研究生同学</td><td>"反正"
"你懂的"
"你别说"</td><td>2'01"</td></tr>
<tr><td>8</td><td>校园 - 同学聊天</td><td>关于共同认识的同学的闲聊</td><td colspan="2">D 女 -33
Z 女 -30</td><td>讲座同学</td><td>"(可以)这很 NP"
"你懂的"</td><td>1'22"</td></tr>
</table>

（续表）

9	教室－期末总结	关于一幅画引发的课堂讨论	13 位大学三年级学生参与者（男生7人，女生6人）	师生	"然后""其实""你别说""反正、就是（说）""结果""你懂的"	44'13"
10	教室－课后聊天	关于课堂讨论后的闲聊	D 女 -33 C 女 -22	师生	"然后""就是"	3'22
11	食堂－同学聊天	关于租房子退房子的经历	B 男 -36 D 女 -33	同学	"结果""反正""（可以）这很 NP"	5'24"
12	办公室－老友同窗对话	关于同窗之情的回忆	Y 女 -41 L 女 -41	同学	"然后""其实""结果""反正、就是（说）"	15'33"
13	求助节目－求助者个人经历叙述	关于寻找亲生父母的对话	N 女 -58 Q 女 -56	主持人与求助者	"反正""就是""其实"	11'55"
14	讲坛－人物经历叙述	关于写作生涯的回忆	1 男 -42 1 男 -69	主持人与作家	"其实""就是""然后""（可以，）这很 NP"	43'01"
15	教室－课堂上的叙事独白	梨的故事	6 位大学二年级女生参与者	师生	"然后""结果"	24'07"

二、机构语境会话叙事语料详例[1]

序号	机构分类	话语内容	叙事标记语提取词例	语料长度
DPI_T01	医院－新生儿重症监护诊室	吸入性肺炎	"你知道""就是"	6'37"
DPI_T02	医院－新生儿重症监护诊室	肺泡影响	"你 V"类感谢类陈述	4'02"

---

1 本书机构语境语料主要包含三类：医患互动语料（doctor-patient interaction）、法庭庭审语料（law-court trial corpus）、课堂互动语料（classroom teacher-student interaction），本表中依次使用 DPI、LAW、CLA 指代此三类机构语料。

（续表）

DPI_T03	医院－新生儿重症监护诊室	新生儿重症肺炎	"我是说" 称谓类称呼语	5'44"
DPI_T04	医院－新生儿重症监护诊室	疑似肌无力	"我V"类 "一方面，另一方面"	4'33"
DPI_T05	医院－新生儿重症监护诊室	重症肺炎	"结果" "你看/你说"	8'04"
DPI_T06	医院－新生儿重症监护诊室	新生儿惊厥	"我看完结果跟你说" "结果" "我觉得"	3'09"
DPI_T07	医院－新生儿重症监护诊室	新生儿疑似宫内感染	"我记得"	6'02"
DPI_T08	医院－新生儿重症监护诊室	高热未退	"你V"类	2'42"
DPI_T09	医院－新生儿重症监护诊室	胎粪吸入	"我跟你讲" "我看/我说"	4'43"
DPI_T10	医院－新生儿重症监护诊室	吸入性肺炎	"我V"类 "就是（说）"	3'37"
DPI_T11	医院－新生儿重症监护诊室	足月小产儿	"吧""好吧" "其实"	6'05"
DPI_T12	医院－儿科诊室	连续高热	"我跟你讲" "对吧"	4'55"
DPI_T13	医院－儿科诊室	幼儿荨麻疹	"好吧" "你V"类	2'02"
DPI_T14	医院－儿科诊室	交换棒棒糖	称谓类称呼语	5'25"
DPI_T15	医院－儿科诊室	扁桃体发炎	"好吧""对吧"	4'46"
DPI_T16	医院－儿科诊室	发病潜伏期	"就像""像是"	5'57"
DPI_T17	医院－儿科诊室	慢性咳嗽	称谓类称呼语 "吧""好吧"	4'35"

（续表）

DPI_T18	医院－儿科诊室	做 CT 查出肺炎	"结果""对吧"	5'11"
DPI_T19	医院－儿科诊室	鼻部分泌物吸肺	"你看""我 V"类	7'20"
DPI_T20	医院－儿科诊室	无实质性心肌损伤	"我觉得"感谢类陈述	3'32"
DPI_T21	医院－儿科诊室	先心病	"我感觉""我觉得"	4'34"
DPI_T22	医院－儿科诊室	黄浓涕痰处理	"你看""我 V"类	5'53"
DPI_T23	医院－神经内科查房	心房先颤老人	称谓类称呼语"那""你看""你（可）别说"	7'02"
DPI_T24	医院－神经内科查房	心房早搏	"你听我讲"	3'20"
DPI_T25	医院－神经内科查房	鸡内金并非对症药物	"请你""你看""那""吧"	6'01"
DPI_T26	医院－神经内科查房	冠心病治疗	"我感觉""你听我讲"	8'20"
DPI_T27	医院－神经内科查房	面部侧脸麻木	称谓类称呼语"我跟你讲""你 V"类	6'41"
DPI_T28	医院－神经内科查房	病情恢复较好	称谓类称呼语"就是""吧"	4'12"
DPI_T29	医院－神经内科查房	患者选择药物的缘由	"对吧""是吧""你别说"	5'45"
DPI_T30	医院－神经内科查房	头晕且胳膊麻木	"我看完结果跟你讲""必须说的（是）""就是"	5'07"
DPI_T31	医院－神经内科查房	糖尿病和心绞痛并发症	"吧""好吧""然后""结果"	6'20"
DPI_T32	医院－神经内科查房	偏头痛的处理	"一方面，再一方面""好吧"	3'20"
DPI_T33	医院－神经内科查房	心慌心里不舒服	"说了这个你就不要担心了""就这样吧"	4'04"
DPI_T34	医院－神经内科查房	医生嘱咐慢慢调理	"你听我说""就像是""能成吧"	8'44"

（续表）

DPI_T35	医院－神经内科查房	出院时的互相叮嘱	称谓类称呼语 "你可别说" "就是这样的" 感谢类陈述	7'02"
DPI_T36	医院－神经内科查房	患者讲述睡眠过多	"你知道吧" "对吧"	6'01"
DPI_T37	医院－神经内科查房	泵治疗方案	称谓类称呼语 "我必须得告诉你" "我觉得"	5'51"
DPI_T38	医院－神经内科查房	体检报告解读	"一方面，再一方面" "你知道吧" "好吧" 感谢类陈述	6'31"
DPI_T39	医院－神经内科查房	饮酒过多心绞痛	"我感觉""其实" "你V"类	4'03"
DPI_T40	医院－神经内科查房	焦虑心慌	"反正""我感觉" "对吧"	2'57"
DPI_T41	医院－神经内科查房	退伍军人生活习惯	称谓类称呼语 "那你说" "可能"	7'47"
DPI_T42	医院－神经内科查房	高血压让人压力过大	"我V"类 "是吧""好像"	3'21"
DPI_T43	医院－神经内科查房	抑郁症倾向	"你听我讲" 称谓类称呼语	5'04"
DPI_T44	医院－神经内科查房	药理和用药	"你知道吧" "一方面，再一方面"	4'08"
DPI_T45	医院－神经内科查房	身体抵抗力	"请你来V." "我V"类	4'42"
DPI_T46	医院－神经内科查房	偏头痛的处理	"请"类、 "你V"类	4'21"
DPI_T47	医院－神经内科查房	医生说服病人让其住院治疗	称谓类称呼语 "我跟你讲" "对吧" 感谢类陈述	7'31"
DPI_T48	医院－神经内科查房	尿道问题影响	"我感觉"	2'09"
DPI_T49	医院－神经内科查房	心慌爱多想问题	"我就跟你说" "你请V"类	3'33"

（续表）

DPI_T50	医院－神经内科查房	老年痴呆症前兆	"反正" "后面 / 然后" "你说得没错"	6'10"
DPI_T51	医院－神经内科查房	心里堵得很	"我觉得" "你说是不是" 感谢类陈述	4'27"
DPI_T52	医院－神经内科查房	心脑血管待查	"就好像" "是吧" 称谓类称呼语	3'11"
DPI_T53	医院－神经内科查房	头晕目胀	"然后" "你请 V" 类 "对吧"	5'45"
DPI_T54	医院－神经内科查房	总是健忘	"其实""结果"	2'29"
DPI_T55	医院－神经内科查房	心跳猛烈	"我感觉" "你知道吧"	3'51"
DPI_T56	医院－神经内科查房	侧脸麻木	"你看" "我就跟你说"	3'08"
DPI_T57	医院－神经内科查房	肝胆碎石处理及转院	"我看看结果了" "我跟你说一下" "那"	7'23"
DPI_T58	医院－神经内科查房	药物选择说明	称谓类称呼语 "一方面，再一方面" "就好像是"	5'56"
DPI_T59	医院－神经内科查房	劝解转院	"我看了结果我跟你说""吧" 类	8'01"
DPI_T60	医院－神经内科查房	核磁处理说明	"不用担心这个" "你看""对吧"	6'27"
DPI_T61	医院－神经内科查房	脑梗前兆	"我跟你讲" "你看" "你说（说）"	7'01"
DPI_T62	医院－神经内科查房	热射病昏迷	称谓类称呼语 "是吧""对吧" 感谢类陈述	6'46"
LAW_01	法庭刑事庭审	非法吸收公众存款案	"其实""反正" "就是""结果"	51'20"
LAW_02	法庭刑事庭审	故意伤害案	"你 V" 类、"结果"	39'40"
LAW_03	法庭刑事庭审	盗窃案	"就是" "你 V" 类	44'05"

（续表）

LAW_04	法庭刑事庭审	非法开设赌场案	"其实""就是""结果""你 V"类	70'29"
CLA_01	"综合英语"课堂	Thinking as a hobby	"well""and""you know""I mean"	50'07"
CLA_02	"综合英语"课堂	Your college years	"I mean""so""then""you know"	49'31"
CLA_03	"现代英语词汇学"课堂	词汇的语义理据	"I think""actually""and then""you know"	50'10"
CLA_04	"现代英语词汇学"课堂	词汇的上下义关系	"well""actually""you know"	49'10"
CLA_05	"汉语听说"课堂	"很 + adj"和"没有那么 adj"结构	"我 V"类"所以"	50'01"
CLA_06	"汉语听说"课堂	"新 + N"和"新 N"结构	"我 V"类	50'00"
CLA_07	"中级汉语综合课"课堂	"回头"与"回头客"的使用	"我 V"类	49'50"
CLA_08	"中级汉语综合课"课堂	"既然"与"即使"的使用区别	"我 V"类"然后"	50'30"

附录 C　转写标注示例

然后。	会话叙事标记
[　]	同时讲话
（笑）	笑声
……	转写者不能从录音上确定的话语内容
＿＿＿＿	说话人语气强调的部分
(.)	很短的停顿
(0.5)	某一时段的停顿，括号内数字表示停顿的时间（以秒为单位）
::	声音的延续；分号越多，延续的时间越长
–	中断
=	无停顿的、契合的、由会话另一方所作的插入补全话语
（……）	某些非重要谈话被省略
↓	比邻近话语音调低
↑	比邻近话语音调高
%oh%	非汉语表达